莊子

장자

內篇

내편

장자 내편

초판 1쇄 발행 2018년 7월 31일
초판 3쇄 발행 2019년 3월 8일

지은이 김정탁
펴낸이 신동렬
책임편집 신철호
외주디자인 아베ㄲ
편 집 현상철·구남희
마케팅 박정수·김지현

펴낸곳 성균관대학교 출판부
등록 1975년 5월 21일 제1975-9호
주소 03063 서울특별시 종로구 성균관로 25-2
대표전화 02)760-1253~4
팩시밀리 02)762-7452
홈페이지 press.skku.edu

ISBN   979-11-5550-286-0   93150
          979-11-5550-285-3   (세트)

莊子 장자

內篇 내편

譯 역
解 해
疏 소

김정탁 지음

성균관대학교
출판부

배움(學)과 깨달음(覺) 사이에서

어느새 삶을 어떻게 마무리해야 할까 곰곰 생각할 나이가 되었습니다. 젊었을 때 꿈에 부풀었던 탓인지 지금 보면 험한 세상이었는데도 이에 굴하지 않고 씩씩하게 나아갔던 게 엊그제 같습니다. 이제는 그런 의욕이 제게서 사라진 듯합니다. 그래서 남은 삶을 별 탈 없이 잘 관리할 수 있다면 그게 가장 큰 행복이란 걸 요즘 들어 실감하고 있습니다.

잘 알다시피 저는 대학에서 선생으로 줄곧 봉직해 왔습니다. 햇수로만 올해로 만 33년입니다. 그래서 직장은 제게 학생들을 가르쳐 왔던 훌륭한 장소였습니다. 물론 이들을 가르치면서 배움(學)의 장소란 사실을 한 번도 잊은 적이 없습니다. 정년을 앞둔 지금에 와서 보니까 더욱 그런 듯싶습니다. 그래서인지 『논어』의 시작이 "배우고, 때때로 익히면 즐겁지 아니한가?"인데 요즘 들어 이를 실천에 옮기려고 노력합니다.

동시에 배움이 전부가 아니란 사실을 새삼스레 느낍니다. 배움이 전부라면 지금쯤 많은 사람의 마음을 아우르는 넓고 큰마음의 소유자가 되어 있어야 할 텐데 그러기에는 부족한 듯싶습니다. 그렇다고 불가가 추구하는 깨달음(覺)의 상태에 이르기에는 지금까지 살아온 제 삶에 비추어 볼 때 불가능한 일입니다. 세속을 멀리하면서 깊은 산속에 홀로 들어가 마음을 정결히 하면서 살아왔다면 모르지만 지금 그렇게 하기에는 너무 늦었습니다.

그렇다면 이제부터 어떤 삶을 살아야 할까요? 지금까지 해왔던 배움을 또다시 맹목적으로 추구해야 할까요? 주위에는 은퇴하자마자 새로운 배움을 찾아 나서는 동료 교수들이 적지 않습니다. 그런데 노자는 "도(道)를 익히면 하나씩 덜지만 앎(知)을 익히면 하나씩 더한다."고 말합니다. 이제는 하나씩 더는 삶을 살아야 진실된 삶에 더 가까이 다가갈 수 있습니다. 진리는 우리가 생각하는 것처럼 복잡하고 어려운 데 있지 않고, 도를 통하면 오히려 간단하고 단순한 데 있다고 봅니다.

그렇다면 도란 무엇일까요? 또 배움(學)과 깨달음(覺)과는 어떤 관련이 있을까요? 대답하기 힘든 질문이지만 도는 배움과 깨달음 사이에 있다고 봅니다. 득도(得道)란 말도 여기서 생겨났지요. 그런데 배움은 자칫 세속적으로 흐를 수 있어 권력을 잡거나 돈을 버는 데 이용됨으로써 우리를 위험에 빠뜨릴 수 있습니다. 또 깨달음은 너무 높은 차원이어서 우리가 쉽게 도달하기 힘듭니다. 이런 점을 감안하면 득도는 우리가 추구하기에 딱 알맞는 삶의 작업인 듯싶습니다.

도(道)는 원래 우리들이 걸어 다니는 길에서 그 의미가 파생되었습니다. 옛날의 길은 누가 계산하며 따지면서 기획되거나 건설된 게 아닌데도 목적지에 가장 빠르고, 또 쉽게 도달하는 두 가지 요소를 동시에 충족시키는 최선의 결과물입니다. 산에 난 오솔길을 걷다 보면 이런 생각을 자주 합니다. 이처럼 옛날 사람들은 '형이하학적 길'을 통해 '형이상학적 도'를 유추해 냈습니다. 그러니 누구나 다 도를 추구할 수 있고, 또 찾을 수 있습니다. 이런 '형이상학적 도'는 노장사상에 있어 무위자연(無爲自然)으로 특징 지워집니다.

그래서 이제부터라도 남은 삶을 무위자연에 입각해서 살아가고자 합니다. 그동안 목표에만 집착한 탓인지 너무나 유위부자연(有爲不自然)한 삶을 살아왔습니다. 그런데도 지금 와서 보면 이룬 것도 별로 없습니다. 그래서 겨울이 가면 봄이 오고, 여름이 가면 가을이 오는 것처럼 삶을 자연스럽게 살아가려고 합니다. 그러면 삶과 죽음도 분리된 게 아니라 봄·여름·가을·겨울처럼 연결되어 있다고 여기게 될 겁니다. 이런 생각은 자연과의 소통(疏通)을 이루었기에 비로소 가능하다고 봅니다.

『장자』는 사람들 간의 소통을 목표로 출발했지만 결국 사람과 자연과의 소통으로 귀결하고 있습니다. 『장자』 첫 편인 「소요유」의 주제가 소통이고, 또 뒤이은 「제물론」이 그 유명한 '호랑나비의 꿈'으로 끝나는 데서 이런 사실이 잘 나타납니다. '호랑나비의 꿈'은 사람들이 꿈과 현실의 차이를 느끼지 않는 데서 시작해서 결국 삶과 죽음의 차이도 없다는 걸 우리에게 보여줍니다. 그럼으로써 사람과 자연 간 소통의 가능성을 활짝 열어줍니다. 그리고 무위자연에 입각한 삶이 얼마나 보람된 삶인지를 우리로 하여금 실감케 합니다.

이런 관점에서 책을 읽으면 나름대로 느낌이 있을 거라고 봅니다. 그래서 남은 삶을 어떻게 살아야 삶을 의미 있게 마무리할 수 있을지 다시 한 번 생각할 기회를 줍니다. 우리는 분명 이 세상에 즐겁게 살아가기 위해 태어났습니다. 그런데도 사람들은 잘 먹고 잘 살기 위해 태어난 것처럼, 또 열심히 일하기 위해 태어난 것처럼, 심지어 남에게 큰 소리 치기 위해 태어난 것처럼 행동합니다. 돈, 권력, 명예는 즐겁게 살아가기 위해 혹 필요할지 모르지만 그 자체가 목적이 될 수 없습니다.

즐겁게 살아가는 삶의 가치는 장자에게서 구체적으로 '유(遊)'의 개념으로 나타납니다. 유는 『장자』에 가장 많이 등장하는 단어인데 '유유자적하며 노니는' 걸 의미합니다. 이 유의 개념은 많은 의미를 내포합니다. 그래서 노는 것은 물론이고, 일하는 것도, 또 공부하는 것도 장자에게선 모두 유의 개념으로 표현됩니다. 그래서 유(遊)는 '쉰다'는 의미를 지니는 휴(休)와는 확실히 다릅니다. 휴는 일하는 것의 반대 개념으로 그치지만 유는 노는 것, 일하는 것, 공부하는 것 등 모든 걸 다 포함합니다.

이에 장자가 목표로 하는 삶은 소요유(逍遙遊)와 방황유(彷徨遊)입니다. 소요와 방황을 통해 유에 이른다는 말입니다. 지금까지 우리는 너무나 바쁘고, 동적이고, 또 정형화된 삶을 살아왔습니다. 그래서 자유롭지 못했습니다. 이제부터는 그와 반대되는 삶을 살아가려고 합니다. 시선(詩仙)이라 불리는 이백도 장자의 이런 생각에 영향을 받은 탓인지 낭만유(浪漫遊)라는 말을 만들었습니다. 자, 소요든 방황이든, 아니면 낭만을 통해 유유자적하며 노닐면서 살아갈 수 있다면 이 얼마나 행복할까요? 그러니 이제부터라도 이런 삶을 살아가야 하지 않을까요?

장자는 「양생주」에서 "기름은 땔감이 되어 한 번으로 활활 타고 없어지지만 불씨는 다음 땔감으로 전해져 끝날 줄을 모른다."라고 말합니다. 그렇다면 우리는 한 번으로 활활 타고 없어지는 기름과 같은 삶을 살아야 할까요, 아니면 자연으로 영원히 전해지는 불씨와 같은 삶을 살아야 할까요?

머리말

―――

　장자를 공부하면서 가장 많이 받는 질문이 '왜 장자인가?'이다. 이 질문엔 두 가지 뉘앙스가 있다. 하나는 유가가 아니라 왜 도가인가이고, 다른 하나는 커뮤니케이션 전공자로서 왜 장자를 선택했느냐는 것이다. 이에 대한 필자의 생각은 확고하다. 장자는 인류 역사상 어느 누구와도 비교할 수 없을 정도로 위대한 소통의 사상가이다. 그러므로 커뮤니케이션을 전공하는 학자로서 장자를 연구하는 건 지극히 당연한 일이다. 오히려 장자의 이런 면모가 지금까지 드러나지 않았다는 점을 안타까워할 뿐이다.

　소통의 사상가로서 이런 면모는 『장자』가 시작되면서부터 펼쳐진다. 첫 편 「소요유」가 큰 앎(大知)을 상징하는 대붕과 작은 앎(小知)을 상징하는 작은 새를 비교함으로써 소통의 중요성을 제기한다면 뒤이은 「제물론」에선 작은 말(小言) 대신 큰 말(大言)을 사용함으로써 소통에 이르는 방법론을 제시한다. 내편, 외편, 잡편으로 구성된 『장자』에서 내편만 유일하게 장자가 쓴 편이라고 보이고, 또 내편 중에서 「소요유」와 「제물론」이 장자사상의 뼈대를 형성한다는 점을 감안하면 『장자』는 소통에 방점을 두고 그 내용이 전개된다고 해도 과언이 아니다.

그런데 장자는 소통의 문제에 대해 왜 이렇게 집착했을까? 그건 그가 살았던 당시의 상황 탓이라고 본다. 장자가 살았던 춘추전국시대는 제자백가가 만발했던 시기이다. 제자백가 중에서 유가와 묵가는 사이가 좋지 않아 서로 크게 다투었다. 그런데 유가가 주장하는 인애(仁愛)와 묵가가 주장하는 겸애(兼愛)는 장자가 볼 때 그 뿌리가 애(愛)로서 같다. 그래서 장자는 유가와 묵가가 서로 반목하는 걸 이해하지 못했고, 그 결과가 『장자』의 집필로 이어졌다고 본다. 그렇다면 『장자』「내편」은 소통의 해법을 제시하려는 장자의 결실임에 분명하다.

내편 중에서 소요유 – 제물론 – 인간세로 이어지는 축이 소통의 문제를 본격적으로 다룬다면 양생주 – 덕충부 – 대종사 – 응제왕으로 이어지는 축은 무위자연(無爲自然)에 따른 삶을 소개한다. 즉 「양생주」는 무위자연에 따라 생명을 온전히 보존하는 방법을, 「덕충부」는 자연스런 덕이 충만한 사람의 모습을, 「대종사」는 무위자연에 따라 살아가는 사람의 모습을, 「응제왕」은 무위자연에 따라 천하를 다스리는 방법을 각각 설명한다.

그런데 무위자연에 따른 삶이라도 자연과 소통하지 않을 수 없다. 이런 점에서 보면 소요유 – 제물론 – 인간세의 축이 '인간과 인간과의 소통'을 다룬다면 양생주 – 덕충부 – 대종사 – 응제왕의 축은 '인간과 자연과의 소통'을 다룬다고 말할 수 있다. 그렇다면 장자는 인간끼리의 소통을 넘어서서 인간과 자연과의 소통까지를 목표로 하는 셈이다. 이럴 때 비로소 인간은 죽음을 극복할 수 있다. 이 점이 절대자에 의존해서 죽음을 극복하려는 서구의 유일신 종교가 추구하는 방식과 크게 다르다.

무위자연에 따른 삶은 소통의 문제를 넘어서서 또 다른 중요한 시각을 우리에게 제공한다. 그것은 무위자연의 원리에 따라 살아갈 때 삶의 부작용을 최소화할 수 있다는 시각이다. 지금 우리는 자연의 결을 마구 깨트리면서 살아간다. 무위자연과 대칭점에 있는 유위부자연(有爲不自然)한 삶에 몰두해서이다. 어쩌면 감관 및 심관작용에 인공감미료를 마구 뿌리는 게 유위부자연한 삶을 상징한다. 그래서 불필요한 희로애락을 자꾸 만들어낸다. 음식에 인공감미료를 뿌리면 몸을 다치지만 언어에 인공감미료를 뿌리면 마음을 상한다. 오늘날 정신질환자나 암 환자가 증가하는 것도 이와 무관하지 않다. 물론 이런 부작용은 개인 차원에 그치지 않고 사회 차원에까지 확장된다.

오늘날 우리 사회는 이전과 비교할 수 없을 정도로 크고 또 복잡해졌다. 그래서 부작용이 생기면 과거와 견줄 수 없을 정도로 커진다. 게다가 지금 우리는 위험사회에 그대로 노출되어 있어 부작용이 생기면 그 결과를 쉽게 예측할 수 없다. 따라서 일을 추진하는 단계에서부터 그 부작용을 염두에 두고 기획해야지 과거처럼 목표를 달성한 후에 부작용을 처리한다는 식으로 접근해선 안 된다. 만약 그렇게 접근하다간 부작용 처리를 위한 비용도 만만치 않아 결코 경제적이라고 할 수 없다. 그러니 경제적이란 소리를 듣기 위해서라도 부작용 방지를 처음부터 염두에 둬야 하는데 무위자연의 원리에 따라 일을 기획하고 실행하면 이런 목표에 어렵지 않게 도달할 수 있다.

필자가 『장자』 역(譯)·주(注)·해(解)·소(疏)에 대해 도전한 데는 더 중요한 이유가 있다. 장자가 소중히 여기는 가치가 유(遊), 즉 유유자적함이란 점 때문이다. 그래서 유는 『장자』에 가장 많이 등장하는 단어 중 하나이다. 도(道), 덕(德), 무위(無爲)도 많이 등장하지만 이들 단어는 동아시아의 다른 고전에서도 얼마든지 발견된다. 유만 오로지 『장자』에 등장하는데 그 횟수도 도, 덕, 무위만큼이나 많다. 그래서

『논어』를 대표하는 단어가 인(仁)이라면 『장자』를 대표하는 단어는 유라고 할 수 있다. 그리고 인이 공동체의 선을 목표로 하는 개념이라면 유는 개인의 자유와 행복을 목표로 하는 개념이다. 오늘날 개인의 창의가 중요시된다는 점을 감안하면 우리는 유의 의미를 새롭게 주목할 필요가 있다.

세상은 지금 산업사회에서 탈산업사회로 급속히 변화하고 있다. 이에 산업사회에서 강조되던 조직의 논리가 후퇴하고, 이 빈자리를 개인의 창의가 메워야 한다. 그래서 일(work)도 놀이(play)로 바뀌어야 한다. 일은 산업사회를 특징 지웠던 개념이다. 마르크스(K. Marx)도 노동이 일로 바뀌는 현상을 염려해 자본주의를 비판했다. 일의 차원에선 자아실현(self-fulfillment)을 이루기 힘들어서이다. 마르크스에 따르면 노동은 인간과 자연 사이에 매개하는 것으로서 자아실현을 위한 훌륭한 수단이다. 그렇다고 자아실현만을 위해 노동으로 되돌아갈 수는 없다. 그런데 우리가 일 대신 놀이를 행한다면 노동에서처럼 자아실현을 어느 정도 구현할 수 있다. 구글(Google) 사옥도 '워크스테이션'이 아니라 '플레이스테이션'이라고 말하지 않는가?

일 대신 놀이가 이루어지려면 유(遊)의 가치에 새삼 주목해야 한다. 장자는 인간의 모든 행위를 유로 표현한다. 그래서 노는 것도 유이지만 일하는 것도 유이고, 공부하는 것도 유이고, 사랑하는 일도 유이고, 여행하는 것도 유라고 말한다. 인간이 하는 상당수 일은 앞으로 로봇이나 알파고 같은 인공지능이 대체할 게 분명하다. 그러면 인간이 하는 일의 양도 크게 줄어들 텐데 남는 많은 시간을 무얼 하고 지내야 할까가 중요한 화두로 등장하게 마련이다. 디지털 문명의 발전으로 물질적인 것의 생산을 위해 동원된 일의 양이 절대적으로 줄어든다면 그 남는 시간은 삶의 의미를 찾기 위해 노력해야 하지 않을까? 그 삶의 의미는 유, 즉 유유자적하며, 노닐 때 비로소 찾을 수 있다.

　서구철학에선 존재론이 발달해 온 대신 삶의 방법론은 상대적으로 소홀히 다루어져 왔다. 인간이란 무엇인가, 자연이란 무엇인가처럼 'What is it?' 차원에서 논의가 주로 이루어져 왔으므로 서구철학에선 존재론이 상대적으로 발달해 왔다. 그 결과 인간, 자연, 사회 등을 분석하고, 또 이를 위해 과학적 방법을 사용한 게 사실이다. 그 결과 러셀(B. Russell)의 『행복의 정복(conquest of happiness)』에서 보듯이 삶의 방법론을 위해 글을 따로 쓸 수밖에 없다. 이는 자신의 철학과 삶의 방법론이 분리된 결과이다. 이에 반해 동아시아철학에선 그 시작부터 어떻게 살 것인가가 주요 담론이었다. 공맹의 경우 인의예지(仁義禮智)에 따라, 노장의 경우 무위자연(無爲自然)에 따라 살아가는 게 삶의 방법론이었다. 그런데 장자는 무위자연이란 막연한 개념을 넘어서서 유(遊)로서 이를 보다 구체화했다.

　우리가 동아시아 고전을 제대로 해석하려면 일련의 과정을 거쳐야 한다. 역·주·해·소·논이 그것이다. 역(譯)이란 우리가 흔히 말하는 번역이다. 그런데 동아시아 고전은 번역만으로는 무슨 내용인지 잘 모르기에 모내기를 할 때 물을 주듯 번역한 글에도 물을 대주어야 한다. 그래야만 글이 살아난다. 이것이 주(注)이다. 해(解)는 해석을 뜻한다. 역과 주를 통한 글이라도 여전히 거칠거나 딱딱하므로 해석이 이루어져야 글의 의미를 제대로 깨달을 수 있다. 그렇더라도 이 내용이 오늘날 어떤 의미를 지니는지를 밝혀야 한다. 이것이 통한다는 의미를 지니는 소(疏)이다. 마지막으로 이 내용에 대한 비판도 이루어져야 한다. 이것이 논(論)이다. 이런 일련의 과정을 거쳐야 동아시아 고전의 내용이 비로소 제대로 밝혀진다.

필자는 『장자』를 역·주·해·소의 과정을 거쳐 책을 펴내려고 한다. 물론 방대한 작업이다. 원고지 분량으로 약 1만 4천 매에 달한다. 이 책은 그 첫 번째 책으로 『장자』 내편의 해·소를 다룬다. 그리고 『장자』 외편의 해·소와 잡편의 해·소를 다루는 책도 곧 출간할 예정이다. 물론 『장자』의 역·주를 다루는 책도 출간할 예정이다. 논(論)은 상대가 장자인지라 쉽게 도전할 수 있는 영역이 아니므로 필자가 지금 시도할 수 있는 작업이 아니라고 본다. 대부분의 원고작업은 어느 정도 끝냈기에 나머지 책들은 내년 상반기까지 모두 출간할 예정이다.

이런 방대한 분량의 원고를 맡아서 출판을 담당해준 성균관대학교 출판부에 감사를 표한다. 그리고 학반(學伴)의 역할을 오랫동안 기꺼이 맡아준 박승희 교수와 김경원 교수에게도 감사드린다. 끝으로 문학적 글쓰기의 필요성을 끊임없이 제기해서 보다 수준 높은 글이 되도록 이끌어준 김순경 교수에게도 감사드린다. 이 책은 천구잉(陳鼓應)의 『莊子今註今譯』(香港: 中華書局, 1991)에 기초해서 『장자』를 해석했음을 밝힌다.

2018년 6월 5일
빙허서루(憑虛書樓)에서

소요유   逍遙遊

제물론　齊物論

양생주 養生主

인간세 人間世

덕충부　德充符

대종사　大宗師

응제왕　　應帝王

『장자』에 들어가기에 앞서 – 노자와의 만남을 위해

———

서구 근대교육이 이 땅에 뿌리내리기 전 동아시아인은 오랫동안 『천자문』을 익히면서 배움을 시작했다. 그만큼 『천자문』은 동아시아인에게 친숙한 교재이다. 그런데 『천자문』은 우리가 아는 것처럼 한자 천 개를 단순히 익히기 위해 만들어진 교본이 아니다. 『천자문』은 네 자씩 총 250개 구절을 통해 동아시아인의 자연관, 인간관, 사회관을 압축적으로 보여주는 훌륭한 철학서에 해당한다. 그리고 이런 각각의 관점, 즉 자연관, 인간관, 사회관은 천도(天道), 인도(人道), 치도(治道)로 개념화된다. 따라서 동아시아인은 한자 천 개를 익히면서 동시에 천도라는 서양의 자연과학을, 인도라는 서양의 인문과학을, 치도라는 서양의 사회과학을 섭렵해 왔다고 말할 수 있다.

『천자문』은 잘 알다시피 천지현황(天地玄黃), 즉 '하늘 천 따 지, 가물 현 누를 황'으로 시작한다. 하늘은 현(玄)하고, 땅은 황(黃)하다는 말이다. 그런데 왜 하늘을 현하다고 규정할까? 하늘을 올려다보면 동서남북 어느 쪽이든 똑같이 푸르러서 어떤 경계와 구분을 찾기 힘들어서이다. 이를 가물가물하다고 말하는데 하늘이 그만큼 그윽한 탓이다. 이것이 현의 상태이다. 밤이 되면 어두워지므로 어떤 경계와 구분을 찾기 힘들다. 그래서 그윽함이 더해진다. 현이 검다로 그 의미가 확장되는 건 밤의 이런 어두움 때문이다. 반면 땅에선 모든 것이 환히 드러난다. 그래서 산과 구릉, 강과 천, 늪과 호수 등이 우리 눈에 확연히 구분된다. 동아시아인은 이런 상태를 두고 누렇다고 여겨 땅을 황하다고 말한다. 동아시아판 자연과학의 원리는 이처럼 현과 황의 대비에서부터 출발한다.

그런데 현과 황은 동아시아 사유의 두 축인 도가와 유가를 구분하는 좋은 틀이기도 하다. 노장으로 대표되는 도가는 상대적으로 현의 입장을 지지하는 데 반해 유가는 상대적으로 황의 입장에 서 있다. 도가가 우리에게 강조하는 건 원리로서의 도(道)와 실천으로서의 덕(德)이다. 노자의 책 제목이 『도덕경』인 것도 이 때문이다. 반면 유가는 덕의 모습을 인의예지(仁義禮智) 등으로 구분하므로 황의 입장에 서 있다고 말할 수 있다. 성리학을 신봉했던 조선에서 사람의 신분을 사농공상(士農工商)으로 엄격히 구분했던 것도 황의 입장을 지지하는 좋은 예다. 심지어 선비를 당상관과 당하관으로 나누고, 또 이들의 옷도 붉은색과 푸른색으로 구분하지 않았던가? 조선이 당쟁과 사화로 얼룩진 것도 서로의 입장 차이를 좁히기보다 드러내려고 했던 황의 관점이 지배한 탓으로 본다.

도가가 현(玄)의 관점을 강력히 지지한다는 사실은 『도덕경』 1장에서부터 잘 나타난다.

도(道)를 도라고 말하면 늘 그러한 도가 아니고,
이름(名)이 적합해 늘 그러한 이름이 아니다.
무(無)는 천지의 시작이고, 유(有)는 만물의 어머니이다.
때문에 무로선 천지의 오묘함을, 유로선 만물의 명료함을 본다.

무와 유는 이름만 달리할 뿐 같은 데서 나와

이런 같음을 두고 현(玄)하다고 말한다.

현하고 또 현하니 많은 오묘한 것들이 드나드는 문이다.[3]

노자는 "무(無)와 유(有)는 이름만 달리할 뿐 같은 데서 나와 이런 같음을 두고 현(玄)하다고 말한다."라고 주장한다. 이는 무와 유가 그 이름이 서로 다를지라도 사실상 같은 데서 나왔기에 이런 같음을 두고 딱히 표현할 말이 마땅치 않아 현이라고 규정한다는 말이다. 이어서 "현하고 또 현하니 여러 오묘한 것들이 드나드는 문이다." 하면서 또다시 현을 언급한다. 『도덕경』 1장 마지막에 현이란 단어가 이처럼 세 번씩 등장하는 건 첫 장은 물론이고, 『도덕경』 전체를 이해하는 데 있어 현이 중요한 열쇠임을 말해주는 결정적 증거이다. 그런데 사람들이 현을 '검다', 또는 '가물거리다'로 풀어서 해석하는데 굳이 이렇게 해석할 필요는 없다고 본다. 도(道)를 따로 해석하지 않듯 현도 따로 풀이하지 않고 그대로 놔두는 게 자연스럽다. 도와 마찬가지로 현도 고유명사이기 때문이다.

노자는 무(無)와 유(有)의 관계에 대해서도 언급한다. 노자는 "무는 천지의 시작이고, 유는 만물의 어머니이다. 따라서 무로선 천지의 오묘함(妙)을, 유로선 만물의 명료함(徼)을 본다."고 말한다. 왜 무는 천지의 시작이고, 유는 만물의 어머니일까? 동아시아인은 전통적으로 천지는 혼돈(混沌)에서 시작된다고 믿어 왔다. 서양에선 혼돈을 카오스(chaos)라고 말하는데 혼돈은 카오스와는 의미상으로 차이가 있다.

---

3) 道可道非常道 名可名非常名. 無名天地之始 有名萬物之母. 故常無欲以觀其妙 常有欲以觀其徼. 此兩者同出而異名 同謂之玄. 玄之又玄 衆妙之門. (『도덕경』 1장)

카오스의 반대 개념은 질서를 뜻하는 코스모스(cosmos)이므로 카오스에선 질서와 반대되는 혼란의 의미가 강하다. 반면 혼돈은 온갖 생명체들이 가능태로 혼재되어 있다는 의미가 짙다. 이처럼 각각의 생명체가 가능태로 머물면 그 모습을 거의 드러내지 않아서 여기에 이름을 붙일 수 없다. 그러니 혼돈은 이름이 없는 무명(無名)의 상태일 뿐 결코 혼란스러운 상태가 아니다. 그래서 노자는 무(無)를 통해 천지의 오묘함을 본다고 말하는데 이것이 바로 천지가 시작할 때의 모습이다.

그런데 시간이 흐르면서 가능태들은 그 모습을 서서히 드러낸다. 그 결과 생명체는 포유류와 포유류 아닌 것으로 구분되고, 또 시간이 더 흐르면서 포유류는 땅에 사는 포유류와 물에 사는 포유류로 구분되고, 그리고 더 많은 시간이 흐르면서 땅에 사는 포유류는 인간이란 포유류와 인간 아닌 포유류로 보다 구체적으로 구분된다. 마치 육백만 년 전 암컷 유인원이 낳은 딸 둘 중 하나가 침팬지의 조상이 되고, 다른 하나가 인간의 조상이 된 것처럼 말이다.[4] 이런 식으로 진행된 생명체의 분화로 인해 새로운 종류의 생명체들이 지구상에 속속 등장하고, 또 등장할 때마다 새로운 생명체에 이름이 제각각 붙여진 게 사실이다. 이에 노자는 유명(有名), 즉 이름 있음을 통해 만물의 명료함(徼)을 본다고 말한다. 그러니 유명은 만물의 어머니와 같은 역할을 하는 셈이다.

그런데 유(有)를 통해 만물의 명료함을 보는 것에 대해 설명이 좀 필요하다. 그 이해가 쉽지 않아서이다. 시중에 나온 『도덕경』에서도

---

4) 유발 하라리(Y. N. Harari)의 『사피엔스(Sapiens)』 참고.

이 부분 해석이 제각각이다. 먼저 자전을 찾아보면 요(徼)는 '가장자리'로 풀이된다. 그렇다면 가장자리와 명료함 사이에 어떤 관련성이 있을까? 언뜻 보아선 어떤 관련성도 없다. 그렇지만 곰곰 따져보면 서로 긴밀히 연결되어 있음을 알 수 있다. 이런 관련성을 발견하려면 먼저 한 점을 중심으로 생겨난 원을 그려볼 필요가 있다. 여기서 원한 가운데에 있는 점이 모든 생명체의 가능태들이 혼재되어 있는 소위 혼돈의 점이다. 이 점은 시간이 흐르면서 점점 커져 원으로 바뀌고, 또 그 원은 시간이 흐르면서 더 큰 원으로 바뀐다. 이런 식으로 원이 커지면 원의 가장자리 선은 이에 맞게끔 길게 늘어나게 마련이다.

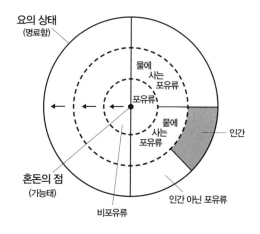

그런데 가장자리 선의 길고 작음에 따라 뭇 생명체의 명료함 여부가 결정된다. 원 안의 작은 점에 모여 있는 상태에선 뭇 생명체는 가능태로 머물기에 그 모습이 명료하지 못하다. 그렇지만 점이 점점 커져 원이 되면서 가장자리 선이 길어지면 생명체는 보다 명료한 형태로 나타난다. 예를 들어 작은 원일 때는 가장자리 선이 포유류와 비

포유류로 구분되지만 큰 원일 때는 같은 포유류라도 땅에 사는 포유류와 물에 사는 포유류로 구분된다. 이제 원이 더 커지면 가장자리 선은 땅에 사는 포유류라도 인간과 인간 아닌 포유류로 구분된다. 이런 식으로 원이 점점 더 커지면 뭇 생명체들은 과거에 비해 보다 명료한 모습을 띠고 가장자리 선에 제각각 위치한다. 이는 마치 육백만 년 전 유인원이 오랜 세월이 흐르면서 인간과 침팬지로 나뉘면서 그 모습을 보다 구체적으로 드러내는 것과 같다.

따라서 무(無)와 유(有)는 그 이름만 달리할 뿐 같은 데서 나온 게 분명하다. 가령 원이 점점 줄어들어서 한 점으로 모아지면 무의 상태이지만 그 점이 점점 늘어나서 원으로 바뀌면 유의 상태가 되기 때문이다. 노자는 이런 상태를 현(玄)이라고 이름 붙였다. 그리고 무와 유의 관계가 현하고 또 현하다는 생각이 들어서 노자는 현을 중묘지문(衆妙之門), 즉 많은 오묘한 것들이 드나드는 문이라고 정의했다. 그런데 노자는 현을 하필 문에 비유했을까? 언뜻 보아 현과 문 사이엔 어떤 관련성이 없다. 그렇지만 문의 반대개념이 벽(壁)이란 사실을 떠올리면 관련성을 충분히 발견할 수 있다. 벽은 이쪽과 저쪽을 나누어서 경계를 짓는다. 따라서 벽의 관점에선 무와 유는 서로 구분되어질 수밖에 없다. 반면 문에선 그렇지 않다. 문에선 이쪽과 저쪽이 서로 통해 연결을 이룬다. 그러니 문의 관점에선 무와 유는 서로 통하게 마련이다.

이런 전제 하에서 노자는 "도를 도라고 말하면 늘 그러한 도가 아니고, 이름이 적합해도 늘 그러한 이름이 아니다."고 말했다. 어째서 도를 도라고 말하면 늘 그러한 도가 아닐까? 즉 도가도비상도(道可道非常道)란 상황이 어째서 생겨날까? 우리는 그동안 도를 도라고 말하면 늘 그러한 도이고, 또 적합한 이름은 늘 적합한 이름이라고 믿어

왔다. 그렇다면 노자는 우리의 상식과 너무 동떨어진 얘기를 한 게 아닌가? 이런 의구심도 비상구(非常口) 개념을 떠올리면 쉽게 풀린다. 비상구는 문이긴 해도 늘 사용하는 문이 아니다. 그래서 문으로 사용하지 않을 때가 가끔씩 생겨난다는 말이 역설적으로 성립한다. 이것이 비상(非常)의 정확한 의미이다. 노자는 도(道)와 이름(名)이 지닌 이런 예외적 경우를 깨닫도록 하기 위해 '비상도(非常道)'와 '비상명(非常名)' 개념을 동원한 거라고 보아진다.

이를 기의(記意, signified, 의미)와 기표(記表, signifier, 이름)의 관계로 설명하면 그 설명이 훨씬 깔끔해진다. 노자는 '비상도'와 '비상명' 개념을 통해 기의와 기표는 정확히 일치하는, 즉 '기의=기표'의 관계가 아니라 '기의≒기표'의 관계라는 사실을 우리에게 말해준다. 기의≒기표의 관계란 기의와 기표는 비슷하게 연결될 뿐 정확하게 일치하지 않는다는 뜻이다. 서구에서 현대 언어철학을 대표하는 비트겐슈타인(L. Wittgenstein)도 이와 비슷한 주장을 펼친 바 있다. 그는 언어철학자로서 처음에는 '말의 그림론'으로 주목을 받았지만 만년에 이를 폐기하고, '말의 쓰임론'을 강조했다. 말의 그림론이 기의=기표 입장을 지지한다면 말의 쓰임론은 기의≒기표 입장에 서 있다고 말할 수 있다. 그렇다면 노자가 일찌감치 깨달은 기의≒기표의 관계를 서구는 2천 년이 지나서야 비로소 깨달은 게 아닌가?

우리는 여기서 한 가지 사실을 유념해야 한다. 『도덕경』 1장이 '도가도비상도'로 시작하므로 이를 1장의 서론쯤으로 생각하기 쉽다. 그렇지만 서론보다는 1장의 맺는말이라고 보아진다. 왜냐하면 앞서 전개된 내용, 즉 "무는 천지의 시작이고, 유는 만물의 어머니이다. 무로선 천지의 오묘함을 보고, 유로선 만물의 명료함을 본다. 무와 유는 이름만 달리할 뿐 같은 데서 나와 이런 같음을 두고 현하다고 말한다.”를 전제해야 ‘도가도비상도’란 명제가 성립할 수 있어서이다. 그렇다면 ‘도가도비상도’는 1장의 서론이 아니라 맺는말에 해당한다. 나아가 『도덕경』 전반에 걸쳐 있는 맺는말이다. 그렇다면 ‘도가도비상도’란 명제를 통해 말하려는 바가 『도덕경』의 핵심 주제가 아닐까? 이 핵심 주제가 현(玄)으로부터 비롯된다는 사실을 우리는 주목할 필요가 있다. 왜냐하면 노자와 장자를 연결하는 중요한 고리가 바로 현이기 때문이다. 『장자』 내편에 들어가기에 앞서 『도덕경』 1장을 왜 이렇게 장황하게 펼쳤는지 이제야 이해가 될 것이다.

소요유

(逍遙遊)

『장자』에 가장 많이 등장하는 단어 중 하나가 유(遊)이다. 유유자적하며 노닌다는 뜻인데 장자사상을 대표하는 개념이다. 장자는 배우는 것조차 유로 표시한다. 그래서 "배우고(學) 때때로 익히면(習) 즐겁지 아니한가."로 시작하는 『논어』의 격식을 띤 학습(學習)과 비교가 된다. 그런 탓인지 장자서 첫 번째 장의 제목도 소요유(逍遙遊)이다. '소(逍)'란 이리저리 거니는 거고, '요(遙)'는 흔들흔들 거니는 거고, '유(遊)'는 유유자적하며 노니는 거다. 그리고 소, 요, 유 세 글자에는 모두 '책받침 변(辶)'이 포함되어 있다. 책받침 변은 착(辵)에서 기원하는데 '착'은 가다서다하면서 쉬엄쉬엄 간다는 의미를 지닌다. 그러니 소요유 세 글자 어디를 보아도 바쁘거나 조급한 흔적이 없이 오로지 여유로움만 있을 뿐이다. 그렇다고 아예 멈춰서 쉬는 휴(休)와는 분명히 다른 뉘앙스를 지닌다.

소요유를 풀이하면 소요를 통해 유유자적함에 이른다는 뜻이다. 그러니 소요는 방법이고, 유유자적함은 목표에 해당한다. 또 장자는 소요와 더불어 방황(彷徨)을 언급하기에 방황을 통한 유유자적함도 목표로 한다. 소요와 방황은 우리가 아는 것과 달리 의미상에서 별다른 차이가 없다. 차이가 있다면 소요는 가만히 노니는 거라면 방황은 움직이면서 노니는 정도이다. 시선 이백(李白)은 낭만유(浪漫遊)를 언급한 바 있는데 이 역시 낭만을 통해 유유자적함에 이른다는 의미이다. 그러니 유는 공자의 인(仁), 맹자의 인의예지(仁義禮智), 노자의 도(道)와 덕(德) 개념처럼 딱딱하거나 엄숙하거나, 또 관념적이지 않다. 이 개념들에 비해 너무나 자유롭고, 편안하고, 소박할 뿐이다.

장자는 이런 유유자적한 단계에 이르는 방법을 대붕(大鵬)의 비상(飛上)을 통해 설명한다. 대붕의 비상은 엄청나게 큰 물고기 곤(鯤)이 엄청나게 큰 새 붕(鵬)으로 바뀌어서 아주 높이 날아올라 하늘의 호수로 움직인다는 내용이다. 도저히 믿을 수 없는 내용을 장자는 마치 눈앞에서 전개되듯 회화적으로 보여준다. 이는 대붕처럼 하늘 높이 날아야 유유자적한 단계에 이를 수 있음을 강조하기 위해서이다. 그러니 대붕의 비상은 우리에게 큰 충격을 주기 위한 일종의 파격적 시도라고 말할 수 있다. 이런 파격적 시도, 즉 대곤(大鯤)에서 대붕으로의 엄청난 변신이 이루어져야 진정한 의미의 유유자적함을 맛볼 수 있다. 이것은 장자의 확고한 신념이다.

그렇다면 이런 엄청난 변신이 우리에게 어떻게 생겨날까? 장자는 소지(小知)에서 대지(大知), 즉 앎이 작음에서 크게 변해야 가능하다고 본다. 장자에 따르면 큰 앎은 사물들 간에 어떤 경계와 구분을 만들어내지 않는다. 마치 대붕처럼 하늘 높이 날아서 아래를 내려다보면 땅 위의 모든 것들이 서로 비슷비슷하게 보이는 것과 같다. 이는 매미나 어린 비둘기가 기껏 날아야 느릅나무 높이 정도에 이르러서 멈춰 아래를 내려다보는 것과 비교된다. 이들은 높이 날 수 없어 가까이서 보아야 하므로 땅위의 모든 것들을 경계 짓고, 나누고, 구분한다. 이것이 작은 앎이다. 물론 큰 앎에 이르는 길은 쉽지 않다. 그래서 묵가가 떠받드는 송영자(宋榮子)나, 또 도가의 한 축을 구성하는 열자(列子)도 큰 앎의 소유자가 되기엔 부족하다. 송영자는 내외를 구분하거나 영욕을 변별하고, 또 열자는 구름을 타고 다니는 법에 여전히 의존해서이다.

장자에 따르면 진정한 의미의 성인(聖人), 신인(神人), 지인(至人)이라야 비로소 큰 앎을 지닌 인물이 될 수 있다. 장자는 먼저 성인의 예로 허유(許由)를 든다. 그는 무명(無名), 즉 명성을 추구하지 않아서이다. 허유는 임금이란 허명을 얻고 싶지 않아 요임금의 제안을 그 자리에서 거절했던 사람으로 유명하다. 또 신인의 예로 고야산의 네 명의 신인을 든다. 이들은 무공(無功), 즉 뽐냄을 드러내지 않아서이다. 신인은 그 능력이 탁월하지만 다른 사람에게 자신의 이런 능력을 쉽게 내보이지 않는다. 마지막으로 지인의 예로 송나라를 지나던 한 길손을 든다. 그는 무기(無己), 즉 자의식을 지니지 않아서이다. 이 때문에 그는 제후의 지위에까지 올랐다. 반면 자의식을 지닌 송나라 상인은 장보란 갓을 월나라에 팔러 갔지만 그곳 사람들이 머리를 짧게 하고 문신을 해서 갓이 소용없어 그만 쫄딱 망하고 말았다.

이런 예를 통해서 볼 때 성인, 신인, 지인이 공통적으로 추구하는 가치가 있다. 그것은 무용지용(無用之用), 즉 쓸모없음의 쓸모이다. 이 무용지용으로 인해 성인은 명성을 바라지 않고, 신인은 공을 추구하지 않고, 지인은 자의식을 버릴 수 있다. 이에 반해 보통사람들은 유용지용(有用之用), 즉 쓸모있음의 쓸모에 익숙해 있다. 그런데 무용지용과 유용지용은 장자와 혜시를 가르는 중요한 기준에 해당한다. 장자는 무용지용을 추구하는 반면 혜시는 유용지용을 추구해서이다. 그래서 줄기와 가지가 굽고, 옹이가 많은 가죽나무는 아무리 커도 혜시에게는 쓸모가 없다. 반면 무하유의 마을(無何有之鄕)이나 광활한 들판(廣莫之野)에 심어 큰 가죽나무 아래에서 방황하고 소요하는 걸 상상할 수 있는 장자에겐 그 나무는 큰 쓸모를 지닌다. 이것이 바로 장자가 말하는 무용지용의 도(道)이다.

소요유 1-1

북명(北冥), 즉 북쪽바다에 물고기가 사는데 이름을 곤(鯤)이라고 한다.

곤의 크기는 몇 천리나 되는지 알 수 없을 정도로 크다.

곤이 변해서 새가 되는데 이름을 붕(鵬)이라고 한다.

붕의 등은 몇 천리나 되는지 알 수 없을 정도로 길다.

붕이 힘차게 날아오르면 날개는 마치 하늘에 드리운 구름과 같다.

붕은 바다 기운이 움직여서 큰 바람이 일면

그걸 타고 남명(南冥), 즉 남쪽바다로 날아간다.

남쪽바다는 하늘의 호수(天池)이다.

• • •

北冥有魚, 其名爲鯤. 鯤之大, 不知其幾千里也. 化而爲鳥, 其名爲鵬. 鵬之背, 不知其幾千里也., 怒而飛, 其翼若垂天之雲. 是鳥也, 海運則將徒於南冥. 南冥者, 天池也.

대붕의 비상 –
황(黃)의 관점에서 현(玄)의 관점으로

———

이 글을 접하면 현실과 너무 동떨어진 내용이어서 우선 당황스럽다. 장자는 왜 이런 황당한 이야기로 책을 시작할까? 장자가 간혹 허황된 사상가로 오해받기도 하는데 아마도 이런 이유 때문이 아닐까 생각한다. 그런데 장자의 이런 파격적 시도는 우리가 상상할 수 없을 정도로 높은 수준에서 이루어진 치밀한 기획의 소산이다. 그렇다면 『장자』 첫 장인 「소요유」 시작부는 장자가 기분 내키는 대로 아무렇게나 쓴 글이 아니다. 장자의 이런 치밀한 기획을 이해하려면 여기에 등장하는 개념들이 꽤 의미 있는 메타포란 사실을 깨달아야 한다. 북명(北冥)과 남명(南冥), 큰 물고기 곤(鯤)과 큰 새 붕(鵬), 붕이 바람을 타고 하늘의 호수(天池)로 날아가는 것 등이 장자가 동원한 메타포이다. 그래서 이 메타포가 지시하는 의미를 제대로 파악해야 이 황당한 얘기에 대한 수수께끼가 풀린다.

북명(北冥)은 북쪽바다를 뜻하는데 현(玄)의 성격이 짙다.[3] 왜 그러

---

3) 경복궁(景福宮) 남문은 광화문(光化門)인데 반해 북문이 현무문(玄武門) 인 것도 이 때문이라고 본다.

한가? 북쪽을 남쪽과 비교하면 깊고 어두워서 그 모습이 잘 드러나지 않는다. 그래서 북쪽은 드러나는 황(黃)의 의미라기보다는 감추는 현(玄)의 의미가 짙다. 또 명(冥)은 어둡다 내지 깊다는 의미이므로 바다를 뜻한다. 그런데 바다는 하늘처럼 어떤 구분과 경계를 만들어내지 않아서 이 역시 현(玄)의 의미가 짙다. 그래서 곤이 하늘로 날아오른 지점이 땅이 아니라 바다란 사실이 중요하다. 바다는 현을 상징하지만 땅은 황을 상징해서이다. 만약 곤이 바다가 아니라 땅에서 하늘로 날아오른다고 설정했더라면 북명을 통해 현한 모습을 가능한 크게 부각시키려고 했던 장자의 의도와 크게 배치된다. 그러니 아무런 생각 없이 북명을 막연히 언급한 게 아니다. 노자가 『도덕경』 1장에서 천지의 시작(天地之始)을 통해 얻으려고 했던 효과를 장자는 북명이란 개념을 통해 똑같이 이루고자 했다고 보아진다.

그렇다면 남명(南冥)[4], 즉 남쪽바다를 통해선 만물의 어머니(萬物之母)와 같은 효과를 기대했을까? 그렇다고 본다. 그래서 천지의 시작이 북명과 같은 역할을 담당하는 것처럼 만물의 어머니도 남명과 같은 역할을 수행한다. 장자가 남명을 가리켜서 하늘의 호수(天池)라고 말한 것도 이 때문이다. 하늘의 호수란 무엇인가? 하늘의 곳간인 천부(天府)이다. 천부는 아무리 부어도 넘치지 않고, 아무리 써도 마르지 않는다. 또 물은 생명의 근원이자 만물을 풍요롭게 하는 존재인데 하늘의 호수에 있는 물이니까 그 물의 풍요로운 작용은 마치 어

---

4) 조식(曹植) 선생의 호가 남명(南冥)인데 여기서 인용된 거라 보아진다. 그가 평생 머물던 곳이 지리산 아래 지금의 산청(山淸)이다. 산청은 한반도 남쪽에 위치하기에 남명이 지시하는 의미와 잘 어울린다. 또 조식 선생이 자신의 유학에 노장사상을 접목하려 했다는 점을 감안하면 남명이란 호는 그에게 잘 어울린다.

머니와도 같다. 게다가 남쪽은 북쪽과 달리 모든 게 풍성하고 여유롭지 않은가! 그렇다면 어떻게 해야 천부처럼 아무리 부어도 넘치지 않고, 아무리 써도 마르지 않을까? 그건 마음을 비울 때 비로소 가능하다. 큰 새 붕이 구만 리나 높이 올라서 날아간다는 점을 장자가 유난히 강조한 것도 이 때문이다. 이렇게 높이 날 수 있는 건 오로지 마음을 비워서이다.

물론 하늘을 높이 오르는 데는 무거운 새보다 가벼운 새가 분명 유리하다. 그럼에도 장자는 작은 새가 아니라 큰 새 붕을 왜 내세웠을까? 붕은 커도 보통 큰 새가 아니지 않은가. 크기만 해도 몇 천리이니 몸길이만도 수백 킬로에 이를 것이다. 이런 큰 새는 현실에서 도저히 존재할 수 없다. 그런데도 장자는 어째서 이런 큰 새를 「소요유」의 주인공으로 삼았을까? 이에 대해선 여러 가지 설이 난무한다. 그 중에 가장 많이 회자되는 건 높이 오르려면 붕처럼 엄청난 존재여야 가능하다는 설이다. 이는 아무나 높이 오를 수 있는 게 아니라 일정한 자격을 갖춰야만 높이 오를 수 있다는 말이다. 그런데 높이 오를 수 있는 대상을 장자는 과연 이런 식으로 제한하고자 했을까? 아니라고 본다. 대붕처럼 큰 새를 설정한 건 오욕에 찌든 우리의 집착과 탐착의 마음이 그만큼 무겁다는 걸 강조하기 위해서이다. 그렇더라도 우리가 이런 오욕에서 벗어나서 마음만 자유로울 수 있다면 아무리 몸이 무겁더라도 대붕처럼 하늘을 훨훨 높이 올라서 날 수가 있다.

이제 대붕은 하늘의 호수인 남명(南冥)에 어떻게 날아갈까? 장자는 "바다 기운이 움직여서 큰 바람이 일면 그 바람을 타고 남명으로 날아간다."라고 말한다. 또 뒤이어 나오는 글에선 "회오리바람을 타고 회전해서 올라간다."라고 말한다. 그러니 멀리 날아가는 것도, 또 높이 오르는 것도 모두 바람에 의해 이루어지는 셈이다. 물론 새가 바람을 타야만 날 수 있고, 또 오를 수 있지만 장자가 바람을 날고 오르는 수단으로 특별히 선정한 데는 나름대로의 이유가 있다고 본다. 필자가 추측하기엔 장자는 바람을 끌어들이기 위해 일부로 붕이란 새를 등장시켜서 「소요유」를 시작했다고 본다. 그래서 「소요유」에 뒤이은 「제물론」에서도 바람이 모티브가 되어서 장자가 말하고자 하는 내용이 펼쳐진다. 자연의 통소소리인 천뢰(天籟), 대지의 통소소리인 지뢰(地籟), 사람의 통소소리인 인뢰(人籟)가 그것이다. 천뢰든, 지뢰든, 인뢰든 모두 바람과 관련이 있다.

　그런데 바람은 어떤 성격을 지닐까? 우리가 마주하는 것 중에 가장 자연스런 존재가 바람이다. 그래서 바람을 누가 만드는지, 어떻게 생겨나는지, 또 어디에서 왔다가 어디로 가는지 아무도 모른다. 그냥 생겨났다 저절로 없어질 뿐이다. 그런 바람에 의지해서 마음을 비우는 게 무위(無爲)에 따라 도(道)를 구현하는 길이다. 그렇다면 무위와 반대되는 유위(有爲)에 따른 길이 있는가? 물론 있다. 대표적인 게 『논어』의 시작을 알리는 학이시습지(學而時習之), 즉 배움(學)과 익힘(習)이다. 유가는 학습(學習)을 통해 도에 이르는 길을 제시한 대표적인 사상가 집단이다. 이 점이 장자사상과 공자사상의 중요한 차이이다. 장자는 학습을 통해 도에 이르는 길, 즉 유위 내지 인위(人爲)에 따른 방법을 철저히 배격한다. 그래서 장자는 바람에 의해 높이 올라서 하늘의 호수로 훨훨 날아가는, 즉 무위자연에 따라 도의 상태에 이르는 방법을 보여주고자 했다. 그만큼 무위자연에 입각한 도의 구현을 강조했다.

　장자는 새 붕의 등장에 앞서 물고기 곤(鯤)의 존재를 다음과 같이 말한다. "물고기 곤이 북명에 사는데 그 크기가 몇 천리 되는지 알 수 없을 정도로 크다. 그 곤이 변해 붕이란 새가 된다." 그런데 장자는 붕의 얘기를 처음부터 꺼내지 않고, 물고기 곤이 변해 새 붕이 된다고 왜 말했을까?『주역』에 따르면 잠룡은 물용(勿用)이므로 물속의 곤도 가능태일 뿐 완성태가 아니다. 완성태가 되려면 물속에서 나와 하늘로 높이 훨훨 날아야 한다. 이 때문에 물속에서 모습을 드러내지 않는 곤이란 큰 물고기도 존재의 변형을 반드시 필요로 한다. 사람도 마찬가지이다. 우리도 이런 존재의 변형을 이루지 못하면 물속에서 평생 살아가야 하는 그야말로 자유롭지 못한 존재로서 머물고 만다. 그렇지만 존재의 변형을 통해 하늘을 높이 날아 오를 수 있다면 자유로운 존재로 얼마든지 거듭날 수 있다. 그래서 장자는 오욕에 찌든 부자유스런 삶과 오욕으로부터 해방된 자유로운 삶의 대비를 위해 물속의 물고기와 하늘을 나는 새를 비교해 등장시킨 거라고 본다.

『제해(齊諧)』는 기이한 걸 기록해 놓은 책인데 이 책은 말한다.

'붕이 하늘로 올라 남쪽바다로 날아 움직이면서 날갯짓을 하면

바닷물이 튀길 삼천 리, 회오리바람을 타고 오르길 구만 리인데

반년을 날아가야 비로소 하늘의 호수(天池)에 이르러서 쉰다.'

땅에선 아지랑이(野馬)가 피어오르고 흙먼지(塵埃)가 날아다니는데

생물들이 서로 숨을 들이마시고 내쉬면서 생겨난 것이다.

그런데 땅에서와 달리 하늘이 푸르고 푸른 건 본래의 빛깔인가?

아니면 너무 멀어서 끝이 없어서인가?

붕이 위에서 아래를 내려다보니 올려다볼 때처럼

똑같이 푸르고 푸를 뿐이다.

• • •

齊諧者, 志怪者也. 諧之言曰:「鵬之徒於南冥也, 水擊三千里, 搏扶搖而上者九萬里. 去以六月息者也.」野馬也, 塵埃也, 生物之以息相吹也. 天之蒼蒼, 其正色邪? 其遠而無所至極邪? 其視下也, 亦若是則已矣.

하늘이 푸른 건 본래의 빛깔인가?
아니면 너무 멀어서 끝이 없어서인가?

———

책 서두를 장식한 대붕의 비상이 장자 자신이 꾸며낸 얘기가 아니란 걸 증명하기 위해 『제해(齊諧)』란 책의 내용을 인용한다. 『제해』는 제(齊)나라의 기이한(諧) 얘기를 모아놓은 책이다. 이 책에 "붕이 하늘로 올라 남쪽바다로 날아 움직이면서 날갯짓을 하면 바닷물이 튀길 삼천 리, 회오리바람을 타고 하늘에 오르길 구만 리인데 반년을 날아가야 비로소 하늘의 호수에 이르러서 쉰다."고 쓰여 있다. 그러니 날아오르는 붕에 대한 묘사가 장자가 앞에서 언급한 것보다 훨씬 더 구체적이다. 이렇게 보면 장자의 말이 좀 허황되어도 전혀 근거 없는 말이 아니다. 그런데 자세히 보면 장자의 말과 『제해』 사이에는 차이점이 있다. 장자는 붕이 '그냥' 날아간다고 언급한 반면 『제해』에선 붕이 '하늘 높이' 날아오른다고 적혀 있다. 이 점이 소통과 관련해 눈여겨보아야 할 대목이다.

우리는 어떻게 해야 소통에 이를 수 있을까? 지금도 많은 사람들이 여기저기서 소통의 중요성을 소리 높여 외치지만 막상 어떻게 해야 소통에 이를 수 있는지에 대해선 침묵한다. 마땅한 소통의 해법을 찾기가 그만큼 힘들어서이다. 그런데 장자는 소통의 문제를 「소요유」에서부터 맞닥뜨려 그 해법을 찾고자 한다. 또 「소요유」에 뒤이은 「제물론」에서도 소통의 방법론 및 그 방법론의 타당성에 대해 꽤 구체적으로 언급한다. 그래서 「소요유」가 소통의 해법에 대한 가능성을 펼쳐 보이는 장이라면 「제물론」은 그 가능성을 보다 체계적으로 정리해 놓은 장이라고 말할 수 있다. 그래서인지 동아시아 고전 중에 론(論)으로 끝나는 제목은 『장자』「제물론」한 곳뿐이다. 이런 사실은 「제물론」이 장자가 말하는 소통의 방식을 체계적으로 집약해 놓은 곳임을 입증해준다. 그러니 「제물론」은 장자식 소통론의 이론적 틀에 해당한다고 말할 수 있다.

그렇다면 「소요유」에서 장자가 말하는 소통론은 무엇일까? 우리는 그 단서를 여기서 찾을 수 있다.

> 땅에선 아지랑이가 피어오르고 흙먼지가 날아다니는데
> 생물들이 서로 숨을 들이마시고 내쉬면서 생겨난 것이다.
> 그런데 땅에서와 달리 하늘이 푸르고 푸른 건 본래의 빛깔인가?
> 아니면 너무 멀어서 끝이 없어서인가?
> 붕이 위에서 아래를 내려다보니 올려다볼 때처럼
> 똑같이 푸르고 푸를 뿐이다.

아지랑이와 흙먼지처럼 작은 것은 가까이에선 잘 보이지만 멀리에선 잘 보이지 않는다. 더구나 붕처럼 하늘 높이 올라 거기서 아래를 내려다보면 땅에 있는 것들이 아무리 크더라도 서로 잘 구분되지 않는다. 그러니 아지랑이와 흙먼지 간의 구분은 당연히 생겨나지 않고, 심지어 이것의 존재조차 드러나지 않는다. 여기서 장자는 "하늘이 푸른 건 원래 푸른 건가? 아니면 너무 멀어서 푸른 건가?"라는 의구심을 내보이면서 하늘이 왜 푸른가에 있어 중요한 발상의 전환을 이룬다. 이 발상의 전환은 지금까지 하늘이 푸르다는 걸 아무런 의심 없이 믿어 왔는데 이런 믿음이 과연 진실일까 하는 의구심에서 비롯된다. 여기서 장자는 붕이 하늘에서 땅을 내려다보니 땅에서 하늘을 올려다본 것처럼 똑같이 푸르다는 사실을 우리에게 상기시킨다. 그렇다면 하늘이 푸른 건 원래 푸르러서가 아니라 너무 멀어서 푸를 수 있다. 이런 사실은 소통과 관련해 매우 중요한 발견에 해당한다.

장자에게 있어서 푸르다는 사실 자체는 중요하지 않다. 푸른색이든, 황토색이든, 검정색이든 간에 하늘과 땅의 색깔은 크게 문제시되지 않는다. 중요한 건 하늘과 땅이 오로지 하나의 색으로 통일되어 있다는 점이다. 하나의 색으로 통일된다는 건 아지랑이와 흙먼지는 물론이고, 산과 구릉, 강과 천, 늪과 호수조차 서로 구분되지 않는다는 의미이다. 이처럼 땅 위의 모든 것들이 서로 구분되지 않을 때 비로소 하나의 색으로 통일될 수 있다. 이것이 경계와 구분이 소멸되는 현(玄)의 상태이다. 반면 아지랑이와 흙먼지는 생물들이 서로 숨을 내쉬면서 만들어진다. 흥미로운 사실은 생물들이 내뿜는 숨에 의해서 똑같이 생겨났는데도 아지랑이와 흙먼지로 서로 다르게 나타난다는 점이다. 이것이 황(黃)의 상태이다. 황의 상태에선 사물의 모습이 환히 잘 드러나므로 하나로 통일되지 못하고, 제각각의 색을 모두 내보인다. 이처럼 멀리서 보느냐 가까이서 보느냐에 따라 현과 황의 구분이 생겨난다.

그렇다면 현과 황은 소통과 관련해서 어떤 의미를 지닐까? 대붕처럼 하늘 높이 올라 멀리서 아래를 내려다보면 땅 위의 것들에 대해 큰 형상만 파악할 뿐이다. 반면 매미나 작은 새처럼 낮게 날아 가까이서 아래를 내려다보면 사물을 구체적으로 파악한다. 그런데 큰 형상만을 보면 사물 간 차이가 잘 드러나지 않는다. 그래서 이것과 저 것은 다른 게 아니라 같다고 여긴다. 반면 구체적으로 보면 사물 간 차이가 확연히 드러난다. 그런데 소통을 달성하려면 서로 간 차이보 다 공통되고 공감할 수 있는 부분을 가능한 많이 찾아야 한다. 반면 서로간 차이를 발견하는 데 집착하다 보면 불통으로 이어지게 마련 이다. 따라서 서로 간의 의견 차이를 줄여서 공통되고 공감할 수 있 는 부분을 찾아내는 게 커뮤니케이션에 있어 현(玄)의 관점이다. 반면 서로 간 의견 차이를 가능한 많이 드러내는 게 커뮤니케이션에 있어 황(黃)의 관점이다.

"우리 민주당에는 두 그룹의 애국자가 있습니다. 하나는 이라크전 을 찬성했던 애국자이고, 다른 하나는 이라크전을 반대했던 애국자 입니다." 오바마 전 미국 대통령이 무명의 대통령 후보 시절 이라크 전 찬반 여부로 갈라졌던 민주당원을 상대로 했던 유명한 연설이다. 이 말이 우리의 가슴에 와닿는 건 애국을 위한 방법론이 중요한 게 아니라 애국 그 자체가 중요하다는 사실 때문이다. 여기서 애국의 구 체적 방법론이 황의 관점이라면 애국 그 자체는 현의 관점이다. 그러 니 상대방에게 울림이 있으려면 가능한 현의 관점에서 커뮤니케이션 해야 한다. 그래야만 소통이 가능하다. 그럼에도 불구하고 황의 관점 에서 커뮤니케이션 하는 걸 고집한다면 우리는 불통에서 도저히 헤 어날 수 없다.

소통(疏通)은 우리 시대의 주요 담론이다. 그래서 곳곳에서 소통을 강조하는 이야기가 끝없이 펼쳐진다. 그럼에도 소통이 제대로 이루 어지지 않아 커뮤니케이션을 연구하는 학자 입장에서도 안타까울 뿐 이다. 소통의 중요성만 강조할 뿐 어떻게 해야 소통에 이를 수 있는 지에 대한 방법론이 생략된 채 논의가 진행되어서이다. 우리 사회에서 소통이 제대로 이루어지면 소통을 굳이 강조할 필요가 없다. 그래서 소통을 강조하는 목소리가 크면 클수록 우리 사회에 불통이 지배한다는 논리가 역설적으로 성립한다. 그렇다면 소통을 어떻게 해야 말만 무성한 우리 시대의 소통담론을 잠재울 수 있을까?

소통의 문제를 본격적으로 연구한 서구의 대표적 학자로서 독일의 사회학자 하버마스(J. Habermas)를 들 수 있다. 그가 창안한 커뮤니케이션 이론(communication theory)은 지난 50년 이상 서양의 사회과학을 지배해 왔을 정도로 오늘날 서구 사회를 분석하는 데 있어 높은 설명력을 자랑한다. 하버마스의 커뮤니케이션 이론은 우리나라 사회과학계에도 적지않은 영향을 미쳐 1980년대부터 지금까지 약 40년간에 걸쳐 관련 학자들에 의해 자주 인용되곤 했다. 그만큼 우리 학계에서도 인기가 높은 이론이다. 또 우리의 시민사회 운동도 하버마스 이론이 그 출발점이 되었다고 해도 과언이 아니다. 이럴 정도로 하버마스 커뮤니케이션 이론은 우리 학계나 사회에 큰 영향력을 미친 게 사실이다.

하버마스의 커뮤니케이션 이론은 현대사회의 정당성(legitimacy) 위기에 대한 분석에서 출발한다. 하버마스에 따르면 현대사회의 위기는 '체계(system)'와 '생활세계(life-world)'가 분리되면서부터 생겨났다. 게다가 체계가 생활세계를 종속화 내지 식민화하면서 체계와 생활세계의 분리가 더욱 가속화되었다. 이는 체계를 조종하는 화폐 및 권력이 생활세계를 효과적으로 지배함으로써 생겨난 현상이다. 이에 하버마스는 커뮤니케이션의 합리성을 복원해서 화폐와 권력에 의해 조종되는 체계의 목적합리성을 극복할 때 오늘날 사회는 그 정당성 위기에서 벗어날 수 있다고 주장했다. 그리고 복원된 생활세계의 한 모델로서 18~19세기 유럽에서 이루어졌던 부르주아지 공론장(公論

場)을 들었다.

　하버마스의 이런 시도는 후기자본주의 사회 분석에 있어 지배적 위치를 점유해 왔던 마르크스의 노동 개념을 커뮤니케이션으로 대체했다는 점에서 매우 의미 있는 작업에 해당한다. 따라서 커뮤니케이션 학자 입장에서도 무척 반가운 일이다. 그렇지만 소통의 관점에서 볼 때 그의 커뮤니케이션 이론은 절반의 완성일 뿐이다. 빼어난 문제 제기에 비해 그 해법이 너무 허술해서이다. 그는 참여자들이 의사소통적, 주장적, 표현적, 규제적 언술행위를 할 수 있는 동일한 기회를 가져야만 문제를 해결할 수 있다고 말하는데 이 해법이 너무나 도식적이다. 왜냐하면 이런 언술행위를 할 줄 몰라서 소통이 이루어지지 않는 게 아니기 때문이다. 오히려 이런 언술행위를 잘 알지만 이를 실천에 옮기기가 그만큼 힘들어서이다. 그래서 하버마스의 소통 해법은 윤리적 내지 당위론적 해법에 그칠 뿐 결코 과학적이거나 합리적인 해법이 될 수가 없다.

　하버마스는 몇 차례 한국을 다녀간 적이 있다. 그때 한국 사회 문제에 대한 진단 및 처방을 부탁받는 자리에서 "명륜당과 해인사에 모든 답들이 있는데 굳이 내 철학을 통해 한국 사회를 연구하려느냐?"고 말해 우리를 부끄럽게 한 적이 있다. 이 말은 단순한 립 서비스가 아니라 한국에 체류하는 동안 유가와 불가를 접하면서 받았던 충격 탓이라고 본다. 당시 하버마스가 장자를 접했더라면 장자사상이야말로 소통 해법의 진수라고 말하지 않았을까 상상해 본다. 만약 그랬다면 하버마스는 절반의 완성에 그치고 만 자신의 커뮤니케이션 이론을 장자의 소통사상을 통해 완성시켰을 거라고 전망해 본다.

　그렇다면 장자가 제시하는 소통의 해법은 무엇일까? 대붕(大鵬)의 비상에서 보듯이 대붕처럼 한 단계 더 높거나, 더 먼 곳에서 세상을 바라보는 일이다. 그러면 세상은 물론이고, 사람들 사이의 의견과 생각에서도 차이점보다 공통점을 더 많이 발견할 수 있다. 이때 타협은 물론이고, 소통의 가능성까지 자연스럽게 열린다. 그래서 장자는 한 단계 더 높거나 한 단계 더 먼 곳에서 바라보는 것을 큰 앎(大知)으로 규정한다. 반면 한 단계 더 낮거나 한 단계 더 가까운 곳에서 바라보는 것을 작은 앎(小知)으로 규정한다. 그러니 대붕처럼 큰 앎에 이른 사람은 소통에 쉽게 이를 수 있지만 매미나 어린 새처럼 작은 앎에 그치고 만 사람은 불통에서 벗어나기가 힘들다.

소요유 2-1

물(水)이 충분히 괴지 않으면 큰 배(大舟)를 띄울 방도가 없다.

뜰 가운데 움푹 팬 곳에 물 한 잔을 부으면

작은 풀잎은 떠서 배가 되지만 거기에 잔을 내려놓으면 달라붙는다.

이는 물은 얕은데 배가 크기 때문이다.

그러니 날개 밑에 바람(風)이 두텁게 쌓이지 않으면

큰 날개(大翼)를 띄울 만한 힘이 없다.

때문에 붕이 구만 리나 높이 날아오르려면

날개 밑에 바람이 두텁게 쌓여야 한다.

그런 뒤 붕은 이제 바람에 의지해서 하늘을 높이 날아오른다.

푸른 하늘을 등진 채 높이 올라가 아무도 가로막지 않은 뒤라야

붕은 이제 도남(圖南), 즉 큰 뜻을 품는다.

매미와 어린 비둘기는 높이 날아가는 붕을 비웃으며 말한다.

'우리는 힘껏 날아야 느릅나무나 박달나무 높이에 이르러서 멈추고,

때론 거기에도 이르지 못해 땅바닥에 내동댕이쳐질 뿐인데

어찌 구만 리씩이나 높이 날아올라 남쪽으로 가려는가?'

교외의 들판으로 놀러 가는 경우에는

세 끼만 먹어도 황혼녘에 돌아올 때까지 여전히 배가 부르고,

백리 바깥에 나가는 경우에는 하룻밤 걸려 먹을 양식을 찧고,

천리 바깥에 나가는 경우에는 석 달 치 양식을 모은다.

그러니 매미와 어린 비둘기 또한 붕의 심중을 어찌 헤아리겠는가!

이는 작은 앎(小知)이 큰 앎(大知)에 못 미치고,

짧은 수명(小年)이 긴 수명(大年)에 못 미쳐서이다.

어째서 그렇다는 걸 아는가?

조균(朝菌)은 밤과 새벽을 모르고, 매미는 봄과 가을을 모르는데

이는 수명이 짧아서이다.

저 멀리 떨어진 초나라 남쪽에 명령(冥靈)이란 전설상의 나무는

오백 살을 봄으로 삼고, 오백 살을 가을로 삼는다.

그리고 아주 먼 옛날에 대춘(大椿)이란 신령스런 나무는

팔천 살을 봄으로 삼고, 팔천 살을 가을로 삼는다.

이쯤 되어야 긴 수명이다.

그런데 팽조(彭祖)는 팔백 살을 살고 오래 살았다고 유명해져서

사람들이 그 수명과 비교하려드니 또한 슬프지 않은가!

. . .

且夫水之積也不厚, 則其負大舟也無力. 覆杯水於坳堂之上, 則芥爲之舟., 置杯焉
則膠, 水淺而舟大也. 風之積也不厚, 則其負大翼也無力. 故九萬里, 則風斯在下
矣, 而後乃今培風, 背負靑天而莫之夭閼者, 而後乃今將圖南. 蜩與學鳩笑之曰:
「我決起而飛, 搶楡枋而止, 時則不至而控於地而已矣, 奚以之九萬里而南爲?」
適莽蒼者, 三湌而反, 腹猶果然., 適百里者, 宿舂糧., 適千里者, 三月聚糧. 之二
蟲又何知! 小知不及大知, 小年不及大年. 奚以知其然也? 朝菌不知晦朔, 蟪蛄不知
春秋, 此小年也. 楚之南有冥靈者, 以五百歲爲春, 五百歲爲秋, 上古有大椿者, 以
八千歲爲春, 八千歲爲秋, 此大年也, 而彭祖乃今以久特聞, 衆人匹之, 不亦悲乎!

큰 앎(大知)과 작은 앎(小知)

대붕의 비상을 통해 말하려는 주제가 이제부터 그 모습을 서서히 드러낸다. 그것은 대지(大知), 즉 큰 앎인데 장자는 작은 앎, 즉 소지(小知)와 비교해서 이를 설명한다. 그렇다면 큰 앎이란 무엇일까? 물론 대붕이 지닌 앎이다. 즉 대붕처럼 하늘 높이 올라 거기서 아래를 내려다보면 모든 것들이 경계나 구별 없이 똑같이 보이는 게 큰 앎이다. 장자는 하늘이 푸른 건 원래 푸른 게 아니라 너무 멀어서 푸른 거라고 말한 바 있다. 하늘이 푸른 게 이처럼 너무 멀어 경계와 구분이 소멸되어서 가물거려 생겨난 거라면 이것이 현(玄)의 상태이다. 『천자문』도 하늘을 가리켜서 현하다고 말하지 않는가! 큰 앎을 지닌 사람도 경계와 구분을 가능한 만들지 않으므로 현(玄)의 입장에 서 있다고 말할 수 있다. 그래서 큰 앎을 지닌 사람은 소통에 쉽게 이를 수 있다.

반면 작은 앎을 지닌 사람은 산과 구릉, 강과 천, 늪과 호수 등을 일일이 구분한다. 심지어 아지랑이와 흙먼지같이 아주 작은 것까지도 구분한다. 장자는 이런 사람을 가리켜서 매미와 어린 비둘기에 비유한다. 매미와 어린 비둘기는 기껏 날아봐야 느릅나무나 박달나무 높이에서 멈추어 그 정도 높이를 날아다닌다. 때론 거기에도 이르지 못해 땅바닥에 내동댕이쳐지는 경우도 있다. 그러니 이들은 숲을 보지 못하고 나무만 볼 뿐이다. 게다가 나무도 꼼꼼하게 챙겨서 자세히 보기에 나무의 차이점만 밝히려고 한다. 이런 사람과 커뮤니케이션을 하면 늘 충돌하므로 소통에 이르기가 힘들다. 그런데도 이들은 대붕을 보면서 그렇게 높이 올라서 날아갈 필요가 있느냐고 비웃는다. 한마디로 자신이 얼마나 어리석은 줄조차 모르는 행동이다. 그러니 대붕이 볼 때 어린 비둘기의 이런 태도는 가소롭기 짝이 없다.

물론 대붕처럼 큰 새일지라도 항상 높이 날 수 있는 건 아니다. 바람을 많이 품어야 높이 나는 게 비로소 가능하다. 그래서 구만 리나 높이 날아오르려면 날개 밑에 바람이 두텁게 쌓여야 한다. 이래야만 푸른 하늘을 등진 채 높이 날아오를 수 있는데 이렇게 높이 날아오르면 어느 누구도 그의 비행을 가로막지 못한다. 이런 상태에서 도남(圖南), 즉 큰 뜻을 펼치기 위한 비행이 시작된다. 도남이란 남쪽(南)을 그린다는(圖) 말이다. 남쪽을 그린다는 건 도(道)의 상태에 이른다는 걸 뜻한다. 그래서 북쪽바다에 있을 때는 가능태로만 머물지만 남쪽바다에 도착하면 도에 이른 완성태로 그 모습이 바뀐다. 이런 변화는 오욕에 찌든 부자유스러운 삶에서 오욕으로부터 해방된 자유로운 삶으로의 이동을 의미한다. 이것이 소요유(逍遙遊)에 이르는 길이다. 그러니 장자가 말하는 도남, 즉 큰 뜻의 펼침은 세속적 의미의 성공과는 크게 다르다. 그러니 유가식의 인간적 완성과도 거리가 있다.

그러면 날개 밑에 얼마만큼의 바람이 쌓여야 할까? 물론 높이 날수록 더 많은 바람이 쌓여야 한다. 그래서 장자는 집 떠날 때 준비해야 하는 양식에 이를 비유한다. 예를 들어 가까운 교외의 들판으로 놀러 가는 경우 세 끼 정도의 식사만 준비해도 충분하다. 이 정도만 준비해도 황혼녘에 되돌아올 때까지 여전히 배가 부르다. 그런데 백리 바깥으로 나가는 경우는 하룻밤 걸려서 먹을 양식을 찧어야 하고, 천리 바깥으로 나가는 경우는 석 달 치 양식을 모아야 한다. 마찬가지로 물이 충분히 고이지 않으면 큰 배를 띄울 여력이 없다. 그래서 뜰 가운데 움푹 팬 곳에 물 한 잔을 부으면 작은 풀잎은 떠서 배가 되지만 잔을 놓으면 밑에 딱 달라붙는다. 물은 얕은데 잔이 크기 때문이다. 그러니 큰 걸 띄우려면 더 많은 물이 필요한 것처럼 높이 오를수록 날개 밑에 더 많은 바람이 쌓여야 한다. 오욕으로 찌든 우리의 몸이 무거울수록 마음을 더 많이 비워야 하는 것도 이와 마찬가지 이치이다.

그런데 우리는 새처럼 하늘을 훨훨 날 수 없지 않은가? 대붕처럼 하늘을 높이 날 수 없다면 큰 앎에 접근하는 것 자체가 아예 차단되어 있는 게 아닌가? 이런 문제의 제기를 의식한 탓인지 장자는 높음/낮음의 길이를 김/짧음의 시간으로 대체한다. 그리고선 긴 수명(大年)과 짧은 수명(小年)을 비교한다. 새벽에 잠깐 자라다가 아침 햇살이 비치면 이내 죽고 마는 조균(朝菌)이란 버섯은 수명이 짧다. 그러니 밤과 새벽을 알 리 만무하다. 매미도 여름 한 철만 살기에 봄가을을 알 턱이 없다. 이에 반해 초나라 남쪽의 명령(冥靈)이란 나무는 오백 살을 봄으로 삼고, 오백 살을 가을로 삼아 모두 천년을 살았다. 또 아주 먼 옛날에 대춘(大椿)이란 나무는 팔천 살을 봄으로 삼고, 팔천 살을 가을로 삼아 모두 만 육천 년을 살았다. 이쯤 되어야 긴 수명인데 사람들은 팔백 살을 산 팽조(彭祖)를 보고, 오래 살았다고 여겨 그와 비교하려고 든다. 그러니 짧은 수명이 어떻게 긴 수명을 당해낼 수 있을까! 이런 어리석음을 두고 장자는 슬프다고 말한다.

소요유 2-2

은나라 탕(湯)왕이 현명한 신하인 하극(棘)에게 물은 바도 이것이다.

탕왕이 물었다. "상하사방에 끝이 있는가?"

하극이 대답했다.

"무극(無極)의 바깥은 다시 무극이어서 상하사방에 끝이 없습니다.

그런데 저 멀리 떨어진 불모지 북쪽에 명해(冥海)란 바다가 있는데

그곳이 하늘의 호수(天池)입니다.

그곳에 어떤 물고기가 사는데 폭은 수천 리이고,

길이는 누구도 알지 못할 정도로 큰데 이름을 곤(鯤)이라고 합니다.

또 그곳에 어떤 새가 사는데 이름을 붕(鵬)이라고 합니다.

붕의 등은 태산(太山)과 같고, 날개는 하늘에 드리운 구름(垂天之雲)과

같습니다.

그 큰 새가 회오리바람을 타고 회전해서 올라가면

높이가 무려 구만 리입니다.

구름을 뚫고 푸른 하늘을 등진 뒤라야 도남(圖南),

즉 큰 뜻을 품고 남명(南冥), 즉 남쪽 바다로 나아갑니다.

메추라기가 비웃으며 '저자가 어찌 저렇게 높이 날아서 갈까?

나는 기껏 뛰어 올라봐야 불과 팔 척 정도 올라갔다 내려와서

쑥대밭 사이를 선회해서 나는데 이것도 나로선 많이 날아오른 셈이다.

그런데 저자가 어찌 저렇게 높이 날아가려는 걸까?'라고 말합니다."

이것이 작은 것과 큰 것의 차이이다.

• • •

湯之問棘也是已: 湯問棘曰:「上下四方有極乎?」棘曰:「無極之外, 復無極也. 窮髮之北有冥海者, 天池也. 有魚焉, 其廣數千里, 未有知其修者, 其名爲鯤. 有鳥焉, 其名爲鵬, 背若太山, 翼若垂天之雲, 搏扶搖羊角而上者九萬里, 絕雲氣, 負靑天, 然後圖南, 且適南冥也. 斥鴳笑之曰:『彼且奚適也? 我騰躍而上, 不過數仞而下, 翶翔蓬蒿之間, 此亦飛之至也. 而彼且奚適也?』」此小大之辯也.

큰 것과 작은 것의 차이

———

　지금까지 내용들도 장자가 꾸며낸 얘기가 아닐까? 물론 꾸며낸 얘기이다. 그렇지만 전혀 허황되게 꾸며낸 얘기가 아니란 걸 보여주기 위해 장자는 『탕지문극(湯之問棘)』에 나오는 내용을 인용해서 소개한다. 참고로 『탕지문극』은 은(殷)나라 성군 탕(湯)왕이 묻고(問), 이에 대해 그의 현명한 신하 극(棘)이 대답한 바를 정리해 놓은 책이다.

　멀리 떨어진 불모지의 북쪽에 명해란 바다가 있는데
　그곳이 하늘의 호수이다.
　그곳에 어떤 물고기가 사는데 폭은 수천 리이고,
　길이는 누구도 알지 못할 정도로 큰데 이름을 곤이라고 한다.
　또 그곳에 어떤 새가 사는데 이름을 붕이라고 한다.
　붕의 등은 태산과 같고, 날개는 하늘에 드리운 구름과 같다.
　그 큰 새가 회오리바람을 타고 회전해서 올라가면
　그 높이가 무려 구만 리이다.
　그런 뒤 구름을 뚫고 푸른 하늘을 등진 채 큰 뜻을 품고
　남쪽 바다로 나아간다.

메추라기가 비웃으며 말하길

'저자가 어찌 저렇게 높이 날아가려는 걸까?

나는 뛰어봤자 팔 척쯤 올라갔다 내려와 쑥대밭을 선회하는데

이것도 나로선 대단히 날아오른 셈이다.

그런데 저자가 어찌 저렇게 높이 날아가려는 걸까?'

이 글은 앞서 장자가 말했던 내용인데 『탕지문극』에 나온 얘기와 너무나 흡사하다. 굳이 차이를 들자면 하늘의 호수에 대한 위치, 곤과 붕의 존재론적 차이, 그리고 작은 존재 간의 차이 정도일 뿐이다. 구체적으로 하늘의 호수가 장자에게선 남쪽 바다를 의미하는 데 반해 『탕지문극』에선 북쪽바다를 의미하고, 장자에게선 곤이 변해 붕이 되는데 『탕지문극』에선 곤과 붕이 북쪽바다에 서로 독립적으로 존재하고, 장자에게선 작은 존재가 매미와 어린 비둘기로 분하는 데 반해 『탕지문극』에선 메추라기로 분한다. 그리고 나머지 내용들은 놀라울 정도로 같다. 그러니 장자의 말이 허황된 게 아니라는 건 『탕지문극』을 통해, 그리고 그 전에는 『제해』를 통해 연이어 증명된다.

그런데 메추라기는 하늘 높이 올라 날아가는 큰 새 붕(鵬)에 대해 매우 의아해한다. 굳이 저렇게 높게 오르지 않아도 그가 목표로 하는 남쪽 바다에 얼마든지 도달할 수 있을 텐데 하면서 말이다. 사실 메추라기는 기껏 뛰어 올라봐야 불과 팔 척 정도인데 이 높이도 메추라기로선 높이 날아오른 셈이다. 그리고 이 높이에서 쑥대밭 사이를 선회한다. 그러니 메추라기로선 붕이 하늘 높이 올라서 나는 것에 대해 충분히 비웃을 만하다. 그런데 장자가 볼 때 이것이 큰 것과 작은 것의 차이이다. 즉 붕이 세상을 보는 것과 메추라기가 세상을 보는 것과의 차이이다.

소요유 2-3

그래서 앎(知)은 하나 정도의 벼슬을 수행하는 데 적당하고,

올바른 언행(行)은 한 개 고을을 다스리기에 적당하고,

덕(德)은 군주와 뜻이 맞아 나라 하나를 담당하는 데 적당하지만

앎·올바른 언행·덕에 입각해 있는 사람들은 스스로를 돌아볼 때

메추라기처럼 좁은 생각을 지닌 존재이다.

송영자(宋榮子)는 앎·올바른 언행·덕에 대해 담담히 웃는다.

그래서 세상 모두가 그를 칭송해도 더 이상 힘쓰지 않고,

세상 모두가 그를 헐뜯어도 더 이상 꺾이지 않는다.

그 대신 자신의 내면과 바깥의 구분을 분명히 하고,

영예와 치욕의 경계를 확실히 할 뿐이다.

또 세상일을 허둥대면서 서두르지 않는다.

그렇더라도 그는 내외(內外)의 구분을 분명히 하고,

영욕(榮辱)의 경계를 확실히 하기에 여전히 근본을 세우지 못한다.

열자(列子)는 바람을 부리면서 하늘을 가볍게 날아다녀

몸과 마음이 맑고 가뿐해서 좋다. 그리고 보름이 지나서야 돌아온다.

그는 복을 바라는 일에 허둥대며 서두르지 않는다.

이처럼 열자는 걸어 다니는 수고는 면했더라도

하늘을 나는 법에 여전히 의존하는 바가 있다.

만약 천지 본연의 순수한 모습(天地之正)을 받들고,

자연의 변화(六氣之辯)를 영접해 무궁한 세계에서 노닌다면

열자가 더 이상 의존할 데가 어찌 있겠는가!

그래서 말한다.

지인(至人)에겐 자기(己)가 없고, 신인(神人)에겐 공(功)이 없고,

성인(聖人)에겐 이름(名)이 없다.

• • •

故夫知效一官, 行比一鄕, 德合一君而徵一國者, 其自視也亦若此矣. 而宋榮子猶
然笑之. 且擧世而譽之而不加勸, 擧世而非之而不加沮, 定乎內外之分, 辯乎榮辱
之境, 斯已矣. 彼其於世未數數然也. 雖然, 猶有未樹也. 夫列子御風而行, 冷然善
也, 旬有五日而後反. 彼於致福者, 未數數然也. 此雖免乎行, 猶有所待者也. 若夫
乘天地之正, 而御六氣之辯, 以遊無窮者, 彼且惡乎待哉! 故曰, 至人無己, 神人無
功, 聖人無名.

지인은 무기(無己), 신인은 무공(無功),
성인은 무명(無名)의 존재이다

———

장자가 말하는 '작은' 것이란 구체적으로 무엇일까? 장자는 작은 것으로 앎(知), 올바른 언행(行), 덕(德)을 든다. 그런데 이것들은 유가가 특별히 중요하다고 강조하는 가치가 아닌가? 물론 여기서의 덕은 장자가 말하는 덕의 개념과는 차이가 있다. 장자가 말하는 덕은 무위(無爲)에 입각한 자연스러운 덕이라면 유가적 차원의 덕은 인의예지와 같이 유위(有爲)에 따른 덕이다. 여기서의 올바른 언행도 유가적 차원의 행동을 말한다. 그래서 올바른 언행은 언행일치에서 보여주는 것처럼 신뢰할 수 있는 행동을 뜻한다. 이런 앎, 올바른 언행, 덕의 사용처는 그 범위가 제한적이다. 예를 들어 앎은 한 개 정도의 벼슬을 수행하는 데 적당하고, 올바른 언행은 한 개 고을을 다스리는 데 적당하고, 인의예지에 따른 덕은 군주와 뜻이 맞아서 한 나라의 신임을 받는 데 적당하다.

장자는 앎, 올바른 언행, 덕에 대해서 왜 이렇게 긍정적이지 못할까? 앎, 올바른 언행, 덕은 세상에 대한 경계와 구분을 확연히 만들어내기 때문이다. 그래서 장자는 이것들을 '작다'고 말한다. 장자가 『탕지문극』에 등장하는 메추라기와 붕의 비교를 통해 작은 것과 큰 것의 차이를 굳이 언급하는 것도 이 때문이다. 이에 장자는 큰 앎의 소유자가 과연 어떤 사람인지를 구체적으로 펼쳐 보인다. 묵가를 대표하는 송영자(宋榮子)와 도가를 대표하는 열자(列子)가 그 주인공이다. 그런데 이들도 장자의 눈으론 큰 앎의 소유자가 되기에 여전히 부족하다. 장자는 이들을 왜 이렇게까지 엄격하게 평가할까?

송영자와 열자는 장자가 살았을 당시 분명 큰 앎을 지닌 인물에 속했다. 송영자는 장자보다 약간 앞선 시기에 활동했던 묵가 계열의 인물로 송견(宋鈃)이란 사람이다. 당시 사람들은 그를 송자(宋子)라고 높여 부르기까지 했다. 그는 별유(別宥), 즉 선입견의 제거를 최우선의 가치로 삼았다. 그래서 모든 사물들이 서로 연결되어 있음을 밝혀 온 세상을 조화시키는 걸 자신의 원칙으로 확립했다. 그리고 욕망이 본성상 무한하다는 건 잘못된 판단이고, 사람의 본성은 원래 소박하다고 보았다. 이에 성선설(性善說)을 주장했다. 이에 마음의 정화와 욕망의 제거를 의미하는 백심(白心), 즉 흰 마음이 그가 지닌 생각의 골자이다. 나아가 전쟁을 욕망의 발로라고 규정하고 무저항 반전주의에 앞장섰으며, 또 다른 사람의 칭찬이나 비난 따위에 구애받지 않는 초연한 삶을 살도록 제자들에게 가르쳤다.

이렇게 보면 송영자는 훌륭한 사람의 표본에 해당한다. 그런데도 이런 송영자조차 장자가 볼 때 완전한 경지에는 이르지 못했다. 왜냐하면 자신의 내면과 바깥 외물 사이의 경계를 분명히 하고, 영예와 치욕의 경계를 확실히 해서이다. 송영자의 이런 태도는 무엇보다 시비를 가리는 데서 비롯된다. 그리고 이런 태도는 위아래가 평평한 화산(華山) 모양의 모자를 쓰고서 다른 사람과 자신들을 굳이 구별하려는 행동에서 잘 나타난다. 이처럼 송영자의 마음에는 모든 걸 구분하고 경계 지으려는 황(黃)의 자세가 무겁게 자리한다. 때문에 이와 반대되는 현(玄)의 자세는 그에게서 발견되기 힘들다. 이에 장자는 송영자가 아무리 훌륭해도 큰 앎을 지니기에 여전히 부족하다고 보았다.

장자는 송영자에 이어 열자를 소개한다. 열자가 실존인물인지 여부는 여전히 불분명하다. 열자는 기(氣)를 기르는 쪽의 수련을 많이 한 탓인지 바람을 타고 하늘을 날아다니는 신기한 비법을 지닌 특이한 인물이다. 그가 한 번 날면 보름쯤 지나서야 집으로 돌아온다. 그러니 세속의 일에 미련을 둘 필요가 없다. 그런 탓인지 그의 몸과 마음은 항상 맑고 가뿐해서 좋다. 그렇지만 이런 열자도 하늘을 날아다니면서 소요(逍遙)하려면 바람을 타는 법에 여전히 의존해야 한다. 하늘을 날아다니는 그의 소요가 남들에게 부럽게 보일지라도 바람을 타는 법을 익혀야만 하늘을 날아다니는 게 비로소 가능하다. 그러니 바람을 타는 법을 터득하지 못하면 그의 소요는 사실상 불가능하다.

그런데 송영자와 열자가 장자의 기대치에 미치지 못하는 건 무슨 이유일까? 먼저 송영자에겐 자아, 즉 자기라는 의식(己)이 있어서이다. 이런 자기라는 의식이 있어서 내면과 바깥 외물의 경계를 분명히 하고, 영예와 치욕의 경계를 확실히 한다. 그래서 송영자는 완전한 의미의 지인(至人)이 되지 못한다. 또 열자에게는 뽐냄, 즉 공(功)의 마음이 있어서이다. 열자는 바람을 타고 다녔는데 그 비법을 본의든 본의가 아니든 간에 다른 사람들에게 뽐냈을 것이다. 아니면 사람들이 이런 열자를 보고 분명 부러워했을 것이다. 그래서 열자는 바람을 타고 다녀도 완전한 의미의 신인(神人)이 되지 못한다. 뽐냄이 앞섰기 때문이다. 이에 장자는 다음과 같은 결론에 도달한다. 지인은 자기라는 의식이 없고(無己), 신인은 뽐내는 바가 없고(無功), 성인은 명성을 얻고자 하는 바가 없다(無名).

그렇다면 장자가 말하는 지인, 신인, 성인은 과연 어떤 사람인가?

한마디로 유위(有爲)에 따른 '인간의 결'이 아니라 무위(無爲) 따른 '자연의 결'에 따라 살아가는 사람이다. 그래서 이들은 천지본연의 모습(天地之正)을 따르고, 자연의 변화(六氣之辯)에 순응하면서 살아간다. 만약 이들처럼 천지본연의 모습을 따르고, 음(陰)·양(陽)·바람(風)·비(雨)·어둠(晦)·밝음(明)이란 자연의 변화에 순응하며 살아가면서 무궁한 세계에서 노닌다면 자신을 더 이상 어디에 의존하지 않아도 된다. 이런 사람이 바로 무위자연의 원리에 따라 자연의 결과 함께 하면서 궁극에는 우주와 합일하는 사람이다. 장자는 이런 사람을 가리켜 큰 앎을 소유하는 사람이라고 말한다.

소요유 3-1

요(堯)임금이 천하를 허유(許由)에게 넘겨주려고 말했다.

"해와 달이 떠 있어 밝은데도 횃불을 계속 피우면

횃불이 그 주위를 밝히는 것 또한 어려운 일이 아닌가요!

때맞춰 비가 오는데도 논에 물을 흘러들어가게 해 물을 댄다면

이 또한 소용없는 일이 아닌가요!

허유 선생께서 임금 자리에 오르시면 천하가 잘 다스려질 텐데

제가 그 자리에 있으니 스스로 보기에도 부족합니다.

제발 천하를 거두어 주시길 바랍니다."

허유가 대답했다.

"그대가 이미 천하를 잘 다스려 왔는데 내가 그대를 대신한다면

나는 임금이란 이름(名)만 얻자는 게 아닌가요?

이름은 내용의 껍데기인데 내게 어찌 그런 껍데기가 되란 말이오?

뱁새는 깊은 숲 속에 둥지를 쳐도 나뭇가지 하나면 충분하고,

수달이 강물을 마셔도 작은 배를 채우면 그만이지요.

요임금이여, 돌아가 쉬십시오.

내게 천하를 위해서란 명분은 아무런 소용이 없소이다!

주방장이 부엌을 잘 관리하지 못해도

축관이 제사상을 놓아둔 채 주방에 들어가 그를 대신할 수 없지요."

堯讓天下於許由, 曰:「日月出矣, 而爝不息, 其於光也, 不亦難乎! 時雨降矣, 而猶浸灌, 其於澤也, 不亦勞乎! 夫子立, 而天下治, 而我猶尸之, 吾自視缺然. 請致天下.」許由曰:「子治天下, 天下旣已治也. 而我猶代子, 吾將爲名乎? 名者實之賓也. 吾將爲賓乎? 鷦鷯巢於深林, 不過一枝., 偃鼠飲河, 不過滿腹. 歸休乎君, 子無所用天下爲! 庖人雖不治庖, 尸祝不越樽俎而代之矣.」

명성을 바라지 않는
성인(聖人) 허유(許由)

———

　장자가 말하는 성인(聖人), 신인(神人), 지인(至人)은 과연 어떤 사람인가? 장자는 앞서 송영자와 열자를 소개했는데 송영자는 지인이 되기에 부족하고, 열자도 신인이 되기에 부족하다고 규정했다. 그러니 진정한 성인, 진정한 신인, 진정한 지인이 누구인지를 우리에게 밝혀야 할 차례이다. 장자는 먼저 진정한 성인으로 허유(許由)를 든다. 허유는 요(堯)임금이 천하를 물려주려고 하자 못 들을 얘기를 들었다고 불쾌해하면서 당장 냇가로 달려가 귀를 씻었던 사람으로 유명하다. 여기서도 요임금이 허유에게 천하를 물려주려는 데서부터 얘기가 시작된다.

　흔히 요임금을 성인의 대표쯤으로 여긴다. 유가에선 더욱 그러하다. 이런 요임금조차 허유와 비교할 때 스스로 부족하다고 여겨 임금 자리를 허유에게 물려주려고 한다. 그래서 해와 달이 떠 있어 밝은데도 횃불을 계속 피우면 횃불이 그 주위를 밝히는 건 어려운 일이라며 허유에게 임금 자리를 맡아달라고 정중히 부탁한다. 여기서 해와 달은 허유를, 횃불은 요임금을 각각 의미한다. 횃불로 천하를 밝히는 요임금이 해와 달의 빛으로 천하를 밝히는 허유와 도저히 비교될 수 없으므로 허유에게 천하를 물려주는 건 지극히 당연한 일이다. 또 때 맞추어 비가 내리는데 논에 물을 대는 일은 소용없다며 허유에게 임금 자리를 맡아달라고 정중히 부탁한다. 여기서 내리는 비는 허유를, 논에 흘러들어가는 물은 요임금을 각각 의미한다. 그러니 도랑을 따라 흘러들어가는 물에 불과한 요임금이 하늘에서 내리는 비인 허유를 도저히 감당할 수 없으므로 허유에게 천하를 물려주는 것 또한 당연한 일이다.

그런데 허유는 이 제안을 딱 잘라서 거절한다. 물론 그 거절의 태도는 한없이 겸손하다. 허유는 요임금이 이미 천하를 잘 다스려 왔는데 자신이 요임금을 대신해서 임금이 된다면 이는 임금이란 허명(虛名)만 얻자는 것이기에 받아들일 수 없다고 점잖게 사양한다. 즉 요임금이 천하를 지금 잘 다스리고 있는데 자신이 굳이 나설 필요가 없다는 말이다. 허유가 볼 때 이름이란 건 내용의 껍데기에 불과하므로 요임금을 대신해서 자신이 나서는 경우 껍데기를 추구하는 사람에 지나지 않는다. 뱁새도 나무가 많은 깊은 숲 속에 둥지를 쳐도 나뭇가지 하나면(一枝)[5] 충분하고, 물을 좋아하는 수달이 강물을 마셔도 작은 뱃속을 채우면 그만이다. 이는 뱁새와 수달조차 내용, 즉 실질을 중요시할 뿐 껍데기를 소중히 여기지 않아서이다. 그러면서 허유는 자신에게 '천하를 위해서'란 명분은 아무런 소용이 없으니 요임금에게 당장 돌아가라고 따끔하게 충고한다.

---

5) 해남(海南)의 두륜산 아래에 대흥사(大興寺)란 절이 있다. 이 절은 임진왜란 때 사명대사가 의병을 일으킨 곳으로 유명하다. 또 조선말에 초의선사(草衣禪師)가 다도(茶道) 등 전통문화를 집대성한 곳으로 유명한데 초의선사가 머물던 암자 이름이 일지암(一枝庵)이다. 평생을 욕심 없이 산 초의선사가 "뱁새는 깊은 숲 속에 둥지를 치더라도 나뭇가지 하나에 불과하다"는 이 글에서 암자 이름을 따온 것으로 보인다.

여기서 한 가지 의문이 든다. 허유가 볼 때 요임금이 정말로 천하를 잘 다스린다고 여겼을까? 말로는 요임금이 천하를 잘 다스리므로 자신이 임금 자리를 맡는다는 게 아무런 의미가 없다고 말한다. 그런데 이것은 허유의 진심이 아니다. 주방장이 부엌일을 제대로 하지 못해도 축관이 제사상을 놓아둔 채 부엌에 들어가서 주방장을 대신할 수 없다고 말하고 있기 때문이다. 여기서 주방장은 요임금을 의미하므로 주방장이 부엌일을 잘 하지 못한다는 건 요임금이 천하를 제대로 다스리지 못한다는 걸 의미한다. 이런 경우이더라도 축관이 요리사를 대신할 수 없음을 허유가 새삼 강조한다. 이는 축관 일을 담당하는 허유가 천하를 다스리는 일 따위에 참여할 수 없다는 강력한 의지의 표현이다. 소요하면서 유유자적하며 살아가는 허유가 볼 때 천하를 다스리는 일은 너무나 세속적인 일이어서이다.

　천하를 다스리는 일에 대해 허유는 왜 이렇게까지 세속적으로 평가할까? 천하를 다스리는 일은 결국 명성(名)을 추구하기 때문이다. 게다가 요임금이 천하를 잘 다스리는 상황에서 그를 대신해서 임금 자리에 오른다면 이는 임금이란 이름만 탐하는 행동이라고 보아서이다. 또 요임금이 누군가에게 자신의 자리를 양보하는 일조차 그가 자리에 연연하지 않는다는 또 다른 명성을 그에게 가져다 줄 수 있어서이다. 따라서 누군가에게 임금 자리를 양보하는 것 자체도 허유가 볼 때 여전히 세속에서 벗어나지 못하는 행동에 속한다. 이에 비해 허유가 지금 소요하면서 유유자적하는 일은 축관이 하는 일처럼 신성한 일에 속한다. 이런 식의 삶은 명성과는 아무런 관련이 없다. 축관 또한 아무도 그를 알아주지 않아도 신성한 일을 오로지 수행할 뿐이다. 그러니 허유는 무명(無名)을 실천하는 진정한 의미의 성인인 셈이다.

견오(肩吾)가 묻고 연숙(連叔)이 대답했다.

"내가 접여(接輿)에게 어떤 말을 들었는데 터무니가 없어 좀 황당하네.

현실을 떠나 끝없이 펼쳐지기만 하고 현실로 돌아올 줄 모르네.

나는 그 말에 크게 놀라 두려웠는데 은하수처럼 끝나지를 않았네.

세상과 너무 차이가 커서 사람의 타고난 본성과 부합하질 않았네."

연숙이 물었다. "접여가 대체 무슨 소리를 한 건가?"

견오가 대답했다.

"접여가 말하길 '아득히 먼 고야산(姑射山)에 신인(神人)이 사는데

피부는 눈처럼 희고, 몸매는 소녀처럼 아리땁고,

곡식을 먹지 않는 대신에 바람과 이슬을 먹으면서,

구름을 타고 날아다니는 용을 몰고서 세상 밖을 노닌다는 거야.

이들이 정신을 한번 집중하면 만물은 재해나 역병이 드는 일이 없고,

곡식도 잘 익는다는 거야.'

나는 이 얘기가 너무 허황되어서 믿어지지 않았네."

연숙이 말했다.

"그러하네! 소경은 아름다운 무늬의 모양을 못 보고,

귀머거리는 황홀한 가락 소리를 듣지 못하네.

그런데 어찌 몸에만 유독 소경과 귀머거리가 있겠는가?

앎(知)에도 소경과 귀머거리가 있네.

앎에 있어서 소경과 귀머거리는 지금 자네일 수 있어.

신인과 신인이 지닌 덕(德)은 만물을 두루 가득 채워 하나로 만드네.

세상 사람들은 신인이 세상을 다스려주길 바라겠지만

어떤 신인이 애써가며 천하를 자신의 일거리로 삼겠는가!

이 신인은 만물에 의해 피해를 입지 않고,

홍수가 나서 물이 하늘까지 차올라도 빠지지 않으며,

큰 가뭄으로 금석이 녹아 흘러서 땅과 산이 타도 뜨거운 줄 모르네.

이 신인들은 먼지, 때, 쭉정이, 겨같이 보잘 것 없는 거로도

요·순과 같은 성인을 만들 수 있는데

무엇 때문에 안달하면서 천하를 자신의 일거리로 삼겠는가!"

요임금은 천하의 백성을 잘 다스려서 세상의 정사를 바로잡은 뒤

아득히 먼 고야산으로 네 명의 신인을 만나러 갔다.

그런데 분수(汾水) 북쪽에 있는 도읍에 돌아오자마자 얼이 빠져서

그만 자신이 다스리는 천하를 잊고 말았다.

. . .

肩吾問於連叔曰:「吾聞言於接輿, 大而無當, 往而不返. 吾驚怖其言, 猶河漢而無極也., 大有逕庭, 不近人情焉.」連叔曰:「其言謂何哉?」「曰:『藐姑射之山, 有神人居焉, 肌膚若氷雪, 綽約若處子., 不食五穀, 吸風飮露., 乘雲氣, 御飛龍, 而遊乎四海之外. 其神凝, 使物不疵癘而年穀熟.』吾以是狂而不信也.」連叔曰:「然! 瞽者無以與文章之觀, 聾者無以與乎鐘鼓之聲. 豈唯形骸有聾盲哉? 夫知亦有之. 是其言也, 猶時女也. 之人也, 之德也, 將旁礴萬物以爲一, 世蘄乎亂, 孰弊弊焉以天下爲事! 之人也, 物莫之傷, 大浸稽天而不溺, 大旱金石流, 土山焦而不熱. 是其塵垢粃糠, 將猶陶鑄堯舜者也, 孰肯分分然以物爲事!」堯治天下之民, 平海內之政, 往見四子邈姑射之山, 汾水之陽, 窅然喪其天下焉.

공(功)을 바라지 않는
고야산의 신인(神人)

___

장자는 신인의 예로 저 멀리 떨어진 고야산(姑射山)[6]에 사는 네 명의 신인을 든다. 이들의 피부는 눈처럼 희고, 몸매는 소녀처럼 아리땁다. 또 이들은 사람처럼 곡식을 먹지 않는 대신 바람과 이슬을 먹으면서 산다. 게다가 구름을 타면서 날아다니는 용을 몰고 세상 밖을 돌아다니면서 노닌다. 이들은 신인다운 모습과 행동을 이처럼 잘 보여준다. 그런데도 이들은 공(功), 즉 뽐냄을 드러내질 않는다. 물론 이들이 정신을 한번 집중하면 재해나 역병이 드는 일이 없어 곡식도 잘 익는다. 또 이들은 자신의 덕(德)으로 만물을 반죽해서 똑같이 하나로 만들 수 있다.

게다가 사물에 의해 피해를 입는 일조차 없어 홍수가 나서 물이 하늘까지 차올라도 이들은 빠지지 않으며, 가뭄이 들어서 암석이 녹아 흘러 땅과 산이 타더라도 이들은 뜨거워할 줄 모른다. 심지어 먼

___

6) 고야산(姑射山)은 실제로 중국(中國) 산서성(山西省) 임분시(臨汾市)에 위치해 있다. 그리고 그 앞에 분수(汾水)가 흐르고 있어 이 글은 어느 정도 사실에 입각해 있다고 보아진다.

지, 때, 쭉정이, 쌀겨처럼 보잘 것 없는 것으로도 요·순 같은 훌륭한 인물을 만들 수 있다. 고야산에 사는 신인들의 능력이 이 정도이므로 세상 사람들에게 이런 능력을 뽐낼 만도 한데 이런 모습을 잘 드러내질 않는다. 그러니 이런 고야산의 신인들은 뽐냄을 위해 임금이 되어서 천하를 자신의 일거리로 삼을 리 만무하다.

그런데 대표적인 성인으로 알려진 요임금이 고야산에 사는 신인들을 만난다면 과연 어떤 태도를 보일까? 요임금이 취할 태도가 갑자기 궁금해진다. 그래서 장자는 글 마지막에 요임금이 세상을 잘 다스려서 정사를 바로잡은 뒤 고야산으로 네 명의 신인을 만나러 갔다는 내용을 덧붙였다. 요임금은 이 신인들을 만난 뒤 자신이 다스리는 나라의 수도인 분수(汾水) 북쪽에 돌아오자마자 그만 정신이 헷갈려서 얼얼해졌다. 그런 뒤 천하를 다스리는 자신의 직분마저 까맣게 잊었다. 이는 고야산의 신인을 만나고선 천하를 다스리는 일이 더 이상 의미가 없다는 걸 깨달은 결과이다. 즉 천하를 잘 다스린다는 게 결코 뽐냄, 즉 공(功)이 될 수 없음을 뒤늦게 깨달은 것이다. 이런 깨달음이 있은 뒤에야 요임금도 비로소 신인의 반열에 오를 수 있지 않았을까 상상해본다.

소요유 4-1

혜자(惠子)가 묻고 장자가 답했다.

혜자가 말했다.

"위(魏)나라 왕이 내게 큰 박씨를 주어 심었더니

박이 다섯 석이나 담을 수 있을 정도로 크게 자랐네.

그래서 거기에 마실 물을 채웠는데

담은 물을 들어 올릴 수 있을 만큼 박이 단단하지 못했네.

하는 수 없어 박을 갈라서 바가지로 쓰려고 했더니

박이 커서 쓸 수 없었네.

크기만 컸지 속은 텅 비어서 아무 짝에도 소용이 없다고 여겨

나는 그 박을 부수었네."

장자가 말했다.

"자네는 정말로 큰 걸 쓸 줄 모르네.

송나라 사람이 장보(章甫)란 관을 밑천삼아 월나라로 팔러 갔는데

월나라 사람은 머리를 짧게 하고 문신을 해서 관이 쓸모없었네.

또 송나라 사람 중에 겨울에 손 트지 않는 약을 만드는 사람이 있어

이 약을 바르고 대대로 솜 세탁을 해왔지.

한 나그네가 이 소문을 듣고 금 백 냥에 약의 처방을 사길 바랐네.

그러자 솜 세탁을 해오던 사람이 가족을 모아 상의하면서 말했네.

'우리가 대대로 솜 세탁을 해왔지만 돈벌이가 변변치 못했다.
지금 이 기술을 팔면 하루아침에 백 냥 금을 받을 수 있으니 팔자.'
나그네는 처방을 얻었고, 그 처방을 오(吳)나라 왕에게 설명했네.
마침 월나라가 오나라를 침략하자 오나라 왕은 그를 장수로 삼아
겨울에 수전(水戰)을 벌였지.
손발이 심하게 터 제대로 싸우지 못하는 월나라 군사를 상대로
오나라 군사들이 크게 이겼네.
오나라 왕은 땅을 떼어서 그를 제후로 봉했네.
손 트지 않는 기술은 같지만 누구는 제후가 되고,
누구는 솜 세탁하는 일에서 벗어나지 못하는 건 쓰임새가 달라서이네.
지금 자네는 다섯 섬이나 담을 수 있는 큰 박을 갖고 있는데
그것을 물에 뜨는 큰 통으로 삼아 강과 호수에 띄울 생각을 않고,
어째서 박이 크기만 하고 쓸모없다는 걸 걱정만 하는가?
그러니 자네는 여전히 생각이 꽉 막힌 사람일세!"

· · ·

惠子謂莊子曰:「魏王貽我大瓠之種, 我樹之成而實五石, 以盛水漿, 其堅不能自擧
也., 剖之以爲瓢, 則瓠落無所容. 非不呺然大也, 吾爲其無用而掊之.」莊子曰:「夫
子固拙於用大矣. 宋人有善爲不
龜手之藥者, 世世以洴澼絖爲事. 客聞之, 請買其方以百金. 聚族而謀曰:『我世世
爲洴澼絖, 不過數金., 今一朝而鬻技百金, 請與之.』客得之, 以說吳王. 越有難,
吳王使之將, 冬與越人水戰, 大敗越人, 裂地而封之. 能不龜手, 一也., 或以封, 或
不免於洴澼絖, 則所用之異也. 今子有五石之瓠, 何不慮以爲大樽而浮乎江湖, 而
憂其瓠落無所用? 則夫子猶有蓬之心也夫!」

자기란 의식이 없이
송나라를 지나던 나그네란 지인(至人)

———

마지막으로 지인을 소개할 차례이다. 지인은 무기(無己), 즉 자기라는 의식, 즉 자의식이 없는 사람이다. 그래서 지인은 성인이나 신인과 비교하면 보다 현실적인 모습을 지닌다. 그런 탓인지 장자도 주위에서 흔히 만날 수 있는 사람을 지인인지의 여부를 가릴 수 있는 예로 든다. 먼저 송(宋)나라 사람 중에 장보(章甫)라는 갓을 밑천삼아 월(越)나라에 돈을 벌러 간 한 상인을 등장시킨다. 당시 월나라 사람은 머리를 짧게 하고 문신을 해서 갓이 쓸모가 없었다. 그래서 송나라 상인은 돈을 벌기는커녕 쫄딱 망하고 말았다. 어째서 망한 걸까? 그것은 선진국 송나라 제품인 장보가 후진국 월나라에서도 잘 통할 거라고 안이하게 생각한 탓이다. 이는 오로지 자기의 관점으로만 세상을 파악한 결과이다. 그러니 이 상인은 선진국 송나라 사람이란 자의식에 매몰되어서 망한 셈이다.

이에 반해 자의식으로부터 해방되어 세속적인 성공을 크게 거둔 사람이 있다. 그 사람은 송나라를 여행하던 한 나그네이다. 당시 송나라에는 겨울에 손이 트지 않는 약을 만드는 사람이 있었다. 그는 이 약을 손에 바르고서 솜 세탁하는 일을 대대로 해왔다. 마침 지나가던 한 나그네가 이 소문을 듣고선 금 백 냥에 약 만드는 처방을 주고 샀다. 당시로선 엄청나게 큰 돈을 준 셈이다. 그리고선 그 약의 효능을 오(吳)나라 왕에게 가서 설명했다. 그때 월나라가 오나라를 침략해 겨울철에 수전(水戰)이 벌어졌는데 그 나그네는 오나라 왕에 의해 일약 장수로 발탁되었다. 그는 오나라 군사를 지휘해서 손발이 터 제대로 싸우지 못하는 월나라 군사를 상대로 크게 무찔렀고, 이 승리로 인해 제후의 자리에까지 올랐다.

손이 트지 않는 기술은 같았지만 어떤 사람은 솜 세탁하는 일에서 평생 벗어나질 못한 반면 어떤 사람은 그 기술로서 제후의 자리에까지 올랐다. 신분상에 이런 엄청난 차이가 어떻게 해서 생겨났을까? 그건 약의 효능을 사용하는 방법이 서로 달라서이다. 솜 세탁하는 사람은 약의 효능을 솜 세탁에서 그친 반면 제후의 자리에까지 오른 사람은 약의 효능을 새롭게 찾아냈다. 그렇다면 제후가 된 사람은 약의 새로운 효능을 어떻게 해서 찾을 수 있었을까? 한마디로 자기(己)란 의식에 빠지지 않아서이다. 그래서 그는 생각이 자유로워져 약의 효능을 새롭게 찾아낼 수 있었다. 반면 솜 빠는 일을 대대로 해온 사람은 대대로 해왔다는 사실로 인해 약의 새로운 용도를 발견하지 못했고, 또 발견할 필요조차 없었다. 그러니 솜 빠는 사람의 실패는 약의 효능과 관련해서 자기란 의식에서 벗어나지 못한 결과이다.

따라서 나그네의 경우처럼 무기(無己)의 자세를 취하면, 즉 지인(至人)이 되면 세속적인 성공도 거둘 수 있다. 반면 솜 세탁하는 사람처럼 유기(有己)의 자세를 취하면, 즉 지인이 되지 못하면 세속적인 성공조차 거둘 수 없다. 이처럼 장자에게 있어 지인은 결코 현학적이거나, 사변적이거나, 철학적인 사람이 아니다. 현실에서 얼마든지 발견할 수 있는 그야말로 평범한 사람이다. 그래서 장자는 나그네라는 현

실 속 지인의 경우를 통해 무기의 자세를 취하면 세속적 성공도 얼마
든지 가능하다는 걸 우리에게 보여주고 있다.

혜자(惠子)가 말했다.

"내 집에 큰 나무가 있는데 사람들은 그걸 가죽나무라고 부르네.

나무의 몸체는 똑바로 곧지 못해 먹줄을 제대로 튕길 수 없고,

또 작은 가지는 굽어서 자를 제대로 댈 수 없네.

그래서 길가에 덩그러니 서 있어도 장인 목수들이 거들떠보지 않고

그대로 지나치네.

지금 자네가 하는 말도 이 가죽나무처럼 크기만 했지 쓸모가 없네.

그러니 많은 사람들이 자네를 상대하지 않고 모두 떠나는 걸세."

장자가 말했다.

"자네만 유독 살쾡이를 본 적이 있지?

살쾡이는 몸을 잔뜩 웅크려서 놀러 나오는 먹잇감을 기다리지.

그러다가 먹잇감이 나타나면 높고 낮은 데를 가리지 않고

이리 뛰고 저리 뛰다가 결국 덫이나 그물에 걸려서 죽네.

저 검은 들소는 크기가 하늘에 드리워진 구름(垂天之雲)과 같네.

그래서 저 들소는 큰 일은 해도 쥐 잡는 따위의 작은 일은 할 수 없네.

지금 자네는 그 큰 나무를 놓고 쓸모없다며 걱정하는데

어째서 그 나무를 무하유마을(無何有之鄕)이나 광활한 들판에 심어놓고

하고자 함이 없는 무위(無爲)의 마음으로 나무 곁을 방황(彷徨)하거나,

나무 밑에서 엎드려 자면서 소요(逍遙)하며 거니는 게 어떠한가.

도끼에 일찍 베어질 리 없고, 또 누가 해치는 일도 없으니

쓸모 있는 바가 없다는 게 어찌 걱정거리가 되겠는가!"

. . .

惠子謂莊子曰：「吾有大樹，人謂之樗．其大本擁腫而不中繩墨，其小枝卷曲而不中規矩，立之塗，匠者不顧．今子之言，大而無用，衆所同去也．」莊子曰：「子獨不見狸猩乎？卑身而伏，以候敖者．，東西跳梁，不避高下．，中於機辟，死於罔罟．今夫氂牛，其大若垂天之雲．此能爲大矣，而不能執鼠．今子有大樹，患其無用，何不樹之於無何有之鄉，廣莫之野，彷徨乎無爲其側，逍遙乎寢臥其下．不夭斤斧，物無害者，無所可用，安所困苦哉！」

장자의 무용지용(無用之用)과
혜시의 유용지용(有用之用)

———

성인(聖人), 신인(神人), 지인(至人)이 공통적으로 추구하는 가치가 있다면 그것이 무엇인지 찾아야 할 차례이다. 이런 가치로 인해 허유와 같은 성인은 명성(名)을 바라지 않았고, 고야산의 신인들은 공(功)을 추구하지 않았고, 송(宋)나라를 지나가던 한 나그네란 지인은 자의식(己)을 버릴 수 있었다. 어떤 가치를 지녔기에 이들을 이렇게 만들 수 있었을까? 그 가치는 무용지용(無用之用), 즉 쓸모없음의 쓸모이다. 그래서 무용지용의 도를 터득하면 명성과 공을 바라거나 추구할 필요가 없으며, 또 나를 내세울 이유도 없다. 반면 보통사람들은 유용지용(有用之用), 즉 쓸모있음의 쓸모에 익숙해 있다. 그 결과 상대방을 생긴 모습으로, 배움의 정도로, 또 쓰임새 등으로 일방적으로 평가하기 십상이다. 이런 쓸모있음의 쓸모는 솜 세탁하는 사람이 믿어온 약의 효능처럼 그 사용처가 제한적이다. 이 점이 장자와 그의 가장 가까운 친구이자 중국판 소피스트의 원조인 혜시(惠施)와의 결정적 차이이다. 한마디로 장자는 무용지용을 추구하는 반면 혜시는 유용지용을 추구한다.

이제부터 「소요유」의 결론부에 들어가는데 장자의 영원한 파트너이자 경쟁자인 혜시가 그 상대역으로 등장한다. 혜시가 위(魏)나라 왕으로부터 박씨를 선물받아 집에 심었더니 박이 쌀 다섯 섬이나 담을 수 있을 만큼 크게 자라났다. 그런데 그 박에 물을 채우면 들어 올릴 수 없을 정도로 박이 단단하지 못했고, 갈라서 바가지로 쓰려고 해도 납작해서 아무것도 담을 수 없었다. 혜시가 볼 때 크기만 컸지 아무짝에도 쓸모가 없었다. 이에 화가 난 혜시는 바가지를 던져서 깨뜨려 버렸다. 장자는 이런 혜시의 행동을 보고 정말로 큰 걸 쓸 줄 모른다고 핀잔을 주었다. 그러면서 그 큰 박을 물에 뜨는 통으로 삼아 강이나 호수에 띄워서 그 안에서 유유자적하게 즐길 생각을 어째서 하지 않느냐고 혜시를 면박했다. 장자가 볼 때 혜시는 손 트지 않는 약을 두고 평생 솜 빠는 일에서 벗어나지 못했던 송나라 사람과 똑같다. 그러니 장자의 눈에는 혜시가 마음이 꽉 막힌 답답한 사람처럼 보일 뿐이다.

이에 기분이 크게 상한 혜시는 장자에게 당장 반격을 한다. 혜시는 자기 집 근처에 큰 가죽나무가 있는데 몸체는 뒤틀리고 옹이는 가득해서 크기만 컸지 전혀 쓸모가 없는 나무라고 혹평한다. 게다가 뒤틀린 정도가 심해 먹줄을 튕길 수 없고, 또 가지도 심하게 굽어 곱자나 그림쇠에 들어맞지 않는다고 불평한다. 그래서 길가에 덩그러니 서 있어도 목수들이 거들떠보지 않고 그냥 지나친다고 말한다. 한마디로 재목감으로 전혀 쓸모없다는 말이다. 혜시가 볼 때 장자도 이 큰 가죽나무처럼 크기만 컸지 쓸모가 없다면서 장자에게 면박을 똑같이 주었다. 게다가 장자의 주장이 그럴듯해도 세상 사람들이 장자를 상대하지 않고 모두 떠나지 않는가라는 모욕적인 말까지 보탰다. 논리주의자 혜시답게 장자에게 아픈 돌직구를 날린 셈이다.

이제부터 장자의 본격적인 반격이 시작된다. 살쾡이가 몸을 잔뜩 웅크리고 있다가 먹잇감을 발견하면 높고 낮은 데를 가리지 않고 부지런히 뛰어다니지만 언젠가 덫이나 그물에 걸려서 죽는다. 이런 살쾡이의 삶은 인간 세상으로 치면 살아남기 위해서 남을 죽이지만 결국 자신도 죽고 마는 전쟁터 군상들의 삶과 어쩌면 비슷하다. 장자가 볼 때 이것은 쓸모있음(有用)의 쓸모를 추구하는 사람의 전형적인 모습이다. 반면 검은 들소는 하늘을 덮는 구름처럼 엄청나게 크지만 살쾡이처럼 생쥐 한 마리를 잡을 만한 능력이 없다. 그렇지만 이런 무능함으로 인해 검은 들소는 중도에 죽지 않고, 천수를 다할 수 있다. 이처럼 검은 들소는 비록 쓸모가 없더라도 생명은 제대로 유지할 수 있는데 이런 검은 들소와 같은 삶이 장자가 추구하는 삶이다. 반면 살쾡이는 쓸모가 있더라도 천수를 다할 수 없는데 이런 삶을 살아가는 게 혜시이다. 그렇다면 정말로 쓸모있는 사람이 과연 누구일까?

이제 장자가 강조하는 쓸모없음의 쓸모, 즉 무용지용(無用之用)이 그 모습을 서서히 드러낸다. 장자는 큰 가죽나무의 쓸모없음을 두고 걱정하지 말라고 혜시에게 점잖게 충고한다. 솜 빠는 약의 다른 용도를 찾음으로써 제후가 된 사람처럼 장자도 큰 가죽나무의 새로운 용도를 얼마든지 발견할 수 있어서이다. 그것은 아무것도 존재하지 않는 무하유의 마을(無何有之鄕)이나 사방이 확 트인 광활한 들판(廣莫之野)에 심어놓는 일이다. 그러면 세상 사람들의 발길이 닿지 않아 도끼에 베일 염려도 없고, 나무 가지도 잘릴 염려가 없다. 그러니 생명만은 확실히 보존할 수 있다. 게다가 사람들이 무위(無爲), 즉 하고자 함이 없는 마음으로 그 나무 곁을 방황(彷徨)하거나, 또 나무 밑에 누워서 소요(逍遙)한다면 이것이 큰 가죽나무가 지닌 진정한 쓸모이다. 방황과 소요는 모두 마음을 편안히 하고 여유롭게 하는 작업인데 이것이 장자가 말하는 쓸모없음의 쓸모이자 동시에 최고의 쓸모에 해당한다.

이에 장자는 방황과 소요를 의미 있는 삶을 추구하는 데 있어 가장 중요한 행동 지침으로 삼는다. 소요유(逍遙遊)란 제목으로 장자서가 시작하는 것도 이런 이유라고 본다. 방황과 소요는 장자에게 있어 똑같이 좋은 의미이다. 움직이며 유유자적하는 게 방황이라면 멈추어 유유자적하는 건 소요이다. 요즈음은 가야 할 길을 제대로 못 찾아 헤맨다는 식으로 방황이 부정적으로 쓰여서 안타깝다. 이처럼 장자가 추구한 건 정치적이거나 사회적인 자유가 아니다. 장자가 말한 자유는 보다 근본적인 자유, 즉 마음의 자유이다. 그리고 그가 노니는 경지도 현세에서 그친 경지가 아니라 무궁의 경지이다. 따라서 장자는 상대적이거나 차별적인 가치를 넘어서서 아무런 제약을 받지 않는 절대의 경지에서 노닐고자 한다.

이제 「소요유」를 끝내면서 마지막으로 하고 싶은 말이 있다. 그건 같은 도가계열인 노자와 장자가 추구하는 삶의 모습이 근본적으로 다르지 않지만 분명히 차이가 있다는 점이다. 즉 노자가 추구하는 삶이 관념적이고, 현학적이라면 장자가 추구하는 삶은 보다 실질적이고 구체적이다. 장자사상의 이런 실용적인 특징은 소요와 방황을 행동지침으로 삼는 데서도 잘 드러난다. 그래서 같은 도가사상이지만 장자가 우리에게 보다 친숙하게 다가오는 건 바로 이런 이유 때문이 아닐까?

제물론

(齊物論)

一 제물론 一

앞서 소개한 「소요유」와 이제부터 소개하는 「제물론(齊物論)」이 장
자서의 핵심부라고 말할 수 있다. 논문으로 치면 「소요유」가 문제제
기 및 연구목적에 해당한다면 「제물론」은 이론적 틀에 해당한다. 이
론적 틀은 논문의 설계도이다. 따라서 「제물론」은 소요를 통해 유유
자적함에 이르는 방법을 체계적으로 제시하는 곳이다. 그러니 「제물
론」을 올바로 이해하지 않고선 장자사상을 제대로 파악할 수 없다.
물론 장자가 강조하는 소요유에 이르는 방법에는 여러 가지가 있다.
불가에서 말하는 해탈(解脫)과 공자가 완성된 인간의 모습으로 그리
는 이순(耳順)도 그 중 하나에 해당한다. 이에 비해 장자는 제물을 소
요유에 이르는 방법으로 파악한다. 그래서 장자는 론(論)이란 제목을
달았다. 『장자』를 구성하는 총 33편의 글 중 론이란 제목을 단 곳은
「제물론」뿐이다. 나아가 동아시아 고전 중에서 론이란 제목은 장자
서에서만 발견된다.

그런데 「제물론」에 막상 들어가면 그 이해가 간단치 않다. 「제물
론」에서 말하려는 바가 뭔지 좀체로 감이 잡히지 않아서이다. 그런
탓인지 「제물론」은 동아시아 고전 중에서 그 해석이 난해하기로 유

명하다. 장자를 공부하겠다고 작심한 사람들 중에 적지 않은 사람이 「제물론」에서 막혀 공부를 포기했다는 말도 가끔씩 들린다. 그럼에도 「제물론」을 적당히 해석하며 어영부영 넘어가선 안 된다. 장자사상의 축이 「제물론」을 중심으로 전개되어서이다. 예컨대 「소요유」에서 대붕의 비상을 통해 그려진 이상적인 인간형, 즉 지인(至人), 성인(聖人), 신인(神人)에 이르는 해법이 「제물론」에서 차례로 소개된다. 더욱이 장자식 소통사상의 요체가 「제물론」 곳곳에 위치해 있어 필자처럼 커뮤니케이션을 연구하는 학자는 「제물론」 해석이 어렵더라도 반드시 극복하고 넘어가야 한다.

그렇다면 제물이 의미하는 바는 무엇일까? 글자 그대로 해석하면 '사물(物)을 가지런히 하다(齊)'이다. 가지런하다는 건 '여럿이 층이 나지 않고 고르다'는 의미이다. 이와 비슷한 형식을 지닌 단어가 수신제가(修身齊家)의 '제가'이다. 제가란 부모, 자녀, 부부, 형제가 그 서열과 역할에 있어 차이가 있지만 그 차이가 부각되지 않고 고르게 자리 잡아서 온전한 하나의 가정을 이룬다는 의미이다. 마찬가지로 제물도 세상만물 중 큰 것과 작은 것, 높은 것과 낮은 것, 아름다운 것과 추한 것 등이 인위적으로 구별되지 않고 여여자연한 상태로서 온전한 하나의 세상을 이룬다는 뜻이다. 그래서 오리다리가 짧더라도 늘려주어선 안 되고, 학의 다리가 길더라도 잘라주어선 안 된다. 그렇다면 제물과 반대되는 개념은 주자학이 강조하는 격물(格物)이 아닐까? 격물이란 사물(物)의 격(格)을 따지므로 사물과 사물 사이에 층이 있음을 인정하고 있어서이다.

격물은 잘 알다시피 원시유가를 근대적 사유로 업그레이드한 주자학이 대표로 하는 개념이다. 격물이란 말은 주자가 새롭게 단장한 『대학(大學)』, 즉 큰 배움을 뒷받침하는 격물치지(格物致知)에서 비롯된다. 격물치지란 '사물의 격을 따져 앎(知)에 이른다는(致)' 건데 이는 사물 간 차이를 통해 지식체계를 형성한다는 의미이다. 그래서 근대의 과학정신도 격물치지와 같은 입장에 있다. 예를 들어 물과 불, 무거운 것과 가벼운 것, 빠른 것과 늦은 것의 차이를 규명함으로써 물리학이 등장하고, 또 만물이 서로 다른 원소들의 다양한 결합에 따라 이루어지는 걸 밝힘으로써 화학이 발전되어 온 게 아닌가? 그렇다면 격물은 차이의 확산을 지향하고, 나아가 사물 간 차이를 보다 많이, 또 보다 깊이 규명함으로써 앎에 이르는 방법에 해당한다.

반면 제물은 여여자연한 상태에서 세상을 바라보고, 또 이런 상태에서 소요의 유유자적함을 경험할 때 비로소 만날 수 있다. 그러니 제물의 목표는 격물치지처럼 앎을 단순히 추구하는 게 아니다. 유유자적함을 디딤돌 삼아서 만물이 서로 구분되지 않고 모두 하나로서 통한다는 이치를 깨달아 결국 소통을 지향한다. 그렇다면 장자가 궁극적으로 목표로 한 건 제물치통(齊物致通)이 아니었을까? 즉 제물(齊物)에 의지해서 통합(通)을 목표로 한 게 아니었을까? 그래서인지 미디어 테크놀로지의 급속한 발전에도 불구하고 소통이 점점 마비되는 오늘날 현실에서 격물치지보다 제물치통이란 개념이 보다 친근하게 다가온다. 이런 느낌은 장자가 2천 년 후에 펼쳐질 세상에 대해 일찍이 예고한 경고를 의미 있게 받아들인 결과가 아닐까?

제물의 상태에 이르려면 과연 어떻게 해야 할까? 장자는 나(我)를 해체해야 한다고 주장한다. 나란 자아(自我)를 뜻하는데 서양 심리학에선 이 자아가 자신, 에고(ego), 셀프(self)로 표현되는 자기정체성을 의미한다. 그러니 좋은 뜻으로 주로 사용된다. 반면 장자는 자기정체성을 해체해야만 제물의 상태에 이를 수 있다고 강조한다. 이에 「제물론」이 시작되자마자 '내가 나를 잃는다'는 오상아 개념이 가장 먼저 등장한다. 오상아는 나를 초상 치러 없앤다는 의미인데 그래야 본래의 나(吾)를 찾아서 무아(無我), 망아(忘我), 무기(無己)의 상태에 이를 수 있다. 그래서 하늘의 퉁소소리는 아무런 맛, 색깔, 냄새, 심지어 소리도 없는 본래의 내(吾)가 만든 퉁소소리라면 대지의 퉁소소리와 인간의 퉁소소리는 우리의 귀에 들리는 내(我)가 만든 퉁소소리이다.

그러면 어떻게 해야 나(我)를 잃어버릴 수 있을까? 장자에 따르면 몸은 말라죽은 나무처럼, 마음은 불 꺼진 재처럼 만들 때 가능하다. 그런데 말라죽은 나무와 같은 몸은 오감의 인식작용, 즉 감관작용으로부터 해방될 때 가능하고, 그리고 불 꺼진 재와 같은 마음은 의미작용인 심관작용으로부터 해방될 때 가능하다. 물론 우리는 이런 감각작용 및 심관작용으로부터 쉽게 벗어나지 못한다. 그래서 기쁨·노여움·슬픔·즐거움이란 희로애락(喜怒哀樂)의 감정, 걱정·한탄·변덕·고집이란 여탄변집(慮嘆變慹)의 생각, 아첨·방자·솔직·꾸밈이란 요일계태(姚佚啓態)의 행동을 끊임없이 만들어낸다. 이런 감정, 생각, 행동이 장자가 말하는 인간의 퉁소소리, 즉 인뢰(人籟)이다.

그런데 이런 감정, 생각, 행동이 우리 마음에서 왜 끊이지 않고 생겨날까? 장자에 따르면 큰 앎(大知)에 따라 큰 말(大言)을 사용하는 대신 작은 앎(小知)에 따라 작은 말(小言)을 사용하기 때문이다. 이런 감정, 생각, 행동은 결국 우리의 분별심(分別心)으로 인해 생겨나는데 이런 분별심은 작은 앎에 따라 작은 말을 사용한 결과이다. 반면 큰 앎에 따라 큰 말을 사용하면 분별심이 줄어든다. 「소요유」에서 언급한 바 있듯이 대붕처럼 하늘을 높이 날아서 멀리서부터 아래를 내려다보면 대상 간 구분이 잘 생겨나지 않아서이다. 반면 매미와 어린 비둘기처럼 낮게 날아서 가까이에서 보면 그 구분이 뚜렷하게 드러난다. 조삼모사 우화에서도 원숭이는 작은 앎의 소유자이므로 작은 말에 해당하는 조삼모사(3+4)와 조사모삼(4+3)으로 먹이를 구분한 반면 원숭이 주인은 큰 앎의 소유자이기에 이를 굳이 구분하지 않는다.

작은 앎에 따른 작은 말은 분별심을 만드는 데서 그치지 않는다. 그것은 고정된 마음, 즉 성심(成心)으로 변해 시시비비를 가리는 데 앞장선다. 성심이 없는데도 시비가 생겨나는 걸 두고 장자는 "오늘 월나라로 떠났는데 어제 도착했다"는 말에 비유한다. 이 말은 시비의 원인이 성심에 있다는 걸 확실히 보여주기 위한 말이다. 장자가 볼 때 세상만물은 이것 아닌 게 없고, 또 저것 아닌 게 없다. 즉 관점에 따라 이것도 되고, 저것도 될 수 있듯이 애초부터 이것저것으로 고정 되어서 구분되는 게 아니다. 단지 언어가 이것저것으로 구분할 뿐인 데 이런 언어상의 구분을 두고 우리는 세상만물에 실제로 차이가 있 는 것인 양 착각한다. 게다가 세상만물은 이것저것의 한 짝으로 구성 되는데 이를 언어로 구분해서 서로 다른 것이라고 여긴다. 「제물론」 은 이런 이치를 여러 관점과 측면에서 증명하기 위해 다양한 예들을 재미나게 동원한다.

장자는 「제물론」을 마감하면서 "흐르는 시간을 잊고, 온갖 논리와 주장도 잊음으로써 끊이지 않고 무한히 연결된 경지로 나아가야 한 다."고 제안한다. 세상만물은 이것/저것, 옳음/그름 등으로 구분되는 게 아니라 상호연기가 되어서 모두 하나로 통한다고 보아서이다. 이 런 관점 하에선 나와 너란 주체와 객체의 관계는 물론이고, 삶과 죽 음도 구분되지 않는다. 이에 장자는 호접몽(胡蝶夢)을 통해 주체와 객 체의 관계가 어떻게 해체되는지, 나아가 삶과 죽음이 어떻게 연결되 는지를 실감나게 보여준다. 장주가 꿈을 꾸면 꿈에선 나비가 되지만 깨어나선 장주가 된다. 이처럼 꿈이냐 현실이냐에 따라 장주는 자신 을 서로 다르게 인식한다. 그럼에도 우리는 꿈과 현실이 단절되어 있다고 믿지 않는 건 물화(物化), 즉 사물의 변화일 뿐 도 안에선 모두 하나로 통해 있음을 알고 있어서이다. 이런 사실을 아는 게 장자가 말하는 큰 앎(大知)이다.

이런 큰 앎에 이르면 삶과 죽음조차 물화가 빚어낸 현상일 뿐 도 안에서 모두 하나로 통해 있음을 안다. 그래서 삶도 만물의 변화 중 하나이고, 죽음도 만물의 변화 중 하나라고 여긴다. 삶과 죽음조차 이렇게 느낄진대 자신의 주장만이 도라고 소리 높여 외치는 사람들의 성심(成心)도 서로 단절된 게 아니라 얼마든지 연결을 이룰 수 있다. 이것이 소통을 향해 나아가는 중요한 열쇠에 해당한다. 그래서 장자의 입장에선 춘추전국시대 치열하게 이루어졌던 유가와 묵가의 시비 다툼을 좀체 이해할 수 없다. 유가는 인애(仁愛)를, 묵가는 겸애(兼愛)를 주장한 바 있지만 장자가 볼 때 이들의 주장은 애(愛)로 서로 연결되어 있다. 장자가 자신의 책을 쓰겠다고 나선 것도 이런 이유라고 본다. 이런 입장에서 장자는 소통을 이루기 위한 근거와 논리를 「제물론」에서 가장 체계적으로 제시한다. 그럼에도 유가와 묵가는 지금까지 사이가 틀어져 있으니 장자가 지금 살아 있다면 얼마나 안타까워하고, 또 답답해할 것인가.

남곽자기(南郭子綦)가 탁자에 기대앉아 하늘을 우러르며

숨을 내쉬는데 넋이 나가 있어 마치 자신의 짝을 잃은 듯했다.

안성자유(顔成子游)가 앞에서 시중을 들다가 의아해서 물었다.

"어째서 그렇게 앉아 계십니까?

몸은 정말로 고목(槁木), 즉 말라죽은 나무와 같고,

마음은 정말로 사회(死灰), 즉 불 꺼진 재와 같은데요?

지금 탁자에 기댄 모습은 예전에 탁자에 기댄 모습이 아닙니다."

남곽자기가 말했다.

"언(偃)아, 너의 질문이 참 좋다.

지금 내가 나 자신을 잊어버렸는데(吾喪我) 자네가 이를 어찌 아는가?

너는 사람의 퉁소소리(人籟)는 들어도 대지의 퉁소소리(地籟)는 못 듣고,

대지의 퉁소소리는 들어도 자연의 퉁소소리(天籟)는 못 들었을 거다!"

안성자유가 물었다. "그 소리를 어떻게 들을 수 있는지 여쭙니다."

남곽자기가 말했다.

"자연이 한숨을 쉬면서 내뿜는 기(氣)를 바람이라고 하네.

다만 바람이 불지 않으면 고요하지만

일단 불면 수많은 구멍들에서 성난 듯 거센 바람소리를 내지.

그리고 자네도 휘~잉 하는 바람소리를 들었지?

높고 험준한 곳에서 백 아름 되는 나무의 크고 작은 구멍들,

어쩌면 코 같고, 입 같고, 귀 같고, 술병 같고, 술잔 같고, 절구 같고,

웅덩이 같고, 구덩이 같은 데서

청아한 소리, 외치는 소리, 고함치는 소리, 피리 부는 소리, 부르짖는
소리, 우는 소리, 신음하는 소리, 지저귀는 소리를 제각각 내지.
그리고 부는 바람이 우~ 하고 가벼운 소리를 내면
바람에 부딪친 나무구멍은 워~ 하고 무거운 소리로 화답하네.
또 산들바람엔 작은 소리로, 거센 바람엔 큰 소리로 화답하는데
거센 바람이 멎으면 수많은 구멍들은 이내 조용해지네.
너만 나뭇가지와 나뭇잎이 살랑살랑 흔들리는 걸 보지 못하는가?”
안성자유가 물었다.

“대지의 퉁소소리는 수많은 구멍들이 바람을 만나서 내는 소리이고,
사람의 퉁소소리는 부는 악기의 퉁소에서 나오는 소리라면
자연의 퉁소소리는 뭔지 감히 여쭈고자 합니다.”
남곽자기가 말했다.

“자연의 퉁소소리는 수많은 구멍들에 바람을 불어넣는데
그 구멍들에서 나오는 소리가 제각각 다르네.
이처럼 수많은 구멍들이 제각각 다른 소리를 내는데
제각각 다른 소리를 성내게 나오도록 하는 건 누구일까!”

• • •

南郭子綦隱机而坐, 仰天而噓, 嗒焉似喪其耦. 顔成子游立侍乎前, 曰:「何居乎?
形固可使如槁木, 而心固可使如死灰乎? 今之隱机者, 非昔之隱机者也.」子綦曰:
「偃, 不亦善乎? 而問之也! 今者吾喪我, 汝知之乎? 汝聞人籟而未聞地籟., 汝聞地
籟而未聞天籟夫!」子游曰:「敢問其方.」子綦曰:「夫大塊噫氣, 其名爲風. 是唯無
作, 作則萬竅窺怒呺. 而獨不聞之翏翏乎? 山陵之畏佳, 大木百圍之竅穴, 似鼻, 似
口, 似耳, 似枅, 似圈, 似臼, 似洼者, 似污者, 激者, 謞者, 叱者, 吸者, 叫者, 譹
者, 宎者, 咬者. 前者唱于而隨者唱喁. 冷風則小和, 飄風則大和, 厲風濟則衆竅爲
虛. 而獨不見之調調之刁刁乎?」子游曰:「地籟則衆竅是已, 人籟則比竹是已. 敢問
天籟.」子綦曰:「夫天籟者, 吹萬不同, 而使其自己也, 咸其自取, 怒者其誰邪!」

오상아(吾喪我) –
내가 나를 잃어버리다

———

"남곽자기가 탁자에 기대앉아 하늘을 우러르며 숨을 내쉬는데 넋이 나가 있어 마치 자신의 짝을 잃은 듯했다. 안성자유가 앞에서 시중을 들다가 의아해서 물었다. '어째서 그렇게 앉아 계십니까? 몸은 정말로 말라죽은 나무(槁木之形)와 같고, 마음은 정말로 불 꺼진 재(死灰之心)와 같습니다. 지금 탁자에 기댄 모습은 예전에 탁자에 기대고 계신 모습이 아닙니다.' 그러자 남곽자기가 말했다. '언아, 참 잘 보았다. 지금 나는 나를 잃었다(吾喪我).'"

「제물론」은 남곽자기(南郭子綦)와 안성자유(顔成子游)라는 두 가공 인물이 펼치는 대화로 시작한다. 그런데 「제물론」의 시작부와 「소요유」의 시작부는 형식상으로 흡사하다. 「소요유」는 북명(北冥)의 물고기 곤(鯤)이 새 붕(鵬)으로 변해 남명(南冥)을 향해 날아간다는 얘기로 시작한다. 「제물론」도 남곽(南郭)에 사는 자기가 나를 잃어 새로운 사람으로 변한다는 얘기로 시작한다. 북명의 북쪽과 남곽의 남쪽, 또 곤이란 물고기와 자기란 사람의 설정에선 차이가 있지만 곤이 붕으로 바뀌고, 남곽자기가 나(我)의 잃어버림을 통해 새로운 사람으로 바

뛴다는 점에선 같다. 아마도 존재는 고정된 게 아니라 늘 변한다는 점을 강조하기 위해 이런 구성 방식을 택한 거라고 본다.

유가는 사람이 존재로 고정된다는 점을 강조한다. 그래서 부모와 자식은 친(親), 왕과 신하는 의(義), 남편과 부인은 별(別)이란 도리로 묶는 게[7] 유가가 지향하는 바다. 더구나 유교를 국가이념으로 받들 었던 조선은 사람의 신분을 사농공상으로 고정화하기까지 했다. 이런 식으로 사람의 존재를 구속하면 상놈은 영원히 평민이 되지 못하고, 평민도 영원히 양반이 될 수 없다. 그렇다면 사람은 노력만으론 현재 상태에서 벗어날 수 없을까? 최소한 장자에게선 그렇지 않다. 장자에 따르면 '내(吾)가 나(我)를 잃으면(喪)' 하늘을 높이 날아오르는 대붕처럼 얼마든지 거듭날 수 있다.「제물론」시작부의 핵심어가 오상아(吾喪我)인 것도 바로 이 때문이다.

오상아!

이 얼마나 가슴에 와닿는 아름답고, 또 묵직한 메타포인가. 불가에선 무아(無我) 내지 몰아(沒我), 유가에선 무기(無己)라고 표현하지만 내가 나를 잃는다는 오상아에 비해선 그 미적 감각이 크게 떨어진다. 장자는 어째서 이런 멋진 표현을 상상할 수 있었을까? 혹시 소통에 대한 학문적 작업을 넘어서서 그 실천적 목표까지 염두에 두어서 그런 게 아닐까? 하긴 학자의 이론적 성과가 아무리 뛰어나도 그 이론을 통해 현실에서 소통을 제대로 구현할 수 없다면 이런 식의 이론적 작업은 아무런 소용이 없다. 그래서 묵직한 여운을 남기는 오상아란 메타포를 동원한 건 장자가 소통을 관념에서 머물지 않고 실천으로

---

7)   父子有親 君臣有義 夫婦有別 (『맹자』「등문공 상」)

그 무게 중심을 옮기려는 데서 비롯되었다고 본다.

　오상아에서 오(吾)와 아(我)는 똑같이 나인데 특별히 다른 점은 무엇일까? 먼저 오는 태어날 때 지니고 나왔던 원래의 나이다. 불가에선 이를 본래면목(本來面目)의 나라고 말한다. 원래의 나는 그 마음이 흐르는 물과 같다. 그래서 나란 의식을 갖고서 흐르지 않을뿐더러 흐른다는 의식조차 없다. 어린애의 해맑은 미소를 떠올리면 쉽게 상상할 수 있다. 반면 사람들은 내가 생각하고 내가 말한다는 의식에서 좀처럼 벗어나질 못한다. 이는 자의식(己)이 작용한 탓이다. 이 자의식이 우리가 살아가면서 만든 나(我)이다. 그런데 살다보면 원래의 나와 만들어진 나 사이에 간극이 점점 벌어지게 마련이다. 심지어 보통 사람들은 만들어진 나를 원래의 나로 착각하기까지 한다. 따라서 만들어진 나를 마음에서 지워야 원래의 나로 돌아올 수 있는데 이를 위해선 내가 나를 초상 치러 버려야 한다. 이런 오상아 상태에 이른 사람 중 하나가 바로 「소요유」에서 언급된 바 있는 무기(無己), 즉 자의식을 없앤 지인(至人)이다.

　내가 나를 잃는다는 건 불가에서도 중요한 과제에 속한다. 유명한 향엄격죽(香嚴擊竹) 얘기가 이를 잘 말해준다. 학식이 높은 향엄이 '태어나기 전 본래면목이 어떤 거냐?'는 스승의 질문에 그만 대답을 못하자 하산을 결행한다. 그리고 어느 날 절의 마당을 쓸다가 깨진 기왓장 하나가 대나무 숲으로 날아가서 생긴 딱 하는 소리에 향엄은 그만 깜짝 놀란다. 그런데 향엄이 깜짝 놀란 건 놀랜 마음으로 딱 하는 소리를 들어서가 아니라 오히려 청정한 마음으로 들어서이다. 이때 소리를 듣는 향엄도 없었고, 또 소리를 내는 대나무도 없었고 오로지 딱 하는 소리만 있었다. 그제야 향엄은 본래면목의 나(吾)를 비로소 깨달았다. 이런 깨달음이 있기 전에는 향엄은 내(我)가 주관적으로 분별하고 해석한 바깥 대상의 의미를 몸 안의 마음으로 전했을 뿐이다. 그런데 딱 하는 기왓장 소리의 충격으로 내가 사라짐으로써 안과 밖이 하나가 되는 내외일여(內外一如)의 상태가 되었다. 이것이 장자가 말하는 오상아 상태에 이른 모습이다.

그렇다면 자의식, 즉 만들어진 나(我)는 어떻게 해서 생겨날까? 흥미롭게도 우리의 커뮤니케이션을 구성하는 감관 및 심관작용을 통해서 생겨난다. 감관작용은 눈·귀·코·혀·몸의 오관에 의해 이루어지는 작용이다. 즉 눈을 통해 보고 귀를 통해 듣고 코를 통해 냄새 맡고 혀를 통해 맛보고 피부를 통해 느끼는 것이다. 또 심관작용은 오관을 통해 들어온 것들에 대해 마음속에서 의미를 만들어내는 작용이다. 예를 들어 빨간색을 보면 정열적이고, 키 작은 사람을 보면 왜소하고, 이목구비가 뚜렷하면 인상이 좋다는 식으로 대상에 대해 서로 다른 의미를 부여하는 작업이다. 물론 마음에서 만들어진 의미는 대상의 속성과 직접적인 관련이 없다. 단지 우리의 느낌일 뿐이다. 그래서 감관작용과 심관작용에서 벗어나서 생각을 끊고, 의견을 내려놓아야만 '참 나', 즉 진정한 나(吾)를 만날 수 있다.

불가는 커뮤니케이션을 색(色)·수(受)·상(想)·행(行)·식(識)으로 정의한다. 색은 감관이 바라보는 외부 대상 그 자체라면 수는 감관작용에 의해 생겨난 외부 대상의 상(象)을 의미한다. 그리고 상·행·식은 심관작용의 결과로 만들어지는 수많은 의미들이다. 그런데 이것들이 만들어내는 의미 간에는 서로 차이가 있다. 상(想)이 생각 차원을, 행(行)이 의지 차원을, 식(識)이 인식 차원을 각각 담당하고 있어서이다. 예를 들어 동료에 대해 좋은 느낌이 들면 '상'의 차원, 여기서 사랑하는 마음이 생겨나면 '행'의 차원, 이로부터 가장 아름다운 사람이란 신념을 지니면 '식'의 차원을 뜻한다. 이처럼 상 → 행 → 식으로 진행될수록 심관작용이 점점 깊어진다. 그런데 불가에서 감관작용은 수(受)의 차원에 그치는 데 반해 심관작용은 상(想)·행(行)·식(識) 세 차원으로 확장된다. 그만큼 심관작용이 감관작용에 비해 커뮤니케이션에서 차지하는 비중이 크고 또 중요하다.

사실 인간은 높은 수준의 감관 및 심관작용으로 인해 만물의 영장이란 위치에까지 올랐다. 그렇지만 지나친 감관 및 심관작용은 오히려 인간을 불행에 빠뜨릴 수 있다. 본래면목의 나를 지우고, 만들어진 나를 여기에 채워넣어서이다. 그럼에도 우리는 감관 및 심관작용을 부채질하는 데 여념이 없다. 그래서 눈·코·귀·입·몸의 오관은 늘 피곤하고 마음은 늘 피폐하다. 또 아름다워지려고 얼굴을 뜯어고치는 걸 예사로 삼는가 하면 더 많은 재물과 더 많은 권력을 차지하기 위해 영혼을 파는 일도 마다하지 않는다. 이런 태도는 나라는 의식, 즉 '아름다운 나', '부자인 나', '권력을 쥔 나'란 의식이 마음에 깊이 뿌리내린 결과이다. 심지어 이런 내(我)가 원래의 나(吾)를 압도하면서 이를 대체하는 전도현상이 도처에서 발견된다. 이런 문제를 장자가 이미 2천 년 전에 간파했다는 데 그의 사상의 빼어남이 있다.

그래서 장자는 감관 및 심관작용을 가능한 멈추라고 우리에게 주문한다. 그리고 그 방법론이 고목지형(槁木之形)과 사회지심(死灰之心)으로 나타난다. 고목지형은 몸이 말라죽은 나무이고, 사회지심은 마음이 불 꺼진 재란 의미이다. 그런데 말라죽은 나무와 같은 몸은 일체의 감관작용을 멈출 때, 또 불 꺼진 재와 같은 마음은 일체의 심관작용을 멈출 때 가능하다. 어쩌면 공자가 유가적인 삶의 완성으로 제시한 이순(耳順)[8]도 고목지형 및 사회지심과 같은 맥락에 있다. 이순이란 귀가 순해져서 싫은 소리와 좋은 소리는 물론이고 미운 소리와 고운 소리, 또 큰 소리와 작은 소리까지 모두 똑같이 들린다는 의미이다. 이런 상태는 감관 및 심관작용을 가능한 중지해서 몸은 말라죽은 나무처럼 마음은 불 꺼진 재처럼 만들 때 비로소 가능하다.

고목지형과 사회지심은 불가의 공(空) 개념으로도 설명이 가능하다. 『반야바라밀다심경』에선 '색이 곧 공이요 공이 곧 색이다[9]'라고 말한다. 여기서 색(色)은 감관 및 심관작용을 통해 인식하는 대상의 모습이라면 공(空)은 감관 및 심관작용을 멈춘 상태에서 인식하는 대상의 모습이다. 그래서 감관 및 심관작용을 가능한 멈추어서 몸은 말라죽은 나무로, 마음은 불 꺼진 재로 만들면 이것이 대상을 공(空)의 상태로 파악하는 일이다. 반면 감관 및 심관작용을 활발히 이루어서 몸과 마음을 살아 있는 나무나 타오르는 숯으로 만들면 이것이 대상을 색(色)의 상태로 인식하는 일이다. 이처럼 감관 및 심관작용을 활발히 이루면 색이 드러나는 반면 감관 및 심관작용을 가능한 멈추면 색과 공이 다르지 않는, 즉 색즉시공 공즉시색의 상태가 된다. 그러니 고목지형과 사회지심도 우리의 몸과 마음을 공한 상태로 만드는 작업에 해당한다.

공의 상태, 또는 고목지형과 사회지심의 상태에 이르면 만들어진 나(我), 즉 자의식은 사라지고 원래의 참 나(吾)만 남는다. 이는 감관 및 심관작용으로 인해 분리되었던 나와 내가 하나로 합쳐지는 작업에 해당한다. 이것이 바로 오상아 상태이다. 이런 상태에 이르면 하늘을 높이 오르는 대붕처럼 큰 꿈을 품고서 날 수 있다. 「소요유」에선 이런 대붕의 비상을 가능케 하는 것으로서 유유자적함(遊)을 든다.

---

8) 吾十有五而志于學 , 三十而立 , 四十而不惑 , 五十而知天命 , 六十而耳順 , 七十 而從心所欲踰矩. (『논어』 「위정」)

9) 色則是空 空則是色.

그리고 유유자적함에 이르는 길이 소요와 방황이라면 유유자적함에 비견되는 오상아에 이르는 길은 「제물론」에선 고목지형과 사회지심 이다. 그래서 소요이든 방황이든, 또 고목지형이든 사회지심이든 간에 이것들은 결국 감관 및 심관작용을 통해 생겨난 감정·생각·행동의 폭을 가능한 줄이는 작업이다. 이처럼 감정·생각·행동의 폭을 줄이면 알아도 모를 수 있고, 기뻐도 기뻐하지 않을 수 있고, 미워도 미워하지 않을 수 있다. 그럼으로써 우리는 온갖 희로애락의 감정으로부터 해방될 수 있다.

대붕이 유유자적함을 만끽할 수 있는 건 하늘에 높이 오를 수 있어서이다. 사실 높은 데서 아래를 내려다보면 땅위의 모든 게 구별되지 않고 서로 비슷비슷하게 보인다. 이것이 가물가물한 현(玄)의 상태이다. 이런 상태에 이르기 위해선 대상을 가능한 멀리서부터 보아야한다. 이때 자신을 구속하는 모든 것으로부터 해방될 수 있는데 이런 해방감은 감관 및 심관작용을 통제할 때 비로소 가능하다. 그럼에도 우리는 심관 및 감관작용을 활발히 해 멀리서보다는 가까이서 보려고 애쓴다. 그 결과 작은 차이도 크게 보이게끔 하고, 심지어 없는 차이도 있게끔 만든다. 또 누군가와 마주하더라도 거기서 희로애락의 감정을 일일이 만든다. 이것이 드러나는 황(黃)의 상태이다. 이런 상태에선 자신의 존재를 스스로 구속하게 마련이다. 또 사람들이 아름다움, 재물, 권력 따위에 탐닉하는 것도 감관 및 심관작용을 활발히 한 탓이다. 이 모두는 만들어진 내(我)가 본래면목의 나(吾)를 대신해서 감관 및 심관작용을 지배한 결과이다.

장자는 여기서 또 하나의 빼어난 메타포를 동원해서 큰 도약을 이루어 낸다. 자연의 바람소리인 천뢰(天籟), 대지의 바람소리인 지뢰(地籟), 인간의 바람소리인 인뢰(人籟)가 그것이다. 장자는 우선 바람을 자연이 내뿜는 기(氣)로 파악한다. 그래서 자연이 기를 내뿜지 않으면 바람이 일지 않아 사방이 조용하지만 일단 기를 내뿜으면 대지의 온갖 나무구멍들에 바람이 부딪혀서 여러 소리들을 만든다. 나무구멍들이 그 모양과 크기에 따라 코 같고, 입 같고, 귀 같고, 술병 같고, 술잔 같고, 절구 같고, 깊은 웅덩이 같아서이다. 이런 구멍들에 바람이 부딪치면 물 흐르는 소리, 화살이 나는 소리, 화를 내며 꾸짖는 소리, 숨을 들이마시는 소리, 크게 외치는 소리, 울며 통곡하는 소리, 신음하며 원망하는 소리, 탄식하는 소리 등 제각각 다른 소리를 만들어 낸다. 이것이 지뢰, 즉 대지의 퉁소소리이다.

그렇다면 인뢰, 즉 사람의 퉁소소리는 어떤 걸까? 몸 안에서 내뿜어 나오는 숨을 불어서 내는 악기의 퉁소소리이다. 여기서 제각각의 소리는 퉁소의 구멍들을 손가락으로 열고 닫음에 따라 생겨난다. 예를 들어 구멍을 많이 막으면 높은 소리가 나고, 구멍을 적게 막으면 낮은 소리가 난다. 이렇게 보면 사람의 퉁소소리나 대지의 퉁소소리나 만들어지는 방식은 매한가지이다. 사람의 퉁소소리는 숨이란 바람으로 만들어지고, 대지의 퉁소소리는 자연이 내뿜는 바람으로 만들어진다. 또 사람의 퉁소소리에서 의미하는 구멍은 악기 퉁소의 구멍이고, 대지의 퉁소소리에서 의미하는 구멍은 나무 등걸의 구멍이다. 따라서 사람의 퉁소소리나 대지의 퉁소소리나 구멍에 부딪치는 바람에 의해 만들어진다는 점에선 똑같다. 단지 차이가 있다면 그 구멍들에서 나오는 소리의 종류와 크기일 뿐이다.

그렇다면 천뢰, 즉 자연의 퉁소소리는 무엇일까? 그것은 악기퉁소의 구멍이든 나무 등걸의 구멍이든 간에 그 구멍들과 마주치는 자연의 바람 그 자체이다. 이 자연의 바람은 나무 등걸의 구멍들과 마주쳐서 소리를 내지 않으면 소리를 따로 만들지 못한다. 그래서 소리

없이 스쳐 지나가는 바람이 곧 자연의 퉁소소리이다. 그렇지만 이 자연의 바람도 나무 등걸에 있는 구멍과 부딪치면 외치는 소리, 울며 통곡하는 소리, 신음하며 원망하는 소리, 탄식하는 소리 등 온갖 소리를 만든다. 그러면 자연의 퉁소소리로 더 이상 머물지 못하고 대지의 퉁소소리로 바뀌고 만다. 사람의 퉁소소리도 이와 같다. 몸 안에서 아무런 기척이 없이 나오는 자연의 숨이 곧 자연의 퉁소소리이다. 그렇지만 이 숨을 불어서 퉁소란 악기에 집어넣으면 구멍들의 열고 닫힘에 따라 제각각 다른 소리를 낸다. 그러면 더 이상 자연의 퉁소소리로 머물지 못하고, 사람의 퉁소소리로 바뀐다.

그런데 우리가 우려해야 할 심각한 퉁소소리가 있다. 희로애락의 퉁소소리가 그것이다. 이 소리는 살아가면서 마주하는 온갖 바람, 즉 사람이란 바람, 사물이란 바람, 사건이란 바람과 부딪치면서 생겨난다. 그래서 마주하는 같은 바람인데도 사람들은 어떤 바람과는 작게 반응하고, 또 어떤 바람과는 크게 반응한다. 왜 이렇게 다르게 반응할까? 사실 마주하는 사람, 사물, 사건 그 자체에는 어떤 색깔이나 냄새, 또 맛이 없다. 이런 점에서 무미건조한 자연의 퉁소소리와도 같다. 그렇지만 이 바람이 우리 몸 안에 들어오면 온갖 소리를 만들어낸다. 그래서 어떤 사물과는 기쁨의 퉁소소리를 만들지만 어떤 사물과는 슬픔의 퉁소소리를 만든다. 또 어떤 사물과는 분노의 퉁소소리를 만들지만 어떤 사물과는 쾌락의 퉁소소리를 만든다.

이와 비슷한 상황을 설명하는 내용이 연암(燕巖)의 『열하일기(熱河日記)』에 재미나게 표현되어 있다.

"내가 사는 연암협 산중에 큰 개울이 있는데 여름철이 되어 소낙비가 쏟아지면 물이 불어 온갖 소리들이 난다…… 언젠가 문을

닫고 그 소리를 들었더니 소나무 숲의 퉁소소리 같은 물소리는 청아한 마음으로, 산이 짜개지고 절벽이 무너지는 것 같은 물소리는 분노한 마음으로, 개구리떼가 다투어 우는 것 같은 물소리는 뽐내고 건방진 마음으로, 번개가 번쩍하고 천둥이 치는 것 같은 물소리는 놀란 마음으로, 찻물이 보글보글 끓는 것 같은 물소리는 아취 있는 마음으로, 가락에 맞게 뚱땅거리는 물소리는 애잔한 마음으로, 문풍지가 떠는 듯한 물소리는 의심하는 마음으로 들은 탓이다."[10]

흐르는 같은 물소리인데 왜 이렇게 다른 느낌이 만들어질까? 우리 마음에서 만들어진 나, 즉 자아(我)가 굳게 뿌리내리고 있어서이다. 이런 자아가 마음속에 자리하면 같은 자연의 소리라도 서로 다르게 반응한다. 그뿐만이 아니다. 우리는 온갖 소리나 바람과 마주하면서 자의식을 더욱 단단히 굳힌다. 이는 내린 눈이 녹지 않고서 뭉쳐지는 눈에 비유할 수 있다. 그러니 자의식을 없애는 일, 즉 마음을 비우는 일이 중요하다. 이것이 오상아, 즉 내가 나를 버리는 작업이다. 만약 내가 나를 버릴 수 있다면 크게 기뻐할 일도, 크게 슬퍼할 일도, 크게 즐거워할 일도, 크게 화날 일도 없다. 어떤 바람이 내게 불어오더라도, 또 어떤 소리가 내게 들리더라도 서로 다르게 반응하지 않고서 그저 무덤덤하게 반응할 뿐이다. 이것이 이 글의 주인공인 남곽자기가 고목지형과 사회지심을 통해 찾아낸 참 나, 즉 오(吾)의 모습으로 살아가는 모습이다.

---

10) 박지원, 『열하일기(熱河日記)』 「산장잡기」 일야구도하기(一夜九渡河記)

이런 오상아에 이른 사람을 과연 어디에서 찾을 수 있을까? 국립박물관에 있는 반가사유상(半跏思惟像)이 그 중의 하나가 아닐까? 이런 상상은 어느 날 반가사유상과 관련한 신문의 글을 우연히 읽다가 생각한 거다. 좋은 글이어서 여기에 소개하고자 한다.

서양에는 로댕의 '생각하는 사람' 있다면 한국에는 반가사유상이 있습니다…… 둘 다 생각하는 자세이지만 느낌은 정반대입니다. 로댕의 조각은 힘겹고 불행해 보여 마치 '생각 많은 바보'를 보는 것 같습니다. 그런데 반가사유상은 다릅니다. 편안하고 행복한 모습입니다…… 우리의 삶에는 수시로 눈이 내립니다. 과거를 보면 아쉽고, 현재는 불만투성이이고, 미래는 두렵습니다. 그런 고민이 때로는 싸락눈으로, 때로는 폭설로 몰아칩니다. 로댕의 '생각하는 사람'은 그런 눈발 속에 있습니다. 우리의 생각은 눈(雪)과 똑 닮았습니다…… 뭉칠수록 눈은 단단해집니다. 생각도 마찬가지입니다. 그래서 로댕의 이 조각상을 보면 답답합니다. 고민을 뭉칠 줄만 알지 녹일 줄을 모르기 때문입니다. 그럼 반가사유상은 어떨까요? 눈발 속에 있긴 마찬가지입니다. 그 역시 생각을 하니까요. 그러나 두 손으로 눈송이를 모으지도 않고, 뭉치지도 않습니다. 그래서 가볍습니다. 볼에 살며시 갖다 댄 손가락, 오른쪽 다리를 살짝 올린 가부좌를 보세요. 무게감이 거의 없습니다. 그게 바로 일상의 무게, 번뇌의 무게, 삶의 무게입니다…… 짜증이 나고, 분노가 솟을 때 우리는 눈을 뭉칩니다. 화가 나는 이유를 곱씹을수록 눈뭉치는 더욱 단단해집니다…… 로댕의 '생각하는 사람'과 '반가사유상', 둘 다 눈발 속에, 온갖 생각 속에 앉아 있습니다. 왜 유독 반가사유상만 입가에 미소를 지을까요. 그는 펑펑 내리는 눈발이 모두 '녹는 눈'임을 알고 있기 때문입니다. 반가사유상, 그 오묘한 미소의 비밀입니다.[11]

반가사유상

---

11) 중앙일보 2013년 12월 14일 34면, 백성호의 '반가사유상, 미소의 비밀'

제물론 2-1

큰 앎(大知)은 한한(閑閑), 즉 너그럽고 여유로운데

작은 앎(小知)은 간간(閒閒), 즉 따지고 분별한다.

큰 말(大言)은 염염(炎炎), 즉 힘차고 아름다운데

작은 말(小言)은 첨첨(詹詹), 즉 수다스럽다.

사람이 잠들어선 꿈을 꾸어 쉴 새가 없고,

깨어나선 몸의 감각이 열려 활동함으로써 쉴 새가 없다.

게다가 누군가를 자기편으로 끌어당기기 위해 열심히 사귀지만

마음속으론 그와 날마다 싸운다.

능구렁이 같은 만자(縵者), 음흉한 교자(窖者), 용의주도한 밀자(密者).

이들이 조금만 으르면(小恐) 우리는 안절부절하지 못하고,

크게 으르면(大恐) 기절하기까지 한다.

그래서 이들이 내뱉는 말은 시위를 떠난 활과 같은데

상대방의 허점을 틈타 시비를 엄히 가린다는 말이다.

이들이 집착하는 건 맹서와 같은데 승리를 반드시 지킨다는 말이다.

이들이 죽어가는 건 가을겨울의 시들어짐과 같은데

나날이 자신의 존재가 사라진다는 말이다.

활처럼 내뱉는 말, 맹서와 같은 집착, 가을겨울과 같은

시들어짐에 빠지면 순수한 모습으로 되돌아갈 수 없다.

이들은 마음의 문을 틀어막아 봉하는데

늙어서도 욕심에 억눌려진다는 말이다.

이처럼 죽음에 가까이 간 마음(近死之心)으론

어느 누구도 봄여름과 같은 생명력(陽)을 회복할 수 없다.

. . .

大知閑閑, 小知閒閒., 大言炎炎, 小言詹詹. 其寐也魂交, 其覺也形開, 與接爲搆,
日以心鬪. 縵者, 窖者, 密者. 小恐惴惴, 大恐縵縵. 其發若機栝, 其司是非之謂也.,
其留如詛盟, 其守勝之謂也., 其殺若秋冬, 以言其日消也., 其溺之所爲之, 不可使
復之也., 其厭也緘, 以言其老洫也., 近死之心, 莫使復陽也.

큰 앎(大知)과 작은 앎(小知),
큰 말(大言)과 작은 말(小言)

────

    장자는 「소요유」에서 큰 앎과 작은 앎의 차이를 대붕과 어린 비둘기의 차이를 통해 설명한 바 있다. 어린 비둘기는 기껏 날아봐야 느릅나무 높이에 이르러서 멈추거나, 아니면 거기에도 이르지 못해 땅바닥에 내동댕이쳐진다. 이런 작은 높이에서 땅을 내려다보면 나무만 볼 뿐 숲을 보지 못한다. 이것이 장자가 말하는 작은 앎이다. 이에 반해 대붕은 하늘을 구만 리씩이나 높이 날아올라 거기서 아래를 내려다본다. 그러면 땅위의 모든 것들이 구분되지 않고서 하나로 보인다. 이는 땅에서 하늘을 바라볼 때 푸른 것처럼 하늘에서 본 땅도 온통 푸르기 때문이다. 이처럼 푸르게 하나로 보이는 건 큰 앎에 이를 때 비로소 가능하다. 그러면서 장자는 큰 앎(大知)과 작은 앎(小知)을 대년(大年)과 소년(小年), 즉 오랜 삶과 짧은 삶으로 비교한다. 즉 밤과 새벽을 모르는 조균과 봄과 가을을 모르는 매미는 짧은 삶을, 그리고 천년을 산 명령이란 나무와 팔천 살을 산 대춘이란 참죽나무는 오랜 삶을 산 거라고 본다.

    「소요유」에 이은 「제물론」에서도 장자는 큰 앎과 작은 앎의 차이를 또 한 번 비교한다. 「제물론」에서 이루어지는 비교는 언어와 직접적으로 관련된다는 점에서 커뮤니케이션 연구자인 필자의 관심을 유난히 끌 수밖에 없다. 앞서 「소요유」에서 큰 앎과 작은 앎의 비교는 하늘로 올라감에 있어 높고 낮음, 또 삶에 있어 길고 짧음을 통해서 이루어졌다. 이는 물리(物理)의 차원에서 이루어진 비교이다. 이제 「제물론」에선 우리가 사용하는 말의 유형인 대언(大言)과 소언(小言), 즉 큰 말과 작은 말의 비교를 통해서 이루어지는데 이는 물리의 차원에서 머물던 큰 앎과 작은 앎의 비교를 인문(人文)의 차원으로 확장하는 작업에 해당한다. 이런 시도는 분명히 커뮤니케이션학의 지평을 넓히는 일이다. 그러니 「제물론」에서 이루어지는 큰 말과 작은 말의 비교는 장자가 소통의 사상가임을 말해주는 중요한 단서임에 틀림없다.

장자에 따르면 큰 앎은 한한(閑閑)한 데 반해 작은 앎은 간간(閒閒)하다. 큰 앎의 한한은 너그럽고 여유롭다는 의미이다. 이에 입각한 커뮤니케이션도 널찍널찍해 상대방과 충돌을 일으키지 않는다. 반면 작은 앎의 간간은 칸이 있어 촘촘하다는 의미이다. 이에 입각한 커뮤니케이션은 시비를 가리면서 일일이 분별한다. 따라서 충돌이 생겨나게 마련이다. 왜 그러한가? 큰 앎을 지닌 사람은 큰 말을 사용하는 반면 작은 앎을 지닌 사람은 작은 말을 사용해서이다. 장자는 큰 말을 불에 비유해서 염염(炎炎), 즉 활활 타오르는 것 같다고 말한다. 염(炎)은 불 화(火) 자가 위 아래로 겹쳐 있어 큰 불길을 뜻한다. 그래서 큰 말은 이런 불길처럼 힘차고 아름답다. 그리고 이런 말은 시비에 구애되지 않는 담백한 말이기도 하다. 이에 반해 작은 말은 첨첨(詹詹), 즉 수다스러운 말이다. 이런 말은 말에 힘이 실리지 않을뿐더러 시비마저 불러일으킨다.

그런데 작은 말을 즐겨 사용하는 사람은 과연 어떤 사람일까? 장자는 두 가지 재미난 사례를 들어 작은 말을 즐겨 사용하는 사람을 소개한다. 먼저 깨어나선 활동을 개시해 쉴 새가 없고, 또 잠에 들더라도 꿈을 꾸면서 마찬가지로 쉴 새가 없는 사람이다. 이런 사람은 깨어나선 몸이 바쁘고, 잠들어선 온갖 생각을 하느라 머리가 복잡하다. 그러니 온 종일 신경을 쓰면서 살아가는, 즉 마음이 바쁜 사람이다. 또 다른 사람과 만날 때는 표면상으론 온화해 보이지만 마음속으론 날마다 싸움질하는 사람이다. 이런 사람은 겉으론 친절해 보이는 척하지만 속으론 상대방과 늘 다투게 마련이다. 왜 다툴까? 상대방으로부터 이득을 조금이라도 더 많이 얻어내려고 해서이다.

장자는 작은 말을 즐겨 사용하는 대표적인 사람으로 능구렁이 같은 만자(縵者), 음흉한 교자(窖者), 치밀하고 용의주도한 밀자(密者)를 든다. 만자는 부드러운 표정 속에 간교함을 감추고, 교자는 말 속에 함정을 파놓고, 밀자는 자신의 마음을 깊이 감춰서 잘 드러내지 않는다. 그래서 이들이 조금만 우리를 으르면 안절부절하지 못하고, 크게 으르면 기절하기까지 한다. 왜 그럴까? 이들이 내뱉는 말이 시위를 떠난 활처럼 빠르기 때문이다. 이는 상대방의 허점을 틈타 시비를 엄히 가리겠다는 의지가 그만큼 강해서이다. 또 이들이 집착하는 게 마치 맹서하듯 하기 때문이다. 이는 승리를 쟁취하겠다는 의지가 그만큼 넘쳐서이다. 이런 식으로 만자, 교자, 밀자는 삶을 치열하게 살아가지만 이들이 사용하는 말은 상대방을 피곤하게 만드는 작은 말에 해당한다.

사람은 한번 태어나면 죽음을 향해 달려가는 운명이다. 그렇더라도 큰 말을 사용하는 사람은 봄과 여름철에 소생하는 양기(陽氣)를 지닌 채 삶을 행복하게 마감할 수 있다. 반면 만자, 교자, 밀자와 같은 사람은 봄과 여름철의 양기를 모두 소진해서 가을과 겨울철 초목의 시들어짐과 같이 사라지게 마련이다. 시들어지면서 사라지는 삶은 자신의 존재가 나날이 지워지기에 타고난 본래의 나, 즉 오(吾)의 상태로 되돌아가기 힘들다. 또 만자, 교자, 밀자는 평생 발버둥 치면서 살아도 이룬 공이란 별게 없다. 또 이들이 평생 일에만 몰두해 심신이 파김치가 되어도 달리 마음을 둘 데가 없다. 또 이들은 마음의 문을 꽁꽁 묶어서 봉해 살아왔기에 늙어서도 욕심에 억눌려진 상태로 남는다. 이런 경직되고 폐쇄적인 마음이 근사지심(近死之心), 즉 죽음에 가까이 간 마음이다. 이런 상태에 이르면 어느 누구도 마음의 젊음을 회복하기 힘들다.

이처럼 만자, 교자, 밀자는 몸이 늙어가는 데 따라 마음도 함께 시들어가므로 슬플 뿐이다. 이에 장자는 이런 사람을 두고 죽지 않았다고 한들 아무런 의미가 없다고 잘라 말한다. 이런 모습이 결국 작은 말에만 의지해서 산 사람의 마지막 모습이다. 아니면 오상아(吾喪我) 단계에 이르기를 일찌감치 포기하고 만들어진 아(我), 즉 허구의 나에만 의지해서 산 사람의 마지막 모습이다. 그러니 오상아의 상태에 이르려면 머리로는 큰 앎(大知)이 뒷받침되어야 하지만 마음으로는 큰 말(大言)이 뒷받침되어야 한다. 이런 사실은 도(道)를 깨치고 익히는 데 있어서 언어 사용이 얼마나 중요한지를 새삼 각인시켜주는 내용이다.

『구약성서』「잠언」편에 "미련한 자의 입술은 다툼을 일으키고, 그 입은 매를 자청하느니라. 미련한 자의 입은 그의 멸망이 되고, 그 입술은 그의 영혼의 그물이 되느니라."는 내용이 있다. 성경에서조차 말에 대해 경고가 있은 지 아주 오랜 세월이 흘렀음에도 우리의 언어 사용은 점점 더 미련해지고 있다. 이것이 바로 작은 말의 사용으로 나타난다. 그런데도 이런 작은 말을 두고 세상은 객관적 언어, 치밀한 언어, 심지어 화려한 언어라고 떠받들고 있으니 안타까울 뿐이다.

기쁨(喜), 노여움(怒), 슬픔(哀), 즐거움(樂)의 감정.

걱정(慮), 한탄(嘆), 변덕(變), 고집(慹)의 생각.

경솔(姚), 방탕(佚), 훈계(啟), 아첨(態)의 행동.

이것들은 퉁소소리(樂)처럼 텅 빈(虛) 데서 나오고,

조균(菌)처럼 수증기 따위의 김(蒸)에서 돋아난다.

희로애락의 감정, 여탄변집의 생각, 요일계태의 행동은 번갈아가며

매일 우리 앞에 나타나지만 그것들이 싹트는 바를 아무도 모른다.

아서라! 아서라!

아침저녁으로 이런 희로애락의 감정, 여탄변집의 생각,

요일계태의 행동이 생겨나면 생겨나는 대로 살아라!

이런 감정, 생각, 행동이 없으면 내가 없고,

내가 없으면 이런 감정, 생각, 행동이 생겨나지를 않는다.

이 또한 진실에 가까운 말인데 이런 감정, 생각, 행동이

어떻게 생겨나는지를 우리는 알지 못한다.

이런 감정, 생각, 행동을 일으키는 참 주재자(眞宰)가 있는 것 같은데

참 주재자의 조짐을 특별히 발견할 수 없고,

참 주재자가 분명히 작용한다는 징후(徵)를 이미 확신하지만

참 주재자의 형태(形)를 보지 못하고,

참 주재자 정황(情)을 몸으로 느끼지만 그 모습(形)이 드러나질 않는다.

・・・

喜怒哀樂, 慮嘆變熱, 姚佚啓態., 樂出虛, 蒸成菌. 日夜相代乎前, 而莫知其所萌.
已乎, 已乎! 且暮得此, 其所由以生乎! 非彼無我, 非我無所取. 是亦近矣, 而不知
所爲使. 若有眞宰, 而特不得其眹. 可行已信徵., 而不見其形, 有情而無形.

희로애락(喜怒哀樂)의 감정,
여탄변집(慮嘆變熱)의 생각,
요일계태(姚佚啓態)의 행동

앞에서 작은 앎(小知)에 따라 작은 말(小言)을 사용하면서 살아가는 사람들의 모습을 보여주었다. 능구렁이 같은 만자, 음흉한 교자, 용의주도한 밀자처럼 아무리 발버둥 쳐도 이룬 공은 별로 없고, 마음을 둘 데가 없는 사람들의 삶의 모습이다. 이런 삶은 오상아(吾喪我), 즉 내가 나를 잃어버린 삶과는 정반대이다. 장자는 여기서 작은 말을 사용할 때 생겨나는 부작용을 또 한번 강조한다. 희로애락(喜怒哀樂), 여탄변집(慮嘆變熱), 요일계태(姚佚啓態)에 찌든 삶이 그것이다. 희로애락은 기쁨·노여움·슬픔·즐거움이란 감정을, 여탄변집은 걱정·한탄·변덕·고집이란 생각을, 요일계태는 아첨·방자·솔직·꾸밈이란 행동을 말한다. 물론 큰 앎에 따라 큰 말을 사용하면 이런 감정·생각·행동은 자연히 사라지게 마련이다.

말은 커뮤니케이션을 돕는 방편이다. 눈·코·귀·입·몸의 오관으로만 커뮤니케이션 하는 경우 답답하고 불편하기 짝이 없으므로 이런 문제를 해결하기 위해 만들어진 게 언어이다. 그래서 언어는 우리의 오관과 비교할 때 사물의 의미를 보다 객관적이고, 명료하게 구분한다. 그렇더라도 이런 의미 구분이 지나치면 그 부작용도 만만치 않다. 예를 들어 조삼모사 우화에서 보듯이 일곱 되 먹이를 아침에 석 되, 저녁에 넉 되 준다고 하자 원숭이가 당장 화를 낸 것처럼 말이다. 여기서 일곱 되가 큰 말이고, 아침에 석 되, 저녁에 넉 되 식으로 나눈 게 작은 말이다. 또 「소요유」에서 예로 든 오바마 대통령의 연설에서 '애국 그 자체'가 큰 말이라면 애국의 방법론, 즉 '이라크전을 찬성했는지의 여부'는 작은 말이다. 이처럼 말이 작아질수록 희로애락의 폭은 커지지만 말이 클수록 희로애락의 폭은 줄어들게 마련이다.

작은 말의 종류는 이뿐만이 아니다. 상대방에게 전하고자 하는 내용을 일부러 강하게 표현하거나 독하게 표현하는 말도 작은 말에 속한다. 그런데 이런 식의 작은 말이 더 큰 문제를 일으킨다. 누군가를 유혹하거나 협박할 때, 또 싸움질할 때 이런 식의 작은 말이 자주 동원된다. 그래서 언어는 편리한 방편이지만 자칫 흉기로 변하면 무서운 재앙을 초래할 수 있다. 능구렁이 같은 만자, 음흉한 교자, 치밀하고 용의주도한 밀자가 즐겨 사용하는 말도 이런 식의 작은 말이다. 이런 말을 사용하면 음식에 인공조미료를 뿌린 효과를 거둘 수 있지만 몸에 끼치는 부작용도 만만치 않다. 마찬가지로 말에 인공조미료를 뿌리면 의미전달이 분명할지 모르지만 마음을 해칠 수 있다. 그 결과 희로애락의 감정, 여탄변집의 생각, 요일계태의 행동의 폭도 자연 커지게 마련이다.

희로애락의 감정, 여탄변집의 생각, 요일계태의 행동은 우리들 앞에 매일 번갈아가며 나타난다. 심지어 하루에도 몇 번씩 생겨나고 또 없어진다. 그런데 우리는 이것들이 왜 생겨나고, 어떻게 없어지는지 알지 못한다. 장자는 이런 감정·생각·행동이 아무도 모르게 생겨나고, 사라지는 걸 두고 통소소리와 그 통소를 만드는 데 쓰이는 대나무를 통해 설명한다. 그래서 장자는 "퉁소소리가 퉁소의 빈 공간에서 나오고, 또 그 퉁소를 만드는 대나무의 죽순도 수증기라는 눈에 잘 보이지 않는 김에서 돋아난다."고 말한다. 그런데 이런 감정·생각· 행동이 어떻게 해서 생겨나는지를 알면 이것들을 마음속에서 과연 지울 수 있을까? 이에 대해 장자는 "아서라! 아서라!" 하며 손을 내젓 는다. 매우 뜻밖의 반응이다.

장자는 어째서 이런 감정·생각·행동을 없애라는 일반적인 통념 과 다른 주문을 우리에게 제안하는 걸까? 게다가 이런 제안은 색· 수·상·행·식을 공(空)한 상태로 놓고 해탈에 이르라는 불가의 제안 과 너무나 다르지 않는가? 장자에 따르면 이런 감정·생각·행동이 없으면 내가 없고, 내가 없으면 이런 감정·생각·행동이 나타날 까닭 이 없어서이다. 그래서 이런 감정·생각·행동이 있어야만 비로소 사 람이라고 말할 수 있다. 그렇다고 이런 감정·생각·행동을 그냥 놔두 라는 건 「제물론」을 시작하면서 오상아(吾喪我)란 기치를 높이 든 장 자의 고상하고 고결한 생각과는 너무나 차이가 크지 않는가?

물론 장자가 우리에게 오상아의 길을 포기하라고 주문하는 건 결 코 아니다. 그래서 희로애락의 감정, 여탄변집의 생각, 요일계태의 행동이 생겨나는 대로 살아가라는 장자의 제안을 액면 그대로 받아 들여선 안 된다. 장자는 우리가 사람으로 태어난 이상 이런 감정·생 각·행동이 나올 수밖에 없다는 점을 환기시킨 것일 뿐이다. 그래서 이것들이 나오는 대로 방치하며 살라고 하는 건 절대 아니다. 그렇 다면 장자의 의중은 과연 무엇인가? 그것은 이런 감정·생각·행동 을 무리하게 없애지 말고 자연스럽게 없애라는 입장이다. 즉 인위적 으로 없애지 말고, 무위자연의 원리에 따라 저절로 없어지게 하라는 것이다. 그런 탓인지 장자는 소요유 단계에 이르는 방법을 제시함에 있어서도 '색즉시공 공즉시색'과 같은 관념적 언어 대신 오상아, 즉 내가 나를 잃어버린다는 생활 속 언어를 선택한 것이다. 생활 속에서 우러난 언어라야 우리를 자연스럽게 실천으로 유도할 수 있어서이다.

그렇다면 어떻게 해야 이런 감정·생각·행동을 무위자연의 원리에 따라 지울 수 있을까? 장자는 진재(眞宰), 즉 마음을 주재하는 참존재자가 누군지 알아야 가능하다고 말한다. 장자에 따르면 진재란 우리 마음을 주관하는 존재이다. 진재가 우리 마음을 제대로 주관한다면 우리가 살아가면서 마주하는 온갖 사람, 사물, 일, 사건 등에 대해 무덤덤하게 반응할 수 있다. 반면 진재가 우리 마음을 제대로 주관하지 못하면 우리는 마주하는 온갖 사람, 사물, 일, 사건 등에 대해 요란하게 반응하게 마련이다. 그것이 희로애락의 감정, 여탄변집의 생각, 요일계태의 행동으로 나타난다. 그래서 진재가 우리 마음에 자리하는 건 분명하고, 작용하는 징후도 확실하고, 또 그 의지마저 느껴진다. 단지 우리는 진재의 모습과 형태를 볼 수 없을 뿐이다. 그렇다면 진재는 어째서 우리 마음을 제대로 주관하지 못할까?

이를 위해 지뢰(地籟), 인뢰(人籟), 천뢰(天籟)의 관계를 다시 한 번 살펴볼 필요가 있다. 대지의 퉁소소리인 지뢰는 자연의 기에 해당하는 바람이 나무구멍에 부딪쳐서 생겨난 소리이다. 또 사람의 퉁소소리인 인뢰는 몸 안에서 내쉬는 숨이 퉁소 구멍이 열리고 닫힘에 따라 만들어낸 소리이다. 따라서 지뢰에 있어서 천뢰는 자연의 기인 바람소리이고, 인뢰에 있어서 천뢰는 몸 안에서 나오는 우리들의 숨소리이다. 이처럼 천뢰, 즉 자연의 퉁소소리는 땅이든 인간이든 간에 모두 자연이 만들어낸 소리이므로 색과 맛은 물론이고, 소리마저 없다. 그렇다면 살아가면서 마주하는 온갖 사람, 사물, 일, 사건 등도 자연의 통소소리에 해당하지 않을까? 왜냐하면 이것들 자체에는 어떤 소리, 색, 맛 등이 없어서이다. 게다가 이것들과 처음 마주할 때 우리는 여기서 어떤 소리, 색, 맛 등을 느낄 수 없다. 그러니 처음부터 이것들에 대해 어떤 감정, 생각, 행동이 있다고 여기는 건 우리의 잘못된 판단이다.

그런데 우리가 마주하는 사람, 사물, 일, 사건 등이 오관을 통해 몸 안에 들어와 마음에서 어떤 의미를 만들면 여기에서 온갖 소리가 등장한다. 희로애락의 감정, 여탄변집의 생각, 요일계태의 행동이 그것이다. 이것이 장자가 말하는 사람의 통소소리이다. 그런데 진재(眞宰), 즉 참 주재자가 우리 마음을 주관하는데 어째서 이런 소리들이 생겨날까? 그것은 진재가 우리 마음을 제대로 주재하지 못한 탓이다. 그렇다면 진재가 우리 마음을 어째서 제대로 주재하지 못할까? 본래면목의 나인 오(吾)가 자신의 역할을 제대로 수행하지 못해서이다. 어째서 본래면목의 나가 자신의 역할을 제대로 수행하지 못할까? 그것은 만들어진 나, 즉 아(我)가 본래면목의 나인 오를 압도해서이다. 그래서 오상아(吾喪我)가 아니라 아상오(我喪吾) 상태로 바뀐 것이다.

그렇다면 진재가 어떻게 해야만 자신의 역할을 제대로 수행할 수 있을까? 그것은 오상아, 즉 본래의 나(吾)가 만들어진 나(我)를 잃어버릴 때, 즉 압도할 때 가능하다. 그래야만 우리는 희로애락의 감정, 여탄변집의 생각, 요일계태의 행동으로부터 자유로울 수 있다.

지금까지의 얘기가 좀 복잡하지만 알고 나면 매우 흥미로운 내용이다. 그래서 보다 쉬운 이해를 위해 지금까지의 내용을 정리하면 다음의 표와 같다.

	대지의 퉁소소리(地籟)	사람이 부는 퉁소소리(人籟)	우리 마음이 만들어내는 퉁소소리	
(자연이 만드는) 하늘의 퉁소소리(天籟)	자연의 기인 바람	몸 안에서 나오는 숨	살아가며 마주하는 것 (사람, 사물, 일, 사건 등)	
진재(眞宰)	나무 등걸의 구멍	퉁소의 구멍	만들어진 나(我) 일 때	원래의 나(吾) 일 때
감관 및 심관작용의 원칙	무위자연	무위자연	유위부자연 (有爲不自然)	무위자연
구체적인 퉁소소리	나무구멍에 부딪쳐 나오는 소리	퉁소 구멍이 열리고 닫힘에 따라 나오는 소리	희로애락(喜怒哀樂)의 감정 여탄변집(慮嘆變慹)의 생각 요일계태(姚佚啓態)의 행동	허심(虛心)의 소리

　그렇다면 사람의 퉁소소리, 즉 희로애락의 감정, 여탄변집의 생각, 요일계태의 행동은 어떻게 해서 만들어질까? 오로지 감관 및 심관작용을 통해서 이루어진다. 이 작용들이 바로 우리의 커뮤니케이션 행위이다. 예를 들어 어떤 사람을 만나면 기뻐하고, 어떤 사람을 만나면 분노한다. 심지어 같은 사람인데도 어제는 즐거운 존재였는데 오늘은 화가 나는 존재로 바뀐다. 이런 식의 다른 반응은 오로지 감관 및 심관작용에 따른 결과이다. 이때 감관 및 심관작용을 주재하는 건 만들어진 나(我)이다. 그렇다면 오(吾)가 우리의 감관 및 심관작용을 주재할 수 없을까? 장자는 감관을 고목지형(槁木之形), 즉 마른 나무처럼 만들고, 심관을 사회지심(死灰之心), 즉 불 꺼진 재처럼 만들면 가능하다고 말한다. 이것은 '색즉시공 공즉시색 수상행식 역부여시'[12]의 주문처럼 색·수·상·행·식을 모두 공한 상태로 만드는 작업과 같다.

---

12) 色則是空 空則是色 受想行識 亦不如是. (『반야바라밀다심경』)

색·수·상·행·식을 모두 공한 상태로 만드는 과정을 그림으로 설명하면 다음과 같다. 이런 공한 상태에 이를 때 대붕이 하늘 높이 날아오를 수 있는 것처럼 우리 마음도 텅 비울 수 있다.

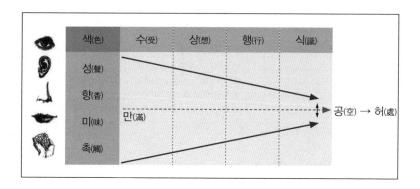

제물론 2-3

백 개의 뼈, 아홉 개의 감관, 여섯 개의 내장으로 몸이 구성되는데

이 중에서 나는 어느 것과 친할까?

당신은 백 개의 뼈, 아홉 개의 감관, 여섯 개의 내장,

즉 115개 기관 모두를 똑같이 좋아할 건가?

아니면 이 중에서 어느 하나를 특별히 좋아할 건가?

아니면 115개 기관을 군주가 아끼는 신하나 사랑하는 첩으로 여겨서

똑같이 좋아할 건가?

그런데 신하와 첩은 역할이 다르므로 서로 비교할 수 없지 않은가?

그러면 115개 기관이 번갈아가며 한 기관이 군주가 되면

다른 기관이 신하가 되면서 우리 몸을 다스리도록 할까?

그렇더라도 몸을 다스리는 참 군주(眞君)의 존재가 따로 있지 않을까?

우리가 참 군주의 모습(情)을 보든 보지 못하든 간에

참 군주의 참스러움에는 아무런 영향이 없을 거다.

그러니 일단 온전한 사람의 몸을 받고 태어나면

그 몸을 상하게 하는 일이 없이 자연히 죽기를 기다리자.

그런데도 사람을 서로 해치며, 서로 쓰러뜨리면서

죽음을 향해 나아가는 게 마치 말 달리듯 빨라서

어느 누구도 이를 멈추게 할 수 없으니 이 또한 슬프지 아니한가!

또 평생을 쉬지 않고 일하더라도 성공을 보지 못하고,

파김치가 되도록 지치더라도 돌아갈 데를 모르니 슬프지 아니한가!

그런데 사람들이 아직 죽지 않았다고 말하지만 이게 무슨 소용인가!

몸이 늙어가고, 마음도 늙어가는데 너무 슬프지 아니한가?

사람의 삶은 본디 이처럼 아둔한 걸까?

아니면 나만 혼자 아둔하고, 다른 사람은 아둔하지 않은 걸까?

• • •

百骸.九竅.六藏, 賅而存焉, 吾誰與爲親? 汝皆說之乎? 其有私焉? 如是皆有爲臣妾乎? 其臣妾不足以相治乎? 其遞相爲君臣乎? 其有眞君存焉? 如求得其情與不得, 無益損乎其眞. 一受其成形, 不化以待盡. 與物相刃相靡, 其行進如馳, 而莫之能止, 不亦悲乎! 終身役役而不見其成功, 茶然疲役而不知其所歸, 可不哀邪! 人謂之不死, 奚益! 其形化, 其心與之然, 可不謂大哀乎? 人之生也, 固若是芒乎? 其我獨芒, 而人亦有不芒者乎?

마음의 참 주재자인 진재(眞宰)와
몸의 참 지배자인 진군(眞君)

―――

앞에서 마음을 주재하는 진재(眞宰), 즉 참 주재자가 누구인지 언급한 바 있다. 그런데도 진재의 실상 여부는 여전히 불확실하다. 이에 장자는 우리의 이해를 돕기 위해 마음의 주재자에서 몸의 지배자로 바꾸어서 설명하는 친절을 베푼다. 우리의 몸은 백 개의 뼈, 아홉 개의 구멍, 여섯 개의 내장[13]으로 구성되어 있다. 이것들이 모여 115개 기관을 구성하는데 우리는 이 중에서 어느 하나와 특별히 친할 수 없다. 예를 들어 눈과는 친한데 심장과는 친하지 않다거나, 폐와는 친한데 코와는 친하지 않을 수 없다. 이것들 중 어느 하나와 친한 건 둘째치고 만약 어느 하나와도 멀어지면 우리 몸이 아프다거나 하는 등의 우려할 만한 사태가 당장에 벌어진다. 그래서 115개 기관 중 어느 하나와 친하냐는 질문을 받으면 대답하기 난처하므로 우리는 그냥 침묵할 수밖에 없다.

―――――――

13) 구멍이 아홉 개인 건 눈, 귀, 코가 각 두 개씩, 그리고 입, 항문, 오줌구멍이 각 하나씩이어서이다. 내장이 여섯 개인 건 심장(心臟)·간장(肝臟)·비장(脾臟)·폐(肺)·간장(肝臟)·신장(腎臟)으로 구성되어서이다.

혹시 내 몸을 다스리는 군주라면 이렇게 대답할 수 있다. 눈은 총애하는 신하이기에 친하고, 심장은 사랑하는 부인이기에 친하다고 말이다. 그렇지만 신하는 대전에서 총애를 받지만 부인은 내전에서 사랑을 받으므로 같은 맥락에서 똑같이 친하다고 말할 수 없다. 이런 상황에서 우리 몸을 누가 제대로 다스릴 수 있을까? 만약 이런 질문을 받으면 적절한 대답을 하기가 마땅치 않다. 그렇다면 115개 기관이 서로 번갈아가면서 군주가 되어서 우리 몸을 다스리도록 하면 어떨까? 예를 들어 심장이 군주 차례가 되면 나머지 기관은 신하가 되고, 또 눈이 군주 차례가 되면 나머지 기관은 신하가 되는 것처럼 말이다. 그렇더라도 우리 몸을 다스리는 참 군주(眞君)는 따로 존재하지 않겠는가? 그렇다! 우리 몸을 지배하는 참 군주는 당연히 있게 마련이다.

앞 장에서 진재(眞宰), 즉 참 주재자가 우리 마음을 어떻게 주재하는지를 보여주었다. 마찬가지로 우리 몸을 주재하는 존재도 분명히 있다. 장자는 이를 진군(眞君), 참 군주라고 말한다. 단지 우리는 참 군주가 있다는 정황을 눈치 채지 못할 뿐이다. 우리가 참 군주의 정황을 눈치 채지 못한다고 하더라도 참 군주의 참스런 역할에 있어서 어떤 영향을 미칠 수 없다. 그래서 참 군주는 몸을 구성하는 115개 기관에 대해 친소, 즉 친하고 멀고를 구별하지 않고 무위에 입각해서 우리의 몸을 자연스럽게 주재한다.

그런데 우리는 살아가면서 마주하는 온갖 사람, 사물, 일, 사건 등에 대해 친소 내지 호불호에 따라 일일이 구분하는 데 익숙해 있다. 만약 마주하는 사람, 사물, 일, 사건 등을 우리의 몸을 구성하는 115개 기관으로 대체하면 우리는 어떤 반응을 보일까? 사람, 사물, 일, 사건과 마찬가지로 115개 기관에 대해 일일이 경계를 짓고, 또 구분할 건가? 아마도 115개 기관에 대해선 친소와 호불호를 따지지 않을 거다. 왜냐하면 친소와 호불호를 따지면 우리 몸이 언제 시들거나, 또 언제 죽을는지 모르기 때문이다. 그럼에도 우리는 마주하는 사람, 사물, 일, 사건 등에 대해선 여전히 친소와 호불호의 기준을 갖고서 일일이 따지는 데 익숙하다.

그래서 장자는 우리에게 다음과 같이 권한다. 일단 온전한 사람의 몸을 받고 태어나면 몸을 상하게 하는 일이 없이 자연히 죽기를 기다려야 한다. 마음도 예외가 아니다. 그래서 일단 온전한 마음을 지니고서 태어나면 그 마음을 상하게 하는 일이 없이 자연히 죽기를 기다려야 한다. 이는 본래면목의 오(吾)를 잃어버리면서 새로운 나, 즉 아(我)를 만들지 말라는 간곡한 권고이다. 그런데도 우리는 서로를 해치거나, 서로를 쓰러뜨리면서 결국 죽음을 향해 나아간다. 게다가 죽음을 향해 나아가는 게 마치 말 달리듯 빨라서 어느 누구도 이를 멈추게 할 수 없다. 그러니 정말로 슬픈 일이다. 또 평생을 쉬지 않고 일하더라도 성공을 보지 못하고, 파김치가 되도록 지치더라도 돌아갈 데를 모른다. 이 역시 정말로 슬픈 일이다.

장자는 이런 사람을 가리켜 몸은 아직 죽지 않았더라도 마음이 이미 죽음에 가까이 간, 즉 근사지심(近死之心)에 이른 사람에 비유한다. 장자에 따르면 마음이 죽으면 몸이 살아 있다고 한들 아무런 소용이 없다. 능구렁이 같은 만자, 음흉한 교자, 치밀하고 용의주도한 밀자가 이런 식 삶을 살아가는 대표적인 사람이다. 그런데 만자, 교자, 밀자만 이런 아둔한 삶을 살아갈까? 우리도 이런 사람들처럼 아둔한 삶을 살고 있는 게 아닐까? 아니면 나만 혼자 아둔하고, 다른 사람들은 아둔하지 않을까? 장자의 2천 년의 경고가 나에게 여전히 묵직한 울림으로 다가오는데 혹시 나만 그렇게 느끼는 걸까?

제물론 3-1

각자 성심(成心), 즉 나름대로 정한 마음을 따르며

이 마음을 스승으로 삼는다면 어느 누군들 스승이 없겠는가?

사물의 변화를 훤히 꿰뚫어 알아

마음을 스스로 취하는 현자(賢者)만이 어찌 스승이 있겠는가?

어리석은 사람(愚者)에게도 스승은 있다.

그런데 성심을 스승으로 삼지 않는데도 시비(是非)가 생겨난다면

오늘 월나라로 떠났는데 어제 도착했다는 말이다.

이는 있을 수 없는 걸 있다고 하는 일이다.

있지 않은 걸 있다고 하는 일은 앎이 많고, 넓은 우(禹)임금도

좀체로 이해할 수 없을 텐데 나만 어찌 이를 알겠는가!

• • •

夫隨其成心而師之, 誰獨且無師乎? 奚必知代而心自取者有之? 愚者與有焉. 未成乎心而有是非, 是今日適越而昔至也. 是以無有爲有. 無有爲有, 雖有神禹, 且不能知, 吾獨且奈何哉!

성심(成心)을 자신의 스승으로 삼지 말아야

────

　장자는 소통을 위한 또 하나의 해법을 제시한다. 그것은 성심(成心), 즉 나름대로 정한 마음으로부터 자유로워지는 일이다. 장자가 앞서 소통의 해법으로 제시했던 건 큰 앎(大知)에 따른 큰 말(大言)의 사용이다. 즉 큰 말을 사용해야 소통에 이를 수 있다는 해법이다. 반면 작은 말을 사용하면 불통으로 이어지게 마련이다. 그런데 성심은 작은 말과 긴밀히 연결되어 있다. 마음이 이루어질수록(成) 사람은 큰 말보다 작은 말을 선호하게 마련이다. 반면 마음을 비울수록, 즉 허심(虛心)의 상태일수록 사람은 작은 말보다 큰 말을 보다 많이 사용한다. 따라서 장자식 소통 해법의 두 축은 큰 말의 사용과 성심으로부터 벗어나는 일이다. 그런데 이 두 축은 서로 긴밀히 연결되어 있으므로 사실상 하나라고 말할 수 있다. 성철 스님이 언급해서 유명해진 청원유신(靑原惟信) 선사의 '산은 산이고 물은 물이다'가 바로 허심에서 이루어진 큰 말에 해당한다.

　청원유신은 중국 임제종(臨濟宗)과 쌍벽을 이루는 황룡파(黃龍派) 소속의 유명한 스님이다. 이 스님이 참선에 들기 전에 한 말은

'산은 청산이요, 물은 녹수이다.' 그런데 참선을 30년 한 뒤 깨침을 얻고 나선 '산은 산이 아니요, 물은 물이 아니다.' 마침내 도를 터득하고 났더니 '산은 의연히 그 산이요, 물도 의연히 그 물이다.' 첫 번째 말한 '산은 청산이요, 물은 녹수이다'는 깨침이 없는 상태에서 바라본 모습이다. 두 번째 말한 '산은 산이 아니요, 물은 물이 아니다'는 산과 물에 대한 인식을 이루었다가 이내 그 인식이 사라진 뒤에 바라본 모습이다. 마지막으로 말한 '산은 의연히 그 산이요, 물도 의연히 그 물이다'는 무념 내지 고요한 적(寂)의 상태, 즉 나라는 인식 주체가 사라졌을 때 바라본 모습이다. 이는 눈에서 인식 대상이 사라진 게 아니라 마음에서 대상에 대한 인식이 지워졌기에 가능하다.

성심, 즉 나름대로 정한 마음은 언뜻 보아선 좋은 의미이다. 어쩌면 우리는 일정한 마음을 지니기 위해 평생 애쓰면서 배우는지 모른다. 유가는 이런 입장에 서 있는 대표적인 사상가 집단이다. 장자도 이 점에 있어선 온도의 차이는 있지만 유가와 크게 다를 바 없다. 그래서 장자는 성심 그 자체에 대해서 부정적인 태도를 지니지 않는다. 성심이란 살다보면 누구나 어쩔 수 없이 갖게 마련이어서이다. 그래서 강약의 차이는 있지만 성심을 지니지 않는 사람은 이 세상에 있을 수 없다. 이 점이 성심을 지우고 무심(無心)에 이르라는 불가의 엄격한 가르침과 대비된다. 물론 장자가 성심에 대해서 문제 삼는 점은 분명히 있다. 그것은 성심을 자신의 스승으로 삼는 태도이다. 이런 태도로 다른 사람과 커뮤니케이션을 하는 경우 성심이 고정관념화하거나 편견으로 흐르기 쉽다. 이럴 때 소통을 기대하기란 어렵다.

물론 배움이 깊은 데까지 이르고, 또 많은 경험을 쌓아 거기서 참된 지혜를 터득한 소위 현명한 사람은 성심을 지녀도 상대방과 불통에 이르는 일이 그다지 없다. 이런 사람은 자신의 성심에도 문제가 있을 수 있다고 생각하고 자신의 생각을 끊임없이 수정하거나 변경하기 때문이다. 즉 자기교정 능력을 갖추고 있어서이다. 문제는 자기교정 능력이 없는 어리석은 사람조차 각자 나름대로 정한 마음을 스승으로 삼는다는 점이다. 이들은 현명한 사람과는 달리 자신의 생각이 잘못되어도 어째서 잘못되었는지를 알지 못한다. 또 혹시 알아도 교정하려는 시도조차 하지 않는다. 우물 안 개구리처럼 자신이 아는 것만을 스승으로 삼기 때문이다. 이런 사람은 다른 사람과 양보하거나 타협할 줄 모른다. 그래서 이런 사람과 커뮤니케이션 하면 불통으로 이어지게 마련이다.

이처럼 장자는 불통의 원인을 성심 그 자체가 아니라 성심을 스승으로 삼는 태도라고 주장한다. 장자가 이 점을 어느 정도로까지 강조했는가 하면 성심을 스승으로 삼지 않는데도 시비가 생겨나면 이는 오늘 월(越)나라로 떠났는데 어제 월나라에 도착했다는 사태에 비유한 데서도 잘 나타난다. 따라서 성심을 스승으로 삼지 않으면 시비가 생겨날 수 없다는 게 장자의 확고한 태도이다. 장자의 이런 태도는 자신만이 옳다고 소리 높였던, 즉 자신의 성심만이 진리라고 외쳤던 춘추전국시대의 제자백가(諸子百家)에 대한 뼈아픈 지적에 해당한다. 춘추전국시대는 공자와 맹자, 노자와 순자 등 많은 훌륭한 사상가를 배출한 게 사실이다. 그렇지만 이와 비례해서 비방과 거짓, 과장과 허무, 또 맹랑한 주장이 넘쳐난 것도 사실이다.

또 춘추전국시대라는 난세에서 군주와 제후들은 권력과 재물을 장악하면서 남들이 미처 생각하지 못했던 기발한 계책으로 다른 나라를 무너뜨리고, 또 권력을 장악하기 위해 혈안이 되었던 게 사실이다. 이런 상황에서 제자백가의 주장이 군주나 제후의 마음에 들면 당장에 재상으로 발탁되어 하루아침에 부귀영화를 누릴 수 있지만 심기를 거스르면 자신들의 주장이 이내 재앙으로 바뀌어 비참한 죽음까지 각오해야 한다. 이런 와중에 어느 누가 진리와 참다운 학문에 관심을 가질 수 있겠는가. 이런 제자백가의 외침에 대해 장자가 이들이 스스로 정한 마음, 즉 성심을 스승으로 삼는 일에 대해 평가절하하려고 했던 게 충분히 이해가 간다.

그럼에도 우리 주위에는 성심을 스승으로 삼아서 자신의 주장을 관철하겠다고 떠드는 사람들이 넘쳐난다. 이런 모습이 가장 잘 나타나는 곳 중 하나가 텔레비전 토론프로그램이 아닐까 싶다. 여기에 출연하는 사람의 대부분은 성심을 스승으로 삼는 데 어떤 주저함이나 망설임이 없어 보인다. 토론프로그램의 존재 이유는 토론을 통해 갈등을 잠재우는 일일 텐데 텔레비전 토론프로그램을 시청하다 보면 갈등 해소는커녕 싸움질로 도배되기 일쑤이다. 그 결과 참여한 토론자들 간의 입장 차이만 부각된 채 마치 큰 전쟁을 치르듯이 토론이 거칠게 끝난다. 시청자 입장에선 불쾌하기 짝이 없는 토론프로그램의 구성이다.

그런데 더 큰 문제는 정치권에서 이루어지는 커뮤니케이션이 이런 토론프로그램의 확대판이란 점이다. 대통령 재임 시절 한편으론 소통을 강조하면서 다른 한편으론 '내가 해봐서 아는데'란 어법을 자주 사용했던 대통령도 그 중 하나이다. '내가 해봐서 안다'는 게 성심을 스승으로 삼는 전형적인 태도이다. 참모들이 이 말을 듣는 순간 대통령 앞에선 침묵하거나 동조하는 게 최선의 처신이란 걸 곧바로 안다. 이런 상황에서 대통령과 참모 사이의 소통을 어떻게 기대할 수 있을까? 또 동일한 사안이라도 끊임없이 만들어지는 여야 간의 입장

차이는 결국 성심을 스승으로 삼기 때문에 생겨나는 일이다. 우리는 이런 사실을 정당 대변인의 말을 통해 매일매일 언론에서 확인하곤 한다.

부모와 자식 간에 생겨나는 불통도 결국 성심을 스승으로 삼기 때문에 생겨난다. 이때 부모가 '내가 해봐서 안다'는 식으로 접근하면 자식이라도 이를 쉽게 수용하지 못한다. 만약 효도란 관점에서 자식에게 승복을 강요하면 이는 유가적 차원의 해법이 될 수 있는데 소통의 미봉책일 뿐 근본적인 해법일 수 없다. 그래서 장자가 말하는 소통의 해법은 유가처럼 윤리적이거나 규범적이지 않다. 게다가 자식과의 불통을 부모의 무심(無心)으로 해소하도록 안내한다면 이는 불가가 지향하는 방식일 텐데 이를 현실에서 구현하기란 쉽지 않다. 무엇보다 부모의 인내심이 발휘되어야 하기 때문이다. 그래서 장자가 말하는 소통 해법은 불가와 달리 현실적이고, 또 실용적이다. 원효(元曉)는 소통을 위해 각 주장의 부분적 타당성(一理)을 변별하여 수용하라고 요구한 바 있는데 이는 오히려 장자와 같은 맥락에 있다.

원효에 따르면 모든 인간은 본각(本覺)의 면모를 지닌다. 그렇다면 그 본각에서 비롯되는 인간의 모든 유형의 시각(始覺), 즉 비로소 깨달아감은 적어도 부분적 타당성을 지닌다. 물론 부분적 타당성이 비록 완전하지 못해도 진리와 부분적으로 상통한다는 점에서 볼 때 존재의 향상과 진리의 구현을 위해서는 부정되어선 안 될 소중한 면모이다. 특히 불교 내 쟁론들은 깨달아 가는 담론에 해당하므로 모든 견해에는 인정되고 수용되어야 할 일리(一理)가 있다는 게 타당한 입장이다. 이에 원효는 각 주장들이 지니는 부분적 타당성들을 포섭함으로써 화쟁(和諍)을 구현하려고 한다. 즉 원효는 저마다의 일리를 변별하여 수용하는 걸 화쟁의 한 원리로 삼는다.[14]

그렇다면 서구사상이 펼치는 소통의 해법은 무엇일까? 공리주의자로 유명한 밀(J. S. Mill)의『자유론(On Liberty)』에서 그 단서를 찾을 수 있다. 밀은 이 책에서 자유로운 토론이 왜 필요한지에 대한 근거를 제시한다. 그는『자유론』제2장「생각과 토론의 자유」편에서 "만일 한 사람을 제외한 모든 사람이 같은 의견을 지녀도 다수의 이름으로 한 사람에게 침묵을 강요하는 건 부당하다."고 주장한다. 이는 절대 다수라도 한 사람의 의견이 잘못되었다는 확신으로 인해 그 의견을 들을 기회조차 막으면 이는 자신만이 옳다는 도그마에 빠질 수 있어서이다. 밀의 주장을 장자 식으로 해석하면 다수의 이룬 마음(成心)만 스승이 되는 게 아니라 소수의 이룬 마음도 스승이 될 수 있다는 거다.

밀의 이런 생각은『실낙원(失樂園)』의 저자로 유명한 밀턴(J. Milton)의『아레오파지티카(Areopagitica)』에서 비롯된다. 밀턴은 이 책에서 '사상과 정보의 자유시장(free market of thought and information)'이란 개념을 소개하는데 이것은 다양한 사상과 정보가 모여서 시장을 형성하면 이 시장에서 진리가 자율적으로 걸러진다는 내용이다. 그래서 의회는 '사상과 정보의 자유시장'쯤에 해당하는 장소이다. 의회가 표를 통한 물리적 대결의 장이 아니라 서로 다른 의견을 수용해서 하나의 진리를 만들어내는 용광로와 같은 역할을 해야 하는 것도 이 때문이다. 이런 '사상과 정보의 자유시장'이 제대로 기능하려면 무엇보다 토론 참여자들이 성심을 자신의 스승으로 삼지 말아야 한다. 결국 서구의 소통관도 장자의 소통론이나 원효의 화쟁론과 같은 맥락에 있

---

14) 박태원,『원효』, 180~182쪽 참조.

다고 말할 수 있다.

소통(疏通)은 통함(通)과 뚫림(疏)이 합쳐진 말이다. 그래서 무언가 통하려면 뚫림이 전제되어야 한다. 그렇다면 성심을 스승으로 삼기 때문에 소통이 쉽게 이루어지지 않는 현 상황을 어떻게 해야만 뚫을 수 있을까? 장자는 이를 위해 허심(虛心)을 주문한다. 허심은 무심(無心)처럼 빈 마음이다. 그렇지만 커뮤니케이션과 관련할 때 같은 빈 마음일지라도 허심과 무심 간의 차이는 작지 않다. 허심은 누군가와의 관계에서 이루어지는 빈 마음이라면 무심은 누군가와의 관계를 요구하지 않는다. 사람들은 무심의 상태에 이르기 위해 곧잘 깊은 산속으로 들어가곤 한다. 여기선 누구와도 만나지 않으므로 자연스럽게 마음을 비울 수 있다. 반면 허심은 누군가와의 관계 속에서 이루어지므로 이런 관계 속에서 허심의 상태에 이르기란 쉽지 않다.

그런데 장자에게 있어 삶의 공간은 깊은 산속이 아니라 지금 우리가 발을 딛고 있는 현실의 공간이다. 이 공간은 식구가 모여 있는 가정일 수 있고, 상인들이 아우성치는 시장바닥일 수 있고, 학자들이 떠드는 토론의 장일 수 있다. 이런 공간에서 각자의 관점과 시각을 갖는 것 자체가 문제시 되지 않는다. 문제시 되는 건 각자가 정해진 마음을 스승으로 삼아서 상대방을 평가하고 판단하고 재단하는 일이다. 만약 깊은 산속에 혼자 들어가 면벽수행이라도 하면 이런 난관과 절대로 마주하지 않는다. 그런데 이런 식 수행을 통해 이루어지는 무심은 자칫 진공관 속의 무심에 해당하므로 현실의 공기와 마주하면 쉽게 깨질 수 있다. 게다가 커뮤니케이션이 이루어지려면 다른 사람과의 관계는 반드시 전제되어야 한다. 따라서 소통을 위해 필요한 마음은 허심이지 무심이 아니다. 장자는 다른 사람과의 관계 속에서 허심을 이루기가 얼마나 힘든지 다음 사례를 통해서 보여준다.

배를 타고 강을 건널 때 빈 배가 와서 부딪치면
좁은 마음을 지닌 사람이라도 화내지 않는다.
그런데 배 안에 한 사람이라도 있으면 비키라고 소리친다.
한 번 소리쳐 듣지 못하면 다시 소리치고,
그래도 듣지 못하면 거기에는 욕설이 따른다.
아까는 화내지 않다가 지금 화내는 것은 아까는 빈 배였는데
지금은 사람이 타고 있어서이다.
자기를 텅 비움으로써 세상을 유유자적하게 보내면
어느 누가 그를 해치겠는가![15]

---

15) 方舟而濟於河, 有虛船來觸舟, 雖有惼心之人不怒., 有一人在其上, 則呼張歙之., 一
    呼而不聞, 再呼而不聞, 於是三呼邪, 則必以惡聲隨之. 向也不怒而今也怒, 向也虛而
    今也實. 人能虛己以遊世, 其孰能害之! (『장자』「산목」)

말은 몸에서 내뿜는 단순한 바람소리가 아니어서

말하고자 하는 의미를 지니는데 말의 의미는 늘 고정되지 않는다.

그러면 말은 의미를 전달하는 언어로서의 역할을 제대로 하는가,

제대로 하지 못하는가?

사람들은 말을 어린 새의 지저귀는 소리와는 다르다고 여긴다.

그러면 새소리와 몸에서 내뿜는 숨으로 만들어진 말 사이에도

구분이 있는가, 구분이 없는가?

도(道)는 무엇에 덮여 가리어져 참된 도와 거짓된 도의 구분이

어째서 생겨나는가?

말(言)도 무엇에 덮여 가리어져 옳음과 그름의 구분이

어째서 생겨나는가?

그런데 도는 어디를 가도 있지 않는가?

또 말도 하니까 무슨 뜻으로든 쓰이지 않는가?

그럼에도 도는 작은 이룸(小成)에 덮여서 가리어지고,

말은 화려한 언변(榮華)에 덮여서 가리어진다.

이 때문에 유가와 묵가의 시비가 생겨나서 묵가가 그르다는 걸

유가는 옳다고, 또 유가가 옳다는 걸 묵가는 그르다고 한다.

그런데 묵가가 그르다는 걸 유가가 옳다고 하고,

유가가 옳다고 하는 걸 묵가가 그르다고 하려면

자연스런 밝음(明)에 비추어서 대조해 보는 게 가장 좋다.

• • •

夫言非吹也, 言者有言, 其所言者特未定也. 果有言邪? 其未嘗有言邪? 其以爲異
於鷇音, 亦有辯乎, 其無辯乎? 道惡乎隱而有眞僞? 言惡乎隱而有是非? 道惡乎往
而不存? 言惡乎存而不可? 道隱於小成, 言隱於榮華. 故有儒墨之是非, 以是其所
非而非其所是. 欲是其所非而非其所是, 則莫若以明.

도는 작은 이룸(小成)에 가리어지고,
말은 화려한 언변(榮華)에 가리어진다

———

오늘 아침에도 새들은 창가 나뭇가지에 나란히 앉아서 지지배배하며 울어댄다. 내 귀에는 단지 지저귀는 소리로 들릴 뿐인데 계속해서 울어대는 걸 보니 새들끼리도 대화를 나누는가 보다. 그렇다면 새의 지저귀는 소리에도 사람의 언어처럼 의미가 담겨져 있을까? 한번 새와 입장을 바꿔서 생각해보자. 내가 누군가와 얘기를 나누면 그것도 새의 귀에는 지저귀는 소리로 들릴까? 혹시 그럴지도 모른다. 그러면 나는 어째서 내 말을 지저귀는 소리로 듣느냐고 못마땅해할 거다. 그런데 나의 예상을 깨고 새가 혹시 내 말을 알아듣는다면 그동안 새에게 퍼부었던 심한 말도 새는 그저 잠자코 듣고 있었던 게 아닌가. 이럴 경우 '낮말은 새가 듣고, 밤말은 쥐가 듣는다'는 말을 실감할 뿐이다.

말은 어떻게 해서 만들어질까? 매우 간단하다. 우리 몸 안에서 내쉬는 숨으로 만들어진다. 즉 숨이 목을 통해 나올 때 입과 혀 모양이 달라짐으로써 '아', '이', '우', '에', '오' 등의 소리를 내면서 만들어진다. 그런데 말은 단순한 바람소리가 아니어서 말하려는 의미가 고정된다. 이때 소리에 불과했던 말이 비로소 언어(言語, language)로 바뀐다. 커뮤니케이션은 의미를 지니는 언어를 통해야만 비로소 가능하다. 그래서 언어는 새의 지저귀는 소리와 그 차원이 다르다. 지저귀는 새소리에는 어떤 의미도 담겨져 있지 않아서이다. 적어도 우리가 새소리를 들을 때는 그러하다. 그렇지만 지저귀는 소리인데도 새가 소리를 통해 의미를 주고받는다면 그 소리도 새의 언어임에 분명하다.

그런데 언어가 지니는 의미는 고정되지 않고 늘 바뀌게 마련이다. 예를 들어 자비(慈悲)는 원래 '사랑스러운' 자(慈)와 '슬플' 비(悲)라는 반대되는 의미를 동시에 지니는데 어찌 된 일인지 지금은 사랑스럽다는 의미로만 사용된다. 마음이 아프더라도 쓴 소리를 하면서 자식을 가르치는 비(悲)의 의미가 실종되어서이다. 노자가 『도덕경』을 도가도비상도(道可道非常道)로 시작하는 것도 이런 이유 때문이다. 도가도비상도는 '기의=기표'의 관계가 아니라 '기의≠기표'의 관계를 지지하는 내용이다. 그래서 장자는 "나를 소(牛)라고 부르면 소라고 하고, 나를 말(馬)이라고 부르면 말이라고 할 것이다.[16]"고 말한다. 장자는 언어의 의미가 늘 고정되지 않는다는 점을 깨닫고 있기에 이런 태도를 지닐 수 있다. 반면 우리는 언어의 의미가 늘 고정된 것인 양 착각한다. 또 어린아이에게 '강아지'라고 부르면 좋아하지만 '개새끼'라고 부르면 화를 낸다. 같은 의미인데도 동원된 언어에 따라 받아들이는 의미가 확 바뀐다.

이런 점에서 장자의 언어철학은 공자의 언어철학과 분명 다르다. 공자는 언어로서 의미를 고정시킬 수 있고, 또 고정시켜야 한다는 입장을 지지한다. 이런 입장은 그의 정명론(正名論)에서도 잘 나타난다.

---

16) 子呼我牛也而謂之牛 呼我馬也而謂之馬. (『장자』 「천도」)

공자는 "이름(명칭)이 바르지 않으면 말이 순조롭지 않고, 말이 순조롭지 않으면 일이 이루어지지 않고, 일이 이루어지지 않으면 예악이 흥하지 않고, 예악이 흥하지 않으면 형벌이 적중하지 않고, 형벌이 적중하지 않으면 백성은 손과 발을 편히 두지 못한다. 고로 군자는 이름(명칭)을 바로 하면 반드시 말할 수 있고, 말할 수 있으면 반드시 행할 수 있어서 자기의 말에 소홀함이 없다."[17]고 말한다. 이것이 정명론의 요지이다. 이처럼 이름을 바로 하는 것, 즉 의미를 고정시키는 게 공자 식 소통의 전제조건이다.

반면 장자에게 있어 언어가 지니는 의미는 공자처럼 엄격하게 고정되어 있지 않다. 장자는 이런 사실을 보여주기 위해 길(道)을 예로 든다. 길은 우리가 걸어 다니면서 만들어지므로 길은 어디를 가든 있게 마련이다. 그럼에도 우리는 땅을 파서 다듬고 만든 똑바른 길이라야 길로 여긴다. 마찬가지로 말도 입에서 나오는 순간 무슨 의미로든 쓰이게 마련이다. 그런데 우리는 터널을 뚫고 다리를 놓아서 만든 '길'과 같이 인위적으로 꾸민 '말'을 즐겨 사용한다. 그러면서 담백하고 절제된 말을 사용하지 않으려고 한다. 그 결과 음식에 조미료를 치듯 언어에도 조미료를 마구 뿌려댄다. 그렇지만 말이 화려할수록 의미의 소박함은 사라진다. 마치 조미료를 뿌린 음식에서 원재료의 순수한 맛을 찾지 못하는 것처럼 말이다. 그래서 장자는 우리의 말은 '화려한 언변(榮華)'에 가리어진다고 말한다.

그렇다면 누가 말을 화려하게 사용하는가? 장자에 따르면 춘추전

---

17) 名不正則言不順; 言不順則事不成; 事不成則禮樂不興; 禮樂不興則刑罰不中; 刑罰不中 則民無所措手足. 故君子名之必可言也 言之必可行也. 君子於其言無所苟而已矣! (『논어』 「자로」)

국시대의 유가와 묵가이다. 당시에 유가는 인애(仁愛)를, 묵가는 겸애(兼愛)를 주장한 바 있다. 인애란 차등이 있는 사랑이고, 겸애는 차등이 없는 사랑이다. 차등이 있는지 없는지의 입장에서 보면 인애와 겸애는 서로 구분되지만 사랑(愛)을 지지한다는 점에선 별반 차이가 없다. 그럼에도 유가와 묵가는 자신의 도만을 참된 도라고 주장하기 위해 인애와 겸애를 제각각 화려한 언어로 포장해서 설명했다. 이는 오로지 유가에서 옳다고 한 걸 묵가에선 그르다고 하고, 유가에서 그르다고 한 걸 묵가에선 옳다고 주장하기 위해서이다. 그 결과 유가와 묵가는 춘추전국시대 전반을 뒤흔들 정도로 치열한 논쟁을 벌인 바 있다. 이 역시 도가 '작은 이룸(小成)'에 가리어지는 사태이다.

유가와 묵가의 논쟁에서 보듯이 도는 무엇에 덮어 가리어져 참된 도와 거짓된 도의 구분이 생겨날까? 이는 오늘 월나라로 떠났는데 어제 도착했다는 것과 같이 도저히 있을 수 없는 사태이다. 이런 사태는 도가 화려한 언어에 묶여서 의미가 고정된 결과이다. 유가와 묵가는 서로 경쟁적으로 화려한 언어를 동원해서 상대방의 주장을 꺾으려고 했지만 차라리 이런 언어를 사용하지 않았더라면 유가와 묵가 간의 치열한 논쟁은 생겨나지 않았거나, 아니면 그 논쟁의 정도가 훨씬 덜했을 것이다. 따라서 언어는 커뮤니케이션을 위한 훌륭한 도구이지만 유묵 간 시비에서 보듯이 화려하게 포장되는 순간 오히려 소통의 장애물로 얼마든지 바뀔 수 있다. 이렇게 보면 의식을 반영하는 의미라는 '상부구조'도 결국 언어라는 '하부구조'에 의해 결정되는 게 아닌가? 그래서 마르크스가 다시 살아난다면 『자본론』이 아니라 『커뮤니케이션론』을 쓸 거라는 우스개 얘기마저 생겨난다.

장자에 따르면 의식이 언어에 의해 결정되는 것처럼 앎(知)도 말(言)에 의해 구속된다. 그래서 작은 말(小言)에 의해 작은 앎이, 또 큰 말(大言)에 의해 큰 앎이 생겨난다. 어째서 그러한가? 장자에 따르면 큰 말은 아름다우면서 힘찬 반면 작은 말은 수다스럽다. 그리고 아름다우면서 힘찬 말을 하는 사람은 그 앎이 여유롭고 널찍한 반면 수다스러운 말을 하는 사람은 그 앎이 촘촘하고 꼼꼼하다. 그럼에도 불구하고 사람들은 아름다우면서 힘찬 큰 말보다 수다스러운 작은 말을 선호한다. 어째서 그러한가? 이것 역시 자신의 생각을 되도록 화려하게 포장하고 싶어서이다. 그러다보니 말이 독해지고, 또 많아지면서 언변은 자연히 무성해진다. 그래서 화려한 언변은 곧 무성한 언변으로 바뀌고 만다.

무성한 언변이란 무엇인가? 커뮤니케이션학 전문 용어인 정세도(精細度, definition) 개념으로 설명하면 낮은 정세도가 아니라 높은 정세도를 지니는 표현이다. 그렇다면 정세도란 무엇인가? 이를 설명하기 위해서 유묵 간의 시비를 예로 들어보자. 유가가 주장했던 인애와 묵가가 주장했던 겸애는 애(愛), 즉 사랑에 비해 정세도가 높은 표현이다. 사랑이란 개념이 갈라져서 인애와 겸애로 나누어지므로 이 개념들은 사랑에 비해 의미론상으로 아래 쪽에 위치한다. 그래서 매미나 어린 비둘기처럼 낮게 올라서 아래를 내려다보면 사랑은 인애와 겸애로 확연히 구분되게 마련이다. 반면 대붕처럼 하늘 높이 올라서 아래를 내려다보면 인애와 겸애의 구분은 사라지고, 오로지 두 개념이 합쳐진 사랑만 보인다. 그래서 사랑은 인애와 겸애의 개념에 비해 의미론상으로 위쪽에 위치한다. 이것이 정세도가 낮은 상태이다.[18]

---

18) "우리 민주당에는 두 그룹의 애국자가 있습니다. 하나는 이라크전을 찬성했던 애국자이고, 다른 하나는 이라크전을 반대했던 애국자입니다."는 오바마 대통령의 연설에서 '애국'이 낮은 정세도라면 '애국은 방법'은 높은 정세도에 해당한다. 만약 유가와

그래서 정세도가 높을수록 시비가 생겨날 소지가 크다. 사랑만 하더라도 인애와 겸애로 불필요하게 나누어져서이다. 반면 정세도가 낮을수록 시비를 줄여서 소통에 이를 가능성이 높다. 의미를 가능한 나누지 않으므로 서로 공유할 수 있는 부분이 많아서이다. 그런데 의미를 나누는 걸 전문으로 하는 사람들이 있다. 법조인도 그 중 하나이다. 이들은 자신들의 언어인 법으로 의미를 가능한 많이 나누어야만 시비를 가릴 수 있다. 만약 의미를 제대로 나누지 못하면 같은 범죄에 대해서 얼마든지 다른 형량이 나올 수 있다. 예를 들어 형법 제1조를 적용하면 징역 3년인데 형법 제2조를 적용하면 징역 10년이 되는 것처럼 말이다. 따라서 법은 '기의(범죄)≒기표(법)'가 아니라 '기의=기표'의 관계를 철저히 준수해야 한다. 이것이 소위 상호배타성(inter-exclusiveness) 원칙에 따른 법체계이다. 그런데 이 원칙을 고수하면 법은 무한정 늘어나게 마련이고, 또 늘어난 것만큼 시비도 함께 증가한다.

그런데 법조인만 의미를 나누는 걸 업으로 삼을까? 논쟁을 즐기는 사람도 이 점에 있어선 법조인과 하등 다를 바 없다. 그렇다면 논쟁을 즐기는 사람은 과연 누구인가? 장자의 절친한 친구 혜시(惠施)와 같은 명가(名家)이다. 이름이 좋아서 명가이지 서구식 개념으로 말하면 명가란 소피스트를 말한다. 명가든 소피스트든 간에 이들은 시시비비를 가리는 걸 좋아해서 논쟁이 붙으면 자신의 옳음으로 상대방이 그르다고 주장한다. 그런데 상대방이 그르다고 한 걸 정말로 옳다

묵가의 논쟁 당시 장자가 이들을 상대로 연설할 기회가 있었더라면 "우리 제자백가 사상가들 중에는 사랑(愛)을 강조하는 두 그룹이 있습니다. 하나는 차등이 있는 사랑(仁愛)의 그룹과 다른 하나는 차등이 없는 사랑(兼愛)의 그룹입니다."라고 할 것이다.

고 주장하고, 상대방이 옳다고 한 걸 정말로 그르다고 주장할 수 있는 방법은 과연 없을까? 장자는 '밝음으로서(以明)'란 방법을 제시하는데 이것이 바로 인문적 해법에 해당한다. 그렇다면 밝음(明)은 커뮤니케이션과 관련해서 어떤 의미를 지닐까? 이를 위해 밝음(明)이란 글자를 파자할 필요가 있다. 그러면 해(日)와 달(月)이 합쳐진 단어임을 알 수 있다. 이처럼 명(明)에는 '해의 밝음'과 '달의 밝음'이 동시에 섞여 있다. 이것이 곧 자연스러운 밝음이다.

먼저 해의 밝음은 어떤 걸까? 세상을 환히 비추어서 만물의 모습을 모두 드러내는 밝음이다. 반면 해가 비추지 않는 곳은 그늘이 져서 어둡다. 게다가 해의 밝음으로 그림자가 생겨나므로 밝음과 어둠의 구분이 자연스럽게 이루어진다. 그래서 해의 밝음을 통해선 우리는 세상을 '네/아니오' 식으로 파악하는 데 익숙해 있다. 여기서 분석적 내지 논리적 사고가 힘을 발휘하면서 시비가 명확히 구분된다. 그렇다면 달의 밝음은 어떤 걸까? 세상을 어슴푸레하게 비춰 만물의 모습을 잘 드러내지 않는 밝음이다. 그래서 달의 밝음 하에선 밝음과 어둠의 구분이 분명치 않아 시비도 제대로 가려지지 않는다. 그렇지만 어슴푸레한 달의 밝음 하에서 세상만물이 어떻게 생겼는지를 파악하고자 한다면, 또 이런 상태에서 시비를 올바로 가리고자 한다면 반드시 우리의 상상력을 동원해야 한다.

해의 밝음과 달의 밝음은 커뮤니케이션을 하는 데 있어서도 각자의 역할이 있다. 맥루한(M. McLuhan)의 핫 미디어(hot media)와 쿨 미디어(cool media) 개념을 통해 왜 그런지가 잘 설명될 수 있다.[19] 핫 미디

---

19) 핫 미디어와 쿨 미디어 개념은 M. 맥루한의 『미디어의 이해(Understang the media)』를 참조하도록. 그리고 주체와 객체의 융합에 대해선 졸고 "주체와 객체의 융합조

어에선 주로 해의 밝음으로 텍스트가 구성된다. 그래서 개념이 정확하고, 문법이 올바르고, 논리도 정연하다. 저자라는 주체와 독자라는 객체로 구성되는 대표적인 핫 미디어인 책이 단적인 예이다. 이런 텍스트를 통해선 저자가 말하려는 의미가 독자에게 객관적이고 명료하게 전달된다. 그렇지만 텍스트를 받아들이는 독자 입장에선 그 의미를 재구성하기 위해 필요로 하는 상상력을 제대로 발휘할 수 없다. 그만큼 텍스트가 치밀하고 촘촘하게 구성되어서이다. 따라서 상대방은 커뮤니케이션의 주체가 되지 못하고, 늘 객체의 상태로 머문다. 그 결과 소통의 가능성은 점점 닫힌다.

반면 쿨 미디어는 달의 밝음으로 텍스트가 구성된다. 그래서 의미구성이 논리적이지 않고, 개념도 흐릿해서 텍스트가 불분명하고 불확실하다. 그렇지만 불분명하고 불확실한 텍스트이므로 상대방이 텍스트 의미를 재구성할 수 있는 여지가 상대적으로 많다. 그리고 이런 의미의 재구성 과정을 통해서 텍스트 의미가 분명해지고 확실해진다. 이때 커뮤니케이션 상대방은 자신의 상상력을 발휘해야만 의미를 효과적으로 재구성할 수 있다. 이럼으로써 소통의 가능성도 열린다. 말하는 사람만 주체가 되는 게 아니라 듣는 사람도 의미를 재구성함으로써 주체로 변신할 수 있는 기회를 갖기 때문이다. 이처럼 해와 달이란 두 종류의 밝음을 통해 시비를 가리면서 동시에 소통에 이르는 길이 장자가 그리는 이상적인 커뮤니케이션이라고 할 수 있다.

건에 관한 연구: J 데리다와 유불선 사상과의 접합을 통해서", 『커뮤니케이션 이론』, 2009년 겨울, 101-141쪽, (한국언론학회) 참조하도록.

제물론 3-3

사물은 저편(彼) 아닌 것도 없지만, 이편(是) 아닌 것도 없다.

자신을 저편에 놓으면 이편을 보지 못하지만

자신을 이편에 놓으면 이편을 알아서이다.

그래서 저편은 이편에서 생겨나고,

이편도 저편에서 말미암는다고 말한다.

이것이 저편과 이편이 함께 짝하는 피시방생지설(彼是方生之說)이다.

그렇더라도 이쪽에서의 삶은 저쪽에선 죽음이고,

이쪽에서의 죽음은 저쪽에선 삶이지 않는가.

또 이쪽에서 괜찮은(可) 건 저쪽에선 괜찮지 않고,

이쪽에서 괜찮지 않은(不可) 건 저쪽에선 괜찮은 게 아닌가.

그럼에도 불구하고 옳음으로 인해 그름이 말미암고(因是因非),

그름으로 인해 옳음이 말미암는다(因非因是).

이로 인해 성인은 별다른 이유 없이 세상사를 자연의 원리에

비추어보는데 이 또한 옳음으로 인해 그름이 말미암고(因是),

그름으로 인해 옳음(因非)이 말미암는다는 걸 따른다.

그래서 성인에겐 이편(是)도 저편이고, 저편(彼) 또한 이편이다.

나아가 저편도 옳음(是)과 그름(非)의 한 짝이고,

이편도 옳음과 그름의 한 짝이다.

그렇다면 저편과 이편의 구분이 정말로 있는가, 정말로 없는가?

만약 저편과 이편이 서로 대립된 짝이 아니라면

이를 도추(道樞)라고 말한다.

추(樞)는 물레의 추처럼 환중(環中), 즉 빈 상태에서 한가운데를
유지함으로써 무궁한 변화에 대응한다.
그러면 옳음도 무궁한 변화 중의 하나이고,
그름도 무궁한 변화 중의 하나이다.
그래서 세상사를 자연스런 밝음(明)에 비추어 대조해 보는 게
가장 좋다고 말한다.

• • •

物無非彼, 物無非是. 自彼則不見, 自是則知之. 故曰彼出於是, 是亦因彼. 彼是方
生之說也, 雖然, 方生方死, 方死方生., 方可方不可, 方不可方可. 因是因非, 因非
因是. 是以聖人不由, 而照之於天, 亦因是也. 是亦彼也, 彼亦是也. 彼亦一是非,
此亦一是非. 果且有彼是乎哉? 果且無彼是乎哉? 彼是莫得其偶, 謂之道樞. 樞始
得其環中, 以應無窮. 是亦一無窮, 非亦一無窮也. 故曰莫若以明.

환중(環中)을 유지함으로써
무궁한 변화에 대응한다

———

물무비피 물무비시(物無非彼 物無非是). 세상만사란 저편 아닌 것도 없지만 그렇다고 이편 아닌 것도 없다는 말이다. 언뜻 보아 잘 이해가 되지 않는 표현인데 장자는 왜 이런 난해한 표현을 사용했을까? 한번 곰곰 따져보자. 만약에 나를 이편에 놓으면 이편만 보이고, 저편을 볼 수 없다. 그래서 저편을 보려면 나를 저편에 놓아야 한다. 예를 들어 막대기를 왼쪽에서 보면 왼쪽만 보이고, 오른쪽은 보이지 않는다. 이때 왼쪽은 이편이고, 오른쪽은 저편이므로 이편만 보이고 저편은 보이지 않는다는 말이 성립한다. 그래서 저편인 오른쪽을 보려면 막대기를 오른쪽에서 보아야 한다. 이처럼 자신을 어느 편에 두느냐에 따라 이편과 저편에 대해서 알고 모르는 바가 결정된다. 이에 따라 저편은 이편에서 생겨나고, 이편도 저편에서 말미암는다는 피출어시 시역인피(彼出於是 是亦因彼)란 말도 성립한다.

장자는 매우 신중한 사람이다. 그래서 저편은 이편에서 생겨나고, 이편도 저편에서 말미암는다는 주장을 오래전부터 이미 있어왔던 주장, 즉 이것과 저것이 함께 짝한다는 피시방생지설(彼是方生之說)을 통해서 확인한다. 이는 저편은 이편에서 생겨나고, 이편도 저편에서 말미암는다는 주장의 타당성을 피시방생지설을 통해 증명하는 방식이다. 마치 「소요유」에서 대붕의 비상이 비록 허황된 얘기처럼 보일지라도 제(齊)나라의 해학집인 『제해』를 통해서 증명하고, 나아가 대붕과 어린 비둘기의 날아가는 높이를 통해 보여주었던 큰 앎과 작은 앎의 차이를 탕임금이 자신의 신하 극과 나눈 대담집인 『탕지문극』을 통해서 증명하는 방식과 같다.

피시방생지설은 장자가 살았던 당시 이미 깊이 뿌리를 내렸던 사상이다. 그리고 이 설은 동아시아인의 의식을 지금까지도 지배하는 사상이기도 하다. 이런 주장을 펼 수 있는 건 오늘날에도 일상에서 여전히 위력을 발휘하는 태극의 음양 이원론(二元論)이 피시방생지설과 밀접하게 연관되어서이다. 태극에서 말하는 음양의 원리란 음과 양 두 요소가 서로 대립하면서 동시에 의존한다(그림 참조). 이를 대대(對待)관계라고 말한다. 음양의 대대관계는 의존은 없고 대립만 있는 서구의 이항대립(binary opposition) 관계와 비교된다. 서구의 형이상학은 유/무의 이원론처럼 이항대립으로 전개되는 반면 동아시아의 음양론은 음과 양이 서로 영향을 주면서 융합하며 변화하는 걸 추구한다. 그 결과 음과 양은 조화(harmony)와 균형(balance), 또 중도(middle path)와 중용(mean)의 상태를 자연스럽게 찾아간다.

원효가 화쟁(和諍)에서 언급한 불이론(不二論)도 피시방생지설과 같은 맥락이다. '불이'란 다르지 않아 둘이 아니라는 의미인데 원효는 이것이 세상의 참 모습이라고 말한다. 그래서 불이의 자리에 서면 있음/없음, 좋음/나쁨, 옳음/그름, 진실/허망, 청정/오염과 같은 이항들이 배타적으로 대립하지 않고, 상호의존적으로 통섭한다. 따라서 세상만물을 배타적으로 규정하는 이치와 그 이치를 설명하는 언어는 힘을 잃고 만다. 장자는 이런 이치를 작은 앎(小知)으로, 또 이런 이치를 설명하는 언어를 작은 언어(小言)라고 규정한 바 있다. 그래서 큰 앎(大知)과 큰 언어(大言)를 사용해야 일미(一味), 즉 큰 맛을 맛볼 수 있다. 이 큰 맛으로 화쟁 하는 하나 된 큰 마음(一心)을 이룬다면 세상은 결코 다르지 않아 둘이 아닌 것으로 판명된다.

피시방생지설이든 원효의 불이론이든 이것들이 우리에게 큰 설득력을 지닐지라도 현실에선 이편에서의 삶(生)은 저편에선 죽음이고, 또 이편에서의 죽음(死)은 저편에선 삶이지 않은가? 이처럼 현실에선 삶과 죽음이 분명히 구분된다. 그래서 사람은 죽음을 두려워해 오래 살려고 발버둥치는 게 아닌가? 마찬가지로 이편에서의 괜찮음(可)은 저편에선 괜찮지 않음이고, 또 이편에서의 괜찮지 않음(不可)은 저편에선 괜찮음이지 않은가? 그래서 합격과 불합격이 구분되고, 승진과 탈락이 결정되고, 유죄와 무죄가 갈라진다. 그런데 장자는 꼭 그런 건 아니라고 주장한다. 장자에 따르면 이편에서의 삶은 저편에서 꼭 죽음으로, 또 이편에서의 옳음은 저편에서 꼭 그름으로 나타나지 않는다. 이런 입장은 「제물론」의 마지막을 장식하는 호접몽(胡蝶夢), 즉 호랑나비 꿈에서 잘 나타나는데 이에 대한 설명은 그때까지 미루고자 한다.

장자의 주장처럼 삶과 죽음이 단절되지 않고 한 짝을 이루어서 서로 연결되어 있다면 옳음(是)과 그름(非) 따위야 더 말할 나위가 있겠는가! 옳음과 그름도 결국 서로 한 짝으로 연결되어 있게 마련이다. 그러니 옳음으로 인해 그름이 생겨나고, 또 그름으로 인해 옳음이 생겨나는 게 당연하다. 이것이 장자가 말하는 인시인비(因是因非)와 인비인시(因非因是)이다. 이 표현이 「제물론」에서 여러 차례 등장해서인지 장자는 이를 줄여 인시(因是)라고 말한다. 장자는 이 인시 개념을 통해 시비가 생겨날 수 있는 소지를 줄이려고 하는데 이런 태도가 바로 성인(聖人)이 살아가는 자세이다. 그래서 성인은 별다른 이유 없이 세상사를 자연(天)[20]에 비추어본다. 자연의 이치야말로 옳음으로 인해 그름이 생겨나고, 또 그름으로 인해 옳음이 생겨나는 바를 따른다.

성인은 옳음 그름의 차원에서만 이런 자세를 지니는 게 아니다. 이편과 저편의 차원에서도 마찬가지 자세를 지닌다. 그래서 성인에게는 이편 또한 저편이고, 또 저편 또한 이편이다. 그런데 이편에도 옳음과 그름이 있고, 또 저편에도 옳음과 그름이 있지 않는가? 그렇다면 이편도 옳음과 그름의 한 짝이고, 또 저편도 옳음과 그름의 한 짝이다. 이런 식으로 옳음과 그름의 짝을 계속해서 확장해 나아가면 궁극에는 옳음과 그름의 구분이 사라지고 마는 게 아닌가?(그림 참조) 그렇다면 우리는 어디에서 옳음과 그름의 차이를 발견할 수 있을까? 만약 옳음과 그름의 차이를 발견할 수 없다면 그건 저편과 이편의 구

---

20) 천(天)은 일반적으로 하늘을 의미한다. 그런데 하늘은 땅과 반대되는 물리적인 의미의 하늘뿐 아니라 정신적인 하늘의 의미가 있다. 이런 정신적 의미의 하늘은 자연과 가까운 것으로 2천 년 전 중국 주(周)나라에서 생겨나서 동아시아 전체에 걸쳐 퍼졌다. 여기서 천을 하늘 대신에 자연으로 해석한 것은 물리적인 의미의 하늘과 구분하기 위해서이다.

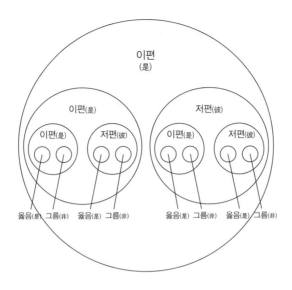

분이 없어지는 걸 뜻한다. 이것이 바로 도추(道樞)에 이른 상태이다.

　도추란 무엇일까? 이를 이해하기 위해선 추(樞)에 대한 설명이 필요하다. 추에는 두 가지 종류가 있다. 하나는 문 옆에 붙어 있는 고리, 즉 지도리이고, 다른 하나는 실을 감는 물레의 추이다. 먼저 지도리를 통해 장자가 의도하는 추의 의미를 파악해 보자. 문에는 지도리란 추가 있어 문이 한 쪽으로만 열리는 게 아니라 앞뒤 방향으로 모두 열린다. 그래서 '문'이 아니라 앞뒤로 하나가 된다는 의미에서 '문짝' 이다. 문짝을 통해 이쪽에서 들어가면 저쪽에선 나오는 형국이고, 또 저쪽에서 들어가면 이쪽에선 나가는 형국이다. 그러니 추란 이편으로 인해 저편이 생겨나고, 저편으로 인해 이편이 생겨나는 걸 가능케 한다. 이것이 세상만사가 '대립된 짝'이 아니라 '하나 된 짝'임을 말해 준다. 하나 된 짝으로 보여지는 게 큰 앎(大知)에 따른 결과이다.

『회남자(淮南子)』「인간훈(人間訓)」에 나오는 새옹지마(塞翁之馬) 얘기는 세상만사란 하나 된 짝임을 잘 말해준다. 새옹이 소중히 기르던 말 하나가 오랑캐 땅으로 달아나자 주위 사람들이 모두 걱정했지만 새옹만은 낙심하지 않았다. 그런데 달아났던 말이 준마 한 필을 끌고 오자 사람들이 환호했는데 새옹은 기쁜 표정을 짓지 않았다. 그 후 아들이 준마를 타다 떨어져 다리가 부러지자 사람들이 걱정했지만 새옹은 낙심하지 않았다. 마침내 큰 전쟁이 일어나 자식들이 모두 전쟁터에 끌려가자 새옹이 왜 낙심하지 않았는지를 사람들은 그제야 깨달았다. 새옹이 이렇게 처신할 수 있었던 건 '세상만사는 저편 아닌 것도 없지만 이편 아닌 것도 없다'고 생각한 탓이다. 대붕처럼 하늘 높이 날아 멀리서부터 바라보면 이편이 저편일 수 있고, 또 저편이 이편일 수 있다.

다음으로 물레의 추를 통해 장자가 의도하는 추의 의미를 파악해 보자. 물레의 추는 물레가 돌아감에 따라 물레의 중심에서 데굴데굴 구른다. 이때 물레를 감는 사람은 추가 바깥으로 튕겨 나가지 않도록 조심해서 감아야 한다. 만약 추가 튕겨 나가면 물레에 감기는 실이 끊어지기 때문이다. 그런데 추가 튕겨 나가면 추에게 혹시 나(我)란 의식이 있어서가 아닐까? 마주하는 어떤 변화에 대해서 못마땅하다고 여긴다면 추는 빈 공간에 머물지 못하고 그만 튕겨 나가서이다. 그러니 물레의 추도 나라는 의식을 버려야만, 즉 오상아(吾喪我)[21] 상태에 이르러야만 온갖 변화에도 불구하고 튕겨 나가지 않는다. 또 그

---

21) 이에 대한 자세한 설명은 「제물론」 1에서 설명한 바 있다.

래야만 물레의 실도 끊어지지 않고 계속해서 감길 수 있다. 만약 실이 끊어진다면 그것이 곧 불통이지만 계속해서 감긴다면 그것이 곧 소통이다.

그런데 우리 마음이 도추 상태에 이르면 정말로 무서운 힘을 발휘할 수 있다. 한번 도추를 태풍의 눈에 비유해 보자. 태풍이 불면 주변부는 바람이 세게 불어 모든 게 어지럽고 강해서 정말로 위태롭다. 반면 중심부는 아주 고요하고 맑아서 깨끗한 하늘이 보일 정도로 안정되고 평온하다. 이때 태풍의 중심부는 빈(虛) 상태이다. 물론 이 빈 상태는 단순히 비어 있는 게 아니다. 그건 강력한 바람의 소용돌이를 가능케 하는 부동의 중심으로서의 빈 상태이다. 그래서 비움만이 최고의 경지라고 말한다. 우리는 비움을 통해 나(我)를 버릴 때 비로소 원의 중심을 얻어서 도추의 상태를 경험할 수 있다. 이런 상태에 이를 때 비로소 자연스런 밝음(明)을 깨닫고, 또 이 자연스런 밝음을 통해 세상만물을 제물(齊物)의 입장에서 바라볼 수 있다.

제물론 4-1

내 손가락(指)으로 상대방 손가락이 참 손가락인지 여부를 밝히는 건
일반적인 손가락으로 상대방 손가락이 참 손가락인지 여부를
밝히는 것보다 못하다.
내 말(馬)로 상대방 말이 참 말인지 여부를 밝히는 건
일반적인 말로 상대방 말이 참 말인지 여부를 밝히는 것보다 못하다.
천지는 하나의 손가락이고, 만물은 하나의 말이다.

• • •

以指喻指之非指, 不若以非指喻指之非指也., 以馬喻馬之非馬, 不若以非馬喻馬之
非馬也. 天地一指也, 萬物一馬也.

천지는 하나의 손가락이고,
만물은 하나의 말이다

———

"내 손가락(指)으로 상대방 손가락이 진짜 손가락인지 여부를 밝히는 건 보통의 일반적인 손가락으로 상대방 손가락이 진짜 손가락인지 여부를 밝히는 것보다 못하다." 언뜻 보아 무슨 말인지 도대체 이해가 되지 않는다. '이지유지지비지 불약이비지유지지비지야(以指喩指之非指 不若以非指喩指之非指也)'가 원문인데 이 글을 보면 더욱 헷갈린다. 그런데 곰곰 들여다보면 이 표현은 내 손가락을 기준으로 해서 상대방 손가락의 진위 여부를 판단하지 말고, 일반적인 보통의 손가락을 기준으로 해서 상대방 손가락의 진위 여부를 판단하라는 의미이다. 그래도 여전히 이해되지 않는 부분이 있지만 '내 손가락'을 내가 이룬 마음, 즉 나의 성심(成心)으로 바꾼다면 뭔가 감이 잡히는 듯싶다.

예를 한번 들어보자. 인애(仁愛)는 유가의 성심이고, 겸애(兼愛)는 묵가의 성심이다. 이때 인애와 겸애는 유가와 묵가 각자의 손가락인데 반해 사랑(愛)은 일반적인 보통의 손가락에 해당한다. 그렇다면 내 손가락으로 상대방의 손가락이 진짜 손가락인지 여부를 밝히는 건 유가의 인애(내 손가락)로 묵가의 겸애(상대방 손가락)가 진짜 사랑(愛)인지 여부를 밝힌다는 말이다. 춘추전국시대에 벌어진 유가와 묵가의 시비다툼이 이런 식이었는데 이런 식 논쟁으론 소통에 이르기 힘들고 오히려 불통만 심화시킨다. 아니나다를까 유가와 묵가 간의 논쟁이 치열해져서 결국 사상적 적대 관계로까지 발전했다. 그렇다면 유가와 묵가가 인애와 겸애란 각자의 성심(成心)을 놓고 소통에 이르게 할 수 있는 방법은 없을까? 분명히 있다. 그것은 묵가의 겸애(상대방 손가락)를 유가의 인애(내 손가락)가 아니라 사랑(愛, 보통의 일반적인 손가락)으로 그 진위 여부를 판단하는 일이다. 그러면 겸애와 인애는 사랑으로 연결되면서 자연히 소통에 이른다.

인애와 겸애를 앎(知)의 관점에서 파악한다면 작은 앎(小知)에 속한다. 이에 반해 사랑은 큰 앎(大知)이다. 소통에 이르려면 당연히 큰 앎을 기준으로 해서 상대방을 평가해야 한다. 반면 작은 앎을 들이대어서 상대방을 평가하는 경우 유가와 묵가 간의 시비논쟁에서처럼 불통에 이를 수밖에 없다. 큰 앎은 한한(閑閑), 즉 너그럽고 여유로운 데 반해 작은 앎은 간간(閒閒). 즉 시비를 지나치게 따지면서 분별하기 때문이다. 그래서 작은 앎은 서로 간의 공통점보다 차이점을 더 많이 드러내는 데 반해 큰 앎은 그 반대이다. 또 의미를 전달하기 위해 사용하는 말도 마찬가지이다. 큰 말은 염염(炎炎), 즉 담백하여 시비에 구애받지 않는 데 반해 작은 말은 첨첨(詹詹), 즉 수다스러워 자꾸만 지껄인다.[22] 그래서 큰 말을 사용하면 소통에 이르지만 작은 말을 사용하면 불통에 이르기 쉽다. 이제부터는 앎(知)을 대신해서 말(言)과 관련한 얘기가 펼쳐진다. 그 말이 흥미롭게도 말(言)이자 동시에 타는

---

22) 이에 대한 설명은 「제물론」 2에서 자세히 설명한 바 있다.

말(馬)이기도 하다.

"내 말(馬)로 상대방의 말이 진짜 말인지 여부를 밝히는 건 보통의 일반적인 말로 상대방 말이 진짜 말인지 여부를 밝히는 것만 못하다."는 말이 이제는 좀 이해가 될 것 같다. 이 역시 상대방 말의 진위 여부는 내 말을 통해서보다 일반적 기준이 되는 보통의 말을 통해 밝히는 게 낫다는 의미이다. 이것도 예를 들어 설명해보자. 제주도 조랑말을 두고 같은 말과에 속하는지 여부를 조자룡이 탔던 적토마를 기준으로 판단하는 것보다 일반적인 보통의 말을 기준으로 판단하는 게 바람직하다. 왜냐하면 속도가 빠른 적토마 입장에서 볼 때 속도가 느린 조랑말은 말처럼 보이지 않을 수 있기 때문이다. 유가와 묵가의 시비다툼도 이와 크게 다르지 않아 상대방 주장을 쉽게 인정하지 않으려고 한다. 그래서 적토마처럼 구체적인 면을 지시하는 작은 말(小言)보다 일반적인 보통의 말처럼 포괄적인 면을 지시하는 큰 말(大言)의 입장에서 조랑말의 진위 여부를 판단해야 불통을 방지할 수 있다.

그런데도 사람들은 적토마를 기준으로 조랑말이 참 말인지 여부를 판단하려고 든다. 이럴 때 조랑말은 말이 아니라는 주장까지 나올 수 있다. 이는 명마 적토마를 기준으로 해서 보면 조랑말은 초라하기 짝이 없어서이다. 어처구니없는 발상이지만 이런 생각을 하는 사람들이 우리 주위에 점차 늘어나고 있다. 예를 들어 명품을 선호하는 사람의 경우 시장에서 파는 일반적인 옷은 자신이 입을 만한 옷이 아니라고 여길 수 있다. 마치 명품을 적토마로, 그리고 시장의 옷을 조랑말로 여겨서이다. 심지어 같은 옷인데도 비싼 돈을 지불해서라도 백화점에서 사려고 한다. 춘추전국시대 당시 유가와 묵가도 이와 다를 바 없는 처신을 보였다. 인애와 겸애를 각자의 명품으로 여긴 반면 사랑은 시장에서 거래되는 흔한 상품으로 여겼기 때문이다. 명품끼리는 조그마한 차이를 두고 늘 경쟁하게 마련이다. 마찬가지로 소소한 의미까지 드러내는 작은 말끼리도 늘 경쟁하게 마련이다. 작은 말을 즐겨 사용하면 소통에 이를 가능성이 점점 희박해지는데 이런 유형의 사람들 중 하나가 자기밖에 모르는 학자, 즉 곡사(曲士)이다.

정치인도 마찬가지이다. 가능한 큰 말을 사용해야만 유권자와 소통에 이를 수 있다. 이런 정치인 중 하나로 오바마 미국 대통령을 들수 있다. 그는 무명의 대통령 후보 시절 이라크전 찬반 여부로 크게 갈라졌던 민주당원을 상대로 "우리 민주당에는 두 그룹의 애국자가 있습니다. 하나는 이라크전을 찬성했던 애국자이고, 다른 하나는 이라크전을 반대했던 애국자입니다."라고 연설했다. 이 연설에서 이라크전 참전 여부가 작은 말이라면 애국 그 자체는 큰 말에 해당한다. 참전 여부라는 애국의 방법론은 애국보다 의미상으로 하위에 속하기 때문이다. 반면 조선시대의 당쟁이 시간의 흐름과 함께 치열하게 전개된 건 선비들이 정치를 하면서 작은 말에 집착했기 때문이다. 그래서 처음에는 당파가 동인과 서인으로 구분되었던 게 논쟁이 계속되면서 동인은 남인과 북인으로, 서인은 노론과 소론으로 구분되고, 또노론은 벽파와 시파로까지 구분되었던 게 아닌가!

이에 장자는 "천지(天地)는 하나의 손가락이다."라는 충격적인 말을 우리에게 던진다. 잘 이해되지 않으므로 이 역시 설명이 필요하다. 사실 이 표현은 천지는 하나의 손가락이라는 '사실성'보다 하나의 손가락이 되어야 한다는 '당위성'을 지닌 표현에 가깝다. 그래서 내 손가락으로 인애니 겸애니 하는 작은 앎(小知)을 지시하기보다는 인애와 겸애의 상위 개념에 해당하는 사랑(愛)이란 큰 앎(大知)을 지시해야 한다는 입장이다. 마치 하늘과 땅을 지시할 때 손가락이 위로 향하면 하늘을 가리키고, 손가락이 아래로 향하면 땅을 가리키는 것처럼 말이다. 이럴 때 손가락으로 하늘과 땅을 모두 가리킬 수 있어 천지는 하나의 손가락이란 논리가 성립한다. 반면 손가락으로 하늘만 가리키거나, 아니면 땅만 가리키는 경우 그것은 유가와 묵가가 자신들의 손가락으로 인애와 겸애만 제각각 가리키는 행위와 하등 다를 바 없다.

또 장자는 만물(萬物)은 하나의 말(馬)이라고 말한다. 잘 이해되지 않으므로 이 역시 설명이 필요하다. 우주에서의 만물은 수많은 별들이다. 그런데 이 별들 중에는 금성, 화성, 명왕성, 북극성처럼 이름이 붙여진 별도 있지만 대부분은 별이라고 막연히 불린다. 크기에서나 밝기에서 분명 차이가 있을 텐데 이런 걸 고려하지 않고 그냥 별이라고 총칭해서 똑같이 부른다. 이럴 때 이름 없는 별의 입장에선 무척 억울해할 수 있다. 그렇지만 제각각의 이름으로 구분하지 않고 단순히 별이라고 말해도 일상에서 커뮤니케이션 할 때 전혀 불편함이 없다. 이것이 바로 우주만물이 하나의 별이라는 의미이다. 그러니 우주보다 훨씬 작은 우리가 사는 세상의 만물을 두고 하나의 말이라고 불러도 어떤 불편함이 없을 것이다. 즉 조랑말, 경주말, 싸움말 등으로 제각각 구분하지 않고 그저 말이라고 통칭해서 말해도 커뮤니케이션 하는 데 큰 지장이 없다.

물론 금성, 화성, 목성, 토성 등으로 명확히 구분해야지 태양계 행성이라고 막연히 표현하면 의미전달에 있어 혼란이 생긴다면서 못마땅해하는 사람이 분명히 있다. 혜시와 같은 명가가 그 중 하나이다. 이것이 우주를 작은 말(小言)로 파악하는 입장이다. 그런데 우리의 시야를 태양계에서 은하계로 한번 넓혀보자. 그러면 태양계 행성은 눈에 보일 듯 말 듯 작게 보여서 똑같은 조그마한 별이 되고 만다. 마치

지구에서 보는 밤하늘의 별처럼 말이다. 이처럼 은하계에서 태양계 행성을 보는 게 큰 말(大言)의 입장에 해당한다. 그러니 말도 조랑말, 경주말, 싸움말 등으로 구분하는 게 작은 말이고, 이를 통칭해서 말이라고 부르는 게 큰 말이다. 이처럼 장자는 큰 말의 입장에서, 즉 대붕처럼 한 단계 높은 데서 세상만물과 만사를 볼 것을 우리에게 요청한다. 이것이 장자가 말하는 소통에 이르는 길이다.

제물론 4-2

길(道)은 사람들이 다니다보니까 저절로 생겨나고,

사물(物)의 이름도 그렇게 말하다보니까 저절로 그렇게 된다.

그런데 사물의 이름은 스스로 괜찮다고 여기니까 괜찮고(可),

스스로 괜찮지 않다고 여기니까 괜찮지 않다(不可).

또 사물의 이름은 스스로 그렇다고 여기니까 그렇고(然),

스스로 그렇지 않다고 여기니까 그렇지 않다(不然).

어째서 사물의 이름이 그러한가? 그러하니까 그렇다.

어째서 사물의 이름이 그렇지 않은가? 그렇지 않으니까 그렇지 않다.

어째서 사물의 이름이 괜찮은가? 괜찮으니까 괜찮다.

어째서 사물의 이름이 괜찮지 않은가? 괜찮지 않으니까 괜찮지 않다.

이처럼 사물의 이름은 본디 그런 바 있고, 본디 괜찮은 바 있다.

사물의 이름은 본디 그렇지 않은 바 없고, 본디 괜찮지 않은 바 없다.

그래서 용도상 차이가 나는 가로의 대들보와 세로의 기둥이라도,

모습상 차이가 나는 문둥이와 미인 서시(西施)라도,

내용상 차이가 나는 익살과 꾸짖음, 속임과 책망이라도

도(道) 안에선 모두 하나로 통해서 같다.

그래서 이편에서 나누어짐(分)은 저편에서 이루어짐(成)이고,

이편에서 이루어짐은 저편에서 허물어짐이다.

따라서 천지간의 모든 사물은 이루어짐과 허물어짐의 구분 없이

도 안에선 다시 모두 하나로 통해서 같다.

그런데 오로지 달자(達者), 즉 통달한 사람만이

모든 게 하나로 통해서 같다는 사실을 안다.

그래서 통달한 사람은 쓰이지 않음(不用)을 옳다고 여기고서

평상시 한결같은 상태(庸)에 머문다.

이런 평상시 한결같은 상태가 참된 쓸모이다.

이런 쓸모가 자연스러움과 통한다.

이런 자연스러움과의 통함이 유유자적하는 삶을 누릴 수 있다.

유유자적하는 삶을 누리면 도에 가까워진다.

도에 가까워지면 옳음으로 인해 그름이, 또 그름으로 인해

옳음이 생겨나는 자연의 원리(因是)를 따를 뿐이다.

통달한 사람은 이를 따를 뿐인데 왜 이런 자세를 취하는지조차

모르기에 도의 상태에 이른 거라고 말한다.

· · ·

道行之而成, 物謂之而然. 有自也而可, 有自也而不可. 有自也而然, 有自也而不
然. 惡乎然? 然於然. 惡乎不然? 不然於不然. 惡乎可? 可於可. 惡乎不可? 不可於
不可. 物固有所然, 物固有所可. 無物不然, 無物不可. 故爲是舉莛與楹, 厲與西施,
恢詭憰怪, 道通爲一. 其分也, 成也., 其成也, 毁也. 凡物無成與毁, 復通爲一. 唯
達者知通爲一, 爲是不用而寓諸庸. 庸也者, 用也. 用也者, 通也. 通也者, 得也. 適
得而幾矣. 因是已. 已而不知其然, 謂之道.

물고유소연(物固有所然),
즉 사물의 이름은 본디 그런 바 있다

———

　우리가 걸어 다니는 길은 어떻게 해서 만들어질까? 사실 길이란 누가 의도해서 만들어진 게 아니라 사람들이 다니다보니까 저절로 생겨난다. 불과 백 년 전만 해도 대부분의 길은 이렇게 만들어졌다. 장자는 이를 두고 도행지이성(道行之而成), 즉 길은 다니다보니까 생겨난다고 표현한다. 이것이 무위자연(無爲自然)에 따라 만들어진 길이다. 만약 목적지에 빨리 이르는 게 길의 존재 이유라면 넓고 똑바른 길이 좋다. 그렇지만 산에 오르는 길은 구불구불한 오솔길이 제격이다. 이 처럼 길은 나름대로의 존재 이유가 있는데 오늘날은 빨리 가는 것만을 능사로 삼는다. 그래서 산에 터널을 뚫어야 하고, 강에 다리를 놓아야 한다. 이것이 유위부자연(有爲不自然)에 따라 만들어진 길이다.

　우리가 하는 말도 따지고 보면 길이 생겨나는 것과 같은 원리에 의해 만들어진다. 우리가 사물을 그것이라고 부르니까 사물의 이름이 그런 식으로 고정된다. 장자는 이를 물위지이연(物謂之而然)이라고 표현한다. 그렇다면 사물의 이름은 처음부터 고정된 게 아니라 그때그때 우리의 판단과 느낌에 의해 자유롭게 정해진다. 그래서 사물의 이름이 괜찮다고 여기니까 괜찮고, 또 괜찮지 않다고 여기니까 괜찮지 않다. 그리고 사물의 이름이 그렇다고 여기니까 그렇고, 또 그렇지 않다고 여기니까 그렇지 않다. 이렇게 함으로써 사물의 이름이 그것으로 굳어진다. 이것이 사물에 이름이 붙여지는 과정이다.

그런데 사물의 이름이 이런 식으로 정해진다면 여기에 어떤 특별한 이유가 있을까? 장자는 특별한 이유가 없고, 단지 그러니까 그렇고, 또 그렇지 않으니까 그렇지 않을 뿐이라고 말한다. 그리고 장자는 사물의 이름이 왜 괜찮은지에 대해서도 마찬가지 태도를 보인다. 그래서 괜찮으니까 괜찮고, 또 괜찮지 않으니까 괜찮지 않다고 말한다. 장자는 사물의 이름이 정해지는 데 있어 왜 이런 태도를 보일까? 그것은 물고유소연(物固有所然), 즉 사물의 이름은 본디 그런 바가 있고, 또 물고유소가(物固有所可), 즉 사물의 이름은 본디 괜찮은 바가 있어서이다. 또한 사물의 이름은 본디 그렇지 않은 바가 없고, 또 본디 괜찮지 않은 바가 없어서이다.

그래서 장자는 말한다. 가로로 쓰이는 대들보와 세로로 쓰이는 기둥이 용도상에선 차이가 있을지 모르지만 도통위일(道通爲一), 즉 도 안에선 모두 하나로 통한다고 말한다. 중국 역사상 최고 미인이라고 여겨지는 서시(西施)와 얼굴이 흉측한 문둥이도 생긴 모습에선 차이가 크지만 이 또한 도 안에선 모두 하나로 통한다고 말한다. 참고로 서시는 춘추시대 월(越)나라 왕 구천이 미인계를 위해 오(吳)나라 왕 부차에게 상납한 여인인데 서시의 미모에 빠져 부차는 나라를 월나라에 빼앗겼다. 그러니 서시는 나라를 기울게 만든, 즉 경국지색(傾國之色)급의 미녀이다. 또 익살스러움과 교활함, 속임수와 신기함도 그 내용상에선 차이가 있을지 모르지만 이 역시 도 안에선 모두 하나로 통한다고 말한다.

도 안에서 하나로 통하는 건 용도, 모습, 내용에서만 국한되지 않는다. 시간의 흐름에 따라 변화하는 것도 도 안에서 모두 하나로 통한다. 그래서 한쪽에서의 나누어짐(分)은 다른 쪽에선 이루어짐(成)이고, 또 한쪽에서의 이루어짐은 다른 쪽에선 허물어짐(毁)이다. 그래서 만물이 제각각 나누어지고, 이루어지고, 허물어지는 변화를 제각각 보이더라도 이 모두는 결국 하나로 통한다. 그러므로 시간의 흐름에 따라 생겨난 사물의 변화된 제각각의 모습을 우리는 서로 다르게 바라볼 필요가 전혀 없다. 자연의 변화란 결국 나누어짐 → 이루어짐 → 허물어짐 → 나누어짐의 순환 고리로 연결되어서이다. 그래서 통달한 사람은 만물의 나누어짐과 이루어짐, 또 허물어짐의 한 단면만을 보고서 이를 사물의 제 모습이라고 판단하지 않는다.

통달한 사람은 왜 이렇게 생각할까? 장자가 볼 때 사물의 모습은 시간의 변화에 따라 그 외형만 달라질 뿐 모든 사물의 근본 된 모습은 같다고 보아서이다. 예를 들어 봄이 가면 여름이 오고, 여름이 가면 가을이 오고, 가을이 가면 겨울이 오지만 자연의 근본 된 모습은 하나이다. 그렇다면 삶과 죽음도 이런 식으로 설명할 수 있지 않을까? 흩어진 기(氣)가 합쳐져서 하나의 생명체가 되고, 그 기가 흩어져서 죽음에 이르고, 또 흩어진 기가 합쳐져서 새로운 생명체를 만들어내는 순환을 거듭한다고 말이다. 만물의 모습이 이러하다면 나누어짐은 곧 이루어짐이고, 또 이루어짐은 곧 허물어짐이다. 그러니 세상 만물은 이루어짐과 허물어짐의 구분 없이 모두 하나로 통하게 마련이다.

도 안에서 모두 하나로 통하고, 또 도 안에서 다시 하나로 통한다는 걸 알면 그는 달자(達者), 즉 통달한 사람이다. 이처럼 통달한 사람만이 모든 게 하나로 통한다는 걸 안다. 그래서 통달한 사람은 자신이 다른 사람에 의해 쓰이지 않음(不用)을 오히려 옳다고 여겨서 평상시의 한결같은 상태(庸)에 머문다. 이 때문에 자신이 나누어진(分) 상태에 있어도 포기하지 않고, 이루어진(成) 상태에 있어도 기뻐하지 않고, 허물어진(毀) 상태에 있어도 좌절하지 않는다. 왜냐하면 여름의 더위가 극성을 부려도 가을이 올 걸 예상하고, 또 겨울의 추위가 맹위를 떨쳐도 봄이 올 것 예상하기 때문이다. 이런 사시사철의 순환은 우리가 살면서 자연스럽게 터득한 진리이다. 그런데 이런 평상시의 한결같은 상태가 참된 쓸모(用)이다. 그러니 이런 쓸모는 자연스러움과 통하게 마련이다.

그런데 보통사람들은 오로지 쓰임을 위해서 노력한다. 예를 들어 나누어지거나 허물어진 상태가 되면 자신을 숨기는 반면 이루어진 상태만 상대방에게 보여주려고 애쓴다. 이것이 쓸모있음의 쓸모, 즉 유용지용(有用之用)을 추구하는 사람의 전형적인 모습이다. 이에 반해 쓸모없음의 쓸모, 즉 무용지용(無用之用)을 추구하는 사람은 그렇지 않다. 오로지 세상만물과의 통함(通)을 목표로 하기에 자신의 쓸모에 대해 신경을 쓰지 않는다. 「소요유」에 등장했던 울퉁불퉁한 줄기와 비비 꼬인 가지를 지닌 가죽나무는 겉모습상으론 전혀 재목감이 되지 못한다. 그렇더라도 그 나무를 무하유의 마을이나 광활한 들판에 심어 놓으면 사람들은 그 아래에서 한가로이 노닐 수 있다. 이것이 세상 만물과의 진정한 통함이다. 이런 통함만이 무용지용(無用之用)을 추구하는 사람의 유일한 관심사이다.

사람들은 이런 자연스러움과의 통함을 통해 장자가 이상적으로 그리는 소요와 방황의 삶을 비로소 얻을(得) 수 있다. 그리고 이런 얻음을 얻어야만 도(道)에 가까워진다. 도에 가까워지면 옳음으로 인해 그름이, 또 그름으로 인해 옳음이 생겨나는 자연의 이치, 즉 인시(因是)를 따르게 마련이다. 통달한 사람은 이런 자연의 이치를 따를 뿐인데 왜 이런 태도를 취하는지조차 알지 못한다. 이것이 도의 상태에 이른 모습에 해당한다.

제물론 4-3

힘들여 마음을 써서 둘 중에 어느 한 쪽을 편들지만

양 쪽이 같다는 걸 몰라서 이를 아침에 셋(朝三)이라고 말한다.

어째서 아침에 셋이라고 말하는가?

원숭이 주인이 도토리를 주면서 말했다.

"아침에 석 되(朝三), 저녁에 넉 되(暮四) 주면 어떠하냐?"

그러자 많은 원숭이들이 모두 화를 냈다.

그래서 원숭이 주인이 말했다.

"아침에 넉 되(朝四), 저녁에 석 되(暮三) 주면 어떠하냐?"

그러자 많은 원숭이들이 모두 기뻐서 날뛰었다.

명목(名)이나 실질(實)에 있어 변한 게 하나도 없는데

원숭이에게 기쁨과 화냄이 동시에 일어났으니 이를 해결하려면

옳음으로 인해 그름이, 그름으로 인해 옳음이 말미암는

자연의 원리인 인시(因是)를 따라야 한다.

성인(聖人)은 이런 자연의 원리를 따름으로써 시비를 잘 조화해

자연의 균형인 천균(天鈞)에 머무는데

이를 양행(兩行), 즉 대립된 양 쪽이 시비에 구애받지 않고

순조롭게 나아가는 것이라고 말한다.

. . .

勞神明爲一, 而不知其同也, 謂之朝三. 何謂朝三? 狙公賦芧曰:「朝三而暮四.」衆
狙皆怒. 曰:「然則朝四而暮三.」衆狙皆悅. 名實未虧而喜怒爲用, 亦因是也. 是以
聖人和之以是非而休乎天鈞, 是之謂兩行.

조삼모사든 조사모삼이든
생각만 다를 뿐 틀리지 않다

———

　소통에 이르려면 서로가 같다는 걸 생각하기에 앞서 서로가 다르다는 걸 인정해야 한다. 이것이 공자가 말하는 화이부동(和而不同), 즉 화합하지만 서로의 다름을 인정하는 일이다. 부부의 경우를 예로 들어보자. 서로가 다르게 자라온 가정환경 등을 감안하고서 대화하는 부부는 화목할 수 있지만 이를 전제하지 않고 무조건 같다고 여기면서 대화하는 부부는 다툴 수 있다. 이것이 동이불화(同而不和)이다. 지금의 남북한 관계도 어쩌면 동이불화에 빠져 있는 게 아닐까? 같은 민족임을 강조하지만 오랫동안 서로 다르게 살아왔다는 점을 인정하지 않아서이다. 그러니 다르다는 걸 인정해야만 남북한이 마음의 문을 열고 비로소 소통에 이를 수 있지 않을까?

　그렇다면 화이부동을 어떻게 실천할 수 있을까? 장자는 조삼모사(朝三暮四) 얘기를 통해 화이부동에 이르는 길을 제시한다. 조삼모사는 원래 『열자』 「황제」편에 나오는 글이다. 그런데 장자는 열자가 언급한 조삼모사 우화를 인시(因是), 천균(天鈞), 양행(兩行)이란 생소한 개념을 동원해서 새롭게 각색했다. 그래서 '열자판' 조삼모사와 '장자판' 조삼모사는 서로 강조하는 내용이 다르다. 열자판 조삼모사가 원숭이의 어리석음을 꼬집는 가벼운 우화라면 장자판 조삼모사는 도를 통달한 원숭이 주인의 모습을 담는 의미 있는 우화이다.

그래서 장자판 조삼모사를 유심히 읽으면 우리가 익히 알아온 조삼모사 내용과는 차이가 있음을 발견할 수 있다. 장자판 조삼모사에 선 원숭이들이 조삼모사(3+4)에 대해 화를 내자 주인은 아무렇지도 않다는 듯 조사모삼(4+3)으로 먹이 주는 방식을 이내 바꾸었다. 이에 반해 열자판 조삼모사에선 '이 바보 같은 원숭이들아! 조삼모사나 조사모삼이나 별다른 차이가 없는데 왜 이렇게 난리야'라는 암시가 깔려 있다. 이런 식의 꾸짖음은 원숭이 주인이 자신이 옳다는 바, 즉 위시(爲是)에 따른 행동이다. 그렇지만 장자판 조삼모사에선 '너희들이 원하면 그렇게 하지'라는 무덤덤한 자세를 취함으로써 주인은 자연의 원리, 즉 인시(因是)에 따른 행동을 보였다.

그런데 원숭이 주인은 어떻게 해서 자연의 원리에 따른 행동을 보일 수 있었을까? 이것은 오로지 큰 앎(大知)의 입장에서 세상사를 파악한 탓이다. 즉 조삼모사와 조사모삼의 차이보다 모두가 일곱으로 서로 통한다는 사실을 우선했기 때문이다. 그래서 먹이 주는 방식을 쉽게 바꿀 수 있었다. 이에 반해 원숭이는 작은 앎(小知)의 입장에서 세상사를 파악했기에 서로가 일곱으로 통한다는 사실을 무시한 채 조삼모사와 조사모삼을 구분하는 어리석음을 보였다. 그래서 조삼모사에 대해선 옳지 않다고 여기는 바, 즉 위비(爲非)로 인해 화를 냈고, 또 조사모삼에 대해선 옳다고 여기는 바, 즉 위시(爲是)로 인해 기뻐서 날뛴 것이다.

이런 이치는 앞에서 언급한 "나의 말(馬)로 상대방 말이 진짜 말인지 여부를 밝히는 건 보통의 일반적인 말로 상대방 말이 진짜 말인지 여부를 밝히는 것보다 못하다"는 것에 비유해 설명할 수 있다. 여기서 나의 말이 조사모삼(4+3)이고, 상대방 말이 조삼모사(3+4)이고, 일반적인 말이 일곱(7)에 해당한다. 그러니 원숭이는 자신이 옳다고 여기는 조사모삼(4+3) 방식으로 원숭이 주인의 조삼모사(3+4) 방식을 잘못되었다고 판단한 반면 원숭이 주인은 합이 일곱의 방식으로 원숭이가 원했던 조사모삼(4+3)을 평가했다. 그래서 원숭이 주인은 자신이 먼저 제안했던 조삼모사(3+4) 방식을 쉽게 포기할 수 있었다.

인시(因是)란 인시인비(因是因非)를 줄인 표현인데 인시인비란 '옳음으로 인해 그름이 말미암는다'는 뜻이다. 그래서 그름으로 인해 옳음이 말미암는다는 말도 성립한다. 즉 옳음에서 그름이 생겨나고, 또 그름에서 옳음이 생겨난다는 말이다. 이는 옳음과 그름을 이분법적으로 구분하지 않고 옳음과 그름이 서로 교차하면서 나타난다는 것을 의미한다. 이것이 바로 자연의 원리이다. 그런데 자연의 원리란 자연의 결, 즉 천예(天倪)에 입각해서 세상을 바라볼 때 비로소 발견할 수 있다. 장자에 따르면 성인은 세상사를 자연의 결에 따라 판단하는데 여기에는 달리 특별한 이유가 없다. 성인은 그저 자연의 결에 따라 세상사를 판단하는 데 익숙해 있어서이다.

어쩌면 과학도 자연의 결을 제대로 읽어야 가장 과학적일 수 있다. 이때 자연의 큰 원리도 발견할 수 있다. 사회도 자연과 마찬가지여서 사람의 결을 제대로 읽어야 사회의 큰 원리를 발견할 수 있다. 이런 사실은 법이란 글자를 파자해 보아도 잘 나타난다. 법(法)은 '물(氵)'처럼 '지나간다(去)'는 의미이다. 그래서 법은 물 흐르듯 자연스러워야 한다. 그러니 자연의 균형, 즉 천균(天鈞)에 입각해 있는 법이라야 가장 이상적인 법일 수 있다. 자연법 개념도 여기에서 비롯되었다고 본다. 법이 자연스럽지 못하고 인위적인 요소가 강하면 부작용이 생겨나게 마련이다. 그래서 성인은 자연의 큰 원리를 알고 천균에 입각해서 세상사를 판단하는데 원숭이 주인이 바로 그 주인공에 해당한다.

천균은 구체적으로 어떤 의미를 지닐까? 이를 위해선 '균(均)'과 '균(鈞)'의 차이를 우선 파악해야 한다. 균(均)은 인위적 균형에 가까운 개념이다. 학의 다리가 길다고 줄이고, 또 오리 다리가 짧다고 늘리면 이는 인위적인 균형이다. 그렇지만 학의 다리가 길더라도, 또 오리의 다리가 짧더라도 이걸 줄이거나 늘리거나 하지 않은 채 그대로 놔두면 이것이 균(鈞)에 따른 것이다. 자연의 세계에선 입이 큰 하마가 있는가 하면 귀가 큰 코끼리도 있고, 날쌘 쥐가 있는가 하면 느린 굼벵이도 있다. 그래서 하나의 잣대로 아름답다거나 추하다는 식으로 획일적으로 평가할 수 없다. 사람들이 사는 세상도 마찬가지여서 다양한 생각과 의견들이 있게 마련이다. 그러니 생각과 의견을 무리하게 하나로 통일시키려고 하면 이는 천균과 어긋나는 처사이다.

그렇더라도 다른 생각을 지닌 사람과 막상 마주하는 경우 천균에 입각해서 어떻게 소통에 이를 수 있을까? 이를 위해 우리 몸을 한 번 행글라이더에 맡겨보자. 행글라이더를 탈 때 아래쪽에서 위쪽으로 바람이 불면 몸이 위로 올라가도록 자연스럽게 놔둬야 한다. 그렇지 않고 몸의 무게를 억지로 아래로 향하게 하면 행글라이더는 그만 엎어진다. 또 왼편에서 바람이 불면 행글라이더가 오른편으로 자연스럽게 향하게 놔둬야 한다. 그렇지 않고 몸의 중심을 무리하게 왼쪽으로 이동하면 행글라이더는 마찬가지로 엎어진다. 그래서 행글라이더를 탈 때는 바람의 결, 즉 천예를 제대로 읽으면서 부는 바람에 따라 자신을 맡겨야 한다. 이래야만 하늘에 오래 머물 수 있는데 이는 오로지 마음을 비울 때 비로소 가능하다.

소통을 이루는 방식도 행글라이더를 타는 방법과 별반 차이가 없다. 왼편의 생각을 지닌 사람과 마주하면 오른편의 생각으로 마주하

기보다는 왼편의 생각을 인정하면서 오른편으로 보완할 때 조화가
이루어질 수 있다. 이것이 화이부동(和而不同)의 자세이다. 이럴 때 소
통의 가능성이 생겨난다. 그렇다면 상대방이 지닌 왼편의 생각을 어
떻게 인정할 수 있을까? 그것은 행글라이더를 탈 때처럼 마음을 비
워야 가능하다. 즉 자신의 생각이나 의견, 즉 성심(成心)을 자신의 스
승으로 삼지 않을 때 가능하다. 이래야만 천균에 따라 행동할 수 있
다. 마치 돌아가는 물레의 추가 원의 중앙, 즉 환중(環中)을 유지하면
서 튕겨 나오지 않는 것처럼 말이다.

그런데 배울 수 없는 바를 배우려고 애쓰는 학자(學者)는 환중이란
균형감각을 쉽게 지니지 못한다. 이는 오로지 작은 앎(小知)에 집착해
서이다. 또 말할 수 없는 바를 말하려고 애쓰는 변자(辯者) 역시 환중
이란 균형감각을 쉽게 지니지 못한다. 이는 오로지 작은 말(小言)에
집착해서이다. 또 실천할 수 없는 바를 실천하려고 애쓰는 행자(行者)
도 환중이란 균형감각을 쉽게 지니지 못한다. 이는 오로지 작은 행동
(小行)에 집착해서이다. 이처럼 작은 앎, 작은 말, 작은 행동에 매몰된
사람은 물레의 추가 바깥으로 튕겨 나가듯 다른 사람과 배움(學), 말
함(辯), 행동(行) 등에서 충돌을 일으키게 마련이다.

조삼모사 우화에서 원숭이가 보여준 모습이 바로 이것이다. 그래
서 조삼모사에 대해선 거부하고 조사모삼을 선택한 거다. 반면 원숭
이 주인이 보여준 모습은 큰 앎(大知), 큰 말(大言), 큰 행동(大行)에 입
각한 거다. 그래서 조삼모사와 조사모삼을 구분하지 않고 원숭이가
바라는 바대로 먹이 주는 방식을 쉽게 바꿀 수 있었다. 심지어 원숭
이 주인은 조삼모사가 아니라 조오모이(朝五暮二, 5+2), 또는 조육모일
(朝六暮一, 6+1)를 요구했더라도 원숭이가 바라는 대로 먹이를 주었을
것이다. 모두가 일곱으로 통한다는 사실을 알아서이다. 그래서 조삼

모사(3+4)도 괜찮고, 조사모삼(4+3)도 괜찮다. 이것이 함께 나아가는 양행(兩行)이다. 그러니 양행이란 조삼모사와 조사모삼이 혹시 대립된다 하더라도 함께 나아간다는 의미이다.

양행은 유가가 강조하는 대동(大同)과 서로 통하는 개념이기도 하다. 대동은 대동소이에서 비롯되는데 이는 크게(大) 보면 같지만(同) 작게(小) 보면 다르다는(異) 의미이다. 그러니 가능한 크게 보아서 차이를 줄이는 게 대동이 목표로 하는 바다. 양행도 대동과 마찬가지로 크게 볼 때 이런 상태에 이를 수 있다. 장자가 그의 책 시작을 대붕의 비상으로 삼은 것도 이 때문이라고 본다. 대붕처럼 아주 높은 데서 아래를 내려다보면 땅에 있는 모든 게 하나로 같아진다. 반면 매미나 어린 비둘기는 날아봐야 나뭇가지밖에 이르지 못하는데 거기서 아래를 내려다보면 차이만 드러난다. 따라서 장자는 소통에 이르려면 한 단계 더 높거나, 한 단계 더 먼 데서 보도록 우리들에게 요청한다. 이럴 때 설령 다른 의견일지라도 차이의 소멸로 인해 생각과 의견의 공유를 자연스럽게 이룰 수 있다.

제물론 4-4

옛날 사람 중엔 앎(知)이 지극한 바가 있다. 어째서 앎이 지극한가?

사물의 존재를 처음부터 의식하지 않아서이다.

그 앎이 너무나 지극하고 최고인지라 더 이상 보탤 게 없다.

그 다음으로 지극한 앎은 사물의 존재만 의식할 뿐

사물을 처음부터 이것/저것으로 구분하지 않는 앎이다.

또 그 다음으로 지극한 앎은 사물을 이것/저것으로 구분할 뿐

처음부터 옳음/그름으로 구분하지 않는 앎이다.

그런데 옳음/그름의 구분이 선명해지면

이것이 도(道)가 이지러져서 훼손되는 바다.

도가 이지러져 훼손되면 그때부터 좋고 싫음과 같은 편애가 생겨난다.

그러면 이루어져 완성되는(成) 것과 이지러져 훼손되는(虧) 것의 구분이

정말로 있는 걸까, 없는 걸까?

그런데 완성되는 것과 훼손되는 것의 구분이 있는 건

옛날에 전설적인 연주자인 소문(昭氏)이 거문고를 뜯어서이고,

완성되는 것과 훼손되는 것의 구분이 없는 건

옛날에 전설적인 연주자인 소문이 거문고를 뜯지 않아서이다.

소문이 거문고를 뜯은 일, 사광이 북채를 세워 가락 맞춘 일,

혜자가 오동나무 안석에 기대어 변설을 늘어놓은 일.

이 세 사람 앎은 절정의 경지에 이르러서 후세에까지 이름을 떨쳤다.

다만 이들은 남과 다르게 하는 방법을 좋아해서

이런 식으로 좋아하는 걸 드러내려고 했다.

그런데 저들은 드러낼 수 없는 걸 드러내려고 했기에

혜자는 견백론(堅白論)으로 어리석게 끝났고,

소문의 아들도 아버지 연주를 따르는 데 그쳤을 뿐

평생 제대로 된 예술을 이루지 못했다.

이와 같다면 소문과 사광의 연주, 혜시의 변설을 완성된 거라고

말할 수 있을까?

이것을 완성된 거라고 말하면 비록 내가 완성시킨 게 하나도 없어도

나 또한 완성시킨 게 있다고 할 수 있다.

이와 같다면 소문과 사광의 연주, 혜시의 변설을 완성된 게 아니라고

말할 수 있을까?

만약 이것을 완성된 게 아니라고 말하면 소문, 사광, 혜시와

그리고 나는 완성시킨 게 하나도 없다.

이 때문에 성인은 활의지요(滑疑之耀), 즉 자연의 결을

교묘하게 무너뜨리는 번드레한 빛남을 다스린다.

그래서 성인은 이게 옳다는 식으로 자신의 판단을 내세우지 않고

평상시 한결같은 상태에 머무는데

이를 자연스러운 밝음(明)에 비추어 보는 거라고 말한다.

• • •

古之人, 其知有所至矣. 惡乎至? 有以爲未始有物者, 至矣, 盡矣, 不可以加矣. 其次, 以爲有物矣, 而未始有封也. 其次, 以爲有封焉, 而未始有是非也. 是非之彰也, 道之所以虧也. 道之所以虧, 愛之所以成. 果且有成與虧乎哉? 果且無成與虧乎哉? 有成與虧, 故昭氏之鼓琴也., 無成與虧, 故昭氏之不鼓琴也. 昭文之鼓琴也, 師曠之枝策也, 惠子之據梧也, 三子之知, 幾乎皆其盛者也, 故載之末年. 唯其好之也, 以異於彼, 其好之也, 欲以明之. 彼非所明而明之, 故以堅白之昧終. 而其子又以文之綸終, 終身無成. 若是而可謂成乎? 雖我無成, 亦可謂成矣. 若是而不可謂成乎? 物與我無成也. 是故滑疑之耀, 聖人之所圖也. 爲是不用而寓諸庸, 此之謂以明.

큰 쓰임새란 인위적인 노련함보다
무위자연적인 순수함으로

———

'늙을' 노(老)는 부정적인 의미를 지닌다. 나이를 먹어 한물갔다는 느낌이 들어서이다. 또 나이가 들면 추한 모습을 드러내므로 그 느낌이 더욱 부정적이다. 그렇지만 조선시대 이전에는 원숙하다 내지 노련하다는 긍정적 의미로 주로 사용되었다. 나이가 들면 경륜이 쌓여져서이다. 노자(老子)란 이름도 이와 관련이 있다. 그런데 원숙함이나 노련함보다 더 바람직한 게 순수함이다. 나이가 들더라도 해맑은 얼굴을 유지할 수 있어서이다. 공자도 이런 순수한 모습을 인생의 최종 목표로 삼은 듯싶다. 나이 70에 종심소욕불유구(七十而從心所欲不踰矩), 즉 '하고 싶은 대로 해도 법도에 어긋난 게 없다'고 말해서이다. 그만큼 순수한 모습을 지니면 무슨 말, 무슨 행동을 하더라도 사람들의 눈에 거슬리지 않는다.

우리는 원래 순수한 마음을 지니고서 태어났다. 그런데 살아가면서 이런 마음을 하나씩 버려왔기에 원래의 순수한 모습에서 너무 멀어진 상태에서 죽음을 맞이한다. 그래서 어떤 때는 이런 식으로 살아야 하는가라는 자괴감마저 든다. 우리의 삶이 왜 이렇게 되었을까? 장자에 따르면 오로지 시비(是非)를 가린 탓이다. 이것은 옳고(是), 저것은 그르다는(非) 식으로 판단하면서 살아와서이다. 마치 원숭이가 조사모삼(4+3)은 옳다고 여겨 기뻐서 날뛰고, 조삼모사(3+4)는 그르다고 여겨서 화를 냈던 것처럼 말이다. 이런 태도는 비단 원숭이에게만 해당될까? 물론 아니다. 우리들도 매사 이런 식으로 시비를 판단하면서 살아왔고, 또 살아갈 거다. 그런데 갓 태어난 어린아이에게는 이런 시비판단이 없지 않은가? 그래서 누군가 얼굴을 붉히면서 묻더라도 어린아이는 그저 미소로 대답할 뿐이다.

장자는 미시유시비(未始有是非), 즉 시비판단을 하지 않는 사람을 가리켜서 지인(至人)이라고 말한다. 이런 지인은 세상만물이나 세상만사를 오로지 이것/저것으로 구분할 뿐이다. 그래서 강남이 있으면 강북이 있고, 도시가 있으면 농촌이 있고, 동양이 있으면 서양이 있다고 구분할 뿐 강남은 현대적인데 강북은 전통적이라든지, 도시는 살기 편한데 농촌은 불편하다든지, 동양은 좋은데 서양은 나쁘다는 식으로 구분하지 않는다. 이런 모습은 원숭이 주인을 통해서 잘 나타난 바 있다. 그는 조삼모사와 조사모삼을 구분하지만 어느 게 옳고, 어느 게 그르다는 식 판단을 하지 않았다. 물론 이런 판단은 큰 앎(大知)을 지닐 때 가능하다. 그러니 큰 앎을 지닌 사람의 기본 자질은 시비판단으로부터 자유로워지는 일이다.

그런데 장자에 따르면 이보다 더 지극한 사람이 있다. 그 지극한 사람은 오로지 사물의 존재만 의식하는 사람이다. 그래서 시비판단은 물론이고, 미시유봉(未始有封), 즉 이것/저것의 구분조차 하지 않는다. 어째서 지극한 사람은 이것/저것의 구분조차 하지 않을까? 저것은 이것으로 인해, 또 이것은 저것으로 인해 세상만물이나 만사가 생겨난다고 보아서이다. 말하자면 이것과 저것이 함께 짝을 이루는 피시방생지설(彼是方生之說)을 믿고 살아가기 때문이다. 이런 지인(至人)

은 이것과 저것은 서로 다르긴 하지만 동시에 짝을 이루는 하나이므로 세상만사를 이것/저것으로 구분하지 않는다.

장자에게는 이보다 더 지극한 사람이 있다. 처음부터 미시유물(未始有物), 즉 사물의 존재조차 의식하지 않는 사람이다. 어떻게 해야만 사물의 존재조차 의식하지 않을 수 있을까? 여기에 노장사상의 핵심 개념인 허(虛)가 자리한다. 허란 비워진 상태이다. 즉 허란 없는 게 아니라 있지만 비워져 있으므로 단지 없는 것처럼 보일 뿐이다. 그래서 허는 무(無)와 그 의미가 사뭇 다르다. 무란 말 그대로 없음을 의미하지만 허(虛)는 분명 존재한다. 단지 비워져 있을 뿐이다. 그래서 허는 불가의 공(空) 개념과 그 맥락을 같이 한다.

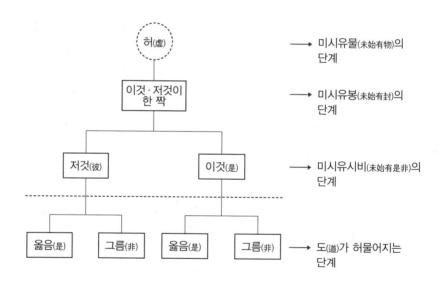

불가에서 공의 반대 개념은 색(色)이다. 색이 오관이란 감관작용을 통해 파악되는 경지라면 공은 감관작용을 멈춤으로써 사물의 존재가

의식되지 않는 경지이다. 그래서 『금강경』의 정수를 모아 놓은 「반야바라밀다심경」은 "공 가운데에 색이 없고, 수·상·행·식도 없다."[23]고 말한다. 나아가 "눈·코·귀·혀·몸·뜻의 육근(六根)도 없으며, 색·소리·냄새·맛·접촉·법의 육경(六境)도 없으며, 눈 경계부터 의식 경계까지 없다."[24]라고 말한다. 이는 커뮤니케이션 수단인 감관작용을 중지하고, 그 연장선상에 있는 의미작용(signification)인 심관작용도 멈추라는 주문에 해당한다. 이런 상태가 불가가 말하는 해탈(解脫)의 경지이다.

장자는 이런 상태에 이른 지인(至人)은 너무나 지극해서 더 이상 보탤 게 없다고 말한다. 물론 이런 지인은 하나의 이상이자 목표일 뿐이다. 두 번째 단계에 이른 지인, 즉 세상만물을 이것/저것으로 구분하지 않는 지인도 너무나 훌륭해서 누구나 쉽게 넘볼 수 없다. 그러니 현실에서 구현가능한 지인은 첫 번째 유형, 즉 세상만물을 이것/저것으로 구분할 뿐 이것은 좋고, 저것은 나쁘다는 식으로 구분하지 않는 사람이다. 장자에 따르면 이 단계에 이르기만 해도 훌륭한 지인에 속한다. 그래서 장자는 거문고를 아주 잘 탔음에도 소리의 시시비비를 가렸던 소문(昭氏)과 비교해서 이런 지인이 왜 훌륭한지를 보여준다. 소문은 뛰어난 연주자임에 분명하지만 거문고 소리를 옳음/그름으로 구분했기에 장자의 기준으론 결코 지인이 될 수 없다.

소문의 거문고 연주는 원숙한 경지에 이르러서 후세에까지 그 이름을 크게 떨친 바 있다. 그래서 사람들은 그의 연주가 완성되었다고 믿었다. 이런 완성된 연주는 좋은 소리는 택하고, 또 나쁜 소리는 버

---

23) 空中 無色無受想行識 (「반야바라밀다심경」)

24) 無眼耳鼻舌身意 無色聲香味觸法 無眼界乃至無意識界 (「반야바라밀다심경」)

림으로써 이룬 결과이다. 따라서 소문은 연주에 앞서 좋은 소리와 나쁜 소리를 구분했다. 마치 원숭이가 조삼모사와 조사모삼을 구분한 것처럼 말이다. 그 결과 이루어진 연주와 허물어진 연주의 구분이 생겨났다. 이에 장자는 연주의 이루어짐과 허물어짐이 구분되는 건 소문이 옛날에 거문고를 뜯어서라고 주장한다. 만약 소문이 거문고를 처음부터 연주하지 않았다면 소리의 이런 구분은 생겨나지 않았을 거다. 그래서 소문의 연주는 완성되었는지 모르지만 소리를 좋고 나쁨으로 구분함으로써 도(道)에 입각한 소리와는 점점 멀어진 게 사실이다.

피아니스트 백건우 씨는 언젠가 한 언론과의 인터뷰에서 경남 통영의 바닷가에서 연주하고 싶다고 말한 적이 있다. 필자는 그 때 바닷가에서 연주하면 파도소리와 갈매기 소리, 통통거리는 배 소리 등으로 연주가 방해받을 텐데 하고 공연히 걱정한 적이 있다. 지금 생각하면 백건우 씨야말로 장자가 말하는 지인(至人)의 경지에 이른 연주가이다. 보통의 연주자라면 파도소리와 갈매기 소리, 배 소리를 좋지 않은 소리라고 여겨 이런 소리들이 들리지 않은 조용한 곳에서 연주하기를 원한다. 그런데 백건우 씨는 소리의 이런 좋고 나쁨의 구분을 초월하고 있어 이런 꿈을 피력한 거라고 보인다. 또 피아노 소리가 인위적 소리인 음(音)이라면 파도소리와 갈매기 소리는 자연적 소리인 성(聲)이므로 백건우 씨는 이 두 개 소리의 조화를 이루려고 했던 거라고 보인다.

사광(師曠)은 춘추시대 진(晉)나라 평공의 악사로 음률에 매우 밝았다. 그도 소문과 마찬가지로 훌륭한 예술가임에 분명하다. 그가 음률을 만들 때는 호불호(好不好)의 잣대로서 음률이 제대로 이루어졌는지와 허물어졌는지의 여부를 일일이 검토했다. 그 결과 자신이 생각했던 완성된 음률을 이루었는지 모르지만 그 음률은 자연의 음률과는 멀어졌다. 또 유명한 논리주의자 혜시(惠施)도 오동나무 안석에 기대앉아 명쾌한 논리를 늘어놓았지만 도에 입각한 시비판단에는 이르지 못했다. 그는 자신의 앎에 탐닉해서 남과 다른 방법으로 그 앎을 드러내려고 했다. 그렇지만 이 과정에서 드러낼 수 없는 부분까지 드러냄으로써 자연의 결을 그만 훼손하고 말았다. 이것이 장자가 말하는 작은 앎(小知)이다. 그래서 그의 변설은 견백론(堅白論), 즉 단단하고(堅) 흰(白) 돌은 흰 돌이 아니라는 궤변으로 끝났다.

이제 장자는 우리에게 뜬금없는 질문을 던진다. "거문고 연주의 명인인 소문과 북을 두드리는 데 있어 달인인 사광, 또 변론의 명수인 혜시의 작업을 과연 이룬 거라고 말할 수 있을까?" 물론 장자는 이들의 이룸(成)에 대해 부정적인 태도를 지닌다. 그래서 소문과 사광의 연주, 또 혜시의 변설을 이룬 거라고 말하면 자신은 이룬 게 하나도 없더라도 자신도 이룬 상태에 있다고 주장한다. 그러면서 다시 우리에게 묻는다. "소문과 사광, 또 혜시의 작업을 이루지 못한 거라고 말할 수 있을까?" 이에 대해선 장자는 겸손함으로 대신한다. 그래서 소문과 사광, 또 혜시의 작업을 이루지 못한 거라고 말하면 장자도 이룬 게 하나도 없다고 주장한다.

이 두 개의 질문과 대답을 통해 장자는 무엇을 말하려는가? 먼저 자연의 결을 훼손하지 않으면 그 연주나 변설이 세속적 기준에 설령 미치지 못해도 훌륭한 연주자나 변설가가 될 수 있다. 장자는 여기에 속한다. 반면 아무리 뛰어난 연주나 변설일지라도 자연의 결을 훼손하면 도의 입장에서 볼 때 훌륭한 연주자나 변설가가 될 수 없다. 소문과 사광, 또 혜시가 여기에 속한다. 그래서 성인은 자연의 결을 훼손해 무너뜨리면서 참된 도를 흐리게 하는 빛, 즉 활의지요(滑疑之耀)를 다스리는 사람이어야 한다. 앞서 「소요유」에서 성인(聖人)에 대해 명성을 추구하지 않는 사람, 즉 무명(無名)을 추구하는 사람이라고 정의하지 않았던가? 그러니 성인은 옳음/그름의 잣대를 들이대는 식으로 완성됨을 이루려고 하지 않는다. 누군가 이런 식으로 완성됨을 이루려고 한다면 성인은 이를 헛된 명성을 추구하는 것으로 파악한다.

그렇다면 도에 입각한 참된 완성은 어떻게 이룰 수 있을까? 장자에 따르면 자연스런 밝음을(以明) 통해 가능하다고 본다. 자연스런 밝음이란 자신의 판단을 내세우지 않고 평상시 한결같은 상태, 즉 용(庸)에 머무는 일이다. 이것이 「소요유」의 마지막을 장식했던 무하유의 마을(無何有之鄕)이나 광활한 들판(廣莫之野)에 심어져 있는 큰 가죽나무와 같은 처신이다. 이 가죽나무는 가만히 있은 채 사람들에게 쉴 공간을 마련해 줌으로써 사람들로 하여금 소요와 방황의 유유자적함을 맛보게 한다. 이것이 바로 쓸모없음의 쓸모, 즉 무용지용(無用之用)을 실천하는 일이다. 이럴 때 그 큰 가죽나무는 재목감으로 쓰이는 유용지용(有用之用)보다 훨씬 더 큰 쓸모를 자랑한다.

제물론 5-1

지금 여기에 어떤 주장이 있는데 그 주장이 옳은 부류에 속하는지
또 옳지 않은 부류에 속하는지 모르지 않는가?
옳은 부류든, 옳지 않은 부류든, 혹 중간에 속하는 부류든 간에
시비를 일삼는 세상의 주장들과 크게 다르지 않을 거다.
그렇더라도 이 주장에 대해 얘기는 한번 꺼내보자.
'처음(始)이 있으면 그 전의 처음(未始有始)이 있는데
그러면 그 처음이 있기 전의 처음(未始有夫未始有始)이 있다.
마찬가지로 있음(有)이 있으면 없음(無)이 있는데
그러면 있음/없음이 있기 전의 처음(未始有有無)이 있고,
있음/없음이 있기 전 처음이 있기 전의 처음(未始有夫未始有有無)이 있다.'
이 주장에서 있음/없음의 구분이 느닷없이 만들어지니
있음/없음의 구분이 정말로 있는 건지, 정말로 없는 건지 모르겠다.
또 지금 내가 말을 했는데 정말로 말한 건지,
정말로 말을 안 한 건지 모르지 않는가?

. . .

今且有言於此, 不知其與是類乎? 其與是不類乎? 類與不類, 相與爲類, 則與彼無
以異矣. 雖然, 請嘗言之. 有始也者, 有未始有始也者, 有未始有夫未始有始也者.
有有也者, 有無也者, 有未始有有無也者, 有未始有夫未始有有無也者. 俄而有無
矣, 而未知有無之果孰有孰無也. 今我則已有謂矣, 而未知吾所謂之其果有謂乎, 其
果無謂乎?

처음이 있으면 그 전 처음이 있고,
그러면 그 처음이 있기 전 처음이 있다

———

몇 번을 읽어도 무슨 말인지 좀처럼 감이 잡히지 않는다. 「제물론」의 이해가 아무리 어렵다곤 하지만 여기에선 더욱 헷갈린다. 시중에 나온 장자 해설서도 이 대목에선 그 해석이 제각각이다. 그렇더라도 해석의 어려움을 뚫고, 그 내용을 파악하고 나면 장자서가 지닌 논리적 체계의 완벽성과 그에 따른 함의의 풍부함에 또다시 놀란다. 비록 짧은 글이지만 오늘날 서양철학이 주목하는 언어문제와 본격적으로 마주할 수 있어서이다. 게다가 어려운 학술어가 아닌 평범한 일상어로 문제의 핵심을 잘 풀어내고 있다. 이로 인해 우리는 이해의 차원을 넘어서 느낌으로서 언어철학의 요체에 더욱 가까이 다가갈 수 있다. 이런 시도는 무엇보다 실천 가능한 소통방식을 제시하려는 장자의 세심한 배려에서 비롯된다고 본다.

사실 인간이 만물의 영장으로서 우뚝 올라선 건 언어를 사용한 탓이다. 언어가 생겨나기 전에는 눈·코·귀·입·몸의 감각기관으로만 커뮤니케이션을 했다. 그런데 언어를 사용하면서부터 사물이나 상황에 대해 보다 객관적이고 명료한 서술이 가능해졌다. 이를 위해 사물이나 상황의 의미를 가능한 많이 나누고, 또 나눈 의미와 부합하는 적당한 언어를 선택해서 명명하는 방식을 취해 왔다. 이런 방식은 '글(文)에 의해 밝아진다(明)'는 문명관에 의해 더욱 빠르게 정착되었다고 본다. 그런데 의미를 나눌수록 그 나뉜 의미를 제대로 명명하기 위해선 보다 정교한 언어를 동원해야 한다. 정교한 언어가 많아지면 언어의 수는 자연 증가하게 마련이다. 장자는 이런 언어의 증가를 실감나게 보여주기 위해 "처음이 있으면 그 전 처음이 있는데 그러면 그 처음이 있기 전의 처음도 있다"는 다소 생뚱맞은 얘기를 꺼낸 것이다.

일상의 대화에서 처음을 언급할 때 그냥 '처음'이라고 말해도 아무런 상관이 없다. 그래서 장자도 이를 단지 처음이란 의미의 '시자(始者)'로 짧게 표현한다. 그런데 분석적 사고를 강조하는 사람은 '처음의 처음'이 있지 않느냐고 물을 수 있다. 이에 장자는 처음의 처음에 해당하는 '미시유시자(未始有始者)'란 개념을 제시한다. 그런데 더욱 분석적 사고를 강조하는 사람은 '처음의 처음의 처음'이 있지 않느냐고 다시 물을 수 있다. 이에 장자는 '미시유미시유시자(未始有未始有始者)'란 개념을 제시한다. 이 개념은 '미시유시자'에서 '유미시'가 보태진 건데 처음의 시자(始者)에 비해 모두 여섯 자가 늘어났다. 분석적 사고에 집착한 나머지 불필요한 말이 이렇게 많이 늘어난 셈이다.

장자는 이 논의를 더욱 확장시킨다. 그래서 처음(始者)을 '있음(有)/없음(無) 구분의 처음'으로 대체한다. 장자의 이런 작업은 소통을 관념적 차원에서 보다 실질적 차원으로 옮기려는 시도라고 보아진다. 있음이 있으면 없음이 생겨나는데 이것이 있음/없음 구분의 처음이다. 그런데 분석적 사고를 강조하는 사람은 '있음/없음의 구분에 있어 처음의 처음'이 있지 않느냐고 물을 수 있다. 이에 장자는 '미시유유무자(未始有有無者)'란 개념을 제시한다. 그런데 더욱 분석적 사고를 강조하는 사람은 '있음/없음의 구분에 있어 처음의 처음의 처음'이 있지 않느냐고 다시 물을 수 있다. 이에 장자는 '미시유미시유유무자(未始有未始有有無者)'란 개념을 제시한다. 그러니 처음의 유무자(有無者)에 비해 모두 여섯 자가 늘어났다. 이 역시 분석적 사고에 집착한 나머지 불필요한 말이 이렇게 보태진 셈이다.

장자가 지금 시대 사람이라면 무(無)를 '0'으로, 유(有)를 '1'로 각각 바꿔서 디지털언어 개념으로 설명할 것이다. 그러면 '유유무자(有有無者)', 즉 유/무가 생겨난 처음은 '0/1'이 되고, 미시유유무자(未始有有無者)는 '0/1'을 제곱한 게 된다. 그러면 $2(0/1)^2=4$가 되면서 '0001', '0010', '0100', '1000'으로 유/무의 구분이 이루어진다. 이를 로그함수로 표시하면 $\log_2 4=2$이다. 그리고 미시유미시유유무자(未始有未始有有無者)는 0/1을 세제곱한 게 된다. 그러면 $2(0/1)^3=8$이 되면서 '00000000' 조합이 8개 생겨난다. 이를 로그함수로 표시하면 $\log_2 8=3$이다. 물론 0/1의 제곱이 계속적으로 이루어지면 구분할 수 있는 대상은 기하급수적으로 늘어나게 마련이다. 이런 원리를 응용한 게 바로 상품의 바코드이다.

이런 식으로 표현이 길어지다 보면 대상의 의미는 보다 객관화되고 명료화된다. 그런데 여기서 커뮤니케이션상의 딜레마가 생겨난다. 표현이 늘어나더라도 의미를 보다 객관화하고 명료화할 것인가, 아니면 의미의 객관화와 명료화를 다소 포기하더라도 표현을 간단하게 줄일 건가의 딜레마이다. 커뮤니케이션학적으로 이를 설명하면 정세도(精細度, definition)[25]를 높여 '기의=기표'의 관계로 텍스트를 구성할 것인가, 아니면 정세도를 낮춰 '기의≒기표'의 관계로 텍스트를 구성할 것인가의 문제이다. 눈이 나쁜 사람에게 높은 도수의 안경을 씌우면 정세도를 높이는 작업인 반면 낮은 도수의 안경을 씌우면 정세도를 낮추는 작업에 해당한다. 물론 높은 도수의 안경을 쓰면 자세히 보이겠지만 눈이 어지러워질 거고, 낮은 도수의 안경을 쓰면 희미하게 보이겠지만 눈은 편안해질 거다.

정세도를 높이면 의미의 객관화와 명료화가 가속화되면서 의미 차이의 확산이 이루어진다. 반면 정세도를 낮추면 의미의 객관화와 명료화가 후퇴하면서 의미 차이의 확산이 주춤해진다. 여기서 어떤 선택을 할 것인가는 커뮤니케이션을 하는 사람의 몫이다. 그렇지만 분명한 건 지금 우리가 너무 높은 도수의 안경을 쓰고 커뮤니케이션 한다는 사실이다. 그래서 '처음'이라 말해도 좋을 걸 '처음의 처음'이라고 불필요하게 정세도를 높인다. 이런 경향은 세상을 총체적으로 파악하기보다는 분석하고, 분별하는 걸 선호한 결과이다. 문제는 높은 정세도로 커뮤니케이션 할 때 불필요하게 시비를 만들어서 소통과 더욱 멀어진다는 사실이다. 조삼모사 우화에서 보듯이 원숭이가 의미를 조삼모사(3+4)와 조사모삼(4+3)으로 구분하는 높은 정세도로 말미암아 주인에게 화를 냈지만 7이란 낮은 정세도로 파악했다면 굳이 화를 낼 필요가 없었다.

그런데 정세도를 높여 커뮤니케이션 하는 걸 이상으로 삼는 학자군이 있다. 혜시(惠施)로 대표되는 명가(名家)이다. 장자는 대붕처럼 하늘을 높이 날아 먼 곳에서 세상을 대충 보는 걸 이상으로 삼는 반면

---

25) 정세도(精細度, definition)에 대한 또 다른 자세한 설명은 「제물론」 3을 참조.

혜시는 매미와 어린 비둘기처럼 낮게 날아 가까운 데서 세상을 꼼꼼히 따지면서 보는 걸 이상으로 삼는다. 따라서 장자의 커뮤니케이션관은 의미를 가능한 나누지 않는 낮은 정세도를 지지한다면 혜시의 커뮤니케이션관은 의미를 가능한 나누는 높은 정세도를 지지한다. 이 때문에 혜시는 중국판 소피스트 집단인 명가의 시조가 되었다. 혜시와 장자가 둘도 없는 친한 친구 사이임에도 장자서 전반에 걸쳐 장자의 조롱거리 대상으로 등장하는 건 이 때문이다.

고대 그리스의 철학자 제논(Zenon)도 혜시와 같은 커뮤니케이션관을 지닌 사람이다. 제논은 "나는 화살은 정지해 있다"란 말로 유명하다. 그는 화살이 ㄱ 지점에서 ㅎ 지점으로 날아가면 ㄱ 지점과 ㅎ 지점 사이에 있는 모든 점을 통과하는데 각 점은 고정되어서 화살이 각 점에 위치하는 순간 움직이지 않는다는 주장을 편 바 있다. 이런 주장은 공간을 무한히 분할하는 걸 전제로 할 때 가능하다. 그런데 공간을 무한히 분할하는 건 공간의 의미를 고(高) 정세도화 한다는 말이다. 시간도 마찬가지이다. 시간을 무한히 분할하면 시간의 의미를 고 정세도화 하는 작업이다. 즉 '처음'이라 말하지 않고, '처음의 처음' 내지는 '처음의 처음의 처음으로' 말하는 게 고 정세도화 하는 작업이다. 그런데 시간이든 공간이든 의미를 고 정세도화 하는 경우 제논식의 궤변이 생겨날 수 있다.

불가도 같은 문제를 두고 고민했지만 불가의 답은 제논과는 사뭇 다르다. 대승불교 창시자인 용수(龍樹)는 『중론(中論)』「관거래품」에서 모든 사물의 운동 작용을 과거·현재·미래란 세 차원에서 논하면서 "이미 지나간 게 지금 간다는 건 있을 수 없고, 아직 지나가지 않은 게 지금 간다는 것도 있을 수 없다. 그런데 이미 지나간 것과 지나가지 않은 걸 떼어 놓고 지금 지나가는 게 간다는 것도 생각할 수 없다"고 말한다. 이는 사물의 운동은 과거·현재·미래라는 세 시간 대에 동시에 존재할 수 없지만 그렇다고 과거와 미래를 전제하지 않고선 현재를 생각할 수 없다는 입장이다. 그러니 용수에게 과거·현재·미래란 분리와 동시에 연결된 시간 개념이다. 이에 반해 제논의 주장은 화살의 움직임을 과거·현재·미래로 동 시간대에 놓고서 판단한 결과이다. 장자는 불가와 또 다른 입장에서 이 문제를 해결하는데 이에 대한 논의는 다음 장으로 이어진다.

천하가 짐승의 가을철 가늘어진 터럭 끝보다 큰 게 없다고 말하면

태산(泰山)도 작은 셈이다.

천하가 일찍 죽은 어린아이보다 오래 산 사람이 없다고 말하면

팔백 살을 산 팽조(彭祖)도 일찍 죽은 셈이다.

그렇더라도 천지는 유구해서 시간적으로 나와 나란히 살아가고,

만물이 서로 다른 모습을 지니더라도 나와 하나가 된다.

만약 만물과 내가 하나가 된다면 더 이상 무슨 말이 필요하겠는가?

그런데 하나가 되었다고 말하면 말하지 않았다고 할 수는 없지 않는가?

그래서 지금 하나에 하나란 말이 더해져 둘이 되었고,

둘에 둘이란 말 하나가 더해져 셋이 되었다.

이렇게 수가 저절로 늘어난다면 셈이 아무리 뛰어난 사람이라도

다 헤아리지 못할 텐데 하물며 보통사람이야 오죽하겠는가!

이처럼 없음에서 있음으로 나아가도 저절로 셋에 이르렀는데

하물며 있음에서 있음으로 나아간다면 오죽하겠는가!

그러니 세상사를 말로 헤아리지 말고 인시(因是),

즉 옳음으로 인해 그름이 말미암는 자연의 원리를 따라야 한다.

· · ·

天下莫大於秋毫之末, 而太山爲小., 莫壽於殤子, 而彭祖爲夭. 天地與我竝生, 而
萬物與我爲一. 旣已爲一矣. 且得有言乎? 旣已謂之一矣, 且得無言乎? 一與言爲
二, 二與一爲三. 自此以往, 巧曆不能得, 而況其凡乎! 故自無適有以至於三, 而況
自有適有乎! 無適焉, 因是已.

희언자연(希言自然), 즉 말을 되도록 안 하는
자연스러움만이 소통의 길을 연다

———

장자는 의미를 지나치게 구분할 때 생겨나는 궤변 두 가지를 소개한다. 첫 번째 궤변은 천하가 가을철 짐승의 가늘어진 터럭 끝보다 큰 게 없다고 말하면 태산도 작다는 궤변이다. 짐승의 터럭은 가을철이 되면 다가올 추위를 대비하느라 저절로 오그라든다. 물론 오그라든 크기는 너무 작아서 우리 눈에 잘 식별되지 않는다. 그렇지만 거기에서 기생하며 사는 아주 작은 벌레들은 이 조그마한 오그라듦에 민감하게 반응한다. 털이 오그라든 만큼 추위를 더 많이 타서이다. 이런 논리는 반대로 큰 산에도 똑같이 적용된다. 중국 오악 중 하나인 태산(泰山)조차 아주 높은 하늘에서 내려다보면 뭇 산들과 다를 바 없이 작게 보인다. 이처럼 짐승의 터럭 끝처럼 의미가 촘촘히 나누어지는 상황인지, 아니면 태산처럼 의미가 대충 나누어지는 상황인지에 따라 크기에 대한 우리의 생각은 달라지게 마련이다.

두 번째 궤변은 천하가 상자(殤子), 즉 일찍 죽은 어린아이보다 오래 산 사람이 없다고 말하면 팔백 살을 산 팽조(彭祖)도 일찍 죽은 거라는 궤변이다. 태어나자마자 얼마 안 되어서 죽은 어린애는 일찍 죽은 사람임에 틀림없다. 그렇지만 이런 생각은 사람의 관점일 뿐 하루

살이의 관점에서 보면 일찍 죽은 어린애라도 몇 십 배, 아니 몇 백 배 오래 산 존재이다. 마찬가지 논리는 팔백 살까지 살았다는 팽조에게도 똑같이 적용된다. 오래 살아 뭇 사람들이 부러워하는 팽조도 살아서 천년, 죽어서 천년을 산다는 주목(朱木)에 비한다면 훨씬 적게 산 셈이다. 그러니 일찍 죽은 어린애도 찰나의 시간에서 보면 장수한 거고, 팔백 살을 산 팽조도 영겁의 시간에서 보면 요절한 거다. 이처럼 어느 시점에서 보느냐에 따라 삶의 길이에 대한 우리의 생각이 달라지게 마련이다. 이것들은 비록 궤변이지만 궤변을 통해 장자가 말하려는 취지에는 전적으로 동의한다.

장자의 말 중에 먼지보다 큰 건 없고, 천지보다 작은 건 없다는 게 있다. 먼지도 그것이 위치한 층보다 더 작은 층위에서 보면 우주만큼이나 크고, 천지도 우주 전체의 층위에서 보면 먼지보다 작을 수 있기 때문이다. 그렇다면 장자도 혜시처럼 세상을 재는 객관적이거나 표준적인 준거가 없다는 입장을 지지하는가? 물론 아니다. 장자는 혜시와 달리 도(道)의 입장에 서 있다. 도의 입장에서 천지만물을 보면 시간의 길고 짧음과 같은 상대적인 차이를 전혀 의식하지 못한다. 그래서 아주 오래 전에 생겨난 천지와 지금 나 사이에 놓여 있는 시간적 간격이 아무리 길더라도 나는 천지와 나란히 살아간다고 여긴다. 이것이 천지여아병생(天地與我並生)이다. 또 도의 입장에선 만물의 크고 작음과 같은 상대적 차이를 전혀 의식하지 못한다. 그래서 만물이 아무리 제각각의 모습을 지니더라도 나와 하나가 된다고 여긴다. 이것이 만물여아위일(萬物與我爲一)이다.

이제 장자는 유구한 천지도 이처럼 나와 나란히 살아가고, 또 제각각 다른 만물도 이처럼 나와 함께 하나가 된 상황에서 달리 무슨 말이 필요하겠느냐고 우리에게 반문한다. 이런 경지에 오르면 천지와 나, 또 만물과 나는 마음으로 얼마든지 통할 수 있다. 이런 상황에서 말은 어쩌면 성가시고 거추장스러운 도구일 수 있다. 그런데도 우리는 말을 통해야만 커뮤니케이션이 가능하다고 믿는다. 그래서인지 세상만물을 처음/끝, 앞/뒤, 상/하, 강/약, 크다/작다, 많다/적다, 길다/짧다, 가볍다/무겁다 등으로 일일이 구분하는 데 익숙하다. 게다가 '처음'이란 표현도 부족해 '처음의 처음'으로 표현해야 마음을 놓는다. 그런데 노자는 "말을 되도록 안 하는 게 자연스런 일이다"[26]고 말한다. 이렇게 보면 언어는 우리의 오관에 비해 부자연스런 커뮤니케이션 수단임에 틀림없다.

도를 체득한 사람은 무위자연(無爲自然)에 입각해서 살아가는 사람이다. 그래서 이들의 눈은 세상만물을 차별이 없는 하나로 본다. 처음으로 인해 끝이 있고, 앞이 있어 뒤가 생기고, 강함이 있어 약함이 등장하고, 또 많으니까 적다고 보아서이다. 이에 노자도 "유무(有無)는 서로 공생하고, 난이(難易)는 서로 조성하며, 장단(長短)은 서로 형성하고, 고하(高下)는 서로 기울고, 음성(音聲)은 서로 조화하고, 전후(前後)는 서로 수반한다."[27]라고 말한다. 이는 만물이 분리된 게 아니라 서로가 영향을 줌으로써 한 짝으로 존재한다고 파악해서이다. 그러니 도를 체득한 사람에게 있어 사랑/증오, 아름다움/추함, 슬픔/기쁨은 서로 분리된 게 아니라 또다시 연결된 하나의 짝이다.

도(道)는 말로 표현할 수 없다. 그래서 노자도 "도는 늘 이름이 없다."[28]라고 주장한다. 도는 그 의미가 구분된 적이 없는 반면 말은 항

---

26) 希言自然. (『도덕경』 23장)

27) 有無相生 難易相成 長短相較 高下相傾 音聲相和 前後相隨. (『도덕경』 2장)

28) 道常無名 (『도덕경』 32장)

상 변하므로 그대로인 적이 없어서이다. 이처럼 구분된 적조차 없는 도의 의미를 늘 그대로인 적이 없는, 즉 일정함이 없는 말로 구분하려고 들면 도는 물론이고 사물조차 그 의미가 부스러져서 그냥 흐트러진다. 게다가 한번 나온 말은 끊임없이 이어져서 계속된다. 예를 들어 지금 만물과 하나가 되었다고 말하면 사물 하나에 하나란 말이 보태져서 저절로 둘이 된다. 물론 여기에서 그치지 않는다. 사물과 이를 표현한 말 둘에 둘이란 말이 보태져서 또 셋이 된다. 이런 식으로 나아가면 말은 끝없이 늘어나게 마련이다. 그래서 계산에 아무리 밝은 사람이라도 끝없이 늘어난 말을 이루 다 헤아릴 수 없다. 하물며 보통사람인들 그걸 어찌 다 헤아릴 수 있겠는가!

그러면 어떻게 해야 하는가? 장자는 세상만물을 말로 헤아리지 말고 인시(因是)[29], 즉 옳음으로 인해 그름이 생겨나는 자연의 이치에 따라 헤아리도록 충고한다. 이런 자연의 이치에 따라 헤아리면 사물은 이편 아닌 게 없고, 또 저편 아닌 게 없다. 왜냐하면 자신을 이편에 놓으면 이편은 보이지만 저편에 놓으면 이편을 보지 못해서이다. 그러니 자신을 어느 편에 두느냐에 따라 달리 보일 뿐 실제는 같다. 이런 관점이 저편은 이편에서 말미암고, 이편은 저편에서 말미암아 저편과 이편이 함께 짝한다는 피시방생지설(彼是方生之說)이기도 하다.

---

29) 인시(因是)에 대한 자세한 설명은 「제물론」 3을 참조.

제물론 5-3

도(道)에는 애초부터 이것/저것, 옳음/그름의 구분이 없고,

말에도 애초부터 늘 정해진 의미가 없다.

그런데 이걸 옳다고 말하면서 이것/저것의 구분이 생겨났는데

이런 식 구분에 대해서 한번 얘기해보자.

방향에는 왼쪽이 있으면 오른쪽이 있고,

행동준칙에는 사람으로서 윤리(倫)가 있으면 사회적 도리(義)가 있고,

나눔에는 물리적 나눔(分)이 있으면 의미상 구분(辯)이 있고,

경쟁에는 앞선 다툼(競)이 있으면 맞선 다툼(爭)이 있는데

이것을 인간사를 설명하는 여덟 가지 덕(八德)이라고 말한다.

그런데도 성인(聖人)은 천지 바깥(六合之外)에 대해선 그대로 둔 채

그 질서와 도리에 대해 말하지(論) 않고,

천지 안(六合之內)에 대해선 그 질서와 도리를 말해도(論)

이것/저것으로 판단하며 논하지(議) 않는다.

『춘추(春秋)』는 세상을 다스린 선왕들의 뜻을 기록한 책인데

성인(聖人)은 이런 세상사에 대해서 이것/저것으로 논해도(議)

옳음/그름으로 구분하지(辯) 않는다.

따라서 물리적으로 나누려고(分) 해도 나눌 수 없는 게 있고,

말로 의미를 구분하려고(辯) 해도 구분할 수 없는 게 있다.

어째서인가?

성인(聖人)은 말로 의미를 구분할 수 없는 바가 있음을 깨달아서

도(道)를 가슴에 품는다.

반면 보통사람들은 말로 의미를 구분함으로써

구분된 의미를 상대방에게 보여주려고 한다.

때문에 도의 의미를 말로 구분한다면(辯)

도에 대해 보지 못하는 바가 있다고 말한다.

● ● ●

夫道未始有封, 言未始有常, 爲是而有畛也, 請言其畛: 有左, 有右, 有倫, 有義, 有分, 有辯, 有競, 有爭, 此之謂八德. 六合之外, 聖人存而不論, 六合之內, 聖人論而不議. 春秋經世先王之志, 聖人議而不辯. 故分也者, 有不分也., 辯也者, 有不辯也. 曰:「何也? 聖人懷之, 衆人辯之以相示也. 故曰辯也者, 有不見也.

도(道)를 말로 구분하면
도에 대해 보지 못하는 바 있다

———

도(道)에는 처음부터 어떤 구분이 없다. 왜냐하면 도는 혼돈(混沌)의 상태로 있어서 모든 의미를 아우르기 때문이다. 그래서 도를 크거나 작거나, 높거나 낮거나, 밝거나 어둡거나 하는 식으로 나눌 수 없다. 또 말(言)에도 정해진 의미가 없다. 소를 소라고 부르니까 소가 된 거지 소를 처음부터 사슴이라고 불렀으면 소를 지칭하는 말은 사슴으로 변했을 거다. 이런 점에서 보면 말은 길(道)이 만들어지는 이치와 흡사하다. 사람들이 다니다 보니까 길이 생겨난 것처럼 말도 어떤 대상에 대해 그렇게 부르다 보니까 말의 의미가 고정된다.

그런데 이것이라고 말하면서부터 이것/저것의 구분이 생겨났고, 또 이것이 옳다고 여기면서부터 옳음/그름의 구분이 생겨났다. 방향에 있어 왼쪽을 말하자 오른쪽이 생겨났고, 행동준칙에 있어 사람으로서 도리(倫)를 말하자 사회적 의로움(義)이 생겨났고, 나눔에 있어 물리적 나눔(分)을 말하자 의미상 구분(辯)이 생겨났고, 경쟁에 있어 앞선 다툼(競)을 말하자 맞선 다툼(爭)이 생겨났다. 그런데 좌우(左右)·윤의(倫義)·분변(分辯)·경쟁(競爭)은 세상사를 설명하는 최소한의 구분이어서 사람들은 이를 팔덕(八德), 즉 여덟 가지 덕이라고 말한

다. 왜냐하면 이 정도조차 구분하지 않으면 세상사를 제대로 설명할
수 없어서이다. 그래서 좌우·윤의·분변·경쟁은 세상사를 설명하는
최소한의 구분인데 이 정도로만 구분하면 자연의 결을 크게 훼손하
지 않는다.

그런데 성인(聖人)은 최소한의 구분인 팔덕을 사용하는 데 있어서
조차 매우 제한적이다. 예를 들어 육합지외(六合之外), 즉 천지 바깥
에 대해선 그대로 둔 채 아예 언급조차 하지 않는다. 서구 언어철학
을 대표하는 비트겐슈타인(L. Wittgenstein)이 언급한 "말로 표현할 수
없는 건 침묵으로 흘려보내라."를 제대로 실천하는 모습이다. 그리고
육합지내(六合之內), 즉 천지 안에 대해선 말하더라도 이것/저것으로
구분하지 않는다. 그러니 천지 안에서도 팔덕을 적용할 필요가 없다.
그렇다면 육합지외나 육합지내와 비교해 훨씬 좁은 세상사에 대해선
성인은 어떤 태도를 보일까? 장자는 세상을 다스렸던 선왕들의 뜻을
기록한 『춘추(春秋)』를 인용해서 이를 설명한다. 『춘추』를 통해 본 선
왕들의 뜻에 대해 성인은 이것/저것으로는 구분하지만 어느 게 옳고,
어느 게 그르다는 식으로 판단하지 않는다. 그러니 성인은 세상사에
만 한해서 팔덕을 적용할 뿐이다.

이처럼 물리적으로 나누려고 해도 나눌 수 없는 게 있고, 말로 의
미를 구분하려고 해도 구분할 수 없는 게 있다. 바로 육합지외와 육
합지내가 나눌 수 없고, 또 구분할 수 없는 곳이다. 그건 육합지외와
육합지내가 혼돈(混沌)의 상태로 있기 때문이다. 이 혼돈의 상태를 이
것/저것으로 나누거나, 또는 옳음/그름으로 분별하면 그 세계가 지
닌 자연의 결이 그만 깨어져서 도와는 자연 멀어진다. 또 말로 의미
를 구분해서 도가 훤히 드러나면 늘 그러한 도, 즉 상도(常道)가 되는
게 아니라 오히려 도의 본질과 멀어진다. 그래서 노자도 "도를 도라

고 말하면 늘 그러한 도가 아니다(道可道非常道)."라고 말한다. 그래서 성인은 말로 의미를 구분할 수 없는 바가 있음을 깨달아서 도를 말로 설명하지 않고 가슴에 그대로 품는다.

　반면 보통사람들은 세상사를 이것/저것의 구분은 물론이고, 옳음/그름으로까지 분별하려고 든다. 그리고 이런 구분이 도에 가까이 가는 거라고 착각한다. 오늘날 근대의 과학정신은 이런 구분과 분별을 끊임없이 강조하거나 조장한다. 그래서 의미를 가능한 많이 나누려고 한다. 이를 위해 더 많은 말이 동원되어야 함은 물론이다. 그렇지만 이런 구분과 분별은 오히려 도에 대해 보지 못하는 결과를 초래한다. 유가와 묵가가 인애(仁愛)와 겸애(兼愛)를 두고 서로 참된 도라고 주장했던 게 단적인 예다. 따라서 유가와 묵가 간의 시비논쟁은 도를 이것/저것의 구분은 물론이고, 또 옳음/그름으로까지 분별한 처사이다. 이런 행태를 적나라하게 보여준 유가와 묵가가 장자의 눈에 어찌 성인일 수 있을까? 혹시 그들은 자신들을 성인이라고 자처했는지 모르지만 장자의 눈에는 도에 이르지 못한 어설픈 학자에 불과할 뿐이다.

제물론 5-4

저 큰 도(大道)는 드러나지 않는다.

마찬가지로 큰 나눔(大辯)은 말로 할 수 없으며,

큰 어짊(大仁)은 사소한 어짊이 아니며,

큰 청렴(大廉)은 지나치게 겸양하지 않으며,

큰 용기(大勇)는 용맹스럽지 않다.

그런데 도가 훤히 드러나면 그건 도가 아니며,

말로 의미가 쉽게 구분되면 그 말은 충분치 못하며,

어짊이 상습화되면 그 어짊은 두루 미치지 못하며,

청렴이 선명히 드러나면 그 청렴은 신뢰를 받지 못하며,

용기가 용맹스러우면 그 용기는 진가를 잃는다.

이 다섯 가지(道·辯·仁·廉·勇)는 원통자재한 건데

모난 데를 깎아서 둥글게 하다보면 자칫 모(方)가 나기 싶다.

그래서 앎(知)은 알지 못하는 데서 그쳐야 최고의 앎이다.

그러니 누가 말로 이루어지지 않는 분별(不言之辯),

그리고 도로 나타나지 않는 도(不道之道)를 아는가?

만약 그걸 안다면 이런 사람을 가리켜 천부(天府),

즉 모든 걸 안에 혼연히 지니는 사람이라고 말한다.

이런 사람에겐 물을 아무리 부어도 차지 않고,

물을 아무리 퍼내도 마르지 않는데 어째서 그런지를 알지 못한다.

이런 사람을 보광(葆光), 즉 은은히 밝혀 구분과 경계를

만들어내지 않는 빛을 지닌 사람이라고 말한다.

그래서 옛날에 요(堯)임금이 순(舜)에게 물었다.

"내가 종(宗)·회(膾)·서오(胥敖) 세 나라를 정벌하려고 하는데

임금인데도 마음이 편치 않으니 어째서인가?"

순이 대답했다.

"세 나라는 쑥 풀이 무성한 그야말로 미개한 곳입니다.

그런데도 임금으로서 마음이 편치 않다고 하시니 어째서인가요?

옛날에 열 개의 해가 한꺼번에 떠서 만물을 환히 비춘 적이 있습니다.

하물며 열 개의 해보다 더 뛰어난 덕을 지니신 분께선

토벌 따위에 마음을 쓰지 않아도 만물을 모두 귀속시킬 수 있습니다!"

. . .

夫大道不稱, 大辯不言, 大仁不仁, 大廉不嗛, 大勇不忮. 道昭而不道, 言辯而不及,
仁常而不周, 廉淸而不信, 勇忮而不成. 五者刓而幾向方矣. 故知止其所不知, 至
矣. 孰知不言之辯, 不道之道? 若有能知, 此之謂天府. 注焉而不滿, 酌焉而不竭,
而不知其所由來, 此之謂葆光. 故昔者堯問於舜曰 : 「我欲伐宗·膾·胥敖, 南面而不
釋然. 其故何也?」舜曰 : 「夫三子者, 猶存乎蓬艾之間. 若不釋然, 何哉? 昔者十日
竝出, 萬物皆照, 而況德之進乎日者乎!」

도(道) · 변(辯) · 인(仁) · 염(廉) · 용(勇)은
모나지 않고 둥글다

───

　대도(大道), 즉 큰 도는 드러나는 법이 없다. 왜 그러한지는 앞에서 설명한 바 있다. 큰 분별(大辯)도 말로 이루어지지 않는다. 이에 대해서도 앞에서 이미 설명했다. 그렇다면 같은 맥락에서 볼 때 큰 어짊(大仁)도 사소한 어짊이 아니다. 사소한 어짊(小仁)까지 일일이 신경을 쓰다보면 그 어짊이 상습화될 수 있어서이다. 또 누군가에게 어짊을 사소하게 베풀면 여기서 제외된 사람은 상대적으로 불이익을 받을 수 있다. 어짊이 누구에게나 고루 베풀어지지 않아서이다. 그래서 큰 어짊은 좀 몰인정한 면이 있다. 큰 어짊은 특정한 사람에게 애정을 쏟는 따위의 사적인 일을 하지 않아서이다.

　『도덕경』에 "천지는 어짊이 없어 만물을 짚으로 만든 개라고 여기고, 성인도 어짊을 갖추지 못해 백성을 짚으로 만든 개라고 여긴다."[30]라는 글이 있는데 장자의 주장과 같은 맥락이다. 짚으로 만든 개는 제사에 쓰일 때는 소중히 여기지만 제사만 끝나면 그대로 내던

───

30) 天地不仁 以萬物爲芻狗 聖人不仁 以百姓爲芻狗. (『도덕경』 5장)

져져서이다. 따라서 천지는 만물을 하찮게 여기고, 또 성인도 백성을 하찮게 여길 뿐이다. 그렇지만 하찮게 여김으로써 만물과 백성을 오히려 강하게 단련시키는 게 아닐까?

큰 청렴(大廉)도 마찬가지이다. 큰 청렴은 온갖 청탁을 철저히 거절하는 게 아니다. 누군가 청탁을 철저히 거절하면 그를 청렴하다고 여기지만 장자는 이를 작은 청렴(小廉)에 따라 행동하는 사람이라고 폄하한다. 왜냐하면 청렴이 분명히 드러나면 그것은 신뢰를 얻을 수 없어서이다. 또 인정과 풍습에 따른 소소한 선물마저 거부하면 청렴은 확연히 드러나지만 청렴보다 더 큰 가치, 즉 인간답게 사는 가치를 잃을 수 있다. 그러니 인간다움이 배제된 청렴, 즉 결벽만으론 신뢰를 얻기가 힘들다.

마찬가지로 큰 용기(大勇)는 남을 해치지 않는다. 용기로 남을 해치면 그 용기는 진가를 잃는다. 그러니 소인배 용기는 무력으로 남을 굴복시키는 용기이다. 반면 대인의 용기는 무력을 행사하지 않고 상대방 무릎을 꿇리게 하는 용기이다. 그래서 노자도 "크게 이루어진 것은 모자란 것 같지만 그 쓰임에선 끝이 없고, 크게 충만한 것은 빈 것 같지만 그 쓰임이 다하지 않고, 가장 곧은 것은 굽은 것 같고, 가장 교묘한 것은 졸렬한 것 같고, 가장 뛰어난 웅변은 어눌한 것 같다."[31]라고 말한다.

그런데 우리는 큰 도, 큰 분별, 큰 어짊, 큰 청렴, 큰 용기를 놔두고, 작은 도(小道), 작은 분별(小辯), 작은 어짊(小仁), 작은 청렴(小廉), 작은 용기(小勇)에 집착한다. 왜 그럴까? 장자에 따르면 도·분별·어짊·청

---

31) 大成若缺 其用不弊 大盈若冲 其用不窮 大直若屈 大巧若拙 大辯若訥. (『도덕경』 45장)

렴·용기는 모나지 않고 둥근 모양을 한다. 그런데 엄격한 잣대로 들이대면 이것도 완전히 둥글지 못하다고 여긴다. 그래서 완전히 둥글게 하기 위해 더 깎다 보면 오히려 모(方)가 난 도·분별·어짊·청렴·용기가 되기 십상이다. 그러니 애초 의도했던 도·분별·어짊·청렴·용기의 이상형은 찾아볼 수 없고, 오히려 그 자리에 모가 난 도·분별·어짊·청렴·용기가 들어서게 마련이다. 이것이 작은 도·분별·어짊·청렴·용기에 따른 결과다.

또 이상형이란 개념상으로만 존재할 뿐 실제로 있는 게 아니다. 그럼에도 분별·어짊·청렴·용기의 이상형을 만들어서 세상사에 이를 적용한다면 자연히 모가 나게 마련이다. 이는 이룰 수 없는 이상을 이루려는 데서 생겨나는 일종의 부작용이다. 참고로 서양에선 플라톤의 이데아가 선(善)의 이상형이고, 또 비너스의 팔등신이 미(美)의 이상형이다. 그런데 이데아에서 벗어나면 악(惡)이고, 비너스를 닮지 않으면 추(醜)할까? 어쩌면 이데아와 비너스와 같은 이상형이 오히려 세상에 대한 모난 분별과 모난 구분을 조장하는 게 아닐까?

그래서 장자는 앎(知)이 알지 못하는 데서 그칠 때 최고의 앎이라고 주장한다. 우리는 도·분별·어짊·청렴·용기의 이상형을 추구하기 위해서 앎을 동원하곤 한다. 그렇지만 이런 이상형은 실재에선 존재하지 않으므로 이것을 찾겠다고 굳이 나설 필요는 없다. 이런 처신이 최고 단계의 앎에 이른 성인의 모습이다. 이처럼 성인은 말로 이루어지지 않는 분별(不言之辯), 또 도로 나타나지 않는 도(不道之道)를 아는 사람이다. 이에 장자는 성인을 가리켜 모든 걸 혼연히 지니는 천부(天府)에 비유한다.

천부란 무엇인가? 천부를 글자 그대로 해석하면 자연(天)의 곳집(府)이다. 나라를 다스리는 일(政)을 담당하는 곳집(府)이란 의미의 정부도 여기서 파생된 말이다. 자연의 곳집에는 온갖 것들이 모두 모여 있어 자연의 창고라고 할 수 있다. 또 창조의 에너지가 끊이지 않고 흘러나와서 자연의 보고라고 할 수 있다. 그래서 이곳은 아무리 부어도 넘치지 않고, 또 아무리 퍼내도 마르지 않는다. 부으면 넘쳐야 하고, 또 퍼내면 말라야 하는데 이곳은 정반대이다. 따라서 천부에는 어떤 것도 넘치거나 마르는 일이 생겨나지 않는다.

그런데 자연의 곳집이 왜 이런지에 대해선 아무도 모른다. 단지 자연의 곳집을 안에서 은은하게 빛나는 빛, 즉 보광(葆光)에 비유할 뿐이다. 보광과 반대되는 빛이 발광(發光)이다. 발광은 밖으로 눈부시게 내비치는 빛이다. 반면 보광은 '있는 듯 없는 듯한(葆)' 빛인데 이는 빛이 풀 더미에 의해 가려져서이다. 따라서 보광은 노자의 습명(襲明)[32]과 흡사한 개념이다. 습명은 빛이 천에 의해 가려지는 빛이다. 그러니 보광이든 습명이든 거기서 나오는 빛은 무언가에 가려져서 환하게 나타나지 않는다. 그래서 이 빛은 밝음과 어둠과 같은 구분과 경계를 만들지 않는다. 이런 밝음이 도의 참 모습이라고 할 수 있다.

이처럼 고갈되지 않는 생명의 힘, 채워도 채워지지 않고, 퍼내도 마르지 않는 무한한 힘의 저장소, 그런 마음이 바로 자연의 창고이다. 또 희미한 빛처럼 구분과 경계를 만들지 않는 그 마음이 자연의 곳집이다. 그럼에도 사람들은 분별과 판단을 통해 이런 자연을 무리하게 밝히려고 한다. 이것은 보광이 아니라 발광을 통해 이루어지는 작업이다. 그러니 도·분별·어짊·청렴·용기도 발광을 통해 드러나면 큰 것의 성격을 잃고서 작은 것의 성격만 드러낸다. 따라서 보광

---

32) 善行無轍迹 善言無瑕讁 善數不用籌策 善閉無關楗而不可開 善結無繩約而不可解 是以聖人 常善求人 故無棄人 常善救物 故無棄物 是謂襲明. (『도덕경』 27장)

을 통할 때 도·분별·어짊·청렴·용기가 비로소 큰 성격을 지닐 수
있다.

중국 역사상 최고의 성군은 단연 요(堯)임금이다. 그런데 요임금조
차 보광(葆光)이 아니라 발광(發光)을 통해 어짊(仁)을 드러내려고 한
적이 있다. 물론 이런 시도는 작은 어짊(小仁)의 실천으로 끝날 수밖
에 없다. 요임금은 당시 야만국이었던 종(宗)·회(膾)·서오(胥敖) 세 나
라를 정벌해서 이 나라들을 합병시키고자 했다. 합병을 해야 이 나라
들이 문명의 혜택을 볼 거라고 판단해서이다. 이런 시도는 분명 좋
은 일에 해당하지만 뭔가 석연치 않아서 요임금은 신하인 순(舜)에게
"내가 종·회·서오 세 나라를 정벌하고자 하는데 임금으로서 마음이
편치 않은데 왜 그럴까?" 하고 물었다.

이에 대해 순은 요임금을 먼저 열 개의 태양보다 더 큰 덕(大德)을
지닌 성군이라고 추켜세웠다. 이런 추켜세움은 큰 덕을 지닌 요임금
이 어찌 작은 어짊을 베풀기 위해 다른 나라를 정벌하려는가라는 안
타까움에서 비롯된 것이다. 신하 순이 볼 때 큰 덕을 지닌 요임금은
무력을 써서 이 나라들을 애써 정벌하지 않아도 그가 지닌 큰 덕으로
자연스럽게 환히 밝힐 수 있다고 생각해서이다.

여기서 장자가 제물(齊物)을 통해 이루려는 바가 보다 구체적으로
나타난다. 제물을 통해 구현하고자 하는 건 하나 됨이다. 그런데 그
하나 됨은 획일(劃一)의 하나 됨이 아니라 제일(齊一)의 하나 됨이다.
획일의 하나 됨은 물리적 측면과 관련이 깊다. 그런데 제일(齊一)의
하나 됨은 물리적 차원을 넘어선다. 그것은 분별과 차별이 사라져서
조화가 이루어진 하나 됨이다. 그래서 신하 순이 요임금에게 건의한
것도 종·회·서오란 야만국을 요임금의 나라와 하나가 되게 하는 획
일이 아니다. 그 보다는 이들 나라가 야만국일지라도 그것대로 자족

함이 있고, 또 마땅함이 있으므로 이것이 인정되고 존중되는 하나 됨이다. 이것이 바로 제일인데 이를 달성하기 위해선 무엇보다 큰 덕이 필요하다.

그러니 요임금은 스스로에게 이런 질문을 던져야 한다. 혹시 작은 어짊(小仁)에 집착해서 큰 어짊을 보지 못하는 게 아닐까? 나아가 작은 청렴(小廉)에 집착해서 큰 청렴을 보지 못하는 게 아닐까? 또 작은 용기(小勇)에 집착해서 큰 용기를 보지 못하는 게 아닐까? 또 작은 분별(小辯)에 집착해서 큰 분별을 보지 못하는 게 아닐까? 그런데 큰 어짊, 큰 청렴, 큰 용기, 큰 분별이 쉽게 그 모습을 드러내지 않는 것처럼 도(道) 역시 쉽게 그 모습을 드러내지 않는다. 만약 이를 드러낸다면 도는 그 생명력을 잃고 만다.

그러니 우리의 앎도 그 한계를 알아서 적당한 데서 그쳐야만 최고의 앎이 될 수 있다. 앎을 동원해서 세상사를 알고자 하면 쓸데없는 분별과 구분을 만들어낼 뿐 도에는 이를 수 없다. 그렇다면 불언지변(不言之辯), 즉 말로 이루어지지 않는 분별, 또 부도지도(不道之道), 즉 도로 나타나지 않는 도를 과연 누가 아는가? 또 사소하게 어질지 않은 어짊, 겸양하지 않은 청렴, 남을 해치지 않은 용기를 과연 누가 아는가? 만약 그걸 아는 사람이 있다면 장자는 그런 사람을 천부(天府)에 비유한다.

제물론 6-1

설결(齧缺)이 묻고 왕예(王倪)가 대답했다.

설결이 물었다.

"선생은 모든 존재가 하나같이 옳다고 여기는 절대적 가치를 아나요?"

왕예가 말했다. "내가 그런 절대적 가치를 어찌 알겠는가!"

설결이 물었다. "선생은 그런 절대적 가치를 모른다는 걸 아나요?"

왕예가 말했다. "내가 그런 절대적 가치를 모르는 바를 안다는 걸
어찌 알겠는가!"

설결이 물었다. "그럼 선생은 만물에 대해 아무것도 모르나요?"

왕예가 말했다. "내가 만물에 대해 아무것도 모른다는 걸
어찌 알겠는가!

그렇더라도 시험 삼아 얘기는 꺼내 보자.

내가 안다고 말한 게 실은 알지 못하는 건지,

또 내가 모른다고 말한 게 실은 아는 건지 어찌 알겠는가?

그러니 내가 시험 삼아 자네에게 묻겠네.

사람이 습한 데서 자면 허리가 병들어서 반신불수가 되는데
미꾸라지도 그러한가?

사람이 나무에서 살면 너무나 두려워하는데 원숭이도 그러한가?

이 셋 중에 누가 과연 올바른 거처(正處)를 제대로 아는가?

사람은 가축을 잡아먹고, 순록은 풀을 뜯고,

구렁이는 작은 뱀을 잘 먹고, 올빼미와 까마귀는 쥐를 즐겨 먹는다.

이 넷 중에 누가 과연 올바른 맛(正味)을 제대로 아는가?

원숭이는 편저를 암컷으로 삼고, 순록과 사슴은 서로 사귀며,

미꾸라지와 물고기는 서로 어울려서 헤엄친다.

모장(毛嬙)과 여희(麗姬)는 사람들이 아름답다고 하는데

물고기가 이들을 보면 물속 깊이 숨고,

새들은 하늘 높이 나르고, 사슴은 후닥닥하고 달아난다.

이 넷 중에 누가 과연 천하의 올바른 용모(正色)를 제대로 아는가?

내가 볼 때 인의의 단서(仁義之端)와 시비의 도(是非之塗)가 어수선히

뒤섞여 있으니 내 어찌 구분할 수 있겠는가?"

설결이 말했다.

"선생은 어느 게 이로운지 해로운지를 구분하지 못하는데

지인(至人)도 본디 이런 걸 잘 구분하지 못합니까?"

왕예가 말했다.

"지인은 신(神)과 같은 존재이다!

큰 연못을 말릴 수 있는 뜨거운 불도 그를 태울 수 없고,

황하나 한수를 얼게 하는 추위도 그를 춥게 할 수 없고,

사나운 천둥이 산을 깨뜨려도 그를 다치게 할 수 없고,

회오리바람이 바다를 움직여도 그를 놀라게 할 수 없다.

이런 지인은 구름을 타고 해와 달을 몰면서 세상 안에서 노닌다.

죽음과 삶이 그의 몸에 변화를 주지 못하는데

하물며 이로움과 해로움의 단서(利害之端) 따위에 어찌 흔들리겠는가?"

齧缺問乎王倪曰:「子知物之所同是乎?」曰:「吾惡乎知之!」「子知子之所不知邪?」
曰:「吾惡乎知之!」「然則物無知邪?」曰:「吾惡乎知之! 雖然嘗試言之. 庸詎知吾所
謂知之非不知邪? 庸詎知吾所謂不知之非知邪?」且吾嘗試問乎汝: 民濕寢則腰疾
偏死, 鰌然乎哉? 木處則惴慄恂懼, 猨猴然乎哉? 三者孰知正處? 民食芻豢, 麋鹿
食薦, 蝍蛆甘帶, 鴟鴉嗜鼠, 四者孰知正味? 猨猵狙以爲雌, 麋與鹿交, 鰌與魚游.
毛嬙, 麗姬, 人之所美也., 魚見之深入, 鳥見之高飛, 麋鹿見之決驟. 四者孰知天
下之正色哉? 自我觀之, 仁義之端, 是非之塗, 樊然殽亂, 吾惡能知其辯!」齧缺曰:
「子不知利害, 則至人固不知利害乎?」王倪曰:「至人神矣! 大澤焚而不能熱, 河漢
沍而不能寒, 疾雷破山而不能傷, 飄風振海而不能驚. 若然者, 乘雲氣, 騎日月, 而
遊乎四海之內. 死生無變於己, 而況利害之端乎!」

올바른 거처(正處) · 올바른 맛(正味) · 올바른 용모(正色)

───

장자를 읽는 즐거움 중 가장 큰 건 상대방의 허점을 예리하게 꿰뚫는 그의 해학이 아닐까 싶다. 게다가 장자가 동원한 해학은 우리와 상관없거나, 아니면 저 멀리 떨어진 낯선 이야기들이 아니다. 장자의 해학은 우리 주위에서 흔히 만나는 이야기들로 쉽게 구성된다. 그래서 읽다 보면 아하! 하는 감탄사를 연발하기 일쑤이다.「제물론」은 장자서의 이론적 틀에 해당할 정도로 무겁고 어려운 주제를 다루고 있지만 그의 해학은 여기서도 어김없이 등장한다.

이야기는 왕예(王倪)와 그의 제자 되는 설결(齧缺) 사이의 대화로 구성된다. 왕예란 왕(王)과 같은 자연의 결(倪)이다. 그러니 그는 훌륭한 선생에 해당한다. 설결은 이가 빠져(齧)로 얼굴이 이지러짐(缺)이란 의미를 지니므로 삶을 다 살아서 노련하고 원숙한 사람을 의미한다. 이런 설결이 왕예에게 도전적으로 질문을 던진다. 먼저 설결은 모든 존재가 하나같이 옳다고 여기는 절대적 기준을 알고 있느냐고 묻는다. 왕예는 그런 절대적 기준을 내가 어찌 알겠느냐고 무뚝뚝하게 대답한다. 그러자 설결은 그런 절대적 기준이 있음을 모른다는 걸 알고 있느냐고 왕예에게 따지듯이 다시 묻는다. 왕예는 그런 절대적 가치가 있음을 모른다는 사실을 안다는 걸 내가 어찌 알겠느냐고 역시 무덤덤하게 대답한다. 그러자 설결은 만물에 대해서 아는 게 아무것도 없지 않느냐고 왕예에게 또다시 따지듯이 묻는다. 왕예는 만물에 대해 아무것도 모른다는 걸 내가 어찌 알겠느냐고 또다시 무덤덤하게 대답한다. 그러면서 왕예는 지금 설결에게 모른다고 말한 게 실은 아는 건지, 또 반대로 안다고 말한 게 실은 모르는 건지 어찌 알겠느냐고 반문한다.

이에 왕예는 설결에게 "사람이 습한 데서 자면 허리가 병들어 한쪽을 못 쓰는데 미꾸라지도 그렇더냐?"고 묻는다. 또 "사람이 나무에 올라가면 무서움에 떨고 두려워하는데 원숭이도 그렇더냐?"고 묻는다. 물론 그렇지 않다는 사실을 누구나가 다 잘 안다. 미꾸라지는 습한 곳이 그의 행동반경이고, 원숭이는 높은 나무 위가 그의 활동무대이다. 그렇다면 모든 만물에게 적용되는 올바른 거처, 즉 정처(正處)란 있을 수 없다. 그럼에도 자신이 거처하는 곳만을 올바른 거처로 알고, 또 이를 고집하려고 든다. 그래서 자신이 사는 곳을 절대적 기준으로 삼아 이 기준을 다른 존재에게 무리하게 적용한다.

왕예는 설결에게 "사람은 가축을 잡아먹고, 사슴은 풀을 뜯고, 구렁이는 작은 뱀을 잘 먹고, 올빼미와 까마귀는 쥐를 좋아하는데 이넷 중에서 누가 올바른 맛, 즉 정미(正味)를 제대로 아느냐?"고 또 묻는다. 물론 누구에게나 똑같이 적용되는 올바른 맛은 있지 않다. 그럼에도 우리는 자신이 맛있다고 느끼는 맛을 올바른 맛으로 알고, 이를 상대방에게 강요하려고 든다. 그래서 우리가 좋아하는 맛을 절대적인 기준으로 삼아서 이 기준을 다른 존재에게 무리하게 적용한다.

왕예는 설결에게 마지막으로 묻는다. "원숭이는 편저를 암컷으로 삼고, 고라니는 사슴과 사귀며, 미꾸라지는 물고기와 어울린다. 그런데 사람들은 모장(毛嬙)³³⁾과 여희(麗姬)³⁴⁾를 아름답다고 찬미하는데 물고기가 모장과 여희를 보면 물 밑으로 깊이 숨고, 새들은 하늘 높이 날고, 사슴은 급히 달아나는데 인간이 만든 아름다움의 기준이 과연 올바른 아름다움, 즉 정미(正美)인가?"라고 말이다. 그런데 원숭이와 편저, 고라니와 사슴, 미꾸라지와 물고기는 서로 어울리면서 사는데 인간 중에서 가장 아름답다고 하는 모장과 여희조차 이들 동물들에 의해 거부당하지 않는가?

왕예가 볼 때 인의의 단서(仁義之端)와 시비의 도(是非之塗)가 이처럼 어수선하게 뒤섞여 있다. 그래서 사물이 사는 곳, 맛, 아름다움 등을 객관적으로 좋다/그르다 하고 평가할 수 없으므로 세상에는 절대적 기준이란 있을 수 없다. 그럼에도 인간은 자기중심적으로 판단하거나 생각하는 데 익숙해 있다. 그래서 인간이 아름답다고 여기면 다른 동물들도 마찬가지로 그렇게 여길 거라고 착각한다. 환경문제와 관련해서도 비슷한 실수를 저지른다. 지구상에 있는 모든 존재들이 공존할 수 있는 그런 환경을 만들어야 하는데 인간은 자신을 위한 환경에만 관심을 쏟는다. 그래서 인간이 주도하는 환경보존 운동은 너무나 이기적일 때가 많다.

그런데 다른 기준에 대한 이런 식의 오산과 착각은 인간 사이에도 적용된다. 누군가 이러한 게 어짊(仁)이라고 주장하지만 정말로 그러

---

33) 춘추시대 월(越)나라 왕이 사랑한 여자인데 송(宋)나라 평공(平公)의 부인이라고 한다.

34) 춘추시대 진(晉)나라 헌공(獻公)이 여산지방에 거주하는 융족을 토벌하면서 얻은 절세의 미인이다. 헌공과 여희 사이에서 난 아이가 해제(奚帝)인데 헌공이 해제를 태자로 삼으면서 전 부인에게서 낳은 둘째 아들 중이(重耳)가 19년간 방랑하게 된다. 중이가 긴 떠돌이 생활을 끝내고 마침내 문공(文公)이 되면서 춘추(春秋) 오패의 두 번째 자리를 차지한다.

한가? 또 누군가 이러한 게 의롭다고(義) 주장하지만 정말로 그러한
가? 여기서 누군가 주장하는 어짊과 누군가 주장하는 의로움이 바로
이루어진 마음, 즉 성심(成心)에 해당한다. 성심은 허심(虛心)과는 반
대되는 개념이다. 허심, 즉 빈 마음을 지니면 올바른 거처, 올바른 맛,
올바른 아름다움에 대해 함부로 논할 수 없다. 그래서 인간중심적 성
심에서 떨쳐날 수 있다. 마찬가지로 빈 마음을 지녀야만 인간끼리의
관계에서도 자기중심적 사고에서 벗어날 수 있다. 그런 사람이 바로
지인(至人), 즉 지극한 인간이다.

그런데 왕예는 이런 인간중심적 사고방식에 대한 따끔한 비판을
위해 오히려 부드러운 해학을 동원한다. 이를 눈치 채지 못한 설결은
여전히 헤맨다. 그래서 설결은 왕예에게 이로움과 해로움조차 구분
하지 못하는데 왕예와 같은 지인(至人)은 본디 이런 걸 구분하지 못하
느냐고 거의 힐난조로 질문한다. 이에 좀 화가 났는지 왕예는 지인은
신(神)과 같은 존재인데 어찌 그런 질문을 할 수 있느냐는 생각으로
지인이 어떤 사람인지에 대해 차분히 설명한다.

신과 같은 지인은 큰 연못을 말리는 뜨거운 불도 그를 뜨겁게 할
수 없고, 황하(黃河)나 한수(漢水) 같은 큰 강을 얼어붙게 하는 추위도
그를 춥게 할 수 없고, 귀를 찢는 천둥소리가 산천을 뒤흔들어도 그
를 다치게 할 수 없고, 사나운 바람이 휘몰아쳐 큰 파도를 일으켜도
그를 놀라게 할 수 없다. 그만큼 신과 같은 지인은 모든 것으로부터
초월해 있다. 그래서 지인은 구름을 타고, 해와 달을 몰아, 사해 밖의
끝없는 세계를 돌아다닌다. 이처럼 죽고 사는 것도 지인 자신을 변하
게 할 수 없는데 지인인 왕예가 어떻게 이로움과 해로움 따위에 흔들
리겠느냐고 설결에게 단단히 면박을 준다.

제물론 6-2

구작자(瞿鵲子)가 묻고, 장오자(長梧子)가 대답했다.

"저 구작자는 공자(夫子) 선생께 어떤 얘기를 들었습니다.

'성인(聖人)은 세상일에 대해 애써 힘쓰지는 않고,

이로운 곳으로 나아가지도 않지만 해로운 곳도 피하지 않으며,

무언가를 얻어도 기뻐하지 않고, 또 세상의 도덕규범에 매이질 않는다.

그리고 말하지 않아도 말하려는 바가 있고,

말해도 말하려는 바가 없는 상태로 속세의 밖을 노닌다.'

장오자 선생은 이를 허무맹랑한 말이라고 여기겠지만

저는 지극한 도에 따른 행동이라고 여깁니다.

선생은 이를 어떻게 생각합니까?"

장오자가 대답했다.

"이 말은 성인인 황제(皇帝)가 들었어도 어리둥절할 텐데

공구가 이를 어찌 알겠는가!

자네도 지나치게 서둘러 달걀을 보고 닭이 새벽을 알려주길 바라고,

탄환을 보고 올빼미구이를 바라는 격일세."

장오자가 계속해서 말했다.

"내가 자네에게 망령되이 말할 테니

자네도 내 말을 망령되이 가볍게 들어보지 않겠는가?

성인은 해와 달을 이웃하고, 우주를 믿고 의지하며

그것들과 한 몸이 되어 모든 걸 흐리고 어두운 상태에 두고는

귀함과 천함으로 사물을 구분하지 않네.

보통사람들은 발버둥을 치며 아는 척하겠지만
성인은 오히려 어리석은 채로 가만히 있네.
그래서 오랜 세월 속에서 갖가지 것과 뒤섞이더라도
성인이 이루어낸 순수함은 한결같다네.
그러니 만물은 있는 그대로이고,
성인은 이런 상태에서 만물을 서로 포용하네."

• • •

瞿鵲子問乎長梧子曰：「吾聞諸夫子：『聖人不從事於務, 不就利, 不違害, 不喜求,
不緣道., 無謂有謂, 有謂無謂, 而遊乎塵垢之外.』夫子以爲孟浪之言, 而我以爲妙
道之行. 吾子以爲奚若?」長梧子曰：「是皇帝之所聽熒也, 而丘也何足以知之! 且汝
亦大早計, 見卵而求時夜, 見彈而求鴞炙. 予嘗爲女妄言之, 女以妄聽之奚? 旁日
月, 挾宇宙, 爲其脗合, 置其滑涽, 以隸相尊. 衆人役役, 聖人愚芚, 參萬歲而一成
純. 萬物盡然, 而以是相蘊.」

인위(人爲)에 따른 성인관과
무위(無爲)에 따른 성인관

———

　공자 제자를 뜻하는 구작자(瞿鵲子)와 장자를 암시하는 장오자(長梧子)의 대화로 글이 시작한다. 이들은 가공인물이지만 이름을 풀이하면 나름 의미를 지닌다. 구작자는 주위를 두리번거리며 보는(瞿) 까치(鵲)이다. 그래서 진리를 찾고자 이곳저곳을 넘보는 얄팍한 지식인에 해당한다. 장오자는 오래된(長) 벽오동나무(梧)인데 이름에서 의미하는 바는 진리에 정통한 스승이다. 구작자는 공자에게 들은 성인관을 장오자에게 자랑스러워하며 말한다. 이런 태도에도 불구하고 장오자는 구작자를 허접하다고 면박하지 않고 진리에 입각한 삶이 어떠한지를 차분히 설명한다.

　구작자가 공자에게서 들은 성인관은 크게 다섯 가지이다. 첫째, 세상일에 힘쓰지 않고, 둘째, 이로움이 생겨나는 곳으로 나아가지 않지만 그렇다고 해로움이 생겨나는 곳을 굳이 피하지 않고, 셋째, 애써 기쁨을 추구하지 않고, 넷째, 세상의 도덕규범 따위에 억매이지 않아 형식보다 내용에 충실하고, 다섯째, 말하지 않더라도 말하려는 바가 있고, 말해도 말하려는 바가 없다. 그리고 성인은 이런 상태에서 속세의 밖을 노닌다. 구작자는 이런 성인관이 장오자에겐 허무맹랑한 소리로 들릴지 모르지만 자신은 지극한 도에 따른 행동(妙道之行)이라고 여긴다고 한다. 그러면서 이런 성인관을 피력하는 사람이 공자말고 세상에 또 어찌 있을 수 있겠느냐고 공자를 한껏 추켜세운다.

그러자 장오자는 성인의 대표 격인 황제가 들었어도 어리둥절해할 말이라며 황급히 손사래를 친다. 그리고 공자의 말만 듣고 그를 우러러보는 구작자의 태도를 두고 장오자는 지나친 속단이라고 규정한다. 장오자에 따르면 구작자의 이런 태도는 달걀을 보고 닭이 새벽을 알려주길 바라고, 또 탄환을 보고 참새구이를 달라는 격에 해당해서이다. 공자가 말한 건 달걀이나 탄환일 텐데 구작자가 느낀 건 닭이 새벽을 알려주거나 참새구이를 먹는 단계까지 나아간다. 그러니 말만 믿고서 공자가 성인인지의 여부를 어찌 아느냐는 게 장오자의 생각이다.

장오자는 평소 자신이 생각해 왔던 성인관을 피력하는 데 있어 한 가지 재미난 단서를 단다. 망령되이 말할 테니 심각하게 듣지 말고 가볍게 들으라는 거다. 장오자의 성인관을 구작자가 혹시 오해할까 염려해서이다. 장오자에 따르면 성인은 해와 달을 이웃하고, 우주를 품안에 넣어 이들과 한 몸이 된다. 그리고 모든 걸 흐리고 어두운 상태에 두고는 사물을 귀함과 천함으로 구분하지 않는다. 또 보통사람들은 발버둥을 치며 아는 척하겠지만 성인은 오히려 어리석은 채 가만히 있는다. 그래서 오랜 세월 속에서 갖가지 것들과 뒤섞여도 성인이 이루어낸 순수함은 한결같다. 그래서 만물은 있는 그대로이고, 또 이런 상태에서 성인은 만물과 서로 포용한다.

언뜻 보아선 장오자가 말한 성인관과 공자의 성인관 사이에는 별다른 차이가 없다. 그런데 꼼꼼히 살펴보면 차이가 있음을 발견할 수 있다. 이 차이는 유가와 도가의 차이이기도 하다. 극기복례(克己復禮)

의 경우에서 보듯이 유가는 노력으로서 성인이 된다는 점을 늘 강조한다. 그리고 이런 노력이 성공하려면 우선 마음을 채워야 한다. 즉 성심(成心)의 자세를 지녀야 한다. 반면 도가는 인시인비(因是因非)에서 보듯이 자연의 원리를 우선 깨달아야 한다. 그리고 자연의 원리를 깨달으려면 무엇보다 마음을 비워야 한다. 즉 허심(虛心)의 자세를 취해야 한다. 따라서 공자의 성인관과 구작자의 성인관은 언뜻 보아 비슷할지 모르지만 내용상에선 크게 다르다.

따라서 공자가 그리는 성인관은 하고자 함이 있는 유위(有爲)에 입각해 있다면 장자가 그리는 성인관은 하고자 함이 없는 무위(無爲)에 입각해 있다. 이는 마치 중국 당(唐)나라 시절 선종(禪宗)의 계승자 자리를 놓고 경쟁했던 신수(神樹)와 혜능(慧能)의 입장 차이와도 흡사하다. 신수의 입장이 유위로서 마음을 닦는다면 혜능의 입장은 무위로서 마음을 닦는다. 신수와 혜능의 입장이 어떻게 다른지를 아래의 글을 통해 한번 확인해 보자.

> 몸은 곧 보리의 나무요, 마음은 맑은 거울의 받침대와 같아서
> 때때로 부지런히 털고 닦아야 티끌과 먼지가 묻지 않으리.[35] (신수)

> 보리는 본래 나무가 아니고, 맑은 거울 또한 받침대가 아니어서
> 본래 아무것도 없으니 어디에 티끌이 일어나리요.[36] (혜능)

---

35) 身是菩提樹 心如明鏡臺 時時勤拂拭 莫使惹塵埃. (『육조단경』)

36) 菩提本無樹 明鏡亦非臺 本來無一物 何處惹塵埃. (『육조단경』)

장오자가 계속해서 말했다.

"삶을 기뻐하는 게 미혹됨(惑)과 같은지 내 어찌 알겠는가!

죽음을 싫어하는 게 어릴 적부터 타향을 유랑해서

평생 고향에 돌아가는 걸 잊어버린 것과 같은지 내 어찌 알겠는가!

여희(麗姬)는 애(艾)지역의 영주 딸인데 진(晉)나라에서 그녀를 처음

데려갈 때 옷깃이 젖도록 섧게 울었다고 한다.

그런데 왕궁의 은밀한 곳에 이르러 침대에서 왕과 동침한 뒤

맛있는 음식을 먹자 울었던 걸 이내 후회했다고 하네.

그러니 이미 죽은 사람도 살았을 당시 자기가 살기를 바랐던 걸

지금 후회하고 있을지 내 어찌 알겠는가!"

장오자가 계속해서 말했다.

"꿈에서 즐겁게 술 마시던 사람이 아침에 깨어나선 슬피 울고,

또 꿈에서 슬피 울던 사람이 아침에 깨어나선 태연히 사냥을 나가네.

우리가 한창 꿈을 꾸고 있을 때는 그것이 꿈이란 걸 모르네.

심지어 꿈속에서 또 꿈을 해몽하다가 꿈에서 깨어난 후에야

비로소 그것이 꿈이었다는 걸 뒤늦게 아네.

또 큰 깨어남(大覺)이 있은 후에야 삶이 큰 꿈(大夢)이었음을 아네.

어리석은 사람은 스스로 깨어 있다고 착각하고 주제넘게 아는 척하네.

그러면서 군주입네 수령입네 떠들지만 답답하기 짝이 없는 짓일세!

공구와 구작자 그대들은 모두 꿈을 꾸고 있고,

내가 그대들에게 꿈을 꾼다고 말하는 것 역시 꿈이네.

그런데 우리 모두가 꿈꾼다는 말을 두고 사람들은 조궤(弔詭),

즉 이상한 소리라고 말하네.

오랜 세월이 흐른 후 큰 성인을 한 번이라도 만난다면

그때서야 비로소 내 말의 의미를 깨달을 걸세.

그렇더라도 이런 늦은 깨달음조차 일찍 찾아온 깨달음이네."

. . .

「予惡乎知說生之非惑邪! 予惡乎知惡死之非弱喪而不知歸者邪! 麗之姬, 艾封人之子也, 晉國之始得之也, 涕泣沾襟., 及其至於王所, 與王同筐牀, 食芻豢, 而後悔其泣也. 予惡乎知夫死者不悔其始之蘄生乎!」「夢飮酒者, 旦而哭泣., 夢哭泣者, 旦而田獵. 方其夢也, 不知其夢也. 夢之中又占其夢焉, 覺而後知其夢也. 且有大覺而後知此其大夢也. 而愚者自以爲覺, 竊竊然知之. 君乎, 牧乎, 固哉! 丘也與女, 皆夢也., 予謂女夢, 亦夢也. 是其言也, 其名爲弔詭. 萬世之後而一遇大聖, 知其解者, 是旦暮遇之也.」

우리의 삶은 '눈을 뜨고 꾸는 꿈'일 뿐이다

————

춘추전국시대 서시(西施)와 함께 아름다움을 뽐냈던 여희(驪姬)[37]에 얽힌 에피소드로 이야기가 시작된다. 여희는 진(晉)나라 헌공(獻公)이 여산 지방에 거주하는 융족을 토벌하면서 얻은 절세의 미녀이다. 그런데 그녀가 헌공에게 시집갈 때 마음이 내키지 않아 옷깃이 젖도록 섧게 울었다고 한다. 그 후 진나라 왕궁에 머물면서 화려한 침실에서 자고, 온갖 맛있는 음식을 먹은 뒤에야 시집올 때 울었던 걸 이내 후회했다고 한다. 그러니 섧게 울었던 과거를 깨끗이 잊고 싶은 게 지금 여희의 심정이 아닐까? 그런데 어디 여희뿐이겠는가? 하루에도 몇 번씩 생각을 뒤집곤 해서 상대방의 마음을 애태우게 하는 우리가 바로 여희가 아닐까? 그렇다. 지금 우리는 여희와 다를 바 없다. 살면서 드러내는 희로애락 등의 감정이 여희의 변덕스러움에 견줄 수 있

---

37) 여희가 더욱 유명해진 것은 춘추오패(春秋五覇) 중 하나인 진문공(晉文公) 때문이다. 문공은 헌공이 낳은 두 번째 아들 중이(重耳)이다. 문공은 아버지가 여희와의 사이에서 난 자식 해제(奚齊)를 태자로 삼자 태자가 된 동생을 피해 무려 19년이라는 세월을 방랑으로 떠돌아다녀야 했던 비운의 주인공이다. 물론 긴 방랑생활 끝에 결국 왕이 되었고, 얼마 지나지 않아 제(齊)나라 환공(桓公)에 이어 두 번째 춘추오패가 되었다.

어서이다.

그래서 우리의 진정한 비극은 즐거워야 할 때 흐느껴 울고, 또 흐느껴 울어야 할 때 즐거워한다는 점이다. 예컨대 스스로 행복을 찾았다고 여기지만 제대로 된 행복은 숨어 있거나, 또 숨어버릴 수 있다. 그리고 살아 있는 걸 기뻐하는데 이런 기쁨은 무언가에 홀려 정신을 잃은 뒤에 얻어지는 미혹된 기쁨일 수 있다. 또 죽는 걸 슬퍼하는데 이런 슬픔은 어릴 때 부모의 손을 놓쳐 헤어져서 길을 잃고 평생 고향에 돌아가지 못하는 정도의 하찮은 슬픔일 수 있다. 그러니 슬픔과 기쁨은 정말로 슬프고 기쁜 데서 생겨나기보다는 고향에 돌아가지 못하는 것처럼 사소하거나, 아니면 무언가에 홀려 빠지는 것처럼 미혹됨에서 비롯된다. 슬프다가 이내 기쁨으로 변한 여희의 감정 변화만 해도 그렇지 않은가. 여희는 고향에 돌아가지 못하는 이유로 인해 슬피 울었지만 왕궁의 화려한 삶이라는 미혹됨에 빠져 기뻐 웃었다.

그렇다면 삶을 기뻐하면서도 닥칠 죽음을 걱정하는데 이런 삶과 죽음도 여희가 겪은 슬픔과 기쁨처럼 하찮은 게 아닐까? 그래서 막상 죽어선 이전의 삶을 오히려 괴롭다고 여기면서 왜 빨리 죽지 않았는지 후회하지 않을까? 이렇게 보면 막 태어난 아기의 '으앙!' 하는 울음소리도 전생의 즐거움에서 빠져 나온 걸 못내 아쉬워하는 소리로 들릴 수 있다. 장자는 우리가 언급하기 꺼려 하는 삶과 죽음의 문제를 알기 쉽게 이해하도록 이제 꿈이란 기제를 동원한다.

「제물론」의 마지막은 호랑나비의 꿈, 즉 호접몽(胡蝶夢)으로 장식된다. 장자는 어째서 「제물론」의 대미를 꿈으로 장식할까? 아마도 「제물론」의 핵심 내용을 꿈의 기제를 동원해서 설명하는 것보다 더 좋은 방법이 없어서라고 보아진다. 꿈과 현실은 그야말로 백지장 하나 정도의 차이이다. 잠이 들면 꿈을 꾸지만 잠에서 깨어나면 현실로 되돌아오기 때문이다. 그런데 꿈은 우리의 인식을 원천적으로 봉쇄하므로 꿈을 꾸면 꿈속에 있는지, 또 현실에 있는지 알아차리기 힘들다. 그래서 꿈속에서 슬피 울던 사람도 아침에 일어나선 즐겁게 사냥을 나가고, 또 꿈속에서 즐겁게 술 마시던 사람도 아침에 깨어나선 슬피 운다. 여희가 왕궁에서 지금 즐기는 기쁨도 이곳에 오기 전에 섧게 울었던 과거를 잊었기에 가능한 일이지만 이것 역시 꿈과 현실의 차이와도 같다.

그런데 꿈속에서 경험하는 온갖 슬픔과 기쁨은 그 실체가 없다. 그래서 꿈에서 경험하는 어떤 것도 실제의 상은 비어 있다. 그렇지만 꿈의 실상(實像)이 비어 있다는 사실을 꿈에서 깨어난 뒤에야 우리는 비로소 깨닫는다. 이렇게 보면 꿈이란 기제는 존재하지 않는 걸 실재라고 착각케 하는 일종의 인식론적 전도 현상이다. 그런데 우리는 꿈이 아니더라도 이런 인식론적 전도현상으로부터 헤어나지 못하고 오히려 집착할 때가 많다. 이런 집착을 멈추지 않는 한 우리들의 삶은 스스로가 만든 꿈에서 사는 삶과 하등 다를 바 없다. 불가는 이를 가리켜 편계소집성(遍計所執性)이라고 부른다. 편계소집성이란 존재하지 않는 걸 실재라고 간주하는 일이다. 이 편계소집성으로부터 관념의 상이 생겨나면서 집착과 분별이라는 구분과 경계가 우리의 마음에 들어선다.

그러니 장자에게서 꿈은 일상의 잠에서 경험하는 꿈의 의미를 크게 넘어선다. 장자에게서 꿈은 어쩌면 우리의 삶 그 자체일 수 있다. 이처럼 꿈이 우리의 삶 자체로까지 확장된다면 그 꿈은 환상이 아니라 엄연한 현실이다. 이때 우리는 삶이란 꿈을 꾼다는 사실조차 눈치채지 못하고서 그냥 깨어 있다고 착각한다. 그래서 누군가 "그건 꿈이야. 정신 차려!" 하고 고함치면 단꿈을 방해하는 훼방꾼 정도로 그를 생각한다.

그런데 스스로 깨어 있다고 착각하는 사람은 주제넘게 아는 체를 한다. 장자가 살았던 전국시대에 '왕입네', '수령입네' 하는 사람들이 그런 사람이다. 오늘날 '학자입네', '정치가입네', '사회운동가입네' 하고 목에 힘을 주고 다니는 사람도 예외가 아닐 것이다. 장자의 눈에는 이들이 모두 고루하기 짝이 없는 사람으로 보인다. 그래서 장자는 "공자나 그대나 모두 꿈을 꾸는 것이오. 또 내가 그대에게 꿈꾸고 있다고 말하는 것 역시 꿈이오."라고 말한다. 장자에 따르면 자신의 생각을 고함쳐서 주장하는 사람, 즉 공자를 포함해서 장자 자신조차 모두 꿈을 꾸고 있다. 이처럼 실재하지 않는 것을 실재로 간주해서 거기에 집착해서 사는 사람들은 스스로가 만든 꿈에서 사는 것과 별반 다를 바 없다.

장자가 이런 식의 서사 기법을 통해 해체하고자 하는 건 꿈과 현실 사이에 어떤 구분이 있다는 우리의 생각이다. 만약 장자가 이런 식 서사 기법을 끝까지 밀고 나간다면 꿈과 깨어 있는 현실 사이의 구분이 과연 가능할까? 내가 누군가에게 "너는 꿈을 꾸는 거야."라고 말해도 그 말 역시 꿈꾸면서 하는 잠꼬대가 아닐까? 이는 일종의 패러독스인데 장자는 이를 가리켜 조궤(弔詭)라고 명명한다. 장자가 조궤란 말을 통해서 우리에게 강조하려는 건 정말로 깨어 있는 사람은 꿈과 현실 사이의 구분에 그다지 집착하지 않는다는 사실이다. 그러니 정말로 깨어 있는 사람은 지금의 삶을 덤덤하게 맞이할 뿐이다. 그렇지 않고 꿈과 현실 사이의 구분에 집착한다면 우리는 또다시 꿈속을 헤매게 된다.

그렇다면 이 난제의 패러독스를 어떻게 해결할 수 있을까? 그것은 대각(大覺), 즉 큰 깨어남뿐이다. 장자가 말하는 큰 깨어남이란 지금 갇혀 있는 캄캄한 감옥, 즉 희로애락의 감정, 여탄변집(慮嘆變慹)의 생각, 요일계태(姚佚啓態)의 행동을 통해 생겨난 감옥이 우리들 스스로가 만들어낸 것임을 아는 일이다. 그렇다면 꿈에서 깨어난 사람은 누구인가? 캄캄한 존재의 감옥을 부수고 나와서 모든 제약과 굴레에서 벗어나 절대자유의 경지에서 유유자적하며 노니는 사람이다. 『장자』 첫 편 「소요유」의 주인공들, 즉 지인(至人), 성인(聖人), 신인(神人)이 바로 그런 사람들이다. 이들은 순수한 자연의 눈이 되어서 세상을 거울처럼 볼 뿐 인간의 관점으로 보지 않는다. 그래서 이들은 사물을 있는 그대로 보기에 사물의 모습을 왜곡시키지 않는다.

물론 세상만물과 만사를 이렇게 바라보는 건 쉽지 않다. 그래서 장자는 아주 오랜 세월이 지나서 혹시 큰 성인(大聖)을 만나면 이 말의 의미를 그제야 비로소 깨달을 수 있다고 말한다. 그렇더라도 이런 늦은 깨달음조차 오히려 일찍 찾아온 행운일 정도로 큰 깨달음이란 결코 쉬운 일이 아니다.

제물론 6-4

장오자가 계속해서 말했다.

"내가 너와 논쟁을 벌여 네가 나를 이기고 내가 너를 이기지 못하면
자네는 정말로 옳고, 나는 정말로 그를까?
반대로 내가 너를 이기고 네가 나를 이기지 못하면
나는 정말로 옳고, 자네는 정말로 그를까?
나와 너 중에서 누가 옳고, 누가 그를까?
아니면 모두 다 옳고, 모두 다 그를까?
누가 옳고 누가 그른지 알 수 없다면 다른 사람은 더욱 알기
힘들 텐데 우리는 누구에게 판정을 요청해야 할까?
먼저 너와 의견이 같은 사람이 판정하도록 할까?
그러면 너와 의견이 이미 같은데 어찌 그가 제대로 판정할 수 있을까!
그럼 나와 의견이 같은 사람이 판정하도록 할까?
그러면 나와 의견이 이미 같은데 어찌 그가 제대로 판정할 수 있을까!
그럼 우리와 의견이 다른 사람이 판정토록 할까?
그러면 우리와 의견이 다른데 어찌 그가 제대로 판정할 수 있을까!
그럼 우리와 의견이 같은 사람이 판정토록 할까?
그러면 우리와 의견이 같은데 어찌 그가 제대로 판정할 수 있을까!
이렇듯 나와 너, 또 다른 사람 모두는 누가 옳은지 그른지를 모르는데
우리는 누구에게 과연 판정을 기대야 할까?"

장오자가 계속해서 말했다.

"화성(化聲), 즉 변화해서 고정되지 않은 소리는 늘 시비가 뒤섞이네.

그런데 시비가 뒤섞이지 않으려면 자연의 결(天倪)과 조화를 이루고,

한없는 자연의 흐름(曼衍)에 맡겨야 하네.

화성이라도 자연의 결과 조화를 이루고, 한없는 자연의 흐름에 맡기면

그나마 타고난 수명을 다할 수 있네.

그러면 어찌해야 자연의 결(天倪)과 조화를 이룬다고 말할 수 있을까?

옳음(是)이 아닌 걸 옳다고, 또 그렇지(然) 않은 걸 그렇다고 말하는 거네.

옳음이 정말로 옳으면 옳음과 그름이 다르다는 것도

더 이상 논쟁거리가 될 수 없네.

그러함이 정말로 그러하면 그러함이 그렇지 않음과 다르다는 것도

논쟁거리가 될 수 없네.

그러니 세월을 잊고, 또 온갖 주장과 논리를 잊은 채 끊이지 않고

무한히 연결된 경지(無竟)를 펼쳐 열어서 여기에 우리를 맡겨야 하네."

· · ·

「既使我與若辯矣, 若勝我, 我不若勝, 若果是也, 我果非也邪? 我勝若, 若不吾勝,
我果是也, 而果非也邪? 其或是也, 其或非也邪? 其俱是也, 其俱非也邪? 我與若
不能相知也, 則人固受黮闇, 吾誰使正之? 使同乎若者正之? 既與若同矣, 惡能正
之! 使同乎我者正之? 既同乎我矣, 惡能正之! 使異乎我與若者正之? 既異乎我與
若矣, 惡能正之! 使同乎我與若者正之? 既同乎我與若矣, 惡能正之! 然則我與若與
人俱不能相知也, 而待彼也邪? 「化聲之相待, 若其不相待, 和之以天倪, 因之以曼
衍, 所以窮年也. 何謂和之以天倪? 曰: 是不是, 然不然. 是若果是也, 則是之異乎
不是也, 亦無辯., 然若果然也, 則然之異乎不然也亦無辯. 忘年忘義, 振於無竟, 故
寓諸無竟.」

천예(天倪)로 조화를 이루고
만연(曼衍)에 맡기다

———

    장오자와 구작자는 앞에서 성인관을 놓고 앞에서 이미 논쟁을 벌인 바 있다. 그런데 이 논쟁에서 구작자가 장오자를 이기면 구작자의 성인관은 옳은 반면 장오자의 성인관은 그른가? 반대로 장오자가 구작자를 논쟁에서 이기면 장오자의 성인관은 옳은 반면 구작자의 성인관은 그른가? 이럴 경우 과연 누구의 성인관이 옳고, 누구의 성인관이 그른가? 아니면 모두가 옳은 성인관을 지니는가, 아니면 모두가 그른 성인관을 지니는가?

    이처럼 누가 옳고, 또 누가 그른지 알 수 없다면 다른 사람은 더욱 알기 힘들 텐데 우리는 누구에게 판정을 요청해야 할까? 이때 구작자와 의견이 같은 사람이 판정하면 구작자와 이미 의견이 같아서 그가 어찌 제대로 판정할 수 있을까? 또 장오자와 의견이 같은 사람이 판정하면 장오자와 이미 의견이 같아서 그가 어찌 제대로 판정할 수 있을까? 그렇다면 구작자나 장오자와 의견과 다른 사람이 판정하면 어떨까? 그러면 구작자나 장오자와 이미 의견이 다를 텐데 그가 어찌 제대로 판정할 수 있을까? 또 구작자나 장오자와 의견과 같은 사람이 판정하면 어떨까? 그러면 구작자나 장오자와 이미 의견이 같은

데 그가 어찌 제대로 판정할 수 있을까? 이처럼 구작자나 장오자, 또제 삼자 중 어느 누가 옳은지 그른지를 모르는데 누구에게 과연 이판정을 맡겨야 할까?

이 논의를 「소요유」에 등장한 바 있는 송(宋)나라 상인의 얘기에한번 대입해보자. 송나라 상인은 장보(章甫)란 갓을 써야 한다고 여긴 반면 월(越)나라 사람은 문신(文身)을 해야 한다고 생각한다. 이처럼 서로 다른 생각을 지니고서 논쟁을 벌일 때 만약 송나라 상인이이기면 월나라 사람의 주장은 그른가? 반대로 월나라 사람이 이기면송나라 상인의 주장은 그른가? 사람들은 저마다 다른 의견을 지니고있으므로 옳고 그름에 대한 판정은 생각만큼 쉽지 않다. 어쩌면 중재가 가능한 논쟁은 제대로 된 논쟁이 아닐 수 있다. 만약 양쪽 간에 중재가 불가능하다면 그건 서로 다른 공동체에 속해 있기 때문이다. 즉자신들이 속해 있는 공동체의 규칙이 서로 달라서이다.

그렇더라도 양 공동체 간에 중재가 가능할 수 없을까? 물론 공동체 간의 차이를 횡단하면 가능할 수 있다. 차이를 횡단하는 건 어쩌면 공동체의 규칙을 한 단계 위에서 바라보는 일이다. 대붕(大鵬)이하늘 높이 올라서 아래를 내려다본 것도 차이를 횡단하는 시도에 해당한다. 그래서 하늘을 올려다볼 때 푸른 것처럼 땅을 내려다봐도 똑같이 푸르지 않았던가. 그런데 왜 푸르게 보였을까? 너무 멀어서이다. 먼 곳에서 땅을 내려다보면 땅 위의 모든 것들에서 어떤 구분이나 경계가 생겨나지 않는다. 그러니 신분 표시에 따른 공동체 간의차이, 즉 갓이냐 문신이냐의 구분도 멀리서 보면 자연히 소멸되게 마련이다.

이처럼 대붕처럼 하늘 높이 올라 아주 먼 곳에서 땅을 내려다보면갓과 문신의 차이는 물론이고, 공동체 간의 차이도 발견되지 않는다.

이에 반해 뱁새나 작은 비둘기처럼 낮게 날아올라 가까이에서 아래를 내려다보면 모든 게 일일이 구분된다. 그래서 같은 신분 표시 수단임에도 갓과 문신 간에 있어 역할의 차이가 크게 드러나고, 심지어 같은 갓이라도 크기에 따라서 구분된다. 이처럼 어떤 높이에서 보느냐에 따라 사물 간 차이가 생겨나기도 하고 소멸되기도 한다. 장자는 가까이서보다는 멀리서, 또 낮은 데서보다는 높은 데서 보아야만 차이가 소멸된다고 본다. 이것이 장자가 말하는 큰 앎(大知)이자 큰 말(大言)이다.

게다가 시비를 다투는 데 있어 동원되는 말도 일정한 기준이 없어서 언제든지 의미가 변할 수 있는 소리, 즉 화성(化聲)에 해당한다. 사람들이 다니다 보니까 길이 만들어지는 것처럼 사람들이 사물을 그렇게 부르다 보니까 이름이 생겨난다. 그만큼 언어는 그 의미가 고정되지 못하고 변화하게 마련이다. 그래서 언어를 화성이라고 부른다. 이런 화성으로 누군가를 상대하면 상대방의 관점과 시각에 따라 그 의미가 얼마든지 다르게 변할 수 있다. 즉 같은 말인데도 이렇게도 해석되고, 또 저렇게도 해석될 수 있다. 그럼으로써 시비가 뒤섞이는 언어가 되게 마련이다. 따라서 시비가 뒤섞이지 않는 언어로 화성이 거듭나려면 천예(天倪), 즉 자연의 결과 조화를 이루고, 만연(曼衍), 즉 한없는 자연의 흐름에 맡겨야 한다. 이래야만 화성이라도 타고난 자신의 수명을 다할 수 있다.

그렇다면 화성은 어떻게 해서 자연의 결과 조화를 이루면서 만연의 상태에 이를 수 있을까? 물론 쉽지는 않다. 언어로 바뀌는 순간 자연의 결이 그만 깨져버리기 때문이다. 그러니 당장에 떠오르는 건 인공의 소리인 음(音)을 자제하고, 자연의 소리인 성(聲)을 애용하는 일이다. 그렇지만 언어가 일상화된 현재의 상황에서 커뮤니케이션 수단으로 자연의 소리만 사용하라는 건 거의 불가능한 주문이다. 이에 장자는 언어를 자연의 결에 따라 사용하는 방법을 권한다. 옳음(是)이 정말로 옳으면 옳음과 그름(非)이 다르다는 게 더 이상 논쟁거리가 되지 못한다. 마찬가지로 그러함(然)이 정말로 그러하면 그러함과 그렇지 않음(不然)이 다르다는 게 더 이상 논쟁거리가 아니다. 이처럼 정말로 옳고, 정말로 그르다면 굳이 언어를 동원해서 가릴 필요가 없다. 정말로 옳고, 정말로 그른 것은 이미 언어를 초월하고 있어서이다. 그러면 언어를 어떻게 사용해야 소통을 이룰 수 있을까? 언어를 인시인비(因是因非), 옳음으로 인해 그름이, 또 그름으로 인해 옳음이 생겨나는 원리에 따라 사용하면 된다. 이것은 '기의=기표'가 아니라 '기의≒기표 관계' 속에서 이루어지는 작업이다.

또 끊임없이 계속되는 자연의 흐름(曼衍)에 모든 걸 맡기려면 어떻게 해야 할까? 물레의 추처럼 처신하면 된다. 물레의 추는 물레의 중심에 있으면서 돌아가는 물레의 움직임에 따른 무한한 변화에 잘 대처해야 한다. 만약 물레의 움직임에서 조금이라도 벗어나면 추는 바깥으로 당장 튕겨 나가 물레의 움직임을 멈춘다. 마찬가지로 누군가와 상대할 때 나의 관점과 시각으로서 상대방을 재단하려고 하면 물레의 추가 튕겨 나가듯 나와의 관계가 끊어지거나 아니면 불편한 관계가 형성되게 마련이다. 이런 관계는 오로지 내가 옳고(是), 상대방은 그르다는(非) 데서 비롯된다.

장자가 「소요유」에서 「제물론」에 이르기까지 줄곧 오상아(吾喪我), 즉 내가 나를 잃어버려야 함을 강조하는 것도 이 때문이다. 나(我)를 없애 무아(無我)를, 나를 잊어 망아(忘我)를, 자기(己)를 없애 무기(無己)를 제안한 것도 물레의 추처럼 자연의 흐름에 모든 걸 맡겨서 상대방과의 소통을 이루기 위함이다. 따라서 시비를 가리기 위해 굳이 말을 동원할 필요가 없다. 어쩌면 말을 동원해서 논쟁을 논쟁으로 종식시키려는 게 혜시의 방법이다. 그렇지만 혜시와 같은 방법은 소통은커녕 불통을 심화시킬 수 있다. 그만큼 말은 자연의 결과 조화를 이루지 못한다. 그래서 자연의 한없는 흐름에 맡기지 않으면 말은 오히려 소통을 방해하는 도구로 바뀔 수 있다.

이에 장자는 흐르는 시간을 잊고(忘年), 온갖 논리와 주장도 잊고(忘義), 또 끊이지 않고 무한히 연결된 경지(無竟)로 나아가야 한다고 주장한다. 먼저 망년(忘年)이란 무슨 의미일까? 연(年)이란 태어날 때부터 하늘에서 받은 수명인데 망년은 이걸 잊는다는 거다. 이는 삶과 죽음이 이분법적으로 구분되는 게 아니라 서로 연결되어서 하나의 연속적인 과정이란 걸 말한다. 이처럼 삶과 죽음도 하나의 연속적인 과정이라고 여기는 상황에선 시비도 옳음 그름으로 구분되는 게 아니라 모두 하나로 연결되어 있다. 그러니 옳음이 그를 수 있고, 또 그름이 옳을 수 있다.

또 망의(忘義)란 무슨 의미일까? 의(義)란 시비를 재단하는 잣대인데 이 잣대를 잊는다는 것이다. 이는 시비(是非), 즉 옳고 그름의 근거를 해체한 마당이니까 선행하는 시비의 뜻도 당연히 버려야 한다는 걸 말한다. 그렇다면 시비의 근거를 어떻게 해야 해체할 수 있을까? 장자에 따르면 정말로 옳거나 정말로 그러하면 된다. 그래서 옳음이 정말로 옳으면 옳음과 그름의 구별은 더 이상 논변을 필요로 하지 않는다. 마찬가지로 그러함이 정말로 그러하면 그러함과 그렇지 않음의 구별은 더 이상 논변을 필요로 하지 않는다. 따라서 정말로 옳거나 정말로 그른 상황에선 시비가 생겨날 소지가 없다. 만약 시비가 생겨난다면 옳은 게 옳지 않아서거나 그른 게 그르지 않아서이다.

마지막으로 무경(無竟)이란 어떤 의미를 담고 있을까? 경(竟)이란 다함인데 이런 다함이 없는 게 무경이다. 이는 모든 게 끊이지 않고 무한히 연결되어 있다는 걸 말한다. 그래서 삶과 죽음도 무한히 연결된 과정의 하나이듯이 옳고 그름도 무한히 연결된 의견과 주장들 중하나일 뿐이다. 그래서 지금 옳다고 믿는 바가 나중에 그르다는 바가 될 수 있고, 또 지금 그르다고 믿는 바가 나중에 옳다고 될 수 있다. 이처럼 무경의 과정 속에서 옳고 그름이란 서로 교환될 뿐이지 고정적이지 않다.

이처럼 망년과 망의를 이루어서 무경으로 나아간다는 말 속에는 장자가 지금까지 소통을 위해 제시했던 모든 해법들이 포함된다. 다음 장은 「제물론」의 마지막 장인데 여기서 망년과 망의를 이루어서 무경으로 나아가는 경지를 호접몽, 즉 호랑나비의 꿈을 통해서 보여준다. 이럼으로써 장자는 사람끼리의 소통의 문제를 넘어서서 삶과 죽음 간의 소통의 문제까지 다루고자 한다. 그럼으로써 삶과 죽음은 단절된 게 아니라 서로 연결되어 있음을 우리에게 보여준다.

제물론 7-1

그림자 가장자리에 생겨나는 옅은 그림자 망량(罔兩)이

짙은 그림자 경(景)에게 물었다.

"아까는 걷다 지금은 멈추고, 아까는 앉았다가 지금은 일어나 있소.

당신은 어째서 일정한 마음가짐이 없는 거요?"

그러자 짙은 그림자가 대답했다.

"그것은 내 뜻으로 그런 게 아니라 내가 무언가에 기대는 게 있어

그런 게 아니겠소?

또 내가 기대는 것도 달리 기대는 게 있어 그런 게 아니겠소?

그러니 나는 뱀의 비늘이나 매미 날개쯤에 기대고 있는 게 아니겠소?

그렇지만 어째서 그런지를 나는 알 수가 없소!

또 어째서 그렇지 않은지도 알 수가 없소!"

· · ·

罔兩問景曰 : 「曩子行, 今子止 ; 曩子坐, 今子起 ; 何其無特操與?」 景曰 : 「吾有待
而然者邪? 吾所待又有待而然者邪? 吾待蛇蚹蜩翼邪? 惡識所以然! 惡識所以不
然!」

짙은 그림자 경(景)과
옅은 그림자 망량(罔兩) 간의 논쟁

─────

　이 글은 경(景)과 망량(罔兩)이란 두 그림자가 서로 주고받는 이야기로 구성된다. 여기서 등장하는 그림자를 자세히 들여다보면 두 종류의 그림자가 있음을 발견할 수 있다. 하나는 사물로부터 직접 만들어진 그림자인데 이 그림자는 짙은 반면 다른 하나는 그 짙은 그림자를 감싸고 있는 옅은 그림자이다. 따라서 짙은 그림자가 사물의 본체로부터 한 단계 멀어진 거라면 옅은 그림자는 두 단계 멀어진 그림자에 해당한다. 그러니 옅은 그림자는 본 그림자의 그림자이다. 여기서 장자는 짙은 그림자를 경으로, 옅은 그림자를 망량이라고 명명한다.

　흥미로운 점은 흔히 얘기되는 것처럼 사물과 그림자 간의 이야기가 아니라 그림자들끼리의 대화로 구성된다는 사실이다. 이 자체는 매우 흥미로운 구성인데 이런 구성으로 인해 장자의 철학적 깊이가 더해진다. 일반적으로 사물의 본체가 있고, 또 그 본체의 그림자로 이야기가 구성되는 경우가 대부분이다. 노장사상의 관점에서 많은 시를 남긴 도연명(陶淵明)도 '그림자가 육체에게 답하다(影答形)'라는 시에서 육체라는 사물과 그 사물의 그림자를 주인공으로 설정한 바 있다.

삶 자체는 말할 것도 없고, 삶을 지키기도 서툴러서 항상 괴롭네.
곤륜산과 화산에서 노닐고 싶지만 아득하고 또 멀게만 느껴지네.
그런데 그대와 만나서 함께 한 이후로는
나는 슬픔과 기쁨을 따로 생각하지 않았네.
그늘에서 쉴 적에는 잠시 떨어진 듯하다가
햇볕에만 나오면 서로 떨어지지 않음을 실감했네.
그렇지만 이렇게 떨어지지 않는 것도 영원할 수 없으니
때가 되면 어둠 속으로 함께 사라지게 마련이네.

도연명의 시와는 달리 장자의 글에선 사물의 본체는 얼굴조차 내밀지 않는다. 사물의 본체가 이처럼 모습을 드러내지 않는데도 그림자끼리는 서로의 책임을 탓하면서 티격태격하며 말싸움을 벌인다. 먼저 옅은 그림자가 짙은 그림자를 향해 "아까는 걷더니 지금은 멈추고, 또 아까는 앉더니 지금은 서 있다"라고 하면서 지조가 없다는 식으로 핀잔을 준다. 그러자 짙은 그림자는 자신이 그러고 싶어서 그런 게 아니라 자신도 무언가에 의존하고 있어서 그런 게 아니냐고 항변한다. 이는 그림자를 만드는 주인이 걷고, 멈추고, 앉고, 또 서 있어서 자신도 어쩔 수 없이 그런 거라는 해명이다.

여기서 우리는 본말이 전도된 느낌을 갖는다. 지금 지조가 있느니 없느니 하면서 책임을 추궁해야 할 당사자는 짙은 그림자여야 할 텐데 거꾸로 옅은 그림자가 짙은 그림자를 향해 따지기 때문이다. 옅은 그림자는 오로지 짙은 그림자에게 종속된 존재에 불과한데 이런 주제에 과연 누가 누구를 책망할 수 있는가? 짙은 그림자 입장에서 볼 때 옅은 그림자의 이런 식 따짐은 그야말로 가소롭기 짝이 없다. 어쩌면 옅은 그림자는 짙은 그림자를 향해 무릎을 꿇고 넙죽 절해야 할 정도로 짙은 그림자를 잘 받들어야 한다. 그런데 이상한 자신감으로 인해 자신 존재의 근원인 짙은 그림자를 향해 지조가 없다고 오히려 책망하고 있다.

그러니 짙은 그림자의 입장에선 한마디로 어이없는 일이다. 그렇더라도 어리석은 자에게 내가 무엇을 바라느냐 하는 심정으로 짙은 그림자는 자신이 아는 삶의 진실을 "내가 의존하는 것도 또 다른 딴 것에 의존하고 있어 그런 게 아닌가?"라고 반문하면서 전한다. 이 반문은 내가 의존하는 것도 다른 것에 의존하고, 그것도 또 다른 것에 의존하고 있다는 걸 강조하는 말이다. 이런 식으로 나아가면 내가 의존하는 대상과 점점 더 멀어지면서 대상과의 연결고리도 자연히 약해진다. 그래서 장자는 뱀의 비늘이나 매미의 날개쯤에 의존하는 것에 우리들을 비유한다. 이를 통해서 나란 존재는 우리가 믿는 것처럼 독립적이거나 고유한 게 아니라 연쇄적으로 의존하는 것들로 매여져 있고, 또 그 매어짐도 갈수록 약해져서 나중에는 뱀의 비늘이나 매미의 날개처럼 하찮은 데 의존한다는 걸 알 수 있다.

그래서 짙은 그림자와 옅은 그림자 간의 대화를 통해 장자가 우리에게 던지는 메시지는 결코 간단치 않다. 장자는 그림자끼리의 기이한 대화를 통해 인간도 하나의 그림자로서 다른 것에 의지하는 존재라는 사실을 암시한다. 이는 우리가 독립된 실체로 존재하는지에 대한 근본적인 회의로서 이는 근대 서양철학의 핵심 담론인 존재론에 대한 심각한 도전에 해당한다. 서양철학의 존재론 하에선 인간을 독립된 주체로 파악할 뿐 인간이란 단어가 의미하는 사람들(人) 간(間)이란 내용이 생략된다. 이에 반해 장자는 이 우화를 통해 인간에게 독립된 주체란 있을 수 없고, 또 모두가 그림자로 이어진 연결고리 가운데 하나일 뿐임을 강조한다.

우리는 외형적으론 자유의지에 따른 판단에 따라서 매우 자유롭고 독립적으로 살아가는 존재로 보인다. 그런데 이런 생각은 우리의 착각일 뿐 깊은 안목에서 우주자연의 실상을 바라보면 그렇지 않다. 사실 세상에 어느 누구도, 또 어떤 존재도 독립적이지 못하다. 이 우주 안의 모든 것은 모든 것에 의해 상호의존되어 서로 연결되어 있어서이다. 그래서 한없이 작은 미립자의 세계에서부터 무한히 큰 은하계에 이르기까지 모두가 얼기설기 엮여 있다. 우주를 구성하는 존재계 전체의 도움 없이 우리가 한 순간도 살아갈 수 없다는 건 이런 이유에서이다. 이런 입장에서 세상을 규명한 서양 철학자 중 하나가 후기 구조주의 철학을 대표하는 데리다(J. Derrida)이다.

데리다에 따르면 세상은 신에 의해 시작된 성선(性善)의 책, 즉 일점 근원의 책이 아니라 선악이 함께 천을 짜 나가듯 만든 텍스트이다. 그래서 텍스트로서의 세상은 직물 짜기의 교직성(交織性)과 같은 의미의 계열체이다. 따라서 일관된 주제로 세상을 만들어나가는 책과 같은 계열체와 비교가 된다. 직물은 가로 세로의 실이 서로 교차하면서 사방으로 짜여 나가므로 책과 같이 어떤 중심이 없다. 그래서 직물과 같은 텍스트에는 완벽한 체계란 있을 수 없다. 그보다는 다른 천이 늘 접목되어 상호조립이 가능한, 즉 열린 구조로서 텍스트가 구성된다. 그러니 텍스트로서의 세상은 최종 목적으로서 궁극적 기의(signified)를 필요로 하지 않는다. 이런 텍스트의 세상에선 모든 것이 서로 얼기설기 엮여 있어 어떤 시원과, 또 어떤 목적의 궁극적 의미를 발견할 수 없다.

따라서 텍스트로서의 세상은 수많은 인과율에 의해 복합적으로 지배된다. 예를 들어 하나의 사물이 존재하면 그 사물에는 필연적 원인이 수없이 동시에 존재하며, 이 원인 뒤에는 더 높은 단계의 원인이 수없이 존재하고, 또 이 원인의 원인 뒤에는 그보다 더 높은 단계의 원인이 수없이 존재한다. 그래서 원인의 근원에 이르면 우리의 앎으로는 도저히 파악할 수 없는 궁극의 원인에 도달하는데 거기가 장자가 말하는 도(道)의 자리이다. 이렇게 보면 천지는 도의 자식인 셈이다. 그래서 빅뱅의 반작용으로 우주가 급속히 축소되어서 천지가 눈앞에서 갑자기 사라진다고 해도 우주의 에너지, 즉 음양의 기(氣)는 영원히 남고, 또 음양의 기를 지배하는 도 역시 사라지지 않는다. 그러니 도는 영원한 본체인데 반면 사물은 오고가는 현상일 뿐이다. 이런 의미에서 세상만물은 도의 그림자라고 할 수 있다. 장자가 우화라는 소박한 틀을 사용하고 있지만 그 안에 담긴 메시지는 이처럼 간단치 않다.

제물론 7-2

어느 날 장주(莊周)가 호랑나비가 되는 꿈을 꾸어서

훨훨 날아다녔는데 매우 유쾌했다.

이때 자신이 장주란 사실을 까맣게 잊었다

그러다가 화들짝 놀라서 깨어나니 틀림없이 장주가 아닌가?

그래서 장주는 꿈에 나비가 된 건지,

아니면 나비가 꿈에 장주가 된 건지 헷갈렸다.

장주와 나비 사이에는 겉으로는 분명히 구분이 있다.

그런데 이런 구분은 사물의 탈바꿈(物化) 때문에 생겨난 거라고 말한다.

· · ·

昔者莊周夢爲胡蝶, 栩栩然胡蝶也. 自喻適志與! 不知周也. 俄然覺, 則蘧蘧然周也. 不知周之夢爲胡蝶, 胡蝶之夢爲周與? 周與胡蝶, 則必有分矣. 此之謂「物化」.

호랑나비의 꿈(胡蝶夢)

———

장자를 가리켜 흔히 몽접주인(夢蝶主人), 즉 나비의 꿈을 꾸는 사람이라고 부른다. 이 명칭은 여기서 비롯된다. 앞에서 여러 차례 말했다시피 「제물론」은 장자서의 이론적 틀에 해당할 정도로 장자서 전체를 통해 가장 중요한 내용을 담는다. 이런 중요한 「제물론」의 마지막을 꿈 이야기로 장자가 마무리하는 것 자체가 우리에게 시사하는 바가 크다.

호랑나비의 꿈 이야기는 무한히 연결된 경지, 즉 무경(無竟)과 직접적인 관련이 있다. 장자는 무경을 설명하기 위해 꿈이란 기제를 앞에서 이미 동원한 바 있다. 이는 짙은 그림자 경(景)과 옅은 그림자 망량(罔兩)을 통해 무경을 설명했던 것과 같은 맥락이다. 단지 차이가 있다면 앞의 글에선 옅은 그림자 망량이 자신이 만들어낸 나(我)로 인해 무경을 보지 못했다면 여기서의 글에선 장주가 꿈을 통해 자신도 모르는 사이에 나를 잃어버림으로써 무경을 경험한다는 사실이다. 우리는 살고 있는 지금이 혹시 꿈이 아닌가 하고 착각에 빠질 때가 종종 있는데 호랑나비 꿈 이야기는 이런 착각을 오히려 무경에 이르는 모티브로 삼는다.

화창한 어느 봄날 장주는 그만 깜박하고 낮에 잠이 들었다. 그리고 선 꿈에 호랑나비가 되어 이리저리 훨훨 날아다녔다. 이곳저곳을 하릴없이 돌아다니고, 또 이 꽃 저 꽃을 한가로이 찾아다니다 보니까 장주는 너무나 자유로웠다. 그런데 장주는 꿈속이었기에 자신이 호랑나비인 줄 알았지 막상 꿈을 꿀 때는 장주란 사실을 전혀 눈치 채지 못했다. 그러다가 꿈에서 깨어나 보니 자신은 호랑나비가 아니라 분명 장주였다.

그래서 장주는 "혹 모르지. 조금 전 호랑나비가 되어 날아다니는 꿈을 꾼 건지, 아니면 지금 호랑나비가 장주가 된 꿈을 꾼 건지." 하고 생각했다. 여기서 '조금 전 호랑나비가 되어 날아다니는 꿈'은 장주가 지금 경험하는 현실이다. 그렇지만 이 현실을 받아들이기에는 많은 아쉬움이 남는다. 꿈에서 호랑나비가 되어 누렸던 여유와 자유와 즐거움이 모두 사라졌기 때문이다. 그래서 장주가 생각한 게 호랑나비가 장주로 된 꿈을 꾸어보는 일이다. 그러면 장주는 호랑나비처럼 다시 훨훨 날아다닐 수 있지 않을까?

지금까지 장주는 자신과 호랑나비 사이에 구분이 분명히 있다고 믿어 왔다. 그리고 자신은 항상 주체이고, 또 자신이 바라보는 대상은 항상 객체라고 파악하면서 나와 상대방을 철저히 구분했다. 그런데 깊은 꿈을 꾸고 나니까 누가 주체이고, 누가 객체인지 그만 헷갈리고 말았다. 주체라고 믿어 온 자신이 객체가 되고, 또 객체라고 믿어온 바깥의 대상, 즉 호랑나비도 주체가 될 수 있는 게 아닌가? 이 순간 장주가 지녀왔던 주체/객체라는 관계의 설정이 그만 해체되었다.

그런데 주체/객체의 관계 설정이 해체된다면 그 다음에는 어떤 변화가 생겨날까? 그것은 「제물론」의 시작을 알렸던 상징어, 즉 오상아(吾喪我)의 실천이 이루어질 수 있다. 오상아란 장자에게 있어 만들어진 나(我), 즉 자아의 소멸을 의미한다. 우리가 자아를 형성하면 나 이외의 모든 건 타자가 되면서 나라는 주체와 대상이란 객체의 이분법적 관계가 자연히 이루어진다. 「소요유」에 등장했던 송영자에 대한 평, 즉 '내외의 구분을 분명히 하다(定乎內外之分)'도 이와 관련이 있다. 송영자는 자신은 주체이고, 상대방은 객체라는 내외의 구분을 명확히 했기에 완전한 의미에서 지인(至人)이 되지 못했다. 이는 송영자에게 자아란 의식이 여전히 남아서이다. 이런 의식이 남아 있으면 세상만물의 참된 실재를 체험할 수 없다.

그래서 세상만물의 참된 실재를 체험하려면 무엇보다 자아가 소멸되어야 한다. 즉 무아(無我), 무기(無己), 망아(忘我), 또 장자가 말한 상아(喪我)를 반드시 이루어야 한다. 그러면 주체/객체로 분리되기 이전의 근원인 하나로 되돌아갈 수 있다. 그 결과 나는 천지와 더불어 나란히 살아갈 수 있다. 즉 장자가 앞서 언급했던 천지여아병생(天地與我竝生)이 가능해진다. 이는 나란 주체와 천지란 객체로 서로 구분되지 않았기에 가능한 일이다. 그럼으로써 나는 만물과 더불어 하나가 될 수 있다. 즉 장자가 앞서 언급했던 만물여아위일(萬物與我爲一)이 가능해진다.

이제 남은 중요한 건 꿈에서 호랑나비가 되든지, 또 깨어나서 장주가 되든지 간에 장주란 사실에선 전혀 변함이 없다는 점이다. 즉 장주가 호랑나비가 되든지, 또 호랑나비가 장주가 되든지 간에 그 본래 면목은 장주 하나로 귀결된다는 사실이다. 장자에 따르면 세상만물은 서로 다른 모습을 하고 있지만 동시에 조화 속에 연결된 하나이기도 하다. 단지 호랑나비와 장주로 구분되어 서로 다른 존재라고 인식하는 건 이들이 물화(物化)의 작용에 따른 것임을 깨닫지 못해서이다.

물화란 사물의 탈바꿈을 뜻한다. 알이 변해서 애벌레가 되고, 애벌레가 변해서 나비가 되는 것도 물화작용인데 이것들이 모두 나비로 엮여서 하나가 된다는 점에선 변함이 없다. 또 봄, 여름, 가을, 겨울로 계절이 변화하는 것도 물화의 결과인데 네 계절이 모두 자연으로 엮여서 하나가 된다는 점에선 변함이 없다. 그래서 만물은 서로 통해서 모두 하나가 될 수 있다. 이것이 장자가 강조하는 제물(齊物)의 상태이다. 여기서 장자가 깨달은 중요한 사실은 꿈과 현실이 단절되지 않은 것처럼 세상만물도 도(道) 안에선 상호 연기되어서 모두 하나로 통한다는 점이다. 이것을 가리켜 장자는 도통위일(道通爲一)이라고 말한다.

그렇다면 삶과 죽음도 물화(物化)가 빚어낸 현상이 아닐까? 모든 게 변화로 연기되어 있다면 삶도 만물의 변화 가운데 한 단계이고, 죽음도 만물의 변화 가운데 한 단계이다. 공자가 인생의 완성으로 제시했던 이순(耳順)도 마찬가지이다. 이순을 직역하면 귀가 순하게 되는 건데 이는 귀에 전달되는 소리들이 분별 없이 똑같이 들린다는 뜻이다. 그래서 이순의 단계에 이르면 큰 소리든 작은 소리든, 또 싫은 소리든 좋은 소리든 간에 어떤 구분이 생겨나지 않고 귀에 똑같이 들린다. 그러다가 죽음에 가까이 이르면 소리가 있는지 없는지조차 구분하지 못한다.

나머지 오관인 눈, 코, 혀, 몸도 귀와 마찬가지이다. 그래서 안순(眼順), 비순(鼻順), 설순(舌順), 신순(身順) 개념도 성립할 수 있다. 처음에는 눈으로 아름다운 것과 추한 것을 철저히 구분하지만 나이가 들면 이런 구분이 자연히 사라지게 마련이다. 시간이 더 흐르면 구분하는 것조차 의미 없는 일이라고 여긴다. 그래서 아름다운 걸 굳이 찾아다니고, 추한 걸 굳이 피하려고 하지 않는다. 이런 식으로 오감에 있어서 분별없음, 즉 순(順)이 발달하면 삶과 죽음 사이의 경계도 자연히 허물어진다. 그렇다면 삶과 죽음도 일종의 물화 작용으로 생겨난 결과가 아닐까?

지금 우리는 살아 있는지 죽어 있는지 과연 어떻게 알 수 있을까? 만약 오감작용이 멈추어서 그 작용이 모두 중지된다면, 즉 시각, 청각, 후각, 미각, 촉각이 모두 마비된다면 지금 우리가 살아 있는지 죽어 있는지 여부를 파악할 마땅한 방법이 없다. 시각이 마비되면 살아 있는 걸 어떻게 볼 수 있으며, 청각이 마비되면 살아 있는 걸 어떻게 들을 수 있을까? 게다가 촉각마저 마비되면 자신이 숨 쉬는 것조차 어떻게 느낄 수 있을까? 오감 중 하나라도 작용하고 있으므로 지금 우리가 살아 있다는 걸 실감할 수 있다. 그렇다면 우리가 실제로 느끼는 삶과 죽음의 경험도 오로지 감각작용에 달려 있는 게 아닐까?

꿈은 감관작용이 멈춘 상태에서 생겨난다. 잠잘 때는 오감작용이 전혀 이루어지지 않아서이다. 그런데 꿈을 꾸는 건 잠을 잘 때이지만 그때도 심관은 여전히 작용하고 있다. 이렇게 보면 현실과 꿈의 경계는 오로지 감관작용을 하느냐의 여부에 의해 결정된다. 즉 심관작용과 감관작용이 모두 이루어진다면 깨어난 현실이지만 심관작용을 하더라도 감관작용을 하지 못하면 꿈 꾸는 상황이 된다. 그렇다면 죽음은 어떤 상태인가? 그것은 감관작용은 물론이고, 심관작용도 멈춘 상태이다. 따라서 현실과 꿈의 경계는 감관작용을 하는지의 여부로 허물어질 수 있다. 나아가 삶과 죽음의 경계는 여기에 더해 심관작용을 하는지 여부로 인해 허물어질 수 있다. 그러니 감관작용이 이루어지지 않는 꿈의 상태에서 한 단계 더 나아가서 심관작용조차 이루어지지 않는다면 그것이 곧 죽음의 상태이다. 사람들은 흔히 현실과 꿈은 서로 연결되어 있다고 믿는 반면 삶과 죽음은 단절되어 있다고 믿는다. 그런데 꿈의 상태에서 심관작용조차 이루어지지 않는다면 그것이 곧 죽음의 상태이다. 사람들이 이를 안다면 삶과 죽음도 현실과 꿈처럼 서로 연결되어 있다고 믿는 게 그다지 힘든 일이 아니지 않는가!

지금까지의 얘기를 표로 정리하면 다음과 같다.

	현실의 삶	꿈	죽음
감관작용	○	×	×
심관작용	○	○	×

「소요유」의 시작부인 대붕의 비상에서도 '화(化)'의 개념은 중요한 역할을 담당했다. 물고기 곤이 새 붕으로 변화하는 어화이위조(漁化而爲鳥)로 글이 시작되었기 때문이다. 이처럼 「소요유」의 시작도 화의 개념으로 출발했지만 「제물론」의 마지막도 화의 개념으로 끝난다. 화는 영어로 'becoming'으로 표기된다. 그렇다면 이것의 반대 개념은 'being'일 것이다. being을 흔히 존재(存在)로 번역하는데 존재는 사물의 고정된 관점이다. 서양철학이 가능한 사물을 고정된 관점에서 파악하려는 건 사물이 지닌 의미를 보다 객관화하고 명료화하기 위해서이다. 반면 동아시아사상은 고정된 관점이 아니라 끊임없이 변한다는 관점에서 사물을 파악한다. 그렇다면 나비에서 장주로, 또 장주에서 나비로의 자유로운 물화는 서양철학에 깊이 뿌리 내린 나와 너, 주관과 객관 등의 이분법적 사유를 해체하려는 게 아닌가? 장자는 여기서 만물이 제동(諸同)할 수 있는 근거, 즉 제물(齊物)의 근거를 찾는다.

경복궁·창덕궁·창경궁·경희궁 정문 이름에 모두 화(化)자가 들어 있다. 경복궁은 광화문(光化門), 창덕궁은 돈화문(敦化門), 창경궁은 흥화문(弘化門), 경희궁은 흥화문(興化門)이다. 광화는 빛(光)으로 화하다(化)는 뜻인데 임금의 교지가 문을 통과하면서 만백성에게 희망을 가져다주는 빛으로 다가갔으면 하는 염원을 담고 있다. 돈화는 임금의 교지가 문을 통과하면서 오래도록 유지되었으면, 즉 좋은 정책으로 변해서 10년, 20년씩 길게 지속되었으면 하는 염원을 담는다. 홍화는 넓게(弘) 화했으면(化), 즉 삼천리 방방곡곡에 퍼졌으면 하는 염원이다. 흥화는 임금의 교지가 문을 통과할 때 백성이나 임금이나 모두 마음이 즐겁고 기뻐하길 바라는 염원을 담는다.

장자는 앞에서 흐르는 시간을 잊고(忘年), 또 온갖 논리와 주장도 잊고(忘義) 그럼으로써 끊이지 않고 무한히 연결된 경지(無竟)로 나아가야 한다고 강조한 바 있다. 세상만물은 이것/저것으로, 또 옳음/그름으로 구분되는 게 아니라 상호연기 되어서 모두 연결되어 있기 때문이다. 그래서 너와 나, 또 주체와 객체의 구분은 있을 수 없다. 우리는 호랑나비의 꿈을 통해 주체와 객체의 구분이 없어지는 걸 경험했다. 꿈을 꿀 때는 호랑나비가 되고, 깨어나선 장주가 되어서이다. 이처럼 꿈이냐 현실이냐에 따라 장주도 서로 다른 모습을 보이는데 이것은 조화 속에 동시에 연결된 하나임을 말해준다. 호랑나비와 장주로 구분하면서 우리가 다른 존재로 인식하는 건 오로지 물화(物化)로 인한 것이지 도 안에서 모두 하나로 통한다는 명제가 작용하지 않은 탓이 아니다.

양생주
(養生主)

양생주(養生主)를 풀이하면 삶 또는 생명(生)을 길러주는(養) 주인
(主)이다. 여기서 '삶'이 중심이냐, '생명'이 중심이냐에 따라 해석이
달라진다. 삶이 중심이면 수명을 늘려 오래 사는 것, 즉 연년익수(延
年益壽)를 의미하는데 이는 우리가 익히 아는 양생법이다. 양생을 이
런 식으로 해석하면 오래 사는 문제에만 매달려 어떻게 하면 자연의
결대로 살아가면서 생명을 온전히 보존할 수 있는가의 문제에 대해
선 소홀해진다. 게다가 장자에게 있어 개인은 세상과 유리되어서 혼
자 살아가는 존재가 아니라 세상과 함께 살아가는 존재이다. 따라서
장자가 관심을 갖는 양생법은 연년익수처럼 혼자만의 양생이 아니
라 다른 사람과의 관계 속에서 생명을 온전히 보존하는 차원의 양생
이다.

그리고 장자가 생명을 온전히 보존하겠다고 말하는 장소도 우리가
흔히 연상하는 것처럼 물리적으로 안전한 공간이 아니라 심리적으로
안전한, 즉 안심(安心)이란 마음의 공간이다. 그래서 모든 걸 떨쳐버
리고 세상을 등지면서 살겠다고 찾아 나선 깊은 산속이나 외딴 섬이
아니다. 그렇다고 권력에 의해 자신을 보호받을 수 있는 조정(朝廷)은

더 더욱 아니다. 이런 공간은 몸만 피할 수 있을 뿐이지 생명을 근본적으로 보존할 수 없다. 게다가 이런 공간에선 몸은 피할 수 있어도 마음은 피할 수 없다. 장자가 볼 때 몸만 피하려고 했던 대표적 인물이 유가가 이상적 인물로 그리는 백이(伯夷)와 숙제(叔齊)이다. 이처럼 장자는 몸의 보전이 아니라 마음의 보존에 방점을 둔다. 그래서 그의 양생법은 그 뼈대가 양형(養形)이 아니라 양심(養心)이다.

그러면 어떻게 해야 양심(養心)의 상태에 이를 수 있을까? 장자는 연독이위경(緣督以爲經), 즉 순리에 따라 이루어진 중앙의 자연스런 균형을 원칙으로 삼으면 가능하다고 본다. 그렇다면 순리에 따른 중앙의 자연스런 균형, 즉 독(督)을 어떻게 이룰 수 있을까? 그것은 서로 엉켜서 맺혀 있는 부분을 풀어줄 때 비로소 가능하다. 그런데 맺혀 있는 부분은 사물에만 있는 게 아니다. 마음에도 맺힌 부분이 있다. 그래서 장자는 사물의 맺힌 부분을 풀어주는 걸 해물(解物)이라고, 또 마음의 맺힌 부분을 풀어주는 걸 해심(解心)이라고 명명한다.

먼저 사물의 맺힌 부분을 풀어주는 해물의 예로 포정의 해우(解牛), 즉 포정이 행한 소의 해체를 든다. 포정이 소를 해체할 때 가장 신경을 쓰는 곳이 지맥과 경맥이 붙어 있는 곳과 살과 근육 내지는 살과 뼈가 모여 있는 소위 예민하거나 질긴 곳이다. 이런 곳이 사물의 맺힌 부분이다. 이런 맺힌 부분에 이르면 포정도 정신을 집중해서 자연의 결에 따라 칼을 움직인다. 포정의 훌륭한 칼솜씨 덕분으로 소는 아픔조차 느끼지 못한 상태에서 깨끗이 해체된다. 이것이 장자가 그리는 이상적인 해물(解物)의 방식이다. 물론 포정의 소 잡는 방법, 즉 해물이 신기에 가깝더라도 해물보다 더 어려운 건 마음에 맺힌 곳을 푸는 해심(解心)이다.

장자는 우사(右師)와 진실(秦失)이란 두 가공의 인물을 통해 마음에 맺힌 곳을 어떻게 푸는지를 보여준다. 먼저 우사의 잘린 한 발이 형벌로 인해 생겨났지만 이를 억울하다고 생각하지 않고, 하늘의 뜻으로 여기는 게 해심의 핵심이다. 그리고 진실은 노담의 제자들이 자신들의 선생에 대해 보여주었던 조문에 문제가 있다는 걸 지적한다. 이는 선생이 좀 더 오래 사셨으면 하는 아쉬움으로 인해 제자들에게 마음에 맺힌 곳이 만들어져서이다. 진실은 이런 생각을 자연의 원리에서 벗어남으로써 받는 형벌, 즉 둔천지형(遁天之刑)이라고 규정한다. 그런데 이런 형벌로부터 벗어나는 길은 자연의 원리에 대한 확실한 이해, 즉 와야 할 때를 편히 받아들이고, 또 가야 할 순리를 편히 받아들이는 일이다. 이럴 때 하늘에 의해 거꾸로 매달린 상태에서 벗어날 수 있는, 즉 현해(懸解)가 가능하다.

　기름은 땔감이 되어 한 번으로 활활 타고 없어지지만 불씨는 다음 땔감으로 이어져 끝날 줄 모른다. 마찬가지로 우리도 한 번 태어나면 이리 뛰고 저리 뛰고 하다간 결국 죽게 마련이다. 그렇지만 제대로 된 양생을 이룬다면 자연의 거대한 변화 속으로 자신을 자연스럽게 용해시켜 자신의 생명을 끊임없이 전할 수 있다. 따라서 땔감으로서의 생명은 유한하지만 이 땔감에서 만들어진 불씨는 세상과 자연 속으로 끝없이 전해진다. 그럼으로써 우리는 죽음과 삶(死生)을 하나로, 또 있음과 없음(存亡)을 하나로 연결할 수 있다. 이처럼 한 번 주어진 생명이 세상과 자연 속으로 끝없이 전해진다면 삶과 죽음, 또 있음과 없음은 서로 연결되어져 소통을 이룰 수 있다. 따라서 장자가 양생(養生)을 통해 궁극적으로 말하고자 하는 바는 제물(齊物)과 마찬가지로 소통이다. 이를 통해 우리는 가장 두려워하는 죽음까지 슬기롭게 극복할 수 있는 길(道)을 만난다.

우리의 삶은 끝이 있어 유한한데 우리의 앎은 끝이 없어 무한하다.

끝이 있는 삶으로 끝이 없는 앎을 추구하는 건 피곤하다.

피곤할 뿐인데 끝이 없는 앎을 계속 추구하는 건 더욱 피곤하다.

또 선행을 해도 명성이 드러나선 안 되고,

악행을 저질러도 형벌을 받을 정도가 되어선 안 된다.

순리에 따른 중앙의 자연스런 균형(緣督)을 원칙으로 삼으면

몸을 잘 지킬 수 있고, 생명을 온전히 보존할 수 있고,

부모를 잘 모실 수 있고, 천수를 다 누릴 수 있다.

• • •

吾生也有涯, 而知也無涯. 以有涯隨無涯, 殆已., 已而爲知者, 殆而已矣. 爲善無近名, 爲惡無近刑. 緣督以爲經, 可以保身, 可以全生, 可以養親, 可以盡年.

순리에 따라 이루어진 중앙의
자연스런 균형을 원칙으로 삼다(緣督以爲經)

———

이제부터는 「제물론」의 주제로 언급된 바 있는 소통에 대한 논거들을 보충하거나 증명하는 차례이다. 논문으로 치면 「제물론」이 이론적 틀이라면 앞으로 전개될 내용은 본론쯤에 해당한다. 그 첫 번째 본론이 「양생주」이다. 「양생주」에선 태어나면 죽게 마련인 우리가 그 삶이 비록 유한할지라도 자연의 원리에 따라 주어진 생명을 어떻게 해야 온전히 보존할 수 있는지, 즉 인도(人道)에 대해 언급한다. 「양생주」에 이어 펼쳐지는 「인간세」에서도 서로 다른 생각을 지닌 사람들 간의 관계를 좋게 유지하는 게 비록 힘들더라도 이런 힘든 관계를 자연의 원리에 따라 어떻게 극복할 수 있는지, 즉 인도(人道)에 관한 얘기가 역시 펼쳐진다.

장자는 「양생주」를 시작하면서 유한한 삶(生)과 무한한 앎(知)이란 대치를 통해 일종의 긴장감을 조성한다. 이런 긴장감은 삶은 영원하지 않아서 유한할 뿐인데 앎은 알수록 그 끝이 보이지 않아서 무한하다는 걸 강조하려는 데서 비롯된다. 우리는 태어나서 죽을 때까지 앎을 부단히 추구하지만 모르는 바가 여전히 많이 남아 있음을 아쉬워한다. 그래서 장자는 유한한 삶을 살아가면서 무한한 앎을 좇지 말라고 경고한다. 앎은 무한하기에 아무리 추구해도 모든 걸 알 수 없어 서이다. 게다가 모든 종류의 앎을 추구하다가 삶 자체가 피곤해질 수 있다. 그래서 노자도 "배움을 끊어야 걱정이 없어진다."[38]고 말하지 않았던가. 이는 적당한 앎에 이르면 앎을 더 이상 맹목적으로 추구하지 말라는 경고이다. 그러니 우리는 유한한 삶과 무한한 앎 사이의 균형을 반드시 이루어야 한다.

유한한 삶과 무한한 앎의 이런 대치는 "기름은 땔감이 되어 한 번으로 활활 타고 없어지지만 불씨는 다음 땔감으로 이어져 끝날 줄 모른다."라는 「양생주」의 결론부와 자연스럽게 연결된다. 이 내용은 생명을 온전히 보존하는 사람은 타고나면 없어지는 땔감과 달리 유한한 삶 속에서도 도(道)의 불씨를 지펴 세상 속으로 자신의 생명을 끝없이 전한다는 말이다. 이럼으로써 유한한 삶을 살아도 양생(養生), 즉 생명을 길러서 영원히 살아갈 수 있는 기반을 만든다. 이런 삶은 아무리 배워도 제대로 된 깨달음에 이르지 못하는 삶과는 너무나 대조적이다. 제대로 된 깨달음에 이르지 못하는 삶은 오로지 작은 앎(小知)에 집착한 결과이다. 그래서 작은 앎을 자연의 원리를 깨닫는 큰 앎(大知)으로 대체하는 게 장자가 그리는 양생법이다. 이런 양생법을 통할 때 살아선 생명을 온전히 보존할 수 있고, 또 죽어선 영원히 살수 있는 기반을 만들 수 있다.

그래서 장자는 유한한 삶으로 무한한 앎을 추구하지 말라고 주문한다. 앎을 끊임없이 추구하다 보면 삶이 피곤해지기 때문이다. 그럼에도 앎을 계속해서 추구한다면 삶이 편안해지기는커녕 더욱 힘들어

---

38) 絶學無憂 (『도덕경』 20장)

진다. 흥미로운 사실은 삶이 힘들어져도 앎을 계속해서 추구하는 걸 옹호하는 사람이 적지 않다는 점이다. 그런 사람 중 한 하나가 장자가 살았던 당시 춘추전국시대의 제자백가들이다. 이들은 앎을 끊임없이 추구함으로써 자신은 물론이고, 다른 사람들까지 논쟁에 휘말리게 해 결국 이들마저도 힘들게 했다. 이것 또한 유한한 삶과 무한한 앎 사이의 균형이 깨진 데서 비롯된 결과이다. 만약 제자백가들이 자신들도 언젠가 죽고 마는 유한한 존재임을 깨달았다면 이런 식으로 앎을 부단히 추구하지 않았을 거다.

그런데 유한한 삶과 무한한 앎 사이의 균형은 배움에서 그치지 않는다. 행동을 함에 있어서도 똑같이 요구된다. 그래서 선행을 벌여도 명성이 드러나선 안 되고, 악행을 저질러도 형벌을 받을 정도가 되어선 안 된다. 생명을 온전히 보존하는 일이 그만큼 중요하기 때문이다. 따라서 도덕은 생명이란 주제 하에선 부차적이고 종속적인 가치일 뿐이다. 이 점이 도덕을 우선시하는 유가와 다르다. 유가라면 분명히 선은 더욱 행하고, 악은 아예 행하지 말라고 주문했을 거다. 그렇다면 장자는 모든 행동에 선한 요소와 악한 요소가 함께 있다고 본 걸까? 아니면 행동을 선함과 악함으로 분명히 구분할 수 없다고 본 걸까? 모두 타당한 말이다. 절대선과 절대악은 개념상으로만 존재할 뿐 실제에선 존재하지 않는다. 또 아무리 선한 행동일지라도 악한 면이 있거나 아무리 악한 행동일지라도 선한 면이 있게 마련이다. 이것은 음양의 이치에 의해 지배되는 자연의 불변의 원리이다. 이런 자연의 불변의 원리를 장자는 받아들인다.

그렇다면 생명을 온전히 보존하려면 어떻게 살아야 할까? 연독이 위경(緣督以爲經), 즉 순리에 따라 이루어진 중앙의 자연스런 균형을 원칙으로 삼는 게 장자의 답이다. 연독이위경은 좀 생소한 개념처럼 보이는데 이 의미를 파악하는 데 있어 중요한 단서가 독(督)이다. 독의 개념을 제대로 파악하려면 몸의 기경팔맥(奇經八脈)을 들여다보아야 한다. 팔맥 중 하나인 임맥(任脈)과 독맥(督脈)은 들이키는 들숨과 내쉬는 날숨을 제어하는 곳이다. 임맥은 몸 앞쪽 가운데에 있고, 독맥은 몸 뒤쪽 가운데에 있다. 그런데 독맥은 가만히 멈춰 있으면서 좌우 어느 쪽으로 치우치지 않는다. 이것이 자연의 원리에 따른 중앙의 자연스런 균형에 해당한다.

게다가 독맥은 위치만 있을 뿐 모습이 없어서 텅 빈 상태이다. 이런 비움은 도의 가장 중요한 특징이므로 독맥의 독은 곧 도를 의미한다. 게다가 독은 맑고 부드러운 기(氣)가 빈 곳을 따라 움직이다가 더 이상 나아가지 못하는 데서 멈추므로 가장 안정된 평형 상태를 이룬다. 이것이 도가 지닌 자연의 균형이다. 따라서 연독(緣督)은 도를 따른다는 걸 뜻한다. 그런데 도를 따르는 삶을 살기 위해선 무엇보다 사물과 하나가 되어야 한다. 즉 사물의 자연스런 결을 읽으면서 그 본성을 거스르지 말아야 한다. 이렇게 해야만 사물의 참된 모습을 볼 수 있다. 그리고 사물의 참된 모습을 통해 양생의 도를 얻은 사람은 더 이상 앎을 추구할 필요가 없다. 이미 도의 단계에 이르렀기 때문이다. 그래서 양생의 도를 얻은 사람은 사물의 자연스런 맥락과 빈틈을 따라 거기서 유유자적하며 노닐 수 있다.

이런 삶을 살아갈 때 비로소 몸을 안전하게 지킬 수 있고, 생명을 온전히 보존할 수 있고, 부모를 잘 모실 수 있고, 타고난 수명을 다 누릴 수 있다. 몸을 안전하게 지키는 보신(保身)은 단순히 몸만 의미하는 게 아니라 마음까지 지키는 걸 포함한다. 따라서 연독이위경, 즉 순리에 따라 이루어진 중앙의 자연스런 균형을 원칙으로 삼으면 몸은 물론이고, 마음도 상처를 입지 않는다. 생명을 온전히 보존하는 전생(全生)도 마찬가지이다. 그래서 여기서의 생명은 물리적인 생명뿐 아니라 정신적인 생명, 즉 마음의 생명까지를 포함한다. 또 부모를 잘 모시는 양친(養親)도 부모의 몸뿐 아니라 부모의 마음까지 보살피는 걸 뜻한다. 타고난 수명을 다 누리는 진년(盡年)도 몸뿐 아니라 마음까지 타고난 수명을 누린다는 걸 뜻한다.

장자는 보신·전생·양친·진년을 몸 차원에서 마음 차원으로 왜 확장할까? 몸 차원에서 보신을 이룬 대표적인 인물이 팔백 살까지 살아서 유명해진 팽조이다. 그의 양생법은 숨을 내쉬고 들이쉬는 취구호흡(吹呴呼吸), 기운을 뱉어 내고 새 기운을 받아들이는 토고납신(吐故納新), 또 곰처럼 나뭇가지에 매달리거나 새처럼 목을 길게 빼는 웅경조신(熊經鳥申)과 같다. 팽조가 팔백 살까지 산 것은 이런 양생법을 통해 혼자 이루어낸 것이기에 다른 사람과의 관계성을 발견할 수 없다. 반면 장자가 강조하는 양생법은 다른 사람과의 관계 속에서 반드시 이루어져야 한다. 우리가 다른 사람과 관계할 때 마음 안에서 일어나는 감정, 즉 희로애락의 감정을 어떻게 다스리느냐가 중요하기 때문이다. 따라서 다른 사람과의 관계를 잘 다스려야만 마음 차원의 보신·전생·양친·진년을 이룰 수 있다. 그렇다면 장자가 말하는 양생은 몸 차원인 양형(養形)이 아니라 마음 차원인 양심(養心)이지 않은가!

앞서 「소요유」에서 장자는 신인(神人)에 대해 언급할 때 "장님이나 귀머거리는 비단 육체에만 한하는 게 아니지 않는가? 사람의 마음에도 장님과 귀머거리가 있다."[39]고 말한 바 있다. 이런 점에 미루어볼

---

39) 連叔曰:「然! 瞽者無以與文章之觀, 聾者無以與乎鐘鼓之聲. 豈唯形骸有聾盲哉?
(「소요유」 3)

때 장자는 몸 차원의 장님과 마음 차원의 장님을 구분한다. 이런 구분은 몸 차원의 장님과 마음 차원의 장님이 그 성격에 있어서 다르다고 보아서이다. 사실 그렇다. 귀와 눈이 먼 사람은 설령 들리지 않고 보이지 않더라도 마음속의 빛을 보는 데 있어선 어떠한 방해를 받지 않는다. 그렇지만 마음으로 귀와 눈이 먼 사람은 몸이 아무리 온전해도 마음속의 빛을 보는 데 있어선 방해를 받게 마련이다. 그러니 양형을 넘어서서 양심을 이루어야만 마음속의 빛을 제대로 볼 수 있다.

물론 이것이 몸 대신 마음을 양생하라는 이유의 전부는 아니다. 더 중요한 건 양생할 수 있는 게 오직 마음뿐이라는 사실이다. 몸은 하늘이 정해서 내려준 것이기에 양생의 대상이 될 수 없다. 예를 들어 건강하게 태어나거나 불구로 태어나거나 하는 것들은 우리의 의지와는 전혀 관계가 없다. 이것들은 오로지 하늘에 의해서 결정될 뿐이다. 심지어 살면서 사고나 형벌로 인해 몸이 불구가 되었더라도 그건 여전히 하늘이 결정한 일이다. 그러니 양생할 수 있는 대상은 오로지 우리의 마음뿐이지 않는가?

포정(庖丁)이 문혜군을 위해 소를 잡는데 손을 놀릴 때,

어깨로 밀 때, 발로 밟을 때, 무릎으로 누를 때마다

사각사각 울려 퍼지는 곡조에 따라 움직이는 서걱서걱한 칼질 소리는

훌륭한 음률을 이루었다.

그래서 포정의 손발 놀림은 마치 상림(桑林)의 춤과 같았고,

그의 칼질 소리의 음률은 경수(經首)의 가락에 버금했다.

문혜군이 말했다.

"아, 훌륭하다. 소 잡는 기술이 어찌 이런 경지에 이를 수 있는가?"

포정이 칼을 내려놓고서 말했다.

"신이 반기는 것은 도(道)인데 이는 기술(技)보다 앞선 것입니다.

신이 처음 소를 잡았을 때 보이는 건 온전한 소의 모습뿐이었습니다.

삼 년이 지나자 온전한 소의 모습은 보이지 않고,

일부만 눈에 들어와 소를 보아도 소란 사실을 잊었습니다.

지금 신은 소를 정신(神)으로 대할 뿐 눈(目視)으로 보지 않습니다.

눈의 작용이 멎고, 정신의 자연스런 작용이 진행되면서

신은 자연의 원리(天理)에 따라 큰 틈새를 칩니다.

그리고 넓은 빈 곳에 칼을 가지고 들어가

소가 지닌 본래의 결(固然)에 따라 칼질을 합니다.

이때 칼 움직임은 작은 맥과 큰 맥, 또 뼈와 살과 힘줄이 붙은 곳에서

조금도 방해받은 적이 없으니

하물며 큰 뼈를 다루는 데 있어 무슨 어려움이 있겠습니까!

솜씨 좋은 요리사(良庖)는 해마다 한 번쯤 칼을 바꾸는데

이는 소를 직접 베기 때문입니다.

보통의 요리사(族庖)는 달마다 한 번쯤 칼을 바꾸는데

이는 뼈를 자르기 때문입니다.

지금 신이 사용하는 칼은 아주 오래되었습니다.

그동안 잡은 소만도 수천 마리에 달하지만

칼날은 새것처럼 숫돌에서 막 갈아 나온 듯합니다.

본래 소의 뼈마디엔 틈새가 있지만 신의 칼날엔 두께가 없습니다.

두께가 없는 것으로 틈새가 있는 데로 들어가니까

오히려 그 안은 텅 빈 듯 넓습니다.

또 유유자적한 칼날의 움직임으로 여분의 공간이 반드시 생겨납니다.

때문에 오랜 세월이 흘렀지만 칼날은 새것처럼 숫돌에서 막 갈아

나온 듯합니다.

그렇더라도 매번 뼈와 힘줄이 엉킨 곳에 이르면

저도 칼질하기가 어렵다는 걸 알기에 바짝 긴장해서

시선을 한 곳에 고정시키고 손놀림을 신중히 합니다.

이 상태에서 칼을 조금만 움직여도 살이 스르륵 하고 떨어집니다.

이는 마치 땅 위에 흙이 쌓이는 것과 같습니다.

그런 뒤 칼을 든 채 일어서서 사방을 둘러보며 머뭇거리다가

이내 마음이 흡족해져 칼을 잘 닦아 간직합니다."

문혜군이 말했다.

"훌륭하구나! 나는 포정의 말을 듣고 양생(養生)의 방법을 배웠다."

庖丁爲文惠君解牛, 手之所觸, 肩之所倚, 足之所履, 膝之所踦, 砉然嚮然, 奏刀騞然, 莫不中音. 合於桑林之舞, 乃中經首之會. 文惠君曰:「譆, 善哉! 技蓋至此乎?」庖丁釋刀對曰:「臣之所好者道也, 進乎技矣. 始臣之解牛之時, 所見無非全牛者. 三年之後, 未嘗見全牛也. 方今之時, 臣以神遇而不以目視, 官知止而神欲行. 依乎天理, 批大卻, 導大窾因其固然, 技經肯綮之未嘗微礙, 而況大軱乎! 良庖歲更刀, 割也., 族庖月更刀, 折也. 今臣之刀十九年矣, 所解數千牛矣, 而刀刃若新發於硎. 彼節者有閒, 而刀刃者無厚., 以無厚入有閒, 恢恢乎 其於遊刃必有餘地矣. 是以十九年而刀刃若新發於硎. 雖然, 每至於族, 吾見其難爲, 怵然爲戒, 視爲止, 行爲遲. 動刀甚微, 謋然已解, 如土委地. 提刀而立, 爲之四顧, 爲之躊躇滿志, 善刀而藏之.」文惠君曰:「善哉! 吾聞庖丁之言, 得養生焉.」

포정의 해우(解牛),
즉 소 잡는 법

————

　이제부터 연독이위경(緣督以爲經), 즉 순리에 따라 이루어진 중앙의 자연스런 균형을 원칙으로 삼는 사람들의 얘기가 차례로 등장한다. 자연스런 균형을 이루려면 먼저 맺힌(結) 곳을 풀어야 한다. 그런데 맺힌 곳은 두 종류가 있는데 하나는 사물이고, 다른 하나는 마음이다. 먼저 사물의 맺힌 곳을 풀어주는 방법이 여기서 소개되는데 이 얘기의 주인공은 요리사 포정(庖丁)이다. 포정은 소를 재료로 해서 음식을 만드는 사람이다. 그래서 포정은 소를 잡는 기술, 즉 해우(解牛)의 기술을 지녀야 한다. 여기선 이 해우를 중심으로 얘기가 펼쳐진다. 이어서 마음의 맺힌 부분을 풀어주는 방법이 소개되는데 이 얘기의 주인공은 형벌로 한 발을 잃은 우사(右師)와 스승의 죽음으로 인해 슬픔에 잠긴 제자들의 맺힌 마음을 풀어주는 스승의 친구 진실(秦失)이다.

　포정이 사물의 맺힌 곳을 풀어주는 방법을 소개하기에 앞서 푼다는 개념인 해(解)를 파자해서 그 의미를 검토할 필요가 있다. 해(解)를 파자하면 '각(角)', '도(刀)', '우(牛)'로 제각각 나누어진다. 여기서 각은 덩어리로 나눈다는 것을, 도는 칼을, 우는 소를 의미하므로 해의 개

넘은 결국 소를 해체한다는 데서 비롯된 것임을 알 수 있다. 아마도 장자가 살았던 2천 년 전 당시 소를 잡는 작업이 꽤 고난도의 기술을 필요로 했기 때문이 아닌가 싶다. 이 단어가 오늘날 '솔루션(solution)'이란 의미로 사용된다는 점을 감안하면 해(解)의 글자에서 여러 가지 흥미로운 유추가 가능하다.

포정은 문혜군 앞에서 소를 잡는데 거의 신기에 가까운 기술을 보여준다. 손을 움직이고, 어깨로 밀며, 발로 밟고, 무릎으로 누를 때마다 칼질하는 소리가 사각사각, 서걱서걱 하고 울려 퍼졌는데 그 모습과 소리가 마치 고대 중국 최고의 예술이었던 상림(桑林)의 무악과 경수(經首)의 장단을 연상하게 할 정도였다. 문혜군은 감탄한 나머지 "소 잡는 기술이 어찌 이런 경지에까지 이를 수 있단 말인가?" 하고 포정에게 물었다. 이에 포정은 자신이 추구하는 건 도(道)에 따른 해우(解牛)라면서 이는 기술보다 앞선 것이라고 대답했다.

물론 포정도 처음에는 기술로써 소를 잡았다. 그때 포정의 눈에는 소의 온전한 외형밖에 보이지 않았다. 이는 포정이 소를 외물로 상대했기 때문이다. 삼 년이 지나자 바깥의 온전한 소의 형태는 사라지고, 뼈와 살과 힘줄 등으로 뭉쳐진 소의 내부 일부분만이 눈에 들어왔다. 그래서 포정은 자신이 보고 있는 게 소란 사실을 잊어버릴 수 있었다. 그런데 지금은 눈으로 상대하지 않고, 정신으로 상대하니까 눈의 작용이 저절로 멎고 그 대신 정신의 작용이 이루어지면서 자연의 원리에 따라 큰 틈새를 칠 수 있다. 그리고 큰 틈새의 넓은 빈 곳으로 칼을 갖고 들어가서 소가 지닌 본래의 결에 따라 칼질을 하니까 작은 맥과 큰 맥, 또 뼈에 붙은 살과 힘줄이 엉켜 있는 미세한 곳에서도 칼 움직임이 한 번도 방해를 받은 적이 없다. 이런 미세한 곳에서조차 칼 움직임이 방해를 받은 적이 없으니 하물며 큰 뼈를 다루는

데 있어 어떤 어려움이 있겠냐고 포정은 문혜군에게 반문했다.

우리는 여기서 포정이 평생 소를 잡으면서 경험한 단계를 세 단계로 나눌 수 있다. 첫 번째는 소를 처음 잡았을 때 경험했던 '손으로 잡는 수해(手解)'의 단계이다. 이 단계에선 포정의 눈에 보이는 것도 오로지 소의 온전한 외형뿐이다. 두 번째는 삼 년쯤 지났을 때 경험했던 '눈으로 잡는 목해(目解)'의 단계이다. 이 단계에선 소의 외형은 눈에 보이지 않고, 그 대신 뼈와 힘줄과 근육과 같은 소의 내부 일부분만이 눈에 들어왔다. 그래서 자신이 상대하는 게 소란 사실을 잊었다. 세 번째는 지금 '정신으로 잡는 신해(神解)'의 단계이다. 이 단계는 도에 입각해서 소를 해체하는 도해(道解)의 단계이기도 하다. 이 단계에선 포정이 마음과 뜻을 응용해서 더 이상 눈을 쓰지 않고 소를 상대하므로 살과 뼈를 하나도 건드리지 않고서 소를 잡을 수 있다.

포정에 따르면 솜씨 좋은 요리사는 일 년에 한 번쯤 칼을 바꾸는데 그건 살을 직접 베어서이다. 보통의 요리사는 한 달에 한 번쯤 칼을 바꾸는데 그건 칼 다루는 솜씨가 서툴러서 칼이 뼈에 자주 닿아서이다. 지금 포정이 쓰는 칼은 아주 오래되어 그동안 잡은 소만도 수천 마리에 달하지만 칼날은 숫돌에서 막 갈아 나온 듯 번들거리며 빛난다. 이는 소의 뼈마디에 틈이 있지만 포정의 칼날에 두께가 없어서이다. 즉 두께가 없는 칼날이 틈새로 들어가니까 그 안이 텅 빈 듯 넓어보여서이다. 결국 자연의 결에 따라 큰 틈을 치고, 그 틈에 의해 생겨난 빈 공간에 칼을 들이대니까 본디부터 나 있는 길(道)을 따라 칼질을 할 수 있다. 그러니 소는 자기 몸이 해체되면서도 과연 아픔을 느낄 수 있었을까? 이것이 연독이위경(緣督以爲經), 즉 순리에 따라 이루어진 자연스런 균형을 원칙으로 삼아 소를 잡는 방법이다.

물론 포정이라도 뼈와 근육이 복잡하게 엉킨 곳에 이르면 칼질하기가 쉽지 않다는 걸 잘 안다. 그래서 이때는 바싹 긴장해서 눈을 한곳에 고정시킨 뒤 칼을 쥔 손의 놀림을 신중히 한다. 그래서인지 칼을 약간만 움직여도 마치 흙이 땅에 떨어지듯 살이 어느새 스르륵 하고 뼈에서 분리된다. 포정도 얼떨떨해져 주위를 둘러보며 머뭇거리는데 이내 흡족한 듯 칼을 닦아 칼집에 넣는 것으로 일을 마친다. 포정의 이런 소 잡는 기술은 도의 경지에 이르렀다고 말할 수 있다. 기술이란 원래 인위(人爲)에 입각해 있다. 반면 도의 경지에 이르면 모든 걸 자연의 원리에 맡기면서 무위(無爲)를 따른다. 무위란 뭔가를 하지 않는 게 아니라 자연의 결에 따라 일을 처리하는 것이다. 그러니 인위에 입각한 기술이 아무리 훌륭하더라도 무위에 입각한 도(道)와 비교할 때는 하찮을 뿐이다.

그런데 포정의 해우(解牛) 이야기는 신기한 기술로서 소를 잡는 그저 흥미로운 얘깃거리에 불과한 건가? 만약 이 정도의 흥미로운 얘기라면 포정의 소 잡는 기술이 장자서 내편에까지 소개되는 건 좀 지나치지 않은가? 게다가 「양생주」의 주제인 연독이위경, 즉 순리에 따라 이루어진 중앙의 자연스런 균형을 원칙으로 삼으면서 살아가는 사람들을 소개하는 데 있어 그 첫 번째 주인공으로 포정이 선정된 것도 좀 이상하지 않은가? 그렇다. 장자는 포정의 소 잡는 신기한 기술만을 우리에게 보여주려고 했던 건 아니다. 그보다는 포정의 소 잡는 방법을 통해 보다 의미 있는 내용을 펼쳐 보이려고 했다. 그렇다면 보다 의미 있는 내용이란 무엇일까? 우리는 그 실마리를 포정의 소 잡는 이야기의 마지막을 장식하는 문혜군의 평, "훌륭하다. 나는 포정의 이야기를 듣고 양생의 방법을 얻었다"에서 찾을 수 있다.

문혜군의 이런 평은 포정 해우 이야기의 화룡점정(畵龍點睛)에 해당한다. 문혜군의 이런 평이 없었더라면 이 글은 소를 신기하게 잡는 방법을 장황하게 소개하는 내용에 그칠 뿐이다. 이 말이 마지막에 보태짐으로써 장자가 말하려는 의도가 자연스럽게 드러난다. 그렇다면 문혜군이 포정에게 배운 양생(養生)의 방법은 무엇일까? 그것은 나라를 다스리는 치도(治道)와 관련이 있다. 문혜군은 군주이므로 나라를 다스리는 게 그의 주 관심이다.[40] 게다가 포정의 해우 이야기에 등장하는 주인공들의 역할도 치도와 관련지어 설명하기가 좋다. 예를 들어 군주의 역할은 포정이, 백성의 역할은 소가, 군주의 통치수단, 즉 법과 제도 및 정책의 역할은 칼이 각각 담당하고 있어서이다. 그래서 이 글을 치도의 관점에서 파악하면 포정(군주)이 자신의 칼(통치수단)로 소(백성)를 다스리는 형식을 갖춘다.

그런데 군주, 백성, 통치수단 중 어느 것이 과연 양생의 핵심일까? 물론 군주의 역할이 중요하다. 그렇다면 군주를 제외한 남은 것, 즉 백성과 통치수단 중 어느 게 양생을 이루는 데 더 핵심적 역할을 담당할까? 오늘날은 통치수단을 주로 양생의 핵심으로 파악한다. 즉 법과 제도가 완비되어야, 또는 정책이 훌륭해야 나라가 잘 다스려진다는 게 일반적인 생각이다. 법학, 행정학, 경제학 등이 득세하는 것도 이와 무관치 않다. 그런데 장자는 백성이 무얼 원하는 바를 제대로

---

40) 문혜군은 전국시대 양(梁)나라의 혜왕(惠王)이다. 양혜왕은 자신의 치세가 다른 군주들보다 낫지 않느냐고 맹자에게 물었다가 당신의 치세나 다른 군주의 치세나 모두 '오십보 백보'라는 핀잔을 들었던 군주로 유명하다. 맹자는 이 일로 양혜왕의 부름을 받지 못했고, 대신 장자의 절친 혜시가 그 밑에서 재상을 지냈다. 양혜왕은 당시 제후국 중 가장 먼저 스스로를 왕이라고 칭했던 인물이다. 그만큼 세력 확장의 야망을 크게 가졌기에 천하의 인재를 끌어들이기 위해 나름 애썼다고 보아진다. 장자가 포정의 상대역으로 문혜군을 설정한 것도 이런 이유라고 본다.

파악하는 게 더 중요하다고 판단한다. 이는 군주가 백성의 마음을 정확히 읽어야만 법과 제도 및 정책이 백성의 마음에 자연스럽게 스며들어 그 효과를 극대화할 수 있어서이다. 따라서 장자는 군주와 백성 사이의 커뮤니케이션, 즉 소통을 양생의 핵심으로 파악한다. 포정이 소의 내부를 자연의 결대로 훤히 꿰뚫고 있었기에, 즉 소와 진정으로 소통을 이룰 수 있었기에 사용한 칼이 좀처럼 무디어지지 않았다.

그런데 장자는 백성이 살아가는 사회를 하필 소에 비유했을까? 특별한 이유가 있다고 본다. 소는 다른 가축들에 비해 비교할 수 없을 정도로 클 뿐 아니라 몸 안에 있는 골격과 관절을 비롯한 여러 가지 것들이 서로 복잡하게 얽혀 있어서이다. 우리가 사는 세상도 소의 신체구조처럼 클 뿐 아니라 또 복잡하게 얽혀 있지 않은가. 그럼에도 보통의 군주들은 세상을 피상적으로, 또는 즉물적으로 바라볼 뿐 외물 뒤에 숨어 있는 자연의 결을 애써 찾으려고 하지 않는다. 이럴 경우 뼈와 골절들과 마주한 칼은 한바탕 싸움을 벌인 뒤 날에 손상을 입고 무디어진다. 마찬가지로 군주의 통치수단도 백성의 마음을 제대로 읽지 못하면 백성과 충돌만 할 뿐 그 효력이 흐지부지되고 만다. 그래서 세상이 움직여지는 이치를 제대로 파악하지 못하는 군주는 세상 속에서 좌충우돌하다가 공연히 자신의 정신과 힘만 소진시킬 뿐이다.

포정의 해우 이야기는 커뮤니케이션과 관련해서도 적절하게 응용될 수 있다. 커뮤니케이션을 구성하는 핵심 세 요소는 말하는 나란 주체, 듣는 상대방이란 객체, 그리고 나와 상대방 사이의 매체라는 커뮤니케이션 수단이다. 여기서 주체인 나의 역할은 포정이, 객체인 상대방 역할은 소가, 매체라는 수단은 칼이 각각 담당한다. 이렇게 되면 포정(나)이 자신의 칼(수단)로 소(상대방)와 커뮤니케이션을 하는 셈이다. 이렇게 볼 때 포정 이야기는 상대방의 마음, 즉 상대방의 코드를 제대로 읽는 게 커뮤니케이션에 있어 핵심이란 점을 상기시켜준다. 그러니 언어와 문자로서 포장된 내용은 상대적으로 중요하지 않다. 사실 우리는 상대방을 이해시키고, 설득하기 위해 말을 얼마나 아름답게 포장하고, 또 꾸미려고 하는가? 장자의 눈엔 이런 노력이 단지 하찮을 뿐이다. 상대방의 마음을 잘 읽을 수 있다면 그의 말이 설령 눌변이라도 상대방에게 느낌이 분명히 전해진다.

양생주 3-1

공문헌(公文軒)이 우사(右師)를 보고 놀라서 물었다.

"아니 이게 어찌된 일인가? 어찌해서 한 발을 잃었는가?

하늘이 그렇게 한 건가, 사람이 그렇게 한 건가?"

우사가 대답했다. "하늘(天)이 한 게지 사람(人)이 한 게 아니라네.

하늘이 내게 한 쪽 발만 갖고서 태어나도록 한 것이니

사람의 모습은 모두 하늘이 내려준 걸세.

그러니 내가 한 발을 잃은 건 하늘이 한 게지

사람이 한 게 아니라는 걸 자네는 잘 알 걸세.

늪에 사는 꿩은 열 걸음을 걸어야 한 번 쪼아 먹을 먹이를 만나고,

백 걸음을 걸어야 한 번 마실 물을 만나네.

그렇더라도 새장 안에 갇혀서 길러지기를 바라지 않네.

새장엔 먹이가 많아 기력은 왕성하지만 마음은 즐겁지 않아서라네."

• • •

公文軒見右師而驚曰:「是何人也? 惡乎介也? 天與, 其人與?」曰:「天也, 非人也.
天之生是使獨也, 人之貌有與也. 以是知其天也, 非人也.」澤雉十步一啄, 百步一
食, 不蘄畜乎樊中. 神雖王, 不善也.

인간에 의한 형벌(人刑)과
하늘에 의한 형벌(天刑)

「양생주」를 상징하는 단어는 해(解)인데 해는 '푼다'라는 의미를 지닌다. 그리고 무언가를 풀려면 풀 대상이 있어야 하는데 그 대상이 맺힌(結) 곳이다. 포정도 소를 해체하면서 가장 신경을 쓴 곳이 지맥과 경맥이 붙어 있거나, 살과 근육 및 살과 뼈가 모여 있는 소위 맺힌 곳이다. 이곳에는 칼을 들이대도 잘 들어가지 않을뿐더러 설령 들어가더라도 제대로 썰어지지 않아 칼날이 금방 무디어진다. 그래서 포정은 이곳을 잘 풀기 위해 정신을 집중시켰다. 그리고 자연의 결에 따라 칼을 자유롭게 움직였는데 이때 소는 자신이 해체되는 아픔조차 느끼지 못한 채 해체되었다. 이것이 해물(解物)이 제대로 이루어진 경우이다. 이제 사물이 아니라 마음, 즉 해심(解心)과 관련해서 두 가지 예가 소개된다. 첫 번째 예가 형벌로 인해 한 발을 베인 사람의 맺힌 마음을 푸는 경우이고, 두 번째 예가 스승의 죽음으로 인해 생겨난 제자들의 맺힌 마음을 푸는 경우이다.

명(命)이란 글자는 우리에게 익숙하다. 생명(生命), 수명(壽命), 운명(運命), 천명(天命), 순명(順命), 운명(殞命) 등 명 자가 포함된 단어를 주위에서 우리는 얼마든지 발견할 수 있다. 명을 자전에서 찾아보면 명령의 의미가 있다. 그렇다면 우리가 태어나고 죽는 것, 또 살아가면서 만들어내는 삶의 내용도 누군가의 명령에 의해 이미 정해져 있는 게 아닐까? 아마 그럴 것이다. 사실 우리는 천명(天命), 즉 하늘의 뜻, 아니 자연의 뜻에 의해 태어나고, 죽는 것이지 우리의 의지에 의해 생겨나고 없어지는 게 아니다. 더구나 사람은 자신의 삶을 사주(四柱)와 팔자(八字) 탓으로 돌리려는 경향이 많다. 그래서 하는 일이 잘 되어도 팔자 탓으로, 또 하는 일이 잘 되지 않아도 팔자 탓으로 돌린다. 이런 식으로 생각해야만 우리의 마음도 편안해진다.

이제부터 소개되는 공문헌(公文軒)과 우사(右師)의 대화도 이런 내용과 관련이 있다. 공문헌과 우사는 가공인물로서 가까운 친구 관계이다. 공문헌은 그 이름에서 보아지듯이 벼슬이 높아져 명예(公)도 지니고, 학식(文)도 갖추고, 재산(軒)도 있는 그야말로 부러울 게 하나도 없는 사람이다. 그리고 우사는 보통명사로 춘추시대 송(宋)나라의 높은 벼슬인데 여기선 특정 인물을 지칭하는 고유명사로 사용된다. 그러니 우사 또한 공문헌과 마찬가지로 고귀한 신분을 지닌 사람이다. 공문헌이 오랜만에 우사를 만났는데 그의 발이 하나 잘린 걸 보고 깜짝 놀라 "아니 이게 어찌된 일인가? 어찌하여 발을 하나 잃었는가?" 하고 물었다. 그리고는 "하늘이 한 건가, 사람이 한 건가?" 하면서 잘린 이유를 물었다. 즉 발이 잘린 게 하늘에 의해 운명 지어진 건가, 아니면 당신이 잘못해서 처벌을 받아 그렇게 된 건가를 물은 것이다.

발이 하나 잘렸다는 의미로 쓰이는 개(介)는 고대 중국에서 자주 행해졌던 형벌 중 하나이다. 그러니 우사가 발 하나 잘린 건 천재지변이나 사고로 인한 게 아니라 사람에 의해 잘린 거라는 예상이 충분히 가능하다. 그런데 뜻밖에도 우사는 사람이 한 게 아니라 하늘의 탓이라고 말하면서 마치 달관한 듯한 태도를 보였다. 나아가 발 하나가 잘린 건 운명적인 건데 이런 운명적인 건 발 하나뿐 아니라 사람의 모든 모습도 이에 해당한다고 말했다. 게다가 형벌로 인해 우사의 발이 잘렸기에 그를 해친 가해자가 분명 있을 텐데 어찌 된 일인지 우사는 그를 탓하기는커녕 누구인지조차 관심을 갖지 않았다. 이렇게 함으로써 우사는 발 하나가 잘린 게 하늘의 탓이지 사람의 탓이 아니라는 생각으로 자연스레 옮아갈 수 있었다. 이런 식으로 생각하기란 결코 쉽지 않은데 우사는 친구 공문헌에게 어떻게 이런 생각을 어렵지 않게 피력할 수 있었을까?

태어날 때부터 몸이 온전하거나, 모습이 아름답거나 하는 건 우리의 의지대로 되는 게 아니다. 오로지 하늘에 의해서만 결정되는 것이다. 그래서 몸이 불구인 채 태어나더라도, 또 추한 얼굴을 갖고 태어나더라도 그게 싫다면서 누구를 원망할 수 없다. 그러니 모든 걸 운명이라고 체념하고 하늘의 뜻으로 돌릴 수 있다면 우리의 마음도 이내 편안해진다. 또 살면서 입게 되는 신체적인 상해일지라도 누구를 탓할 필요가 없다. 누구를 탓하는 순간 우리의 마음이 오히려 불편해진다. 그러니 형벌을 받아 올자(兀者)나 개자(介者)가 되더라도 우사처럼 하늘의 탓으로 돌릴 수 있다면 마음은 이내 편안해진다. 그렇지 않고 인간에 의한 형벌 탓으로 돌린다면 마음으로까지 그 피해가 확장된다. 그래서 우사는 그 피해를 신체에 한하도록 하고, 또 이를 마음에서 지웠기에 그의 마음이 자유로울 수 있었다.

그래서 장자가 말하는 양생의 뼈대는 양형(養形)이 아니라 양심(養心)이다. 사실 우리가 살면서 양생할 수 있는 건 마음뿐이지 몸이 아니다. 그리고 우사가 행한 양생법도 양형이 아니라 양심을 통해서 이루어낸 거다. 이렇게 보면 양생은 온전한 신체를 지닌다거나, 팽조처럼 오래 사는 것 따위가 아니다. 진정한 의미의 양생은 매 순간마다 자신의 분수를 잊지 않고 자연의 순리를 따르는 데서 이루어진다. 그러니 자신에게 닥친 불행에 대해 타인을 원망하면서 분노에 찬 삶을 살 필요가 없다. 오히려 이를 하늘의 뜻이라고 담담히 받아들이는 게 현명한 삶의 태도이다. 외발이라고 부자유스럽고, 또 두 개의 발이 모두 성하다고 자유로운 게 아니지 않는가? 게다가 세상에는 두 발이 모두 멀쩡한데도 무언가에 얽매여 정신이 자유롭지 못한 사람들이 얼마나 많은가? 이런 사람들은 진정한 의미에서 양생을 이루지 못한 사람들이다.

장자는 우사의 경우처럼 정신적으로 자유롭게 살아가는 예로 늪에 사는 꿩을 든다. 늪에 사는 꿩은 열 걸음을 걸어야 비로소 한 번 먹이를 쪼고, 백 걸음을 걸어야 비로소 한 모금의 물을 마실 수 있다. 그래서 먹이를 찾고 물을 구하는 일이 여간 어렵지 않다. 그렇더라도 꿩은 새장 속에 갇혀서 길러지기를 바라지 않는다. 새장 속에선 주인이 먹이를 계속 제공하므로 먹고 마시는 일에 신경을 쓸 필요가 없다. 그러니 새장 속의 꿩은 살이 피둥피둥하게 쩌 모습도 좋아 보인다. 그렇더라도 새장 속 꿩의 삶은 늪에서 유유자적하며 사는 꿩의 삶과 도저히 비교할 수 없다. 이에 장자는 늪에서 사는 꿩과 같은 그런 자유로운 삶을 진정으로 살고 싶어 했다. 그래서 초(超)나라 왕이 정중하게 제의한 재상 자리를 단박에 거절한 것도 새장 속의 꿩처럼 살고 싶지 않아서이다.

그래서 장자의 삶은 곤궁할 수밖에 없다. 이런 곤궁한 삶은 열 걸음에 한 번 모이를 쪼고, 백 걸음에 한 번 물을 마시는 꿩의 삶과 크게 다르지 않다. 이런 곤궁함에도 장자는 늪에서 사는 꿩처럼 자유로움을 만끽하고자 했다. 이것이 소요유(逍遙遊)에 따른 삶이다. 그래서 장자는 하릴없이 거닐고(逍), 흐느적거리며(遙), 즐겁게 노는(遊) 삶을 추구했다. 장자가 몸에만 소경과 맹인이 있는 게 아니라 마음에도 소경과 맹인이 있다고 말한 것도 이런 맥락이다. 몸이 불구더라도 마음만 건강하면 자유로울 수 있지만 몸이 건강하더라도 마음이 불구이면 결코 자유로울 수 없다. 결국 소요유에 따른 삶은 모든 게 하늘의 뜻에 따라 이루어진다는 편한 마음을 지닐 때 비로소 가능하다. 이런 삶이 연독이위경(緣督以爲經), 즉 순리에 따라 이루어진 중앙의 자연스런 균형을 원칙으로 삼아 이루어진 삶이다.

양생주 3-2

노담(老聃)이 죽자 진실(秦失)이 조문을 가서 세 번 곡하고 나왔다.

노담의 제자가 물었다. "선생은 우리 스승의 친구가 아니십니까?"

진실이 대답했다. "그렇다네."

노담의 제자가 물었다.

"그런데 조문을 이렇게 간단히 하실 수 있습니까?"

진실이 대답했다. "상관이 없네.

처음에 자네들 스승을 지인(至人)으로 여겼는데 지금은 아니네.

조금 전 들어가서 조문을 하니까 늙은이는 자식을 잃은 것처럼,

젊은이는 어머니를 여읜 것처럼 곡하더군.

이런 식으로 문상이 이루어지는 건

자네들 스승이 조문을 바라는 말이 없었을 텐데 은연중 튀어나왔거나,

곡해 주길 바라는 바가 없었을 텐데 자연스레 곡하도록 요구한 탓이네.

이는 하늘을 속이고, 진실을 외면하고, 본분을 망각한 짓이지.

옛 사람들은 이를 두고 둔천지형(遁天之刑)이라고 말했네.

자네들 스승은 와야 할 때 때맞추어 태어났고,

가야 할 때 순리에 따라 간 거네.

와야 할 때를 편히 받아들이고, 가야 할 순리에 편히 머물면

슬픔과 즐거움이 끼어들 수 없지.

옛 사람들은 이를 제지현해(帝之懸解)라고 말했네."

기름은 땔감이 되어 한 번으로 활활 타고 없어지지만

불씨는 다음 땔감으로 전해져서 끝날 줄 모른다.

老聃死, 秦失弔之, 三號而出. 弟子曰:「非夫子之友邪?」曰:「然.」「然則弔焉若此,
可乎?」曰:「然. 始也吾以爲至人也, 而今非也. 向吾入而弔焉, 有老者哭之, 如哭
其子., 少者哭之, 如哭其母. 彼其所以會之, 必有不蘄言而言, 不蘄哭而哭者. 是遯
天倍情, 忘其所受, 古者謂之遁天之刑. 適來, 夫子時也., 適去, 夫子順也. 安時而
處順, 哀樂不能入也, 古者謂是帝之懸解.」脂窮於爲薪, 火傳也, 不知其盡也.

제지현해(帝之懸解) – 거꾸로 매달려 있는
하늘의 속박에서 풀려남

———

진실(秦失)은 친구 노담이 죽어서 조문을 갔는데 세 번 곡하는 것으로도 충분하다고 보고 그렇게만 간단히 조문을 했다. 이를 지켜보던 노담 제자들이 "선생님은 우리 스승님의 친구 분이 아니십니까?" 하고 따지면서 간단한 조문에 대해 불만을 터뜨렸다. 이에 진실은 노담의 제자들을 향해 조금 전 조문하러 방안에 들어갔을 때 보았던 낯선 장면들에 대해 의아해하며 물었다. 늙은이는 마치 자식을 잃은 것처럼, 또 젊은이는 마치 어머니를 여읜 것처럼 곡하는데 이런 비통해하는 곡이 자네들 스승의 참 뜻인가 하고서 말이다. 진실이 볼 때 친구 노담은 이처럼 비통하게 곡해 주길 바랐을 리 만무한데 지금 곡이 비통하게 이루어지고 있어서이다. 진실은 이 점을 노담의 제자들에게 환기시킨 뒤 혹시 자신의 생각이 틀렸다면 자네들 스승에 대한 자신의 평가가 잘못되었으니 이제는 그 평가를 바꿔야겠다고 말했다.

이 말은 노담의 제자들을 향한 무서운 질책이자 동시에 기가 막힌 조롱에 해당한다. 스승의 뜻을 무시한 제자들의 분에 넘치는 조문이 스승을 욕보이는 상황으로까지 몰아가서이다. 진실이 볼 때 노담은 제자들에게 이런 과분한 조문을 절대로 요구하지 않았다. 이런 과

분한 조문은 살아생전의 노담도 자연의 원리를 거역하고, 실정을 위배하고, 분수를 잊은 조문이라고 보아서이다. 그럼에도 불구하고 제자들에 의해 지나친 조문이 이루어지고 있으니 진실이 볼 때 그저 안타까울 뿐이다. 노담의 제자들은 스승도 원치 않은 조문을 왜 이렇게 고집하는 걸까? 그것은 스승이 좀 더 오래 사셨으면 하는 아쉬움으로 인해 그 아쉬움이 제자들의 마음에 맺힘(結)으로 남았기 때문이다. 장자는 이를 둔천지형(遁天之刑), 즉 자연의 원리에서 벗어남으로써 받는 형벌이라고 말한다.

그렇다면 우리는 둔천지형으로부터 어떻게 해야 벗어날 수 있을까? 장자가 볼 때 그것은 자연의 원리에 대한 확실한 이해가 이루어질 때 비로소 가능하다. 그래서 안시(安時), 즉 와야 할 때를 편히 받아들이고, 처순(處順), 즉 가야 할 순리를 편히 받아들여야 한다. 게다가 노담은 불의의 사고로 죽은 게 아니라 자신의 수명을 다해 죽었기에, 즉 자연의 원리에 따라 죽음을 맞이했기에 제자들은 스승의 가야 할 순리를 더욱 편안히 받아들여야 한다. 그런데 지금 우리는 어떠한가? 노담의 제자들처럼 와야 할 때를 편히 받아들이지 못하고, 또 가야 할 순리도 편히 받아들이지 못한다. 그래서 세상에 좀 더 빨리 태어나야 했을 걸 하고서 후회하다가 막상 태어나선 좀 더 오래 살기 위해 온갖 노력을 마다하지 않는다. 이런 시도는 타고난 자연스러움과는 점점 멀어지는 일이다.

이렇게 하다 보면 자칫 인위(人爲)를 자연(自然)으로 착각도 한다. 이를 두고 마음이 뒤집힌 거라고 말한다. 장자는 이를 '거꾸로 매달다'는 의미를 지닌 현(懸)으로 표현한다. 몸이 거꾸로 매달리면 숨을 제대로 쉴 수 없는 큰 고통을 겪는다. 지금 우리도 노담의 제자가 스승에게 바랐던 것처럼 더 오래 살겠다고 발버둥 치면서 이런 고통에 빠져 있다. 그래서 여기에서부터 빨리 벗어나야 한다. 이것은 마음의 맺힘을 푸는 일, 즉 해심(解心)으로서 가능하다. 마음의 맺힘을 풀어서 하늘에 의해 거꾸로 매달린 상태에서 벗어나는 일, 이것이 현해(懸解)이다. 현해가 이루어지면 꽉 막혔던 마음이 뻥하고 뚫리면서 속이 후련해진다. 문제는 우리 마음이 지금 이렇게 거꾸로 매달려 있는지조차 알지 못한다는 사실이다.

「양생주」의 마지막은 "기름은 땔감이 되어 한 번으로 활활 타고 없어지지만 불씨는 다음 땔감으로 이어져서 끝날 줄 모른다."라는 의미심장한 내용으로 끝난다. 이 내용은 무얼 말하려는 걸까? 기름이란 땔감은 한 번으로 활활 타고 없어져서 분명히 유한하다. 반면 땔감이 타면서 만들어진 불씨는 다음 땔감을 태울 때 반드시 필요하므로 영원히 이어지게 마련이다. 여기서 한 번으로 활활 타고 마는 기름은 우리의 삶과도 같다. 우리의 삶은 한 번 태어나면 이리 뛰고 저리 뛰고 하다가 결국은 죽게 마련이어서이다. 반면 꺼질 줄 모르는 불씨는 거대한 변화의 무궁함, 즉 자연을 의미한다. 그러니 꺼지지 않는 자연의 무한한 불씨를 연상한다면 땔감이 다 타서 재가 되더라도 크게 슬퍼하거나 비관할 필요가 없다. 땔감의 불은 없어져도 그 불씨는 꺼지지 않고 다음 땔감으로 끝없이 전해지기 때문이다. 이런 의미를 지닌 신진화전(薪盡火傳) 내지 신화상전(薪火相傳)이란 사자성어도 여기에서 비롯된다고 본다.

장자는 「양생주」에서 자연의 무한함과 생명의 미미함을 대비하면서 이를 일관되게 강조한다. 이런 강조는 자연의 거대한 변화 속에서 볼 때 우리의 생명은 보잘 것 없다고 판단해서이다. 또 자연의 거대한 변화 속에서 볼 때 우리의 삶도 달리는 말이 작은 틈을 지나가는 것처럼 한 순간으로 판단해서이다. 그러니 우리의 삶과 생명이 소중할지라도 여기에 우리가 집착할 필요는 없다. 장자는 이런 생명관을 지녔기에 팽조처럼 오래 사는 걸 추구하지 않았다. 대신 마음을 자유롭게 하고, 몸을 온전히 보존하겠다는 소박한 바람만이 있었다. 이것이 제대로 삶을 달관한 모습이다. 나아가 앎과 도덕을 넘어서서 삶과 죽음까지 초월한 모습이기도 하다. 그래서 장자가 말하는 양생이란 자연의 거대한 변화 속에 자신을 용해시켜 사생(死生)과 존망(存亡)을 하나로 연결시키는 작업에 해당한다. 이때 우리는 땔감으로선 유한하지만 우리의 생명은 세상과 자연 속으로 끝없이 전해진다.

인간세
(人間世)

─ 인간세 ─

　「인간세(人間世)」는 세 유형의 인물을 등장시켜 이들을 통해 세상을 어떻게 살아가야 하는지를 보여준다. 가장 먼저 등장하는 인물이 공자의 수제자 격인 안회(顔回)이다. 그는 폭군을 설득해 백성을 구하고자 하는 순수한 지식인의 전형에 해당한다. 그 다음으로 등장하는 인물이 이미 높은 지위에 올라 있어 부와 명성을 누리고 있는 섭공 자고(子高)와 태부 안합(顔闔)이다. 그런데 이들은 자신이 섬기는 군주에게 새로운 임무를 부여받은 뒤 진퇴양난의 어려움에 빠진 인물이다. 마지막은 신체불구자 지리소(支離疏)와 초나라의 광인 접여(接輿)이다. 장자가 볼 때 지리소와 접여야말로 무용지용(無用之用)의 도를 실천하면서 소요유의 관점에 따라 삶을 살아가는 인물이다.

　「인간세」의 마지막은 "사람들은 유용지용(有用之用), 즉 쓸모있는 것의 쓰임새는 알아도 무용지용(無用之用), 즉 쓸모없는 것의 쓰임새는 알지 못한다."로 끝난다. 무용지용에 대한 이런 강조는 「소요유」의 결론부에서도 똑같이 등장한 바 있다. 이처럼 장자는 다른 제자백가들과 달리 무용지용을 특별히 강조한다. 그런데 공자의 제자 안회와 섭공 자고 및 태부 안합은 유용지용을 추구하거나, 아니면 유용지용을 이미 추구해 왔던 인물이다. 그런데 이런 유용-지용의 추구로 인해 이들은 지금 생명이 위태로운 어려운 상황에 빠져 있다. 이는 좋은 재질을 지닌 유용한 나무가 먼저 베어지는 것과 같은 이치이다. 그래서 이들은 공자나 거백옥과 같은 훌륭한 분에게 조언을 구하고자 나섰다.

공자는 위나라의 폭군을 만나려는 안회에게 심재(心齋)를 청한다. 심재란 마음을 깨끗이 하는 재(齋)로 제사 지낼 때의 재와 다르다. 심재에 이른 마음에는 눈부신 빛이 저절로 생겨나서 환하게 밝은데 이것이 진정한 앎의 빛이다. 여기에 이르려면 뜻을 하나로 모으고, 귀로 듣지 말고 마음으로 들으며, 마음으로 듣지 말고 기(氣)로 들어야 한다. 귀는 듣고자 하는 소리만 듣고, 마음은 자신의 생각과 부합하는 것만 받아들여서이다. 반면 기로 들으면 어떤 구별과 차별을 두지 않고 사람과 사물에 대해 얼마든지 자유로이 부응할 수 있다. 마치 물레의 추가 원의 중심을 얻으면 무궁한 변화에 잘 대처하는 것처럼 말이다. 따라서 심재에 이른 사람은 상대방이 어떤 주장을 펴더라도 마음을 편안히 한 채 유유히 상응할 수 있다.

또 공자는 어려운 외교적 교섭에 임하는 섭공 자고에게 '승물이유심(乘物以遊心)', 즉 사물의 자연스런 흐름에 따라 마음을 유유히 풀어 놓으라고 청한다. 세상일에는 사람의 힘으론 부득이(不得已)함, 즉 어찌할 수 없는 한계가 있어서이다. 그래서 외면보다 내면의 세계를 기르는 데 힘써야 하는데 이것이 양중(養中)을 키우는 일이다. 양중이란 어디에도 기울지 않고 한가운데를 지켜 나가는 태도와 자세이다. 이는 「양생주」에서 언급된 연독이위경(緣督以爲經)과 흡사한 개념이다. 양중을 키운 사신은 두 나라 군주 사이에서 어디에도 기울지 않아 최소한 생명은 보존할 수 있다.

그리고 거백옥은 사납고 무서운 태자를 가르쳐야 하는 태부 안합에게 당랑거철(螳螂拒轍)의 고사를 인용하며 조언한다. 수레의 진행을 막기 위해 팔을 쭉 뻗고 서 있는 사마귀는 바퀴에 곧 깔려 죽을 운명인데도 이런 만용을 고집하는 건 수레의 진행을 막아야 한다는 생각이 앞서서이다. 그러니 제대로 교육시켜야 한다는 의무감으로 인해 태자를 원리원칙에 입각해서 지도하다간 안합도 사마귀와 같은 운명에 처하고 만다.

　　안회, 자고, 그리고 안합은 모두 유용지용(有用之用)과 관련된 인물들이다. 또 이들에게 충고를 하는 공자나 거백옥도 유용지용의 입장에서 볼 때 전혀 자유로운 인물이 아니다. 그래서 공자와 거백옥의 조언이 아무리 훌륭해도 장자가 볼 때는 한계가 있다. 이에 장자는 신체불구자인 지리소와 덕(德) 불구자인 접여를 등장시켜 무용지용의 도를 실천하는 사람이 과연 어떻게 살아가는지를 보여준다. 이들은 외형적으론 분명 쓰임새가 없지만 생명의 차원에서 볼 때 정말로 큰 쓰임새를 지닌 인물이다. 특히 덕 불구자이면서 마음불구자에 해당하는 접여는 장자의 눈에 무용지용의 도를 가장 앞장서서 실천하는 사람으로 보인다.

인간세 1-1

안회(顔回)가 공자(仲尼)를 찾아뵙고 여행을 청했다.

공자가 물었다. "어디로 가려느냐?"

안회가 대답했다. "위(衛)나라로 가려고 합니다."

공자가 물었다. "무엇 하러 가려느냐?"

안회가 대답했다.

"위나라 군주는 나이가 젊은데 행실은 독단적이고,

나라를 함부로 다스리는데 자신의 잘못을 모른다고 합니다.

또 백성을 마구 부려 죽게 해 그동안 죽은 자를 대충 헤아려 봐도

늪에서 베어낸 풀처럼 많다고 합니다.

그래서 백성은 어찌할 바를 모른다고 합니다.

저는 스승께서 일찍이 하신 말씀을 들은 바 있습니다.

'잘 다스려지는 나라는 떠나고, 혼란한 나라는 찾아가야 하는데

이는 환자가 많은 곳에서 의사가 개업하는 것과 같은 이치이다.'

저는 스승께서 하신 이 말씀을 마음에 품고 행동한다고 여기는데

이러면 위나라는 바로 고쳐질 거라 봅니다!"

공자가 말했다.

"흠! 자네가 위나라에 가보았자 형벌이나 받게 될 걸세!

도(道)란 번거로우면 안 되네.

번거로우면 일이 많아지고, 일이 많아지면 어지럽고,

어지러우면 근심이 생기고, 근심이 생겨나면 남을 구제할 수 없지.

또 옛날 지인(至人)은 자신을 건사하고서 다른 사람의 일에 상관했네.

자네는 자신에 대해 건사할 바를 아직 다하지 못했는데

포악한 사람이 하는 짓에 어찌 상관할 겨를이 있겠는가!"

공자가 계속해서 말했다.

"또 자네는 덕(德)이 어떻게 해서 무너지고,

앎(知)이 어떻게 해서 생겨나는지 잘 알지?

덕은 명성을 드러내는 데서 무너지고, 앎은 다툼 가운데서 생겨나네.

그래서 명성은 사람을 반목케 하고, 앎은 다툼의 도구일 뿐일세.

이 두 가지는 우리들을 불행으로 몰아넣는 흉기이므로

지나치게 행사해선 안 되네."

공자가 계속해서 말했다.

"더구나 자네는 덕이 두텁고 신의가 굳지만

다른 사람의 기질을 파악하는 데까지 아직 이르지 못했고,

명성을 두고 다투지 않더라도

다른 사람의 마음을 파악하는 데까지 아직 이르지 못했네.

그런데 인의(仁義)니 법도(繩墨)니 하는 수준 높은 말로써

포악한 군주 앞에서 기를 쓰고 자랑하며 말할 테니

이는 남의 추함을 드러내어 자신을 아름답게 꾸미는 일이다.

이런 사람을 두고 남에게 재앙을 주는 사람이라고 부르네.

남에게 재앙을 주면 반대로 남도 너에게 필히 재앙을 끼치고,

그러면 너도 다른 사람에게 필히 재앙을 줄 걸세!

또 어진 이를 참으로 기뻐하고, 어리석은 자를 참으로 싫어하는

훌륭한 군주라면 주위에 이미 어진 이가 많을 텐데

어째서 자네를 등용해 나라 일이 전과 다르게 바뀌길 바라겠는가?

이런 상황에서 자네가 말하지 않아도 군주는 너를 업신여기고,

또 능숙한 말솜씨로 너를 이기려고 다툴 걸세.

그러면 자네의 눈은 휘둥그레지고, 얼굴은 새파래지고,

입은 변명하기 바쁘고, 모습은 비굴해질 것이네.

그러면 자네 마음은 결국 군주와 타협하네.

이것이 불로서 불을 끄고, 물로서 물난리를 막는 꼴이니

익다(益多), 즉 나쁜 쪽으로 더 보태는 거라고 말하네.

그러니 자네는 처음부터 군주의 말을 끝없이 좇아갈 수밖에 없네.

위나라 군주가 애초부터 자네를 신뢰하지 않았는데

말을 많이 하면 포악한 사람 앞에서 반드시 죽음을 당하네!"

공자가 계속해서 말했다.

"옛날에 하(夏)나라 걸(桀)왕은 충신 관용봉(關龍逢)을 죽이고,

은(殷)나라 주(紂)왕은 왕자 비간(比干)을 죽였네.

관용봉과 비간은 수신(修身)을 잘해서

아래를 향해선 백성을 잘 어루만졌지만 신하로선 왕을 거슬렀네.

그런데 이런 몸가짐 때문에 주왕은 이들을 모함해서 죽였으니

관용봉과 비간은 결국 명성을 좋아한 인물이 되고 말았지.

옛날에 요(堯)임금은 총지·서·오를, 우(禹)임금은 유호를 공격해

이 나라들이 폐허가 되어서 수많은 사람들이 죽었네.

요·순 임금은 군대를 쉴 새 없이 동원해 재물을 끝없이 추구했으니

결국 명성과 재물을 추구한 셈이지.

그런데 자네만 이런 얘기를 듣지 못했는가?

이처럼 명성과 재물은 요·순 임금 같은 성인도

그 유혹에서 쉽게 벗어날 수가 없네.

자네만 이런 얘기를 듣지 못했더라도 이런 상황에서 어쩌겠다는 건가!

그렇더라도 자네에게도 분명 생각이 있을 테니 한번 얘기해보게나!"

· · ·

顏回見仲尼, 請行. 曰:「奚之?」曰:「將之衛.」曰:「奚爲焉?」曰:「回聞衛君, 其年
壯, 其行獨, 輕用其國, 而不見其過., 輕用民死, 死者以國量乎澤, 若蕉, 民其無如
矣, 回嘗聞之夫子曰:『治國去之, 亂國就之, 醫門多疾.』願以所聞, 思其所行, 則
庶幾其國有瘳乎!」仲尼曰:「譆! 若殆往而刑耳! 夫道不欲雜, 雜則多, 多則擾, 擾則
憂, 憂而不救. 古之至人, 先存諸己而後存諸人. 所存於己者未定, 何暇至於暴人之
所行!「且若亦知夫德之 所蕩而知之所爲出乎哉? 德蕩乎名, 知出乎爭. 名也者, 相
軋也., 知者也, 爭之器也. 二者凶器, 非所以盡行也.「且德厚信矼, 未達人氣, 名
聞不爭, 未達人心. 而强以仁義繩墨之言衒暴人之前者, 是以人惡育其美也, 命之
曰菑人. 菑人者, 人必反菑之, 若殆爲人菑夫! 且苟爲悅賢而惡不肖, 惡用而求有以
異? 若唯無詔, 王公必將乘人而鬪其捷. 而目將熒之, 而色將平之, 口將營之, 容將
形之, 心且成之. 是以火救火, 以水救水, 名之曰益多. 順始無窮, 若殆以不信厚言,
必死於暴人之前矣!「且昔者桀殺關龍逢, 紂殺王子比干, 是皆修其身以下傴拊人之
民, 以下拂其上者也, 故其君因其修以擠之. 是好名者也. 昔者堯攻叢枝.胥敖 禹攻
有扈, 國爲虛厲, 身爲刑戮, 其用兵不止, 其求實無已. 是皆求名實者也. 而獨不聞
之乎? 名實者, 聖人之所不能勝也, 而況若乎! 雖然, 若必有以也, 嘗以語我來!」

덕(德)은 명성을 드러내는 데서 무너지고, 지식(知)은 다툼 가운데서 생겨난다

———

안회(顔回)는 공자가 매우 아꼈던 제자이다. 『논어』를 보면 공자가 그를 얼마나 아꼈는지 금방 드러난다. 제자 중에서 안회를 가장 많이 언급할뿐더러 언급하면서도 오로지 칭찬 일색이다. 심지어 제자를 꾸짖거나 비판하는 내용이 『논어』 곳곳에서 자주 발견되는데 안회에 대해선 한마디의 부정적인 언급이 없다. 이런 안회가 위(衛)나라 군주의 폭정을 참지 못해 그를 설득하겠다고 나선다고 하니까 스승으로선 안타까울 뿐이다. 사랑하는 제자가 위나라에 가본들 기대했던 결과는커녕 죽음을 맞이할지도 모르는 우울한 상황이 전개될 거라고 믿어서이다. 공자와 안회는 실재했던 인물이다. 그리고 위나라 군주도 장공(莊公)으로 실재했던 인물이라고 보아진다. 장공은 양혜왕(梁惠王, 또는 衛靈公)의 아들로 유명했던 폭군 괴외(蒯聵)이다. 여기선 안회가 가공의 인물로 등장하는데 이는 공자에 대한 사상적 우위를 장자의 입이 아니라 공자의 입을 통해 드러내는 형식을 갖추려고 하기 때문이다.

안회는 스승인 공자를 찾아뵙고 자신이 위나라에 왜 가야 하는지의 이유를 밝혔다. 위나라 군주는 나이가 젊은데다 행실마저 독단적

이다. 또 나라를 함부로 다스리는데도 자신의 잘못을 전혀 알지 못
한다. 게다가 백성을 마구 부려 죽음으로 내모는데 그동안 죽은 자
를 대충 헤아려 봐도 늪에서 베어낸 풀만큼이나 많다. 이런 이유들
을 들어 안회는 위나라 군주의 잘못을 깨우쳐서 나라를 바로잡아야
한다는 소신을 떳떳이 밝힌다. 그러면서 자신의 이런 당당한 태도는
'잘 다스려지는 나라(治國)는 떠나고, 혼란한 나라(亂國)는 구제해야 한
다'⁴¹⁾는 평소 스승의 가르침을 따르는 것이라고 말했다.

그런데 공자는 뜻밖의 반응을 보였다. 안회에게 폭군의 잘못을 깨
우쳐서 나라를 바로잡으라는 주문을 분명히 했음직한데 위나라에 가
보았자 형벌이나 받게 될 거라는 부정적 반응을 보여서이다. 공자는
어째서 이런 부정적 반응을 보였을까? 두 가지 이유에서이다. 첫째,
안회가 폭군을 설득하겠다고 나선 이유―폭군의 젊은 나이, 독단적
인 행실, 나라를 함부로 다스리는 방식, 많은 백성의 죽음―가 너무
많고 번잡해서이다. 이렇게 이유가 많고 번잡하면 해야 할 일이 많아
지고, 해야 할 일이 많아지면 사태가 어지러워지고, 사태가 어지러워
지면 근심이 생기고, 근심이 생겨나면 처음 의도와 달리 위나라를 구
제할 수가 없다. 그러니 스승이 볼 때 폭군을 설득하겠다고 나선 안
회의 자세가 보다 단순해질 필요가 있다.

둘째, 안회가 개인적으로 처한 어려운 상황을 고려하면 다른 사람
의 일에 상관할 겨를이 없다고 보아서이다. 안회는 지금 끼니를 걱정

---

41) 그런데 공자는 실제론 이와 반대로 말한다. 『논어』 「공야장」에선 "나라에 도가 있으
면 지혜를 발휘하고, 나라에 도가 없으면 어리석은 듯이 한다(邦有道 則知 邦無道 則愚)"
고 말하며, 『논어』 「태백」에선 "위태로운 나라에는 들어가지 않고, 어지러운 나라에
는 살지 않아야 한다(危邦不入 亂邦不居)"라고 얘기하고 있다.

해야 할 정도로 매우 궁핍하다. 경제적으로 어려운 처지에 놓인 안회가 이웃 나라에 심각한 문제가 있다 치더라도 그 나라의 일에 상관하는 건 공자가 볼 때 좀처럼 납득할 수 없는 행동이다. 그래서 공자는 옛날에 살았던 지인(至人)은 먼저 자신을 건사한 뒤 다른 사람의 일에 상관했다는 점을 제자에게 환기시켰다. 이는 타인의 양생(養生)보다 자신의 양생(養生)이 더 중요하다는 의미이다. 즉 세상을 구제하는 건 자신의 양생 뒤에 놓여 있는 그 다음 차례에 해당한다. 이것은 공자가 오랫동안 강조해 왔던 추기급인(推己及人)[42]과 반대되는 입장이다. 추기급인은 자기가 일어서거나, 도달하는 것도 중요하지만 남을 세워주거나, 남을 도달하도록 하는 데 방점을 두고 있어서이다.

이런 이유를 들어 공자는 안회의 위나라행을 저지하려고 하지만 스승으로서의 마음은 안쓰럽기 짝이 없다. 그동안 제자의 가난을 제대로 보살펴 주지 못한 주제에 위나라 정치를 바로잡아 이제 벼슬길에 오르겠다는 제자를 막무가내로 말리는 듯해서이다. 이 또한 스승답지 못한 처신일 수 있다. 그래서 공자는 모든 사람에게 똑같이 해당되는 보다 보편적 이유를 들어 제자의 위나라행을 끝까지 저지하려고 한다. 그 보편적 이유란 '덕은 명성을 드러내는 데서 녹아 없어지고, 지식은 다툼 가운데서 생겨난다는' 것이다. 사실 명성을 내세우다가는 서로 충돌하고, 또 지식을 잘 났다고 뽐내다가는 다툼의 도구로 변질되게 마련이다. 그러니 안회가 위나라 군주를 만나 설득하는 경우 당연히 자신의 명성을 내세우고, 또 지식을 뽐내기 십상일 텐데 이때 이것들은 충돌과 다툼의 무기로서 언제든지 변할 수 있다.

---

42) 자기가 일어서고 싶으면 남을 일으켜주고, 자기가 도달하고 싶으면 남이 도달하게 해준다(己欲立而立人 己欲達而達人). (『논어』 「옹야」)

그럼에도 불구하고 안회가 위나라행을 쉽게 포기할 것 같지 않자 공자는 제자의 인품상의 한계까지 거론한다. 공자가 볼 때 안회는 덕이 두텁고 신의도 강하지만 상대방의 기분을 꿰뚫는 데까지 아직 이르지 못했다. 또 안회는 명성을 두고 다투지 않겠지만 상대방의 마음을 이해하는 데까지 아직 이르지 못했다. 그래서 안회가 인의(仁義)와 승묵(繩墨), 즉 예의와 법도를 거들먹거리며 기를 쓰고 자랑하면서 말할 게 뻔하다. 이런 태도는 상대방의 추함을 드러내어 자신을 아름답게 꾸미는 짓이다. 그러니 본의 아니게 상대방에게 해를 끼칠 수 있다. 상대방에게 이런 식으로 해를 끼치면 그 해는 반드시 되돌려받기 십상이다. 안회도 위나라 폭군의 추함을 드러내어 그에게 해를 끼치면 그 해를 반드시 돌려받는다. 이런 상황에 빠지면 사랑하는 제자가 죽임을 당할 게 뻔해 스승은 지금 이 점을 걱정하고 있다.

신념으로 가득 찬 지식인일지라도 폭군에게 간언할 때는 지레 겁을 먹고 눈이 휘둥그레지고, 얼굴빛이 파래지고, 입은 변명하기 바쁘고, 몸은 자신도 모르는 사이에 한 걸음 뒤로 물러나게 마련이다. 이런 모습은 마음속으로 이미 순종해서 타협할 준비가 끝났음을 말한다. 자신만만했던 처음의 포부와 비교할 때 너무나 초라하게 변한 지식인의 모습이다. 더구나 군주는 논쟁을 통해 자신의 소신을 바꾸기는커녕 논쟁을 벌일수록 자신의 입장을 더욱 강하게 하게 마련이다. 그래서 세상을 구하겠다고 나선 지식인의 순수한 시도는 결국 폭군을 도와주는 쪽으로 귀결되고 만다. 이것이 불로서 불을 끄고(以火救火), 물로서 물난리를 막는(以水救水) 사태이다. 그러니 익다(益多), 즉 나쁜 쪽으로 더 보태주는 꼴이지 않는가! 그러니 지식인의 어설픈 현실참여가 사태를 더욱 악화시킨 셈이다.

물론 이런 상황에서 안회는 지식인의 이상과 도덕, 또 명예를 지키기 위해 열사의 길을 택할 수 있다. 하나라 걸왕 시절 충신이었던 관용봉(關龍逢)과 은나라 주왕 시절 왕자 비간(比干)이 택한 길이 이것이다. 그래서 관용봉과 비간은 폭군에 의해 안타까운 죽음을 맞이했지만 이들은 오히려 만고에 이름을 날렸다. 반면 걸·주의 폭군적 이미지는 더욱 굳어져서 역사상 최악의 폭군이란 불명예를 이들에게 안겨 주었다. 군주에 대한 역사적 평가가 이렇게 되도록 하는 게 신하로서 과연 올바른 처신일까? 세 번 정도 간해서 군주가 들어주지 않으면 맞서지 말고 스스로 떠나는 게 바람직한 행동일 수 있다. 그럼에도 관용봉과 비간은 아는 바를 모두 동원해서 자신들의 생각을 끝까지 관철하려고 했으니 이때 덕은 명예심으로 무너지고, 지식은 경쟁심에서 생겨난다.

게다가 유가에서 이상적 군주의 전형으로 받드는 요와 순, 그리고 우임금조차 명성과 실리를 추구했던 군주이다. 요임금은 총지(叢枝)·서(胥)·오(敖)를 공격하고, 또 우임금은 유호(有扈)를 공격해서 이들 나라가 폐허가 된 적이 있는데 이때 많은 사람들이 죽었다. 이처럼 요임금과 우임금조차 군대를 쉴 새 없이 동원해서 재물을 끊임없이 추구했다. 이런 성군조차 다른 나라를 왜 침략했을까? 장자가 볼 때 명성과 실리는 요·순 같은 성군도 그 유혹에서 쉽게 벗어날 수 없기 때문이다. 그러니 인품에 있어서 요와 우 두 임금에 훨씬 못 미치는 안회인지라 지금은 안회의 생각이 순수할지 모르지만 그 순수한 생각도 결국 명성과 실리를 추구하는 수단으로 전락할 가능성이 얼마든지 열려 있다. 그래서 공자는 제자의 위나라행을 끝까지 말리고 있는 거다.

안회가 말했다.

"몸은 단정히 하면서 마음을 비우며,

애를 쓰면서 초심을 유지하면 되겠습니까?"

공자가 말했다. "아니, 어찌 되겠는가?

위나라 군주는 겉으론 자신감이 넘쳐 매우 으스대며,

또 표정은 자주 변해 보통사람들은 감히 거역하지를 못하네.

이로 말미암아 다른 사람들의 생각을 억누르며

자기 마음 내키는 대로 하려고 들 거네.

위나라 군주의 이런 태도를 두고 날마다 노력해서 조금씩 늘려가는

작은 덕(日漸之德)도 이루지 못한다 하는데 하물며 나라 다스리는 것과

같은 큰 덕(大德)을 그에게서 어찌 기대할 수 있는가!

이런 사람은 자기 입장에 집착해서 다른 사람에 의해 변화되는 일이

거의 없네.

혹시 겉으론 다른 사람의 의견을 따를지 모르지만

마음속으론 전혀 고려하지 않을 테니 어찌 괜찮겠는가!"

안회가 말했다.

"그럼 저는 속으론 곧지만 겉으론 유연하게 처신하고,

소견을 개진해도 옛사람의 말씀을 예로 들어서 말하겠습니다.

속이 곧으면(內直) 자연과 한 무리가 됩니다.

그러면 군주나 저나 모두 자연에 의해 태어난 자식임을 압니다.

그런데 군주가 제 말만 옳다고 인정해주길 바라겠습니까?

또 군주가 그르다고 해서 제가 그 앞에서 꿇어앉겠습니까?

이런 사람은 그 천진함으로 인해 사람들이 어린애라고 부르니

이를 두고 자연과 한 무리가 된다고(與天爲徒) 합니다.

또 겉이 유연하면(外曲) 남과 한 무리가 됩니다.

그러면 손을 모아 높이 들어 무릎을 꿇고 허리를 굽혀서 절하는 게

신하로서의 예입니다.

이처럼 모든 신하가 군주에게 이런 예를 지키는데

저라고 어찌 감히 지키지 않겠습니까!

남이 하는 대로 따라하는 사람에 대해선 누구도 헐뜯지 않으니

이를 두고 남과 한 무리가 된다고(與人爲徒) 합니다.

또 자신의 소견을 개진해도 옛사람의 말을 예로 들어 말하면(成而上比)

옛사람과 한 무리가 됩니다.

옛사람의 말은 가르침이지만 실은 꾸짖는 말입니다.

그렇더라도 그건 옛사람이 한 말이지 제가 한 말이 아닙니다.

이런 사람은 곧은 말을 하더라도 화를 입지 않으니

이를 두고 옛 사람과 한 무리가 된다고(與古爲徒) 합니다.

제가 이런 식으로 처신하면 되지 않겠습니까?"

공자가 말했다. "아, 안 되네!

자네에겐 지금 위나라 군주의 잘못된 점을 바로잡는 방법이

아주 많지만 모두 마땅치가 않네.

물론 자네가 지금 말한 방법들은 진실해서 벌 받을 일은 없을 걸세.

그렇더라도 그저 그럴 뿐이네.

이래서야 위나라 군주를 어찌 감화시킬 수 있겠는가!

자네는 아직도 자기 생각에만 얽매여 있는 사람(師心者)과도 같네."

顔回曰:「端而虛, 勉而一則可乎?」曰:「惡! 惡可! 夫以陽爲充孔揚, 采色不定, 常
人之所不違, 因案人之所感, 以求容與其心. 名之曰日漸之德不成, 而況大德乎! 將
執而不化, 外合而內不訾, 其庸詎可乎!」回曰:「然則我內直而外曲, 成而上比., 內
直者, 與天爲徒. 與天爲徒者, 知天子之與己皆天之所子, 而獨以己言蘄乎而人善
之, 蘄乎而人不善之邪? 若然者, 人謂之童子, 是之謂與天爲徒. 外曲者, 與人爲徒
也. 擎跽曲拳, 人臣之禮也, 人皆爲之, 吾敢不爲邪! 爲人之所爲者, 人亦無疵焉, 是
之謂與人爲徒. 成而上比者, 與古爲徒. 其言雖教, 讁之實也, 古之有也, 非吾有也.
若然者, 雖直而不病, 是之謂與古爲徒. 若是則可乎?」仲尼曰:「惡! 惡可! 大多政
法而不諜, 雖固亦無罪. 雖然, 止是耳矣, 夫胡可以及化! 猶師心者也.」

자기 생각에만 얽매인 성심(成心)의 소유자

안회는 스승의 완강한 반대에 부딪치자 위나라 군주를 설득하려는 자신의 자세에 문제가 있다고 보았다. 그래서 혼란한 나라는 반드시 구해야 한다는 식의 소신을 앞세우기보다 군주를 만나서 유세하는 자세를 다시 한 번 가다듬는 쪽으로 방향을 선회했다. 구체적으로 몸을 단정히 하면서 마음을 비우고, 애를 쓰면서 초심을 유지하는 일이다. 이는 겉으론 단정하지만 속으론 겸허하고, 또 일의 성사를 위해 노력하지만 원칙을 포기하지 않는 자세이다. 이런 자세는 평소 안회다운 모습을 잘 반영한다. 또 이런 자세는 폭군일지라도 자신의 말에 귀를 기울이지 않겠느냐는 안회 나름의 낙관적 태도까지 포함한다. 그런데 자세를 가다듬는다고 어찌 가능하겠느냐는 찬물을 끼얹는 듯한 스승의 발언으로 인해 안회의 낙관적 태도는 한순간에 날아가 버렸다.

공자가 볼 때 위나라 군주는 그 마음이 사나운 기(氣)로 가득 차서 행동이 늘 의기양양하다. 그러면서 그의 변덕스러움으로 인해 얼굴 표정은 수시로 바뀐다. 이 때문에 그는 일점지덕(日漸之德), 즉 날마다 노력해서 얻어지는 조그마한 덕조차 이루지 못하는 부덕한 군주이다. 그러니 나라를 잘 다스리는 것과 같은 큰 덕(大德)을 그에게서 기대하는 건 애초부터 무리이다. 게다가 상대방 감정 따위는 아랑곳하지 않고 오히려 상대방을 쉽게 억누르면서 자기 마음 내키는 대로 하려고 든다. 이처럼 자기 입장만 고수하므로 다른 사람에 의해 위나라 군주가 변화되기를 기대한다는 건 무척 힘든 일이다. 혹시 필요에 의해 겉으론 타협할지 모르지만 마음속까지 반성하면서 상대방의 말을 수용하지 않는다. 위나라 군주가 이런 정도의 인물에 불과하므로 안회가 자세를 가다듬는다고 어찌 그가 설득당할 수 있겠느냐는 게 스승의 판단이다.

이에 안회는 자신의 뜻이 스승에게 제대로 전달되지 않았다고 보고서 자세를 가다듬는 방법에 대해 보다 구체적으로 설명했다. 즉 마음을 곧게 유지해서(內直) 군주 앞에서 자연스러움을 잃지 않고, 또 몸은 유연하게 처신해서(外曲) 군주에 대한 예를 다하고, 또 자신의 소견을 개진하더라도 옛 사람의 공인된 주장을 인용해서(成而上比) 군주가 내보일 수 있는 불쾌한 반응을 최소화하는 방법이다.

먼저 안회가 마음을 곧게 유지하면 어떤 걸 기대할 수 있을까? 만약 마음을 곧게 유지하면 여천위도(與天爲徒), 즉 자연과 한 무리가 될 수 있다. 자연과 한 무리가 되면 안회나 군주나 모두 자연에서 태어난 똑같은 자식이란 사실을 안다. 그러면 안회는 자신의 말만 군주가 옳다고 인정해 주길 바라지도 않을뿐더러, 또 군주가 안회의 말을 그르다고 여긴다고 해서 안회가 그 앞에서 꿇어 앉은 채 읍소하지도 않을 것이다. 군주로부터의 칭찬과 비난에서 안회가 이처럼 자유로울 수 있는 건 그만큼 그가 어린애와 같은 천진난만한 태도를 지니고 있어서이다. 그래서 사람들은 이런 안회를 가리켜서 어린애와 같다고 말하는데 이는 자연과 한 무리가 되었기에 가능한 일이다.

또 안회가 몸을 유연하게 처신하면 무엇을 기대할 수 있을까? 만약 몸을 유연하게 처신하면 여인위도(與人爲徒), 즉 남과 한 무리가 될수 있다. 남과 한 무리가 되면 안회는 상대방이 아무리 폭군일지라도 그 앞에서 신하 된 도리를 다할 것이다. 군주에게 예를 지키는 건 신하로서 당연한 일이라고 보아서이다. 그래서 안회는 위나라 군주에게도 손을 모아 높이 들어 무릎을 꿇고 허리를 굽혀 절함으로써 신하로서의 예를 다할 것이다. 이처럼 안회도 남이 하는 대로 따라할 텐데 이런 사람을 두고 어느 누구도 헐뜯지 않는다. 물론 이런 안회에 대해 군주에게 잘 보여 한 자리를 얻을까 하는 식으로 곡해하는 사람도 없다.

또 안회가 군주에게 자신의 소견을 개진해도 옛 성현의 훌륭한 말씀을 예로 들어 인용하면 무엇을 기대할 수 있을까? 옛 성현의 훌륭한 말씀은 우리를 가르치는 말이지만 실은 꾸짖는 말에 해당한다. 그래서 그 말을 듣는 사람은 못마땅해하거나 심지어 화까지 낼 수 있다. 그렇더라도 그 말씀은 어디까지나 옛 사람이 한 말이지 안회가 직접 한 말이 아니다. 그래서 옛 성현의 훌륭한 가르침을 듣고 언짢아하거나 불쾌해해도 위나라 군주는 안회를 처벌하기가 곤란하다. 이처럼 안회는 옛 사람과 한 무리가 되었기에 자신의 소견을 떳떳이 개진하더라도 군주로부터 화를 입는 일이 생겨나지 않는다.

안회가 이런 식으로 위나라 군주를 설득하면 괜찮지 않겠느냐고 스승에게 자신 있게 말한다. 이에 대해 공자는 벌 받을 일은 없을 것이라며 여전히 회의적인 반응을 보인다. 공자가 볼 때 안회가 말한 방법은 그 교묘한 장치로 인해 위나라 군주의 폭압적 반발에 대해선 요령껏 피해나가겠지만 군주의 생각을 바꾸기에는 여전히 요원하다. 공자는 왜 이렇게 생각할까? 안회가 상대방의 생각을 헤아리지 못하고 여전히 자기 생각에만 묶여 있는 사람으로 보여서이다. 자기의 생각에만 매여 있는 사람, 즉 사심자(師心者)는 「제물론」에서 언급된 바 있는 성심(成心)을 지닌 또 다른 형태의 인물에 해당한다. 그래서 성심을 버리고 허심(虛心)으로서 상대방을 대하라는 이야기가 이제부터 펼쳐진다. 마음을 비운 상태에서 군주를 상대하는 게 가장 좋은 방법이어서이다.

안회가 말했다.

"저로선 더 이상 어찌할 방도가 없습니다.

다른 방법이 있는지 여쭈고자 합니다."

공자가 재계(齋)를 말했다.

"내가 너에게 재계에 대해 말하겠네!

의도를 갖고 군주를 감화시키면 그가 어찌 감화되겠는가?

감화된다면 그건 자연의 환한 이치(皞天)와도 맞지 않네."

안회가 말했다.

"저희 집은 가난해서 술을 마시지 못했을 뿐 아니라

고기를 구워서 먹어보지 못한 지도 여러 달이 되었습니다.

이만하면 재계했다고 할 수 있지요?"

공자가 말했다.

"그건 제사 지낼 때 몸을 깨끗이 하는 재계(祭祀之齋)이지

심재(心齋), 즉 마음을 깨끗이 하는 재계가 아니네."

안회가 말했다.

"마음을 깨끗이 하는 재계에 대해 여쭙고자 합니다."

공자가 말했다.

"너는 뜻(志)을 하나로 모아라.

그리고 귀로 듣지 말고 마음으로 들어라.

그 다음에는 마음으로 듣지 말고 기(氣)로 들어라!

귀는 듣고자 하는 소리만 듣고, 마음은 자신의 생각과 부합하는 것만

받아들인다.

그런데 기란 텅 비어서 모든 사람들의 생각과 부응하는데

오직 도(道)만 이 텅 빈 곳에 모인다.

그러니 마음을 텅 비우는 게 심재(心齋)인데

이 상태에 이르면 모든 사람들의 생각과 부응할 수 있다."

안회가 말했다.

"제가 여태 심재를 이루지 못해 실은 제 자신에 얽매여 있었습니다.

이제 스승의 가르침을 받고 제 자신에게 얽매이지 않으니

모든 사람들의 생각과 자유로이 부응할 수 있게 되었습니다.

이런 걸 비움이라고 말할 수 있나요?"

공자가 말했다. "충분하다마다.

이제 내가 너에게 위나라 군주를 상대하는 법을 말해 주겠네!

자네가 위나라에 들어가거든 새장처럼 옹색한 나라에서

유유자적하기만 할 뿐 군주의 명성 따위에 마음이 흔들려선 안 된다.

위나라 군주가 자네의 생각을 들어주거든 유세하고,

유세하다가 자네의 말이 먹히지 않으면 그만 그치도록 해라.

나라의 병폐가 무언지 진단하지 말고, 나라를 어떻게 개선해야 할지

처방도 말하지 말라.

마음은 한결같이 하지만 만약 자네의 생각이 받아들여지지 않거든

어찌할 수 없음(不得已)에 머물러라.

그러면 그런대로 무난하다."

공자가 계속해서 말했다.

"길을 걷지 않기란 쉽지만 땅을 밟지 않고 걷기란 어렵다.

사람을 위해 부림을 받을 적엔 사람을 속이기는 쉽지만

자연을 위해 부림을 받을 적엔 자연을 속이기는 어렵다.

날개가 있어 나는 건 들어보았지만 날개가 없이 나는 건

여태 들어보지 못했을 거다.

앎이 있어 세상의 이치를 아는 건 들어보았지만

앎이 없이 세상의 이치를 아는 건 여태 들어보지 못했을 거다.

저기 아무것도 없는 곳을 자리에 앉아 자세히 보거라.

텅 빈 마음(虛室)에 눈부신 빛(白)이 생겨나 길한 상서로움(吉祥)이

머물고 또 머물 것이다.

반면 마음이 한 곳에 머물지 못하는 걸 좌치(坐馳),

즉 몸은 앉아 있어도 마음은 밖으로 내달리는 거라고 말한다.

그러니 귀와 눈을 안으로 통하게 하고 마음과 지각을 배제하면

귀신도 와서 머물 텐데 하물며 사람은 어떠하겠는가!

이것은 만물이 감화되어서인데

우임금과 순임금이 자신들의 마음을 쓰는 데 있어 근거한 바이고,

복희(伏羲)씨나 궤거(几蘧)씨가 평생 실천했던 것이거늘

하물며 보통사람인 우리들이야 더 말할 나위가 있겠는가!"

· · ·

顔回曰:「吾無以進矣, 敢問其方.」仲尼曰:「齋, 吾將語若! 有心而爲之, 其易邪? 易之者, 皞天不宜.」顔回曰:「回之家貧, 唯不飮酒不茹葷者數月矣. 如此, 則可以爲齋乎?」曰:「時祭祀之齋, 非心齋也.」回曰:「敢問心齋.」仲尼曰:「若一志, 無聽之以耳而聽之以心, 無聽之以心而聽之以氣! 耳止於聽, 心止於符. 氣也者, 虛而待物者也. 唯道集虛. 虛者, 心齋也.」顔回曰:「回之未始得使, 實有回也., 得使之也, 未始有回也., 可謂虛乎?」夫子曰:「盡矣. 吾語若! 若能入遊其樊而無感其名, 入則鳴, 不入則止. 無門無毒, 一宅而寓於不得已, 則幾矣.「絶迹易, 無行地難. 爲人使易以僞, 爲天使難以僞. 聞以有翼飛者矣. 未聞以無翼飛者也., 聞以有知知者矣,未聞以無知知者也. 瞻彼闋者, 虛室生白, 吉祥止止. 夫且不止, 是之謂坐馳. 夫徇耳目內通而外於心知, 鬼神將來舍, 而況人乎! 是萬物之化也, 禹舜之所紐也, 伏羲几蘧之所行終, 而況散焉者乎!」

몸의 재(身齋)가 아니라 마음의 재(心齋)

———

안회는 이제 자신의 방식을 더 이상 고집할 수 없는 막바지 상황에까지 몰렸음을 비로소 깨달았다. 그래서 체념하고선 다른 방도가 있는지 스승에게 간곡하게 여쭈니까 스승은 재계(齋)에 대해 말했다. 스승이 왜 별안간 재계를 언급하는 것일까? 스승이 볼 때 안회가 의도를 갖고 위나라 군주를 설득하려고 하기 때문이다. 안회가 의도를 갖고 설득하면 위나라 군주는 자신의 입장을 더욱 바꾸려고 들지 않는다. 안회의 의도를 미리 알아차려서이다. 그럼에도 군주가 안회의 말에 따라 자신의 생각을 바꾸면 그건 호천(皞天), 즉 환한 자연의 이치와도 맞지 않는다. 안회의 주장이 정말로 옳다면 군주가 스스로 깨달아서 바꾸는 게 환한 자연의 이치에 맞는 행동이다. 그래서 지금 안회처럼 의도를 갖고 상대방을 설득하는 건 오히려 바람직스럽지 못하다. 그리고 잘못될 경우 역효과만 생겨날 수 있다.

안회는 뜻밖에도 이미 재계를 실천하고 있다고 스승에게 대답했다. 재(齋)가 '굶다'란 의미를 지녀서이다. 안회는 집이 가난해서 술을 마셔본 적이 없고, 고기를 익혀서 먹어보지 못한 지 이미 여러 달이 되어서 자연스럽게 굶은 상태로 있다. 그러니 안회로선 저절로 재계를 실천하고 있는 셈이다. 어쩌면 이런 식의 재계가 가난한 안회로선 가장 쉽게 실천할 수 있는 재계일 수 있다. 그렇지만 공자가 볼 때 안회가 실천하는 재계란 신재(身齋), 즉 몸을 깨끗이 하는 재계일 뿐 마음을 깨끗이 하는 재계가 아니다. 마음 차원에서 이루어지는 재계란 온갖 생각과 집착을 내려놓고 마음을 허정한 상태로 놔두어야 가능하다. 그래서 공자가 말하는 재계란 몸이 아니라 마음을 굶기는 재이다. 그리고 안회가 실천하는 재계는 제사 지낼 때의 재(祭祀之齋)일 뿐 마음을 굶기는 심재(心齋)가 아니다.

이제 안회는 심재에 어떻게 이를 수 있는지를 스승에게 조심스럽게 묻는다. 공자는 먼저 뜻을 하나로 모으라고 주문한다. 뜻을 하나로 모으면 일단 온갖 생각과 집착을 떨쳐낼 수 있다. 그리고 귀로 듣지 말고 마음으로 듣고(無聽之以耳而聽之以心)[43], 마음으로 듣지 말고 기로 들으라(無聽之以心而聽之以氣)고 말한다. 왜 귀로 듣지 말라는 걸까? 귀는 좋은 소리만 듣고 나쁜 소리는 듣지 않고, 또 밝은 소리만 듣고 어두운 소리는 듣지 않아서이다. 그래서 마음으로 소리를 들어야 하는데 마음으로 듣는 것에도 여전히 문제가 있다. 마음으로 들으면 자신의 생각과 부합하는 것만 받아들이고, 부합하지 않는 것은 받아들이지 않아서이다. 즉 신표나 부절처럼 자신의 뜻과 일치하는 것만 수용하고, 일치하지 않는 것은 버리기 때문이다. "내가 좋아하면 그가

---

43) 여기서 듣는다는 표현으로 문(聞, listen) 대신 청(聽, hear)을 선택한 점에 주목할 필요가 있다. 일반적으로 문(聞)은 수동적으로 듣는 것을, 청(聽)은 정신을 차려 능동적으로 듣는 것을 의미한다. 견(見, look)과 시(視, see)도 마찬가지이다. 견은 수동적으로 보는 것을, 시는 능동적으로 보는 것을 각각 뜻한다. 그래서 시청(視聽)과 견문(見聞)의 차이가 크다. 또 수동적으로 먹는 식(食, eat)과 능동적으로 맛을 보는 상(嘗, taste)의 경우도 같다.

살기를 바라고, 미워하면 그가 죽기를 바란다.[44]"는 공자의 말씀도 아마도 같은 맥락의 말이다.

그렇다면 마음으로 듣지 말고 기(氣)로 들으라는 건 무슨 의미일까? 기는 텅 비어서 모든 사물과 부응할 수 있다. 그래서 기는 세상만물을 하나로 통하게 하는 기반이다. 흔히 기가 뭉치면 사물이 생성되고, 흩어지면 사물이 사라지고, 흩어진 기가 뭉치면 사물이 다시 생성된다고 말한다. 그래서 사물은 꽉 찼지만 기는 텅 비어서 모든 사물과 자유로이 부응할 수 있다. 이런 상태가 공자가 말하는 이순(耳順)의 상태가 아닐까? 이순이란 귀가 순하게 된다는 말인데 이는 큰소리든 작은 소리든, 좋은 소리든 나쁜 소리든, 옳은 소리든 그른 소리든 간에 서로 구별되지 않고 내 귀에 똑같이 들리는 상태를 의미한다. 그러니 이순의 상태에 이르면 칭찬하는 소리든 미워하는 소리든 간에 구별 없이 똑같이 들린다.

그런데 오직 도(道)만 이 텅 빈 곳에 모인다. 우리 마음도 텅 비우면 도의 상태에 이를 수 있다. 도의 상태에 이르면 우리는 모든 사람과 사물들에 대해 자유로이 부응할 수 있다. 마치 물레의 추처럼 원의 중심(環中)을 얻으면 무궁한 변화에 잘 대처하듯이 말이다. 그 무궁한 변화 중 하나가 지금 안회에게 있어 위나라 군주를 만날 때 발생할 수 있는 온갖 가능성이다. 그런데 안회가 물레의 추처럼 마음에서 원의 중심을 얻으면 상대방 폭군이 어떤 태도를 보일지라도 이에 잘 부응할 수 있다. 이것은 심재(心齋)에 이를 때 비로소 가능하다. 그러니 심재란 마음을 텅 비운 상태에서 보아지는 도의 모습이다.

---

44) 愛之欲其生 惡之欲其死. (『논어』「안연」)

이런 깨달음이 있자 공자는 안회를 가상하다고 여겼는지 위나라 군주를 상대하는 방법을 보다 구체적으로 알려주는 친절을 베푼다. 먼저 위나라에 들어가면 군주를 만나겠다고 먼저 나서지 말고 나라 안에서 유유자적하면서 머물러야 한다. 이때 위나라 군주의 권위 따위에 기가 죽어선 안 된다. 그러다가 군주가 만나자고 하면 그제야 자신의 소신을 펼치는데 그렇더라도 말을 들어주면 계속 유세하고, 들어주지 않으면 그쳐야 한다. 또 위나라의 병폐가 무엇인지 진단하지 말고, 위나라를 어떻게 개선해야 할지 처방도 말하지 말아야 한다. 마음은 한결같이 하지만 안회의 진언이 받아들여지지 않으면 어찌할 수 없다고 여기고선 미련 없이 그 자리에서 물러나야 한다. 그러나 위나라 군주의 태도가 바뀌지 않는다고 실망할 필요는 없다. 안회가 폭군에게 죽임을 당하지 않고 생명을 온전히 유지할 수 있으니 공자가 볼 때 그런대로 무난하게 처신한 셈이다.

많은 사람들이 장자를 평할 때 현실을 외면하거나 도피하는 사상가쯤으로 치부한다. 이것은 분명히 잘못된 평가이다. 장자가 여기서 "길을 걷지 않기란 쉽지만 땅을 밟지 않고 걷기란 어렵다."고 말하는데 이 말은 장자에 대한 이런 잘못된 평가를 불식시키기에 충분하다. '길을 걷지 않는다'는 건 모든 게 싫다면서 세상과의 관계를 끊는 걸 뜻한다. 수양산에 들어가서 고사리만 먹다 죽은 백이와 숙제가 이런 유형에 속하는 인물이다. 그래서 현실이 아무리 힘들고 어렵더라도 우리는 세상에 반드시 발을 딛고 있어야 한다. 그렇다면 땅에 발을 딛고 살면서도 어떻게 세상과 자유로이 마주할 수 있을까? 이것은 심재(心齋), 즉 마음을 비울 때 가능하다. 그래서 심재는 몸의 도피처럼 위장된 게 아니다. 마땅치 않은 세상일지라도 그 세상과 마주하며 살겠다는 긍정적이며 적극적인 마음의 자세를 반영한다.

장자에 따르면 마음의 도피란 천사(天使), 즉 하늘에 의한 부림을 받을 때 가능하다. 하늘에 의한 부림은 자연의 원리에 따라 생겨난다. 뭇 생명들이 태어나고 죽는 게 자연의 원리에 따른 전형적인 현상인데 이것은 하늘에 의한 부림을 통해 이루어진다. 그러니 더 오래 살겠다고 발버둥 치는 건 자연의 원리를 거부하는 일로 이는 하늘을 기만하는 행위이다. 적당할 때 세상에 태어나서 적당할 때 세상을 떠나면 하늘을 기만하는 것과 같은 거짓이 끼어들 틈이 없다. 그렇지만 사람에 의한 부림, 즉 인사(人使)는 이와 반대이다. 사람에 의한 부림이 이루어지면 남을 얼마든지 기만할 수 있다. 마음속으론 미워하면서도 겉으로 사랑하는 척하는 게 그런 기만 중 하나가 아닐까? 이에 장자는 "사람에게 부림 받을 적엔 사람을 속이긴 쉽지만 하늘에게 부림 받을 적엔 하늘을 속이긴 어렵다"고 말한다.

이제 마음의 도피가 이루어지면 세상의 모든 속박으로부터 벗어날 수 있고, 또 세상의 걸림돌도 되지 않은 채 세상으로부터 초월해서 나올 수 있다. 장자는 이런 벗어남과 초월을 비행에 비유하면서 "날개를 갖고 나는 건 들어보아도 날개가 없이 나는 건 들어보지 못했다."고 말한다. 그런데 날개가 없이 나는 비행이 어떻게 가능할까? 이것은 몸이 아니라 마음의 비행이 이루어질 때 가능하다. 마음에는 날개가 없지만 마음이 날고자 하면 어떤 도움도 필요로 하지 않고서 날 수 있다. 단지 필요로 하는 건 마음의 비움, 즉 허심(虛心)뿐이다. 따라서 도(道)와 합일해서 심재에 이르면 이런 날개 없는 비행이 가능하다. 여기서 「소요유」의 첫 장면인 대붕(大鵬)의 비상이 머릿속에 저절로 떠올려진다. 우리는 대붕처럼 큰 새의 비상이 어떻게 가능할까 하고 의아해했었는데 이제야 그 의문이 풀린다. 그러니 대붕의 비상은 마음의 비행이지 결코 날개가 있는 몸의 비행이 아니다.

장자는 심재에 이르려면 앎을 배제해야 한다고 말한다. 유가에 선 앎, 혹은 지식은 매우 중요한 덕목에 속한다. 그래서 유가는 지식의 도움이 있어야만 마음의 초월이 완성된다고 본다. 즉 유가에선 사람이 도덕적 지식을 지녀야 의식적으로 도덕적 행위를 한다고 말한다. 이것은 사물의 격을 통해 앎에 이르는 격물치지(格物致知)를 반영하는 내용이다. 그래서『대학(大學)』 팔조목 중 격물치지가 가장 앞에 놓이는 것도 이와 무관치 않다. 유가에서 말하는 지식이 장자가 말하는 날개이므로 유가에선 지식에 의지해야만 비로소 날 수 있다. 그렇지만 장자는 유가와 다르다. 장자가 볼 때 지식으로선 세상과 제대로 부응할 수 없을뿐더러 하늘을 자유롭게 날 수 있게 도와주지도 못한다. 그래서 장자는 분명하고 확고한 태도로 지식을 배척하며 살아가는 방법을 우리에게 강조한다.

물론 장자라고 모든 지식을 거부하는 건 아니다. 장자는 '지식을 갖고 아는 앎'과 '지식이 없이 아는 앎'을 구별하고선 '지식을 갖고 아는 앎'만 거부한다. 지식을 갖고 아는 앎이란 지식의 힘을 빌려 도달하는 앎이라면 지식이 없이 아는 앎이란 지식을 잊은 뒤에 얻어지는 앎이다. 그런데 지식을 갖고 무언가를 알면 그 앎이 유한한 반면 지식 없이 무언가를 알면 그 앎은 무한하다. 이렇게 보면 지식을 갖고 아는 앎이란 작은 앎(小知)으로서 외물에 대한 지식일 뿐이고, 지식이 없이 아는 앎이란 큰 앎(大知)으로서 도(道)와 관련한 지식이다. 그렇다면 우리의 앞에 펼쳐진 외물을 잊을 때 비로소 도를 향해 나아갈 수 있다. 즉 외물을 허깨비쯤으로 보아야 우리의 마음도 텅 빈 방으로 바뀔 수 있다. 이것은 외물에 의존해야만 사물의 본질을 깨닫는 격물치지와 분명히 다른 방식의 앎이다.

이제 텅 빈 방에 눈부신 빛이 저절로 생겨나면서 우리 마음이 환하게 밝혀진다. 이 텅 빈 방이 바로 심재에 이른 마음이다. 이런 마음에서 진정한 앎의 빛이 생겨나서 우리의 마음을 밝힌다. 그리고 이 빛은 우리로 하여금 만물을 꿰뚫게 하고, 만물의 시초에 이르게 한다. 또 이 빛은 외물의 집착에서 벗어나 우리를 자유롭게 만듦으로써 도(道)의 상태로 우리를 이끈다. 그 결과 상서로운 것, 즉 정말로 좋은 것들이 와서 여기에 머물고 또 머문다. 반면 외물을 쫓거나 집착하는 사람은 마음이 편치 않다. 몸이 안정되더라도 마음이 불안해 한 곳에 머물지 못해서이다. 장자는 이를 좌치(坐馳)라고 말한다. 좌치란 몸은 앉아 있어도 마음이 밖으로 내달리는 건데 이는 마음이 바쁘고, 초조한 상태를 뜻한다. 이 좌치와 반대되는 게 귀와 눈을 안으로 통하게 하고, 마음과 지각을 배제하는 일이다. 즉 귀로 듣지 말고 마음으로 듣고, 또 마음으로 듣지 말고 기(氣)로 듣는 일이다.

이런 상태에 이르면 귀신도 텅 빈 방, 즉 심재에 이른 마음에 와서 머물려고 한다. 귀신조차 이런 마음에 감화되어서인데 우리들이야 당연히 감화되게 마련이다. 장자가 공자의 입을 빌려 안회를 깨닫게 하려는 바도 이 점이다. 안회에게 자신의 귀와 눈을 외물에 집착하지 않게 함으로써 심재에 이르도록 한다. 그러면 폭군인 위나라 군주일지라도 심재에 이른 안회의 마음에 감화되어 여기에 와서 자연스럽게 머문다. 그러면 안회가 하고자 하는 바, 즉 군주를 설득해서 위나라를 좋은 나라로 바꾸려는 목표도 저절로 이루어진다. 이것이 하고자 하는 바 없이, 즉 무위(無爲)에 따라 이루어지는 방식이다. 공자가볼 때 이런 방식이 우임금과 순임금이 행동의 준칙으로 삼은 바이고, 또 복희씨나 궤거씨가 평생 실천하고자 노력했던 것이다.

인간세 2-1

초(楚)나라 섭공(葉公) 자고(子高)가 제(齊)나라에 사신으로 가게 되자
공자를 찾아와서 말했다.
"왕이 저를 제나라 사신으로 보내려고 하는데 일이 매우 중요합니다.
제나라가 사신을 접대하는 건 매우 공손하겠지만
외교적 교섭에는 굳이 나서지 않을 겁니다.
저는 필부조차 마음을 움직일 수 없는데 하물며 제후의 마음을
어찌 움직일 수 있겠습니까? 저는 이 일을 크게 걱정하고 있습니다.
선생께선 일찍이 제게 이런 말씀을 하셨습니다.
'모든 일은 크든 작든 간에 도에 입각해야 흡족하게 이룰 수 있다.
그래서 도에 입각해 있지 않는데 일마저 성사시키지 못하면
필히 인간에 의한 재앙(人道之患)이 따르고,
도에 입각해 있지 않은 상태에서 일을 성사시키면
필히 음양에 의한 재앙(陰陽之患)이 따른다.
그러니 일을 성사시키든 성사시키지 못하든 간에
나중에 재앙이 생겨나지 않으려면 오로지 덕이 있어야 한다.'
제가 평소에 먹는 건 요리하지 않은 날로 된 거친 음식이지
요리한 좋은 음식이 아닙니다.
오늘 아침 사신으로 가라는 명령을 받고 저녁에 얼음물을 마셨는데도

근심으로 인해 제 몸이 이미 뜨거워져 있습니다.

전 사신의 일을 실천하기도 전에 음양에 의한 재앙이 생겨났습니다.

또 사신의 일을 성사시키지 못하면 인간에 의한 재앙도 생겨납니다.

이처럼 재앙이 이미 두 배로 되어 있는데

신하 된 자로서 이번 일을 감당하기 부족합니다.

자! 선생께서 좋은 생각이 있으시면 제게 말씀해 주시길 바랍니다.

공자가 말했다.

"세상에는 큰 계율이 두 개 있는데 하나는 하늘의 뜻(命)이고,

다른 하나는 인간으로서의 도리(義)입니다.

자식이 부모를 사랑하는 건 하늘의 뜻이라 마음에서 지울 수 없지요.

신하가 군주를 섬기는 건 도리인데 어딜 가더라도 군주 없는 데가

없을뿐더러 군주를 피해서 달아날 곳도 없지요.

하늘의 뜻(命)과 인간으로서의 도리(義)를 큰 계율이라고 합니다.

이러니 부모를 섬기는 사람은 어떤 처지에 있더라도

하늘의 뜻에 따라 부모를 편히 모시는 게 최고의 효도이며,

군주를 섬기는 사람은 어떤 임무를 맡더라도

인간으로서의 도리에 따라 군주를 편히 모시는 게 최고의 충성이지요.

그런데 마음을 스스로 다스리는 사람(自事其心者)은

눈앞에 어떤 일이 벌어져도 슬픔과 기쁨의 감정이 바뀌지 않지요.

그러니 사람의 힘으로 어찌할 수 없음을 알고, 마음을 편히 하면서

하늘의 뜻을 따르는 게 최고의 덕입니다.

신하 되고, 자식 된 자라면 본디 어쩔 수 없는 바가 있으니

일의 실상을 헤아려 일하고선 자신을 잊어야 합니다.

마음을 스스로 다스리는 자가 삶을 기뻐하고 죽음을 싫어하는 데까지

어찌 신경을 쓸 겨를이 있나요!

죽고 사는 문제를 염두에 두지 말고 제나라에 사신으로 가는 게

좋습니다.”

* * *

葉公子高將使於齊問於仲尼曰:「王使諸梁也甚重, 齊之待使者, 蓋將甚敬而不急.
匹夫猶未可動, 而況諸侯乎! 吾甚慄之. 子嘗語諸梁也曰:『凡事若小若大, 寡不道
以懽成. 事若不成, 則必有人道之患., 事若成, 則必有陰陽之患. 若成若不成而後
無患者, 唯有德者能之.』吾食也執粗而不臧, 爨無欲淸之人. 今吾朝受命而夕飮氷,
我其內熱與! 吾未至乎事之情, 而旣有陰陽之患矣., 事若不成, 必有人道之患. 是
兩也, 爲人臣者不足以任之, 子其有以語我來!」仲尼曰:「天下有大戒二: 其一, 命
也., 其一, 義也. 子之愛親, 命也, 不可解於心., 臣之事君, 義也, 無適而非君也,
無所逃於天地之間. 是之謂大戒, 是以夫事其親者, 不擇地而安之, 孝之至也., 夫
事其君者, 不擇事而安之, 忠之盛也., 自事其心者, 哀樂不易施乎前, 知其不可奈
何而安之若命, 德之至也. 爲人臣子者, 固有所不得已. 行事之情而忘其身, 何暇至
於悅生而惡死! 夫子其行可矣.

하늘의 뜻(命)과 인간으로서의 도리(義)라는
두 개의 계율

———

　「인간세」에는 세 유형의 인물이 등장한다. 첫 번째 유형의 인물이 안회(顏回)이다. 그는 폭군에게조차 열정적으로 충고해서 난세를 변화시키려는 순수한 지식인의 전형에 속한다. 그래서 안회는 세상에 막 나아가려는 사람을 대표한다. 두 번째 유형의 인물이 초나라의 섭(葉) 지역을 다스리는 공작 자고(子高)와 초나라의 태자를 교육하는 태부 안합(顏闔)이다. 이들은 이미 제도권 한가운데 몸을 담고 있는 세속의 정치인을 대표한다. 마지막 유형의 인물이 신체불구자인 지리소(支離疏)와 덕(德) 불구자인 접여(接輿)이다. 그런데 지리소는 접여를 부각시키기 위해 미리 등장시킨 인물이므로 세 번째 유형의 인물은 접여에 초점이 맞추어져 있다. 접여는 세상과 담을 쌓고 지내는 초나라의 유명한 광인(狂人)이다. 안회는 앞서 소개되었고, 여기에선 세속의 정치인을 대표하는 섭공 자고가 등장한다. 섭공은 『논어』에도 등장할 만큼[45] 당시 꽤 유명했던 인사였다.

———

45) 초나라 섭 땅을 다스리는 섭공이 자로에게 공자의 사람됨을 물었는데 자로가 대답하지 않았다. 이 말을 듣고 공자께서 말씀하셨다. 너는 어째서 그분(공자)은 의욕적인 일

섭공이 활동했던 시기는 소진(蘇秦)과 장의(張儀) 등의 활약으로 나라끼리의 합종과 연횡이 활발하게 이루어졌던 전국시대(戰國時代)이다. 이런 시대적 상황에서 어려움이 예상되는 제(齊)나라와의 교섭에 임하라는 군주의 지시를 받고 섭공은 난감해졌다. 세속적인 눈에선 모두가 부러워하는 공작이란 높은 지위에 올랐지만 사신으로 가라는 군주의 지시를 받고선 그의 마음은 초조하기 이를 데 없다. 물론 사신 섭공에 대한 제나라의 접대는 정중하기 이를 데 없을 것이다. 그렇지만 제나라는 초나라와의 외교적 교섭에 굳이 나설 필요가 없다. 왜냐하면 초나라는 제나라와의 동맹을 일방적으로 끊고 진(秦)나라와 새로이 동맹을 맺어서이다. 그런데 동맹을 맺은 진나라가 초나라를 공격하자 초나라가 다시 제나라와 동맹을 맺으려고 하지만 초나라의 신의 없음을 두고 제나라가 초나라와 다시 동맹을 맺길 꺼려하는 상황이 되었다. 따라서 섭공의 임무 수행에 있어서 어려움이 충분히 예상된다. 게다가 섭공은 필부의 마음조차 쉽게 움직일 수 없는데 하물며 한 나라를 다스리는 군주의 마음을 움직이기란 그에게 분명 벅찬 일이다.

섭공은 이처럼 진퇴유곡의 어려운 상황에 몰려 있다. 그는 정치라는 울타리 속으로 들어간 오래전 자신의 선택을 지금 후회할는지 모른다. 게다가 그가 받고 있는 고통은 그동안 제도권에서 누려왔던 즐거움보다 훨씬 크다고 생각할는지 모른다. 그래서 그는 세속으로부터 일찍이 벗어나서 유유자적하며 노니는 사람, 즉 소요유의 삶을 마

이 생기면 먹는 것도 잊고, 도를 즐기느라 근심을 잊으니 늙는 것조차 알지 못한다는 인물이라 대답하지 않느냐(葉公問孔子於子路 子路不對 子曰 女奚不曰 其爲人也 發憤忘食 樂以忘憂 不知老之將 至云爾)? (『논어』 「술이」)

음껏 누리는 장자를 부러워할는지 모른다. 그렇지만 섭공이 장자처럼 살아가기에는 이미 너무 늦었다. 세속의 정치판에 이미 깊숙이 들어와 있어 쉽게 빠져나갈 수 없어서이다. 반면 장자는 울타리 안의 새가 되길 원치 않아 초나라 왕의 재상자리 제의도 단박에 거절한 바 있다. 그래서 늪에 사는 꿩처럼 열 걸음에 한 번 모이를 쪼고, 백 걸음에 한 번 물을 마시는 곤궁함을 겪을지라도 장자는 자유로운 삶 그 자체를 즐긴다.

섭공은 고민 끝에 공자에게 자문을 구하러 나섰다. 그는 언젠가 공자로부터 큰 일이건 작은 일이건 도(道)에 입각하지 않고선 어떤 일도 흡족하게 이룰 수 없다는 말을 들은 바가 있기 때문이다. 그러니 섭공은 자신의 어려운 처지를 공자가 분명히 해결해 줄 거라는 희망을 품음직하다. 물론 공자는 섭공을 만나더라도 도에 따른 일의 처리를 강조할 거다. 도에 따라 일을 처리하지 않으면 설령 일이 성사되더라도 음양에 의한 재앙(陰陽之患)이 따르기 때문이다. 또 도에 따라 일을 처리하지 않는데도 일마저 성사시키지 못하면 사람에 의한 재앙(人道之患)이 생겨나기 때문이다. 사람에 의한 재앙은 사신으로서의 역할을 다하지 못한 데 따른 결과이다. 이런 결과 중에는 인사상의 불이익은 물론이고, 형법상의 처벌까지 포함될 수 있다. 반면 일이 성사된 후에 수반되는 음양에 의한 재앙은 일을 성사시키기 위해 노심초사한 탓에 생겨난 신체상의 병이나 정신적인 마음의 상처이다.

그런데 섭공에게는 음양에 의한 재앙이 이미 생겨나고 있다. 오늘 아침 군주로부터 사신으로 가라는 명령을 받고 긴장한 탓에 저녁에 얼음물을 마셨는데도 몸이 여전히 뜨거워져 있어서이다. 그런데 섭공의 몸이 뜨거워진 건 집 안의 열기 탓이 아니다. 평소 섭공은 자신의 식사를 불에 익히지 않아서 음식물 조리로 인해 생겨나는 열기도 집 안에 있지 않다. 그래서 방안이 늘 서늘해 집이 시원하도록 바라는 가족도 없다. 그러니 뜨거워진 몸이 식지 않는 건 집 안의 열기 때문이 아니라 사신의 임무를 실천에 옮기기도 전에 생겨난 마음의 부담감 때문이다. 그러니 섭공이 자신의 몸에 열이 있다는 말에서 우리는 그의 초조함과 긴장감을 충분히 감지할 수 있다. 그 초조함과 긴장감은 사명(使命)과 생명(生命) 사이의 충돌에서, 또 성공과 실패를 걱정하는 마음에서 생겨난 거다.

신하 된 자로 쉽게 감당할 수 없는 일을 마주한 섭공은 공자에게 매달린다. 일이 성사되건 성사되지 않건 간에 오로지 덕 있는 사람만이 재앙을 만나지 않는다는 평소 공자의 언행 때문이다. 그런데 섭공과 마주한 공자는 사람에 의한 재앙과 음양에 의한 재앙을 염두에 두지 말고 제나라에 사신으로 가는 게 좋다고 조언한다. 어쩌면 섭공은 공자로부터 사신으로 떠나지 말라는 대답을 기대했을는지 모른다. 어려운 처지에 빠진 자신을 위로받고 싶은 심정이 그만큼 절박해서이다. 섭공에 대한 공자의 이런 조언은 앞서 군주를 설득하기 위해 위나라에 가도 좋다는 안회에 대한 공자의 조언과 그 맥락이 같다. 이는 현실을 도피하거나 외면하지 말라는 뜻이 포함된 조언이다. 장자는 공자의 입을 빌려 세상이 싫다고 관계를 끊고 살아가는 건 쉽지만 세상 속에서 다른 사람과 함께 살아가는 건 어렵더라도 세상 속에서 살아가는 게 바람직하다는 입장을 이미 밝힌 바 있다.

공자는 안회에게 한 것과 마찬가지로 섭공에게도 세상 속에서 살아가도록 왜 똑같이 조언하는 걸까? 공자에 따르면 세상에는 하늘의 뜻(命)과 인간으로서의 도리(義)라는 두 가지의 큰 계율이 있는데 사람은 이 두 계율을 감히 거역할 수 없어서이다. 예를 들어 자식이 부모를 사랑하는 건 하늘의 뜻인지라 부모를 자식의 마음에서 지울 수 없다. 또 신하가 군주를 섬기는 건 인간으로서의 도리인지라 군주 또한 신하의 마음에서 지울 수 없다. 게다가 세상 어디를 가더라도 군주 없는 곳이 없고, 또 군주가 싫다고 도망을 치더라도 군주를 피해서 숨을 곳도 마땅치 않다. 이처럼 하늘의 뜻과 인간으로서의 도리라는 큰 계율은 우리의 힘으로 저항하거나 거부할 수 없는 질곡 내지는 족쇄이다. 게다가 이 질곡과 족쇄는 스스로 채운 게 아니라 누군가에 의해 이미 채워졌다. 그래서 우리는 이 세상에 태어나는 순간부터 죽을 때까지 이 질곡과 족쇄에 묶여 있으므로 도저히 어찌할 수 없다.

따라서 부모를 섬기는 사람은 지위 고하를 막론하고 부모를 편히 모시는 게 최고의 효도이고, 군주를 섬기는 사람은 어떤 임무를 맡더라도 군주를 편히 모시는 게 최고의 충성이다. 나아가 자신의 마음을 알아서 다스리는 사람은 눈앞에 어떤 일이 벌어져도 슬픔과 기쁨의 감정을 쉽게 바꾸지 않는 게 최고의 처신이다. 그래서 슬퍼하다가 기뻐하고, 노여워하다가 즐거워하는 따위의 감정 변화가 없어야 한다. 그 대신 유유자적하면서 사물의 변화를 그저 묵묵히 바라보아야 한다. 이는 사람의 힘으로 어찌할 수 없음을 알고 현재의 상황에 만족하면서 오로지 하늘의 뜻에 순종하는 자세이다. 그러니 자식 된 자로, 또 신하 된 자로 본디 어찌할 수 없는 바가 있음을 알고 일의 실상을 헤아려서 처리한 뒤에 자신을 잊어야 한다. 마찬가지로 자신의 마음을 알아서 다스리는 사람도 삶을 기뻐하고 죽음을 싫어하는 데까지 일일이 신경을 쓸 겨를이 없다. 그러니 죽고 사는 문제를 염두에 두지 말고 제나라에 사신으로 가는 편이 좋다는 게 공자의 입장이다.

공자가 계속해서 말했다.

"구(丘)가 들은 바를 얘기하겠습니다.

모든 사귐은 가까우면 신의(信)로 따르고, 멀면 말(言)로 참 마음을
보여주어야 하는데 이때 말을 전하는 사람이 반드시 필요합니다.

그런데 양쪽을 모두 기쁘게 하거나, 양쪽을 모두 화나게 하는 말을
전하는 게 세상에서 가장 어렵습니다.

양쪽이 모두 기뻐할 때는 필히 듣기 좋은 말이 넘쳐나고,

양쪽이 모두 화를 낼 때는 필히 듣기 싫은 말이 넘쳐납니다.

넘쳐나는 말은 진실되지 않은데 진실되지 않으면 신뢰감이 없고,

신뢰감이 없으면 말을 전한 자가 화를 입지요.

그래서 옛날 『법언(法言)』이란 책이 말합니다.

'사람으로 마땅히 갖는 마음의 정(常情)을 전할 뿐

부풀린 말(溢言)로 전하지 않으면 그런대로 보존할 수 있다.'"

공자가 계속해서 말했다.

"재주로 능력을 다툴 땐 처음엔 당당해도 늘 부당하게 끝나는데
지나치면 모략이 넘쳐납니다.

예의를 지켜 술 마실 땐 처음엔 품위를 지켜도 늘 어지럽게 끝나는데
지나치면 광란에 휩싸입니다.

모든 일이 이와 같습니다.

처음에는 서로 믿지만 늘 상스럽게 끝나고,

시작할 때는 사소하지만 마칠 땐 반드시 크게 부풀려집니다."

공자가 계속해서 말했다.

"말이란(言者) 모습이 없는 풍파이고,

말하는 행위는(行者) 결과가 있는 득실입니다.

풍파는 사람의 마음을 쉽게 움직이고,

득실은 사람의 마음을 쉽게 위험에 빠뜨립니다.

그래서 사람을 성나게 하는 건 다른 이유가 아니라

교묘한 말과 간사한 언사 때문이지요.

짐승이 죽을 땐 듣기 좋은 소리만 골라서 지르지 않다가

호흡이 거칠어지면 남을 죽이려는 사나운 마음이 생겨납니다.

사람도 마찬가지여서 정도를 크게 넘어서서 상대방을 엄히 다그치면

필히 좋지 못한 마음을 지니고서 반응하지요.

이런 상황으로 몰고 간 사람은 상대방이 왜 그런 반응을 보이는지

그 이유를 알지 못합니다.

그 이유를 알지 못하면 예상되는 엄청난 결과를 어찌 알겠습니까!

그래서 옛날 『법언』이란 책이 말합니다.

'명령을 바꾸지 말고, 일의 성사를 위해 억지로 권하지 말아야 한다.

정도를 넘으면 쓸데없이 화를 초래한다.'

그러니 군주의 명령을 바꿔 일의 성사를 위해

상대방 군주에게 억지로 권하면 일을 그르칩니다.

일이 좋게 이루어지려면 반드시 오랜 세월이 필요합니다.

반면 일이 나쁘게 이루어지면 고치려 해도 쉽게 고칠 수 없으니

어찌 신중하지 않을 수 있습니까!"

공자가 계속해서 말했다.

"사물의 변화에 몸을 맡기고 마음을 유유히 풀어

사람의 힘으로 어찌할 수 없는 건 내버려둠으로써

중도를 지키는(養中) 게 사신으로서 일을 수행하는 데 최고입니다.

일을 억지로 꾸며서 하는 것만을 어찌 임무 수행이라고 여기는가요!

있는 그대로 군주의 명령을 전하는 게 가장 좋으니

이게 뭐 그리 대단히 어려운 일인가요."

. . .

「丘請復以所聞: 凡交近則必相靡以信, 交遠則必忠之以言, 言必或傳之. 夫傳兩喜
兩怒之言, 天下之難者也. 夫兩喜必多溢美之言, 兩怒必多溢惡之言. 凡溢之類妄,
妄則其信之也莫, 莫則傳言者殃. 故法言曰:『傳其常情, 無傳其溢言, 則幾乎全.』
「且以巧鬪力者, 始乎陽, 常卒乎陰, 泰至則多奇巧., 以禮飮酒者, 始乎治, 常卒乎
亂, 泰至則多奇樂. 凡事亦然. 始乎諒, 常卒乎鄙, 其作始也簡, 其將畢也必巨.「言
者, 風波也., 行者, 實喪也. 夫風波易以動, 實喪易以危. 故忿設無由, 巧言偏辭.
獸死不擇音, 氣息茀然, 於是竝生心厲. 剋核大至, 則必有不肖之心應之. 而不知其
然也. 苟爲不知其然也, 孰知其所終! 故法言曰:『無遷令, 無勸成, 過度益也.』遷令
勸成殆事, 美成在久, 惡成不及改, 可不愼與!「且夫乘物以遊心, 託不得已以養中,
至矣. 何作爲報也! 莫若爲致命, 此其難者.」

승물이유심(乘物以遊心) – 사물의 자연스런 흐름에 따라 마음이 유유히 노닐다

시선(詩仙) 이백(李白)이 읊은 시 중에 "촉나라로 가는 길은 하늘에 오르는 길보다 더 험난하다(蜀道之難 難於上靑天)."는 구절이 있다. 이 시는 촉나라로 가는 자연의 길이 너무나 험난하기에 세상을 헤쳐 나가면서 도에 이르는 길보다 더 험난하다는 짐짓 허풍이 포함된 말이다. 사실 자연의 길이 아무리 험난해도 우회하면 되고, 심지어 가는 걸 포기해도 어느 누가 뭐라고 하지 않는다. 그렇지만 우리가 사는 세상은 이런 선택과 포기가 좀처럼 허용되지 않는다. 임무를 부여받으면 반드시 실행에 옮겨야 하고, 군주의 명령이라면 더욱 더 그러하다. 섭공 자고도 사신의 신분이 되니까 아무리 고위직에 있어도 이런 선택과 포기가 허용되지 않는다. 군주의 명령을 받는 순간부터 사명을 완수하기 위해 애써야 하고, 또 사명을 완수한 뒤에는 자신의 생명도 돌봐야 한다. 사명을 완수하지 못하면 인간에 의한 재앙을 맞이하지만 사명을 완수하더라도 음양에 의한 재앙이 그를 기다리기 때문이다.

이런 진퇴양난의 어려움에 빠진 자고에게 공자는 말의 중요성을 새삼스럽게 강조한다. 교린이란 가까운 사이라면 신의를 서로 확인하면서 이루어지는 반면 먼 사이라면 말로 자신의 진심을 상대방에게 보여주어야 한다. 그러니 나라끼리의 사귐, 즉 방교(邦交)도 가까운 나라끼리라면 군주들이 직접 만나서 서로의 신의를 확인하면 되지만 먼 나라끼리라면 반드시 사신을 주고받아야 한다. 이때 사신은 말로서 군주의 진심을 보여주는 걸 대행하는 사람이다. 그런데 사신은 양쪽 군주 모두를 기쁘게 하는 말을 전하는 것도 어렵지만 양쪽 군주 모두를 화나게 하는 말을 전하는 것도 어렵다.

양쪽 모두가 기뻐할 때는 반드시 일미지언(溢美之言), 즉 듣기 좋은 말이 넘쳐나게 마련이다. 마찬가지로 양쪽 모두가 화낼 때도 반드시 일악지언(溢惡之言), 즉 듣기 싫은 말이 넘쳐나게 마련이다. 그런데 이런 넘쳐나는 말은 음식물에 조미료를 뿌리듯 언어에 조미료를 뿌리는 일이므로 진실된 말이 되기가 힘들다. 진실되지 못한 말은 신뢰감이 없고, 신뢰감이 없으면 말을 전하는 사람이 반드시 화를 입는다. 이는 음식물에 조미료를 뿌리면 몸이 상하는 것처럼 언어에 조미료를 뿌리면 마음이 상하기 때문이다. 그러니 화려한 수사나 현란한 논리는 결코 좋은 표현이 아니다. 오히려 소박한 표현이 진실될 수 있다. 옛날 『법언(法言)』이란 책도 '있는 그대로(常情)를 전하고 부풀린 말(溢言)을 전하지 않으면 그런대로 자신을 보존할 수 있다'고 말한다.

원래 앎으로서 우열을 다투는 사람은 처음에는 당당하지만 늘 부당하게 끝난다. 지나칠 경우 모략까지 넘쳐난다. 마치 즐겁게 시작한 운동 경기도 열기가 오르면 이기기 위해 수단방법을 가리지 않는 것처럼 말이다. 또 술을 마시는 사람도 처음에는 예의를 지키는 등 좋은 태도를 보이지만 끝은 늘 난잡하다. 또 지나칠 경우 광란에 휩싸인다. 모든 일이 이와 같아서 개인 간의 교린도 마찬가지이다. 처음에는 서로 믿고 시작하지만 속이는 것으로 늘 끝난다. 또 처음 시작할 때는 사소했던 문제가 마칠 때는 거대하게 부풀려진다. 나라끼리의 교린도 이와 같다. 처음에는 신의로 굳게 약속하지만 늘 속이는 것으로 끝난다. 그러니 교린을 시작할 때 하찮았던 일도 나중에는 서로 속이려고 드니까 마칠 때는 거대하게 부풀려진다. 이런 불행한 사태는 모두 말이 매개되어서 생겨난다.

말은 일정한 모습이 없는 풍파이기에 그 모습이 쉽게 변화한다. 이처럼 말은 고정된 의미를 지니지 못하므로 말을 전하는 사람은 늘 위험에 직면할 수 있다. 또 말을 통해 이루어지는 행위는 득실이란 결과를 목표로 하기에 사람을 얼마든지 위험에 빠뜨릴 수 있다. 그래서 사람이 분노하는 데는 그 원인이 다른 데 있지 않고 바로 교활한 말과 간사한 언사 때문이다. 이런 말과 언사로 상대방을 지나치게 몰고 가면 분노하게 마련이다. 짐승의 경우 죽음에 임해서는 듣기 좋은 소리만 골라 내지르지 않다가 호흡이 거칠어지면서 결국 상대방을 죽이려는 사나운 마음도 생겨난다. 사람이라고 어찌 이런 짐승과 다르겠는가. 사람도 준엄하게 몰고 가면 반드시 불초지심(不肖之心), 즉 좋지 못한 마음을 지니고서 상대방을 대한다. 그런데도 상대방이 왜 그런 반응을 보이는지조차 알지 못하면 그 결과는 참담하다.

그래서 『법언』은 '군주로부터 부여받은 명령을 제멋대로 바꾸지 말고, 임무를 억지로 성사시키지 말아야 한다'고 말한다. 자신의 말을 교묘히 덧붙여서 군주의 명령을 바꾼다든지, 또 일의 성사를 위해서 상대방에게 무리하게 권하면 쓸데없는 화를 자초하기 때문이다. 더욱이 모든 일에 있어 좋은 결과를 기대하고자 하면 오랜 시간을 두고 공을 들여야 한다. 반면 나쁜 결과는 순식간에 이루어지므로 이를 고치려 해도 쉽게 고칠 수 없다. 그러니 일을 함에 있어 신중에 신중을 기해야 한다. 그것이 승물이유심(乘物以遊心), 즉 사물의 자연스런 움직임에 따라 마음을 유유히 자유롭게 풀어놓는 일이다. 승물이유심은 심재(心齋)와 더불어 「인간세」를 대표하는 용어 중 하나이다. 두 용어 사이에 차이가 있다면 심재는 추구해야 할 목표라면 승물이유심은 그것에 이르는 방법쯤에 해당한다.

승물이유심이란 무엇일까? 쉽게 이해되지 않아 승마(乘馬)에 빗대어 설명해보자. 말(馬)도 일종의 사물(物)이기 때문이다. 그렇다면 승물이유심은 승마이유심(乘馬以遊心)으로 바뀔 수 있다. 먼저 승마를 잘하려면 말의 자연스런 움직임에 자신의 몸을 맡겨야 하는 건 상식이다. 그래서 말이 달리면서 자신의 허리를 낮추거나 높이거나 할 때 안장에 걸터앉은 사람의 엉덩이도 그 변화와 함께 자연스럽게 움직여야 한다. 이런 식으로 사물의 흐름에 우리의 마음을 턱하고 맡기면 사물의 자연스런 결에 따라 생각하고 판단한다. 이것이 유심(遊心), 즉 마음을 유유히 노닐 게 하는 일이다. 「인간세」 앞부분에서 공자가 안회에게 권했던 심재(心齋)도 이 유심(遊心)과 궤를 같이한다. 단지 차이가 있다면 심재가 마음을 비운 정적인 상태라면 유심은 마음이 자유롭게 노니는 동적인 상태라고나 할까?

그런데 우리는 주로 외물에 집착한다. 그래서 사물의 내면을 들여다볼 생각을 하지 않고, 겉만 보고 사물을 평가하는 데 익숙해 있다. 이는 우리 마음이 사물에 굴복하거나, 굴종되어서인데 마음이 이미 사물의 노예가 되어 있음을 뜻한다. 승물(乘物)은 마음이 이런 노예 상태에 머물지 않도록 하기 위해 사물의 외형을 넘어서라는 주문이다. 즉 사물의 외형에 짓눌려서 마음을 다쳐 신음하지 말고, 오히려 만물을 지배함으로써 삶의 진정한 주인이 되라는 주문이다. 이런 상태에 이르면 우리는 탁부득이(託不得已)란 삶의 방식을 자연스럽게 체득한다. 탁부득이란 '사람의 힘으로 어찌할 수 없는 것(不得已)'은 '그냥 내버려둔다(託)'는 의미이다.

　부득이, 즉 어찌할 수 없다는 건 동아시아인에게 아주 익숙한 개념이다. 공자의 지천명(知天命)도 탁부득이와 같은 맥락에 있다고 본다. 지천명은 하늘의 뜻(天命)이 무엇인지를 안다(知)쯤으로 번역된다. 이는 우리의 삶이 하늘의 뜻으로 이루어지므로 우리 의지대로 되는 게 별로 없다는 의미이다. 그러니 탁부득이든 지천명이든 이 개념들은 우리 의지대로 삶을 만들어 나가지 말라는 주문이다. 이런 주문을 잘 실천하면 우리가 하는 일에 있어 한계를 미리 알고서 내면의 세계를 기르는데 이것이 양중(養中)이다. 양중이란 어디에도 기울지 않고 가운데(中)를 지켜 나가는 태도이다. 공자가 섭공에게 한 주문도 제나라와 초나라 두 군주 사이에서 어디에도 기울지 말고 가운데(中)를 지키라는 것이다. 이것은 「양생주」에서 등장했던 연독이위경(緣督以爲經), 즉 순리에 따라 이루어진 중앙의 자연스런 균형을 원칙으로 삼는 것과 같은 맥락에 있다.

안합(顔闔)이 위나라 영공(靈公)의 태자 스승이 되자
대부(大夫)인 거백옥(蘧伯玉)을 찾아와서 말했다.
"태자 괴외라는 사람이 있는데 그의 덕이 천성적으로 각박합니다.
그를 제멋대로 놔두면 장차 나라가 위태롭고,
그에게 규범을 익히도록 하면 장차 제 몸이 위태롭습니다.
또 그의 앎은 남의 허물은 충분히 알아보지만
자신의 허물은 알아보지 못하는 수준입니다.
이런 사람이니 제가 어떻게 그를 가르쳐야 합니까?"
거백옥이 말했다. "내게 잘 물었네.
당신은 태자를 주의하고 조심하면서 몸가짐은 바르게 하게.
태도는 고분고분한 게 좋고, 마음은 조화를 이루는 게 좋네.
그렇더라도 고분고분한 태도와 조화를 이루는 마음은
여전히 재앙의 조짐이 있네.
그래서 태도는 고분고분하지만 그에게 말려들어선 안 되고,
마음은 조화를 이루지만 한도를 벗어나선 안 되네.
태도를 고분고분하게 하다가 속까지 동화되면
당신은 뒤집히고, 괴멸되고, 무너지고, 헛디뎌서 걸려서 넘어지네.
또 마음은 태자와 조화를 이루다가 한도를 벗어나면
당신은 명성을 추구하게 되는데 이건 결국 재앙을 초래하네.
그러니 태자가 어린아이처럼 변덕스럽고 철없이 굴면
마찬가지로 당신도 어린아이처럼 변덕스럽고 철없이 굴게.

또 태자가 분수를 모르고 절도 없이 행동하면

마찬가지로 당신도 분수를 모르고 절도 없이 행동하게.

또 태자가 무모하게 행동하면

마찬가지로 당신도 그와 함께 무모하게 행동하게.

이런 방식에 통달하면 아무런 탈이 없을 걸세."

거백옥이 계속해서 말했다.

"당신은 사마귀 이야기를 듣지 못했는가?

팔을 치켜들고 수레를 막고 있는 사마귀는 수레바퀴에 치어

죽는다는 사실을 모르네.

이는 자신의 재주가 뛰어나다고 믿어서이지.

그러니 당신도 주의하고 조심해야 하네.

당신의 뛰어난 재주를 뽐내다간 태자의 미움을 사기 십상이어서

위험할 뿐이네.

당신은 호랑이 사육사의 행동을 알지 못하는가?

사육사는 호랑이에게 산 것(生物)을 함부로 주지 않는데

이건 호랑이가 산 것을 죽일 때 일으키는 노기 때문이지.

사육사는 호랑이에게 한 마리를 통째(全物)로 주지 않는데

이건 호랑이가 찢어발길 때 일으키는 노기 때문이지.

그래서 사육사는 호랑이가 배고픈지 배부른지 때를 잘 맞춰

노기 띤 마음을 자극하지 않게 하는데 통달해야 하네.

호랑이는 사람과 다른 부류이지만 애교를 부리는 건

사육사가 호랑이의 자연스런 성질을 잘 좇아서 사육한 탓이네.

따라서 호랑이가 사육사를 물어 죽이는 건

사육사가 호랑이의 본성을 거스르며 사육한 탓이네."

거백옥이 계속해서 말했다.

"말을 사랑하는 사람은 말의 똥을 값진 광주리에 담아서 받고,
말의 오줌을 아름다운 자개그릇에 담아서 받네.
어쩌다 모기나 등에가 말허리에 붙어 있어 말을 사랑하는 사람이
갑자기 찰싹하고 때리면 말은 놀라서 재갈을 물어뜯어 끊거나
말을 사랑하는 사람의 머리를 깨뜨리고, 가슴을 부러뜨릴 걸세.
이는 주인이 말을 사랑하는 생각은 지극하지만
이런 사랑이 주인을 도리어 망하게 하는 걸세.
당신의 경우도 이와 마찬가지이니 어찌 조심하지 않을 수 있는가!"

· · ·

顔闔將傅衛靈公太子, 而問於蘧伯玉曰:「有人於此, 其德天殺. 與之爲無方, 則危吾國., 與之爲有方, 則危吾身. 其知適足以知人之過, 而不知其所以過. 若然者, 吾奈之何?」蘧伯玉曰:「善哉問乎? 戒之, 愼之, 正汝身也哉! 形莫若就, 心莫若和. 雖然, 之二者有患. 就不欲入, 和不欲出. 形就而入, 且爲顚爲滅, 爲崩爲蹶. 心和而出, 且爲聲爲名, 爲妖爲孽. 彼且爲嬰兒., 亦與之爲嬰兒., 彼且爲無町畦, 亦與之爲無町畦, 彼且爲無崖, 亦與之爲無崖. 達之入於無疵.「汝不知夫螳螂乎? 怒其臂以當車轍, 不知其不勝任也, 是其才之美者也. 戒之, 愼之! 績伐而美者以犯之, 幾矣.「汝不知夫養虎者乎? 不敢以生物與之, 爲其殺之之怒也., 不敢以全物與之, 爲其決之之怒也., 時其飢飽, 達其怒心. 虎之與人異類而媚養己者, 順也., 故其殺之者, 逆也.「夫愛馬者, 以筐盛矢, 以蜃盛溺. 適有蚊虻僕緣, 而拊之不時, 則缺衝毁首碎胸. 意有所至而愛有所亡, 可不愼邪!」

수레바퀴 앞에 팔을 치켜든 사마귀(螳螂拒轍)

———

이 글의 주인공 안합(顔闔)도 앞서 소개한 섭공 자고와 마찬가지로 권력의 한복판에 몸을 담고 있는 세속의 정치인을 대표한다. 단지 차이가 있다면 자고가 초나라 군주로부터 섭 지역이라는 땅을 하사받아 경제적 토대를 갖춘 영주라면 안합은 위나라 군주인 영공(靈公)으로부터 태자를 가르쳐 달라는 부탁을 받을 정도로 훌륭한 인품의 소유자이다. 그런데 이들이 군주로부터 감당하기 힘든 명령을 받고서 심한 정신적 고통을 겪고 있다는 점에선 똑같다. 안합은 태자의 스승이라는 매우 영광된 자리에 올랐는데 어째서 심한 정신적 고통을 받는 걸까? 그것은 그가 가르쳐야 할 태자의 성품이 천성적으로 각박해서 그를 어떻게 가르쳐야 할지 난감해서이다. 그 태자가 괴외(蒯聵)로 자신의 자식인 출공(出公)을 내쫓고 후에 장공(莊公)이 되었다. 결국 안합은 고민 끝에 위나라 총리인 대부(大夫) 거백옥(蘧伯玉)을 찾아가서 자신의 고민을 털어놓았다.

안합이 지도해야 할 태자가 못되고 무섭다는 건 그의 성품이 태어날 때부터 냉혹하고 잔인해서이다. 그 냉혹함과 잔인함은 마치 하늘이 사물을 말려 죽이는 천살(天殺)과도 같다. 그런 그에게 군주로서 갖추어야 할 소양을 제대로 가르친다면 스승에 대한 원망과 적대감만 쌓일 것이다. 그러니 그가 장차 군주가 되면 엄한 스승이었던 자신은 위험에 처할 수밖에 없다. 이런 점을 감안하면 스승으로서의 원칙을 포기하고 태자를 적당히 지도하는 편이 낫다. 그렇지만 이런 식으로 태자를 지도하다간 그가 장차 군주가 되면 나라를 위험에 빠뜨릴 수 있다. 게다가 태자는 자신의 잘못에 대해선 관대하지만 남의 잘못에 대해선 엄격해 가차 없이 처벌한다. 그래서 안합은 이럴 수도 없고, 저럴 수도 없는 그야말로 난감한 처지에 빠져 있다.

거백옥은 안합의 답답한 심정을 이해했는지 잘 찾아왔다고 말하면서 주의하고 조심하면서 몸가짐을 단정히 하라고 우선 조언한다. 거백옥이 안합에게 이렇게 조언하는 건 고분고분한 태도보다 더 좋은 게 없어서이다. 즉 '스승입네!' 하면서 목에 힘을 주지 말라는 거다. 또 몸가짐을 왜 단정히 하라고 조언할까? 그건 조화를 이루는 마음보다 더 좋은 게 없어서이다. 이는 원리원칙에 매달려서 태자를 가르치지 말고 자연의 흐름에 맞게끔 지도하라는 거다. 그렇더라도 무조건 고분고분한 태도를 보이거나, 또 무조건 태자와 마음의 조화를 이루어선 안 된다고 경고한다. 그래서 태도가 고분고분하되 태자의 오만하고 방자한 몸가짐에 말려들어선 안 되고, 또 마음이 태자와 조화를 이루더라도 그의 사나운 태도를 적당히 견제해야 한다. 고분고분하다가 태자에게 동화되면 파멸해서 무너지고, 또 태자의 마음과 조화를 이루다가 정도를 넘어서면 명성을 추구하게 되는데 이는 재앙으로 끝나기 십상이다.

그렇다면 구체적으로 어떤 태도와 어떤 마음을 지녀야 할까? 이와 관련해서 거백옥은 다소 흥미로운 주문을 안합에게 제시한다. 태자가 어린애처럼 변덕스럽고 철없이 굴면 안합도 그를 따라 어린애처럼 행동하고, 태자가 분수를 모르고 절제 없이 행동하면 안합도 그를 따라 절제 없이 행동하고, 태자가 무모하게 행동하면 안합도 그를 따라 무모하게 행동하라는 주문이다. 이런 주문들은 어떤 목표를 정해 놓거나, 또는 어떤 고정된 관점을 만들어서 스스로 구속하지 말라는 것이다. 이런 식으로 자신을 비우면 태자의 태도나 처신에 대해 보다 유연하게 대응할 수 있어서 어떤 탈이 생겨나지 않는다. 물론 이런 식으로 대응하도록 주문하면 보통사람들은 억울하다고 여겨 별로 달갑게 여기지 않는다. 보통사람들은 수레 앞에 서 있는 사마귀처럼 팔을 쭉 뻗고 보다 당당하게 대응하고 싶어 한다. 이것은 양중(養中)을 지키는 자세가 결코 아니다.

이제 유명한 당랑거철(螳螂拒轍)의 고사, 즉 수레 앞에 팔을 치켜들고 서 있는 사마귀 얘기가 등장한다. 여기서 수레는 태자이고, 사마귀는 안합을 말한다. 수레의 진행을 막기 위해 팔을 쭉 뻗고 서 있는 사마귀는 과연 용감한가? 물론 아니다. 바퀴에 깔려 곧 죽을 운명인데 왜 저런 만용을 보일까? 이는 수레의 진행을 막아야 한다는 생각이 먼저여서이다. 태부로선 나라의 미래를 걱정하는 건 당연하지만 이건 수레의 진행을 막는 것과 같다. 그러니 안합도 나라의 미래만 염두에 둔다면 사마귀처럼 수레바퀴에 깔려 죽는 운명이 된다. 그래서 안합도 태자와의 관계 속에서 적당한 위치와 역할을 찾아야 한다. 그렇다고 높은 지식과 덕행을 지녔다는 이유로 태자 앞에서 우쭐대다간 마찬가지로 사마귀와 같은 운명에 처한다.

그러니 안합에게는 신중한 태도와 올바른 처신이 요구된다. 이런 신중한 태도와 올바른 처신은 호랑이 사육사에게서 발견된다. 노련한 호랑이 사육사는 호랑이에게 살아 있는 상태로 먹잇감을 주지 않을뿐더러 통째로도 주지 않는다. 호랑이의 성난 마음을 자극하지 않으려고 해서이다. 물론 호랑이는 사람과 분명 다른 부류에 속한다. 그렇더라도 호랑이가 사육사를 따르는 건 사육사가 호랑이의 자연스런 성질을 좇아서 사육했기 때문이다. 즉 호랑이의 식욕에 따라 먹이를 조절하면서 어느새 그의 살기를 제거해 사나운 호랑이를 길들였기 때문이다. 반면 호랑이가 사육사를 물어뜯는 건 사육사가 호랑이의 식욕에 따라 먹이를 제대로 조절하지 못했기 때문이다. 지금 태자는 호랑이와 같다. 그래서 신하 된 입장에선 태자가 호랑이처럼 성내지 않도록 조심해서 처신해야 한다. 그 태도가 고분고분해야지 태자와 맞서려고 들면 안 된다. 이것이 바로 양중(養中)에 따른 처신이다.

반면 말을 무조건 사랑하는 사람은 호랑이 사육사처럼 신중하고 조심스럽지 못하다. 그는 말을 지나치게 사랑한 나머지 값진 광주리에 말의 똥을 받고, 아름다운 자개그릇에 말의 오줌을 받는다. 여기서 말이 얼마나 융숭한 대접을 받는지 충분히 예상할 수 있다. 그런데 이것은 양중(養中)과 반대되는 처신이다. 만약 말의 등에 모기가 달라붙으면 말 주인은 이를 잡으려고 찰싹 하고 내리친다. 이때 말은 자신에 대한 공격으로 오해한 나머지 자신을 속박하는 재갈과 고삐에서 필사적으로 탈출하기 위해 말 주인에게 덤벼들 거다. 그러니 말을 사랑하는 사람이 말발굽에 차여 머리가 깨지거나 가슴이 부러지지 않는다고 어떻게 장담할 수 있는가. 말을 사랑하는 사람의 마음은 지극하지만 말이 그 주인의 사랑을 순간적으로 잊어서 생겨난 사태이다. 태자를 가르쳐야 하는 안합도 마찬가지이다. 사랑으로서 태자를 열심히 가르쳐야 하지만 사랑이 매로 바뀌는 순간 태자는 분노로서 스승을 대할 것이다. 그러니 최대한 신중하고 조심해서 가르쳐야 하지 않는가!

인간세 4-1

대목수 장석(匠石)이 제나라 곡원(曲轅) 땅에 이르자

사당수(祠堂樹)로 쓰인 큰 상수리나무를 보았다.

그 상수리나무의 크기는 수천 마리 소를 덮을 정도로 컸고,

둘레는 백 아름 정도로 두터웠고, 높이는 산을 내려다볼 정도로 높았다.

또 땅에서 열 길 위를 올라간 후에 가지가 뻗었는데

그 가지로 배를 만들 수 있는 것만도 열대여섯 개에 달했다.

이 큰 나무를 보려는 구경꾼으로 사당이 시장터처럼 북적댔다.

대목수 선생은 그 나무를 거들떠보지도 않고 하던 일을 계속했다.

그의 제자가 이 나무를 실컷 보곤 대목수 석에게 달려가서 물었다.

"제가 도끼를 잡고 스승을 따라다녔지만

재목감으로 이렇게 좋은 나무를 여태 본 적이 없습니다.

스승께선 눈여겨보지도 않고 그냥 지나치시니 어찌 된 일입니까?"

장석이 말했다.

"됐다. 거기에 대해선 더 이상 말하지 말라.

그것은 산목(散木), 즉 쓸모없는 나무이다.

그 나무로 배를 만들면 가라앉고,

관을 짜면 빨리 썩고, 그릇을 만들면 금세 헐고,

문짝을 만들면 진이 흘러나오고, 기둥을 세우면 좀이 슨다.

그러니 재목감이 못 되는 나무(不材之木)여서 쓸 만한 데가 없다.
아무짝에도 못 쓰니까 저렇게 오래 사는 것이다."
장석이 집에 돌아와 눈을 붙이자 사당의 나무가 꿈에 나타나서 말했다.
"너는 어째서 나를 다른 나무와 비교하려는가?
혹시 너는 나를 문목(文木), 즉 쓸모 있는 나무에 비교하려는가?
쓸모 있는 산사나무, 배나무, 귤나무, 유자나무는 열매가 익으면
빼앗기고, 빼앗기면 수난을 당한다. 뿐만 아니라 쓸모 있는 나무의
큰 가지는 꺾이고, 작은 가지는 찢겨서 땅에 떨어진다.
이는 나무의 타고난 능력으로 인해 삶이 고통스러워지는 일이다.
그래서 타고난 수명을 다하지 못하고 중간에 일찍 죽고 마니
이는 세상 사람들의 공격을 스스로 불러들이는 꼴이다.
세상 만물들 중에 이와 같지 않은 게 없다.
그래서 나는 나무로서 쓸모없음을 추구한 지 이미 오래여서
그동안 여러 번 잘릴 뻔했어도 지금까지 목숨을 보존하고 있는데
이것이 내게는 큰 쓸모이다.
내가 나무로 쓸모가 있었다면 어찌 이처럼 자랄 수 있었겠는가?
또 너는 나와 마찬가지로 한낱 사물에 불과한데
어찌 쓸모가 있느니 없느니 하면서 나를 살피려는가?
그리고 너는 거의 죽어가는 쓸모없는 사람(散人)인데
또 어찌 쓸모없는 나무(散木)인 나를 알아보겠는가!"
장석이 깨어나서 꿈을 풀이하는데 그의 제자들이 물었다.
"상수리나무가 미리부터 쓸모없음에 뜻을 두었다면
어째서 사람들이 우러러보는 사당수가 되었을까요?"
"그건 비밀이다! 그 점에 대해선 묻지 말고 그저 잠자코 있어라!

저 상수리나무도 사람들이 함부로 하지 못하는 사당수에
간신히 자신의 몸을 의지하고 있네.
그럼으로써 재목감을 잘 분별한다고 자부하는 나 같은 사람에게
자신을 망신주고 미워하도록 방치하는 거네.
사당수가 되지 않았더라면 상수리나무는 이미 잘려나갔을 거네!
이처럼 상수리나무의 생존법은 뭇 사물들의 생존법과 분명 다르네.
재목감이란 평범한 관점으로 저 나무를 평가하면
사당수가 스스로 생각하는 평가와 너무나 동떨어진 게 아닌가!”

· · ·

匠石之齊, 至於曲轅, 見櫟社樹. 其大蔽數千牛, 絜之百圍, 其高臨山, 十仞而後有
枝其可以爲舟者旁十數. 觀者如市, 匠伯不顧, 遂行不輟. 弟子厭觀之, 走及匠石,
曰:「自吾執斧斤以隨夫子, 未嘗見材如此其美也. 先生不肯視, 行不輟, 何邪?」曰:
「已矣, 勿言之矣! 散木也, 以爲舟則沈, 以爲棺槨則速腐, 以爲器則速毀, 以爲門戶
則液樠, 以爲柱則蠹. 是不材之木也, 無所可用, 故能若是之壽.」匠石歸, 櫟社見夢
曰:「女將惡乎比予哉? 若將比予於文木邪? 夫柤梨橘柚, 果蓏之屬, 實熟則剝, 剝
則辱., 大枝折, 小枝泄. 此以其能苦其生者也, 故不終其天年而中道夭, 自掊擊於
世俗者也. 物莫不若是. 且予求無所可用久矣, 幾死, 乃今得之, 爲予大用. 使予也
而有用, 且得有此大也邪? 且也若與予也皆物也, 奈何哉其相物也? 而幾死之散人,
又惡知散木!」匠石覺而診其夢. 弟子曰:「趣取無用, 則爲社何邪?」曰:「密! 若無
言! 彼亦直寄焉, 以爲不知己者詬厲也. 不爲社者, 且幾有翦乎! 且也彼其所保與衆
異, 而以義喩之, 不亦遠乎!」

유용지용(有用之用)과 무용지용(無用之用)

———

　유용지용(有用之用)을 풀이하면 쓸모(用) 있음(有)의 쓰임새(用)이다. 반면 무용지용(無用之用)은 쓸모(用) 없음(無)의 쓰임새(用)이다. 우리는 쓸모있음의 쓰임새에 오랫동안 익숙해 왔다. 그래서 자전거를 탈 때 느끼는 상쾌함이나 길을 걸을 때 느끼는 여유로움보다 목적지에 빨리 도착하는 걸 더 중요한 가치로 삼을 때가 많다. 그래서 걷기보다는 자전거를 타고, 자전거를 타기보다는 자동차를 몬다. 당장의 쓸모있음의 쓰임새만 생각해서이다. 세상을 살아가는 데 있어 이런 경향은 더욱 두드러진다. '배워서 지식이 많아지면 벼슬에 나간다(學而優則仕)'는 말이 있는데 이 말은 쓸모있음의 쓰임새를 위해 배운다는 걸 암시한다. 「인간세」에서 차례로 소개되었던 안회와 섭공 자고, 또 태부 안합은 이런 쓸모있음의 쓰임새를 추구했던 사람들이다.

　이들이 추구하는 쓸모있음의 쓰임새는 군주를 도와 나라의 발전에 동량이 되는 거다. 먼저 안회는 위나라 군주의 폭정을 바로잡기 위해 자신의 쓸모있음의 쓰임새를 필요로 하는 세상에 막 진입하려고 했던 인물이다. 섭공 자고와 태부 안합은 쓸모있음의 쓰임새를 필요로 하는 세상에 이미 진입한 인물인데 또 다른 쓰임새를 보여달라는 군주의 요청을 받고선 곤경에 처했던 인물이다. 주목해야 할 점은 안회의 쓸모있음의 쓰임새가 설령 위나라 군주에 의해 받아들여진다고 해도 그 쓸모있음으로 인해 안회도 언젠가는 자고와 안합처럼 어려운 처지에 빠질 거라는 사실이다. 이처럼 쓸모있음의 쓰임새는 안회에게 기회를 가져다줄 수 있음과 동시에 재앙의 원인으로 작용할 수 있다. 그렇다면 안회는 자신의 쓸모를 필요로 하는 세상에 아예 발을 들여놓지 말아야 했던 게 아닐까?

이에 반해 장자는 쓸모없음의 쓰임새, 즉 무용지용(無用之用)을 일관되게 추구한 대표적인 사상가이다. 『장자』 첫 편인 「소요유」의 마지막에서 그의 죽마고우인 혜시(惠施)와의 대화를 통해 장자는 무용지용 개념을 처음 선보였다. 혜시는 자신의 집에 큰 가죽나무가 있는데 몸체는 뒤틀리고 옹이는 가득해 먹줄을 튕길 수 없고, 또 가지는 꼬불꼬불해 자를 들이댈 수 없어 크기만 컸지 재목감으로 전혀 쓸모가 없다고 불평한 적이 있다. 이에 장자는 무하유지향(無何有之鄕), 즉 아무것도 없는 마을이나 넓고 넓은 들판(廣漠之野)에 그 나무를 심어놓고 그 밑에서 한가로이 소요하며 노닐다가 드러누워 자는 게 어떤가라고 제안했다. 그러면 그 나무는 도끼에 찍혀서 베어지는 불행한 운명을 만나지 않을 테니 쓸모없는 게 어찌 근심거리가 되느냐고 핀잔을 주었다. 이 무용지용의 얘기가 「인간세」에서 다시 등장한다.

대목수 장석(匠石)이 제나라 곡원(曲轅) 땅에 이르러 한 사당을 지날 때 사당수로 쓰인 상수리나무를 보는데 그 크기가 엄청나다. 나무의 둘레가 백 아름이나 되고, 높이는 산을 내려다볼 정도로 높아 수천 마리의 소를 그 나무가 덮을 정도이다. 게다가 열 길 위를 올라가야 비로소 나뭇가지가 위로 뻗는데 이 나뭇가지만으로도 열대여섯 척의 배를 만들 수 있다. 장석의 한 제자가 구름떼처럼 운집한 구경꾼들

틈 속에서 그 나무를 한참 감상한 뒤 스승을 허둥대며 쫓아가서 물었다. "제가 도끼를 잡고 선생님을 따라다녔지만 재목감으로 이렇게 좋은 나무를 여태 본 적이 없는데 눈여겨보지도 않고 그냥 지나치시니 어찌 된 일입니까?"

상수리나무는 원래 재목감으로 괜찮은 나무이다. 게다가 사당수로 쓰인 이 상수리나무는 엄청나게 커서 재목감으로 더욱 쓸모가 있다. 그런데도 대목수 장석은 이 상수리나무를 쓸모없는 나무로 단정했다. 왜냐하면 이 나무로 배를 만들면 가라앉고, 관을 짜면 빨리 썩고, 그릇을 만들면 금방 헐고, 문짝을 만들면 나무진이 흘러나오고, 기둥을 세우면 좀이 먹는다고 보아서이다. 나무를 어느 곳에 쓰더라도 쓸모가 전혀 없으니까 잘릴 염려가 없다. 그래서 이처럼 크게 자라날수 있었다. 그런데 대목수 장석의 이런 판단은 무용지용(無用之用)의가치 하에서 자신의 생명을 온전히 보존할 수 있었던 상수리나무의자존심을 크게 훼손하는 처사이다.

재목감으로 쓸모없다는 대목수의 판단에 대한 상수리나무의 못마땅함은 대목수의 꿈을 통해 나타난다. 상수리나무는 대목수 꿈에 나타나 자신은 이미 쓸모없기를 바라온 지 오래되었고, 또 이런 쓸모없음의 추구는 오랜 경험을 통해 자연스럽게 이루어진 거라고 말한다. 그러면서 쓸모있는 나무들이 그 쓸모로 인해 고통스러운 삶을 살고있지 않느냐고 반문한다. 예를 들어 과일나무는 사람들이 과일을 따기 위해 큰 가지가 꺾이고, 또 작은 가지는 잡아당겨 찢어지면서 타고난 수명을 제대로 하지 못한다. 그리고 재목감으로 쓸모있는 나무는 삶의 중도에서 도끼나 톱으로 잘리게 마련이다. 이에 상수리나무는 쓸모없게 되기를 진심으로 바라오면서 지금까지 자신을 잘 보존할 수 있었다. "만약에 쓸모가 있었다면 이처럼 클 수 있었겠느냐?"고 반문하면서 쓸모없음이 자신의 생명을 보존하는 데 오히려 더 큰 쓸모로 작용했음을 고백한다.

그럼에도 불구하고 상수리나무가 정말로 쓸모없음만 추구한 건지에 대한 의문은 여전히 남는다. 사람들이 우러르고 받드는 사당나무가 되었다는 사실이 결국 쓸모있음을 추구한 결과로 보아져서이다. 대목수 장석의 제자들은 이 점을 놓치지 않고 스승에게 물었지만 돌아온 대답은 "그건 비밀이야! 너희들은 그 점에 대해선 묻지도 말라!"는 스승의 무서운 대답뿐이었다. 대목수 장석은 왜 이렇게 대답했을까? 상수리나무가 사당나무로 변신한 데는 사람들이 눈치 채지 못하는 중요한 비밀이 있기 때문이다. 그 비밀이란 일정한 권위를 지닌 사당에 의지함으로써, 즉 위풍당당한 사당수가 됨으로써 대목수 장석처럼 잘났다고 자부하는 사람들의 혹평, 즉 재목감으로 쓸모가 있느니 없느니 하는 비방을 그저 잠자코 들음으로써 다른 대목수들에게 잘리지 않고 살아남을 수 있었던 비밀이다. 그러니 상수리나무의 생존 전략은 다른 사물들의 생존 전략, 즉 쓸모있음의 쓸모를 추구하는 전략과는 분명히 다르다.

인간세 4-2

남백자기(南伯子綦)가 상나라 언덕을 소요하다 큰 나무를 보았는데
매우 특이했다. 네 필의 말이 끄는 마차 천 대를 나무에 매어놓아도
그늘에 푹 가려 천 대의 마차가 보이지 않을 정도였다.
남백자기는 중얼거렸다.
"이것은 어떤 나무일까? 분명 좋은 재목감의 나무일 거다"
그리곤 고개를 들어서 옆으로 퍼진 나뭇가지들을 보았더니
모두 구부려져 기둥이나 서까래감이 되지 못했고,
고개를 숙여 나무의 굵은 밑동을 보았더니
나무 속이 갈라져 관곽감이 되지 못했고,
나뭇잎을 핥았더니 입이 문드러져 상처가 났고,
나무 냄새를 맡았더니 몹시 취해 사흘이 지나도 깨어나질 못했다.
남백자기가 말했다.
"정말로 재목감이 되지 못하는 나무라서 이렇게 자랄 수 있었구나.
아 그렇다. 신인(神人)도 재목감이 되지 못하는 나무이므로
스스로의 경지를 잘 지켜나갈 수 있구나!
송(宋)나라 형씨(荊氏)란 고장에선 개오동나무, 측백나무, 뽕나무가
잘 자란다.
그 나무들이 한 아름 두께 이상으로 자라면
원숭이 말뚝을 구하는 사람이 베어가고,
서너 아름의 두께로 자라면
커다란 집의 마룻대를 찾는 사람이 베어가고,

일곱이나 여덟 아름의 두께로 자라면

고관집이나 부잣집에서 필요로 하는 관을 구하는 사람이 베어간다.

이처럼 타고난 수명을 다하지 못하고 중도에 베어져 요절하니

이것은 나무로서의 재앙이다.

그런 까닭에 봄철 황하에 지내는 제사에선

이마가 흰 소나 코가 우뚝 젖혀진 돼지를 제물로 사용하지 않는다.

이와 함께 치질을 앓는 사람도 황하에 제물로 던져지지 않는다.

모든 무당은 이런 걸 잘 알아서 흰 소나 코가 우뚝 젖혀진 돼지,

치질을 앓는 사람을 상서롭지 못하다고 여긴다.

이러하기에 신인(神人)은 오히려 흰 소나 코가 우뚝 젖혀진 돼지,

치질을 앓는 사람을 크게 상서롭다고 여긴다.

· · ·

南伯子綦遊乎商之丘, 見大木焉, 有異, 結駟千乘, 將隱芘其所藾. 子綦曰:「此何木
也哉? 此必有異材夫?」仰而視其細枝, 則拳曲而不可以爲棟樑., 俯而視其大根, 則
軸解而不可以爲棺槨., 咶其葉, 則口爛而爲傷., 嗅之, 則使人狂酲, 三日而不已.
子綦曰:「此果不材之木也, 以至於此其大也. 嗟乎神人, 以此不材!」宋有荊氏者,
宜楸柏桑. 其拱把而上者, 求狙猴之杙者斬之., 三圍四圍, 求高名之麗者斬之., 七
圍八圍, 貴人富商之家求樿傍者斬之. 故未終其天年, 而中道之夭於斧斤, 此材之患
也. 故解之以牛之白顙者與豚之亢鼻者, 與人有痔病者不可以適河. 此皆巫祝以知
之矣. 所以爲不祥也. 此乃神人之所以爲大祥也.」

신인(神人)은 이래서 재목감이 되지 못한다

──────

「제물론」을 시작할 때 남곽자기(南郭子綦)란 인물이 등장한 바 있다. 그때 남곽자기는 대지의 퉁소소리와 사람의 퉁소소리를 통해 자연의 퉁소소리를 언급했던 훌륭한 인물로 묘사되었다. 「인간세」에선 남백자기(南伯子綦)가 등장하는데 남곽자기와 같은 사람으로 보아진다. 성곽 남쪽을 의미하는 남곽이나 남쪽에 사는 우두머리를 뜻하는 남백이나 문맥상으로 큰 차이가 없어서이다. 남백자기가 어느 날 상(商)나라 언덕을 소요하다가 엄청나게 큰 나무를 우연히 보았다. 어느 정도로 컸느냐 하면 천 대 마차를 나무에 붙들어 놓아도 나무그늘에 가려 그 많은 마차들이 한 대도 보이지 않을 정도이다. 그 마차들은 네 필의 말이 끄는 마차이므로 이 점까지 감안하면 정말로 큰 나무임에 분명하다. 그래서 남백자기는 이 나무가 훌륭한 재목감이라고 판단했다.

그리고서 이 나무를 꼼꼼히 관찰했더니 도저히 훌륭한 재목감이 되지 못했다. 고개를 들어 나무를 쳐다보면 나뭇가지들이 모두 굽어 기둥이나 서까래감이 되지 못했다. 또 고개를 아래로 돌리면 굵은 밑동은 갈라져서 관곽감이 되지 못했다. 이에 남백자기는 이 나무는 크기만 컸지 좋은 재목감이 될 수 없다고 판단했다. 그뿐만이 아니었다. 나뭇잎을 핥으니까 입이 문드러져 상처가 났고, 냄새를 맡았더니 몹시 취해 사흘이 지나도 깨어나질 못했다. 그래서 남백자기는 부재지목(不材之木), 즉 재목감이 되지 못하는 나무라서 이렇게 크게 자랄 수 있었구나 하고 생각했다. 그렇지만 장자가 볼 때 이렇게 크게 자랄 수 있는 게 무용지용(無用之用)이 지닌 나무의 경쟁력이다. 신인(神人)도 이 큰 나무처럼 재목감이 되지 못해서, 즉 재목감이란 뽐냄(功)으로부터 초연할 수 있어서 스스로의 경지를 잘 지켜나갈 수 있다.

송(宋)나라 형씨(荊氏)란 고장에선 개오동나무, 측백나무, 뽕나무 등이 잘 자란다. 이들 나무들이 한 아름의 두께로 자라면 사람들이 원숭이를 가두는 울타리용 말뚝으로 사용하기 위해 베어가고, 서너 아름의 두께로 자라면 큰 집을 짓는 데 사용할 마룻대를 찾는 사람들이 베어가고, 일곱 여덟 아름의 두께로 자라면 높은 사람과 부자들 집에서 필요로 하는 관을 구하는 사람들이 베어간다. 이처럼 타고난 수명을 다하지 못하고 중도에 잘리고 마니 이건 나무에게 큰 재앙이다. 만약 이 나무들이 애당초 송나라 형씨란 고장에 심어지지 않았더라면 이처럼 크게 자라나지도 않아 요절할 확률도 분명 적었을 것이다. 그런데도 모든 나무들은 자신들이 잘 자라날 수 있는 장소에 심어지길 바란다. 그리고 이런 바람이 이루어지는 게 나무의 유용지용(有用之用)을 뽐낼 수 있는 좋은 기회이다. 그렇지만 생명을 보존하는 데 있어선 이런 바람이 이루어지지 않는 게 오히려 바람직하다. 이것이 무용지용(無用之用)이 지닌 경쟁력이다.

봄철 황하(黃河)에선 매년 황하의 신 하백(河伯)을 위한 큰 제사가 열린다. 중국에서 가장 길고, 또 한중을 가로지르는 황하의 신을 위해 올리는 제사이니만큼 제물의 선정도 그만큼 중요하다. 그래서 조그마한 하자가 있으면 제물로 선정될 수 없다. 예를 들어 이마 색깔이 흰 소나 코가 우뚝 젖혀진 돼지는 당연히 퇴짜를 맞는다. 또 치질을 앓는 사람도 제물로 강에 던져지지 않는다. 이마가 흰 소, 코가 우뚝 젖혀진 돼지, 치질을 앓는 사람 모두가 완전한 몸 상태가 아니기 때문이다. 그래서 쓸모있음의 쓰임새에 있어선 결코 최상의 상태가 아니다. 그렇지만 몸 상태가 최상이 아니라서 오히려 타고난 천수를 누릴 수 있다. 이처럼 제사를 주관하는 무당은 몸 상태가 최고가 아닌 걸 상서롭지 않다고 여기지만 생명을 소중히 하는 신인(神人)은 오히려 이런 상태를 상서롭다고 여긴다. 따라서 무당은 유공지공(有功之功), 즉 뽐냄이 있는 뽐냄에 머무는 반면 신인은 무공지공(無功之功), 즉 뽐냄이 없는 뽐냄을 추구한다.

지리소(支離疏)는 턱이 배꼽에 묻혀 가슴이 보이지 않고,

어깨는 눈 정수리보다 높아 허리가 심하게 굽었다.

목덜미 한가운데 상투는 하늘을 가리킬 정도로 목이 굽고,

오장은 위쪽에 있고, 넓적다리는 옆구리에 붙었다.

그는 바느질과 빨래질로 근근이 살아가기에 충분하고,

또 곡식알을 키질해 열 식구 먹여 살리기에 넉넉하다.

나라에서 병사를 징발하면 지리소는 어깨를 치켜들고

소매는 걷어 올리고는 사람들 사이를 유유히 휘저으며 다닌다.

나라에 큰 역사가 벌어지면 지리소는 신체불구자이므로

노역의 고통에서 벗어난다.

나라에서 신체불구자에게 곡식을 내리면

지리소는 석 되의 양식과 열 다발의 땔감을 받는다.

지리소처럼 불구인 사람도 제 몸을 잘 건사해서 천수를 누리는데

하물며 덕이 불구인 사람은 어떠하겠는가?

공자가 초나라에 갔을 때 초나라의 유명한 광인 접여(接興)가

공자가 머문 집 문 앞에서 유유자적하면서 노래했다.

"봉황(鳳) (공자)여, 봉황 (공자)여.

어찌하여 당신의 덕(德)이 그리 시들해졌습니까!

당신은 오는 세상을 미리 대비하지 못하고,

지나간 세상도 바로잡을 수 없습니다.

천하에 도가 있으면 성인은 맡은 일을 훌륭히 처리하지만

천하에 도가 없으면 성인은 자기의 생명만 보존합니다.

그러니 지금과 같은 시기에는 형벌만 면해도 다행입니다.

행복은 깃털처럼 가벼운데 아무도 가벼운 행복을 간직할 줄 모르고,

재앙은 땅처럼 무거운데 아무도 무거운 재앙에서 떠날 줄 모릅니다.

공자여, 사람을 내려다보며 덕을 베푸는 일을 제발 그만두십시오!

인의예지와 같은 기준을 주창하는 건 정말로 위험합니다!

탱자나무(인의예지)여, 탱자나무여.

내가 걸어가는데 인의예지의 가시로 상처를 내게 하지 마세요!

나는 인의예지, 가시가 없는 틈새 사이로 요리조리 피해 걸을 테니

내 발에 상처를 내게 하지 마세요!"

산의 나무가 베어지는 건 나무의 쓸모 때문이니 결국 나무 탓이다.

등불도 제 몸을 태워야 주위를 밝힐 수 있으니 결국 등불 탓이다.

또 계수나무는 계피로 베어지고, 옻나무(漆)는 옻칠로 벗겨진다.

그런데 사람들은 모두 쓸모있는 것의 쓰임새(有用之用)는 알지만

쓸모없는 것의 쓰임새(無用之用)는 알지 못한다.

· · ·

支離疏者, 頤隱於臍, 肩高於頂, 會撮指天, 五管在上, 兩髀爲脇. 挫鍼治繲足以餬
口., 鼓筴播精, 足以食十人. 上徵武士, 則支離攘臂而遊於其間., 上有大役, 則支
離以有常疾不受功., 上與病者粟, 則受三鍾與十束薪. 夫支離其形者, 猶足以養其
身, 終其天年, 又況支離其德者乎! 孔子適楚, 楚狂接輿遊其門曰:「鳳兮鳳兮, 何如
德之衰也! 來世不可待, 往世不可追也. 天下有道, 聖人成焉., 天下無道, 聖人生
焉. 方今之時, 僅免刑焉. 福輕乎羽, 莫之知載., 禍重乎地, 莫之知避. 已乎已乎, 臨
人以德! 殆乎殆乎, 畫地而趨! 迷陽迷陽, 無傷吾行! 吾行郤曲, 無傷吾足!」山木自
寇也, 膏火自煎也, 桂可食, 故伐之, 漆可用, 故割之. 人皆知有用之用, 而莫知無
用之用也.

신체불구자인 지리소(支離疏)와
덕(德) 불구자인 접여(接輿)

———

"사람들은 모두 쓸모있는 것의 쓰임새는 알지만 쓸모없는 것의 쓰임새는 알지 못한다."「인간세」의 마지막을 장식하는 말이다. 여기서「인간세」가 강조하는 바가 쓸모없음의 쓰임새, 즉 무용지용(無用之用)에 있음을 알 수 있다. 그럼에도 사람들은 쓸모있음의 쓰임새, 즉 유용지용(有用之用)에 주로 탐닉한다. 장자가 볼 때 유용지용은 결국 사물을 망치거나 무너뜨리게 하는 길로 인도한다. 예를 들어 산에 있는 나무가 베어지는 건 그 나무의 좋은 재질 탓이다. 재질로 쓸모가 없다면 베어지는 것과 같은 불행한 사태가 발생하지 않는다. 등불도 주위를 환히 비추려면 제 몸을 태워야 하는데 이것도 등불이 불로 쓸모가 있어서이다. 계수나무는 입맛에 맞는 계피를 생산하기에 누군가에 의해 베어지고, 옻나무도 옻칠로 인해 껍질이 벗겨진다. 그러니 이 모든 불행은 이들이 지닌 쓸모 때문에 생겨난다.

나무만 쓸모로 인해 베어지거나 상처가 나는 게 아니다. 사람도 여기에선 예외일 수 없다.「인간세」를 장식했던 주인공들, 공자의 제자 안회, 섭공 자고, 태자의 스승 안합도 군주에 의해 자신들의 쓸모가 사용되어지길 갈망했지만 지금은 그 쓸모로 인해 오히려 어려움을 겪는다. 안회는 난세를 변화시키려는 열정을 지닌 격정적 지식인이었지만 상대가 폭군이란 사실에 직면하자 이전에 품었던 포부가 현실에 발을 딛기도 전에 난관에 봉착하고 만다. 또 자고와 안합은 자신의 쓰임새로 인해 세속의 권세와 명예를 이미 다 누렸지만 군주로부터 새로운 쓰임새를 요청받고선 이전에 품었던 거창한 생각과 웅대한 포부는 연기처럼 사라지고, 이제는 살아남는 일에 매달린다.

이처럼 쓸모있음의 쓰임새, 즉 유용지용을 추구하다간 생명까지 위태로울 수 있다. 그러니 쓸모없음의 쓰임새, 즉 무용지용을 다시 생각할 필요가 있다. 유용지용 대신 무용지용을 추구한다면 최소한 생명은 건질 수 있기 때문이다. 장자는 무용지용을 추구했던 인물로 지리소(支離疏)와 접여(接輿)를 선정하고, 이들을 「인간세」를 마무리하는 주인공으로 삼는다. 지리소는 몸이 성한 데가 별로 있지 않은 신체불구자이고, 접여는 흔히 미친 사람이라고 불리는 광인(狂人)이다. 그러나 우리가 아는 것처럼 정말로 미친 사람은 아니고, 자신이 원하고 좋아하는 일에 몰두하는 사람이다. 유가는 이런 광인을 덕(德)이 부족한 마음불구자쯤으로 파악한다. 그렇지만 이들은 무용지용의 도를 스스로 실천해 보임으로써 쓸모있는 존재, 즉 신체적으로나 마음상으로 정상적인 사람보다 훨씬 더 큰 쓸모를 자랑한다.

지리소란 갈라지고(支), 떨어지고(離), 터진다는(疏) 의미이다. 이름을 통해서 보아도 그가 얼마나 심한 신체불구자인지 쉽게 상상이 간다. 그의 목은 배꼽까지 내려와 가슴이 보이지 않고, 또 어깨가 머리보다 높은 데 위치해 등이 크게 굽어 있다. 그래서 목 뒤에 튼 상투가 항상 위를 향한다. 이런 신체불구자임에도 불구하고 지리소의 쓰임새는 적지 않다. 그는 신체적인 불구로 인해 병역이나 노역에서 완전히 해방된다. 그래서 전쟁이 나면 다른 젊은이들은 징집을 피해 숨어

다니지만 지리소는 저잣거리를 유유히 활보한다. 또 전쟁이 없는 동안은 스스로 먹고 살기 힘들다고 여겨져 나라에서 그에게 식량과 땔감을 정기적으로 지급한다. 쓰임새가 있는 젊은이들은 전쟁터에서 죽거나 노역장에서 고된 몸을 추슬러야 하지만 지리소는 이런 불행으로부터 자유롭다. 이것이 장자가 말하는 무용지용이다.

물론 무용지용을 위해 자신의 몸을 일부로 불구로 만들 필요는 없다. 지리소의 몸이 불구가 된 것도 운명 탓이지 스스로 선택한 게 아니다. 그래서 무용지용을 강조하는 장자조차 자신의 몸을 불구로 만드는 걸 결코 바라지 않는다. 그렇지만 자신의 마음을 불구로 만드는 데 있어선 매우 전향적이다. 그래서 지리소가 행하는 무용지용과 접여가 행하는 무용지용 간에는 분명히 차이가 있다. 지리소의 무용지용은 운명적으로 어쩔 수 없이 생겨난 거라면 접여의 무용지용은 스스로 선택한 거다. 장자는 운명적인 무용지용이 아니라 스스로 선택한 무용지용에 방점을 둔다. 그러면서 지리소처럼 신체불구자라도 그 쓸모가 많은데 접여처럼 마음이 불구인 사람은 그 쓰임새가 얼마나 많겠느냐고 우리들에게 반문한다. 그 쓰임새란 생명과 관련된 쓰임새이다. 장자에 따르면 신체불구자인 지리소도 제 몸을 잘 건사함으로써 천수를 다 누리는데 덕(德)이 불구인 사람은 마음마저 편안한 채 천수를 다 누릴 수 있다.

과일나무와 같은 쓸모 있는 나무, 즉 문목(文木)은 그 열매로 인해 가지가 찢겨지는 등 제 몸을 제대로 건사하기 힘들다. 반면 사당수로 쓰인 상수리나무는 쓸모없는 나무, 즉 산목(散木)이기에 제 몸을 잘 건사할 수 있다. 또 안회, 자고, 안합과 같은 쓸모있는 사람, 즉 문인(文人)은 그 지식과 덕으로 인해 생명이 위협받는 상황까지 몰리고 있다. 그렇지만 광인 접여는 쓸모없는 사람, 즉 산인(散人)이어서 그

럴 염려가 없다. 이제 광인 접여의 큰 쓸모가 그 모습을 서서히 드러
낸다.

접여는 굴원(屈原)과 함께 전국시대 초(楚)나라를 대표했던 두 지성
이다. 그렇지만 이들은 서로 다른 길을 갔다. 접여가 세상과는 일정
한 거리를 두고 미친 척한 인물이라면 굴원은 자신의 이상을 세상에
투영하고자 애쓴 인물이다. 그 결과 접여는 혼탁한 세상이라도 끝내
살아남아서 생명을 온전히 보존할 수 있었던 반면 굴원은 스스로의
분에 못 이겨서 그만 목숨을 끊었다. 이렇게 보면 접여는 안회가 했
던 것처럼 나라를 구하겠다는 정열을 일찌감치 접은 인물이다. 또 자
고나 안합처럼 높은 벼슬을 하겠다는 야망도 애초부터 지니지 않은
인물이다. 이런 접여의 자유롭고 유연한 태도는 세상이 혼탁해도 아
직은 때가 아니라고 여긴 탓이 아닐까? 그래서 접여는 세상으로부터
벗어나 유유자적한 삶을 즐길 수 있었다. 유가의 눈에 비칠 때 이런
접여는 덕 불구자로밖에 보이지 않는다. 그래서 광인이란 별칭도 얻
었다고 보아진다.

그러나 접여는 실제로 미친 게 아니라 단지 미친 척했을 뿐이다.
중국 최초의 광인이라 할 수 있는 기자(箕子)도 폭군 주(紂)와 함께 혼
탁한 세상에 빠지는 걸 원치 않아 미친 척하지 않았던가! 기자는 도
덕과 지식 같은 인품의 겉치레를 팽개치고 오로지 자신의 생명만을
보존하기 위해 거짓일망정 미친 척했다. 이런 태도는 군주에게 간하
다 비참하게 삶을 마감한 비간의 자세와 비교된다. 따라서 접여가 기
자의 길을 걸었다면 굴원은 비간의 길을 택한 셈이다. 시성(詩聖)으로
불리는 두보(杜甫)에 대해서도 젊은 시절을 청광(淸狂), 즉 깨끗한 광
인이라고 묘사한다. 그런데 하남성(河南省)에 있는 그의 고향 기념관
에선 청광을 자유로운 정신(free spirit)이라는 좋은 의미로 해석한다.

세르반테스 소설의 주인공 돈키호테도 접여나 기자처럼 미친 척한 사람 중 하나이다. 말을 타고 라만차란 풍차를 향해 우스꽝스럽게 돌진했다는 점에서 그는 분명 미친 사람이다. 그렇지만 그 라만차가 당시 부패했던 교회, 성직자, 왕족, 귀족 등을 상징한다면 미쳤다고만 치부할 수 없다. 서양문학에서 돈키호테와 짝을 이루는 셰익스피어의 햄릿도 일종의 광인에 해당하지 않는가.

그런데 같은 광인이라도 접여와 돈키호테 사이에는 근본적인 차이가 있다. 접여가 세상을 멀리한 광인이라면 돈키호테는 세상을 구하고자 나선 광인이다. 그래서 접여는 생명을 유지하면서 마음도 자유로울 수 있었던 반면 돈키호테는 그러지 못했다. 이런 접여를 「인간세」의 마지막을 장식하는 주인공으로 삼은 건 장자가 살았던 시대 상황, 즉 전국시대라는 난세와 밀접한 관련이 있다. 이런 난세에선 어떻게 해야 생명을 온전히 보존할 수 있는지가 중요한 관심사이기 때문이다. 물론 장자가 사회질서의 유지에 관심을 갖지 않은 건 아니다. 그렇지만 많은 제자백가들이 이미 사회질서의 유지에 관심을 가졌기에 장자는 따로 관심을 가질 필요가 없었다. 그 결과 장자는 세상과 적당한 거리를 유지할 수 있었는데 세상과의 적당한 이 거리가 세상의 큰 두 계율, 즉 자식이 부모를 사랑하는 자연스런 명(命)과 신하가 군주를 섬기는 인간으로서의 도리(義)란 최소한의 책임만을 그에게 지우도록 했다.

공자가 초나라를 방문했을 때 접여는 공자가 머문 객사 앞에서 "봉황이여, 봉황이여. 어찌해서 당신의 덕이 그리 시들었는가?" 하면서 노래했다. 이 노래는 원래 『논어』에 등장한다.[46] 봉황은 성군(聖君)이 등장할 때만 나타난다고 하는데 공자가 볼 때 전국시대 대부분의 군주들이 성군과는 거리가 멀어 『논어』에서 봉황의 덕이 어째서 그리 시들었는가 하고 노래한 것이다. 장자는 자신의 책에서 전국시대 군주를 대신해서 봉황을 공자로 대체한다. 그래서 장자서의 내용은 "공자여, 공자여, 어째서 공자의 덕이 그리 시들었는가?"를 뜻한다. 장자가 공자를 가리켜 봉황이라고 칭한 건 겉으론 성군으로 높인 표현이지만 내용상으론 공자를 조롱하는 표현이다. 전국시대 정치가 갈수록 혼란과 혼탁으로 빠진 건 공자가 사회질서의 유지를 위해 소리 높여 외쳤던 덕이 더 이상 작동하지 않고 시들어진 탓이다. 그러니 공자가 말한 덕은 전국시대에선 더 이상 쓸모없는 정치적 수사로 전락하고 말았다.

그럼에도 불구하고 공자는 오는 세상을 미리 간섭하려고 했고, 또 지난 세상까지 바로잡으려고 했다. 장자가 볼 때 공자의 이런 처신은 답답하기 짝이 없다. 세상에 도가 있으면 성인이 나와서 나라를 다스리지만 세상에 도가 사라지면 성인은 숨어서 자신의 생명만 보존하는데 지금은 세상에 도가 없어진 지 이미 오래이기 때문이다. 이런 혼탁한 세상에서 오는 세상을 미리 간섭하고, 지난 세상까지 바로잡으려는 공자의 처신은 스스로 성인이 아니라는 걸 보여주는 행동일 수 있다. 이에 반해 세상에 도가 이미 사라졌다고 판단해서 숨어버린 접여의 처신은 스스로 성인임을 보여주는 행동이다. 접여의 이런 은둔은 세상에 대한 책임을 의도적으로 회피하려는 건 아니다. 세상에 도가 사라진 상황에서 어쩔 수 없이 취하는 부득이한 행동일 뿐이다. 지금처럼 도가 사라져 혼탁해진 세상에선 그저 형벌만 면해도 다행이기 때문이다. 그러면 최소한 생명은 보존할 수 있다.

---

46) 鳳兮! 鳳兮! 何德之衰? (『논어』 「미자」)

생명을 보존하는 걸 최고의 가치로 삼으면 행복은 깃털처럼 가볍게 느껴진다. 다른 욕심을 만들어내지 않아서이다. 그런데도 사람들은 이 가벼운 행복을 마음에 간직할 줄 모른다. 반면 재앙은 땅처럼 무거워서 몸에 지니기 힘들다. 그런데도 사람들은 이 무거운 재앙을 마음에서 쉽게 떨쳐내질 못한다. 「인간세」를 장식한 안회, 섭공 자고, 태부 안합이 이런 유형에 속하는 인물인데 공자도 예외가 될 수 없다. 어쩌면 공자는 이들보다 더 무거운 재앙을 몸에 지니고 있는지도 모른다. 오는 세상을 미리 간섭할 뿐 아니라 지난 세상까지 바로 잡으려고 해서이다. 이에 장자는 공자에게 덕으로 사람을 내려다보며 대하는 짓을 중단하라고 타이른다. 이는 공자의 덕이 일방적이어서이다. 또 장자는 공자에게 인의예지와 같은 기준을 주창하는 게 위험하다고 조언한다. 이는 공자의 인의예지를 따르다간 생명까지 위태로울 수 있어서이다.

그러면 세상을 어떻게 살아가야 할까? 장자가 볼 때 전국시대의 세상은 정말로 위험한 세상이다. 이 위험한 세상에선 자세를 숙여야만 생명을 온전히 보존할 수 있다. 공자처럼 사람을 내려다보며 덕을 베풀거나 인의예지를 주창하는 건 자세를 꼿꼿이 세우는 일이다. 만약 이런 식으로 처신하면 당랑거철(螳螂拒轍)의 고사가 말해주듯 생명을 잃고 만다. 장자는 이 위험한 세상에서 덕을 베푼다거나 인의예지를 주창하는 걸 두고 가시가 많은 탱자나무 숲을 걷는 데 비유한다. 이런 길을 걷다 보면 가시에 찔려 발에 상처가 나게 마련이다. 그래서 장자는 탱자나무 가시넝쿨을 피해 발길을 미리미리 돌릴 테니 제발 자신의 발을 다치지 않도록 해달라고 하소연한다.

흔히 공자를 가리켜 '불가능한 걸 알면서도 실행에 옮기는 사람'이라고 말하는 반면 장자를 가리켜 '불가능한 걸 알고 실행에 옮기지 않는 사람'이라고 말한다. 이런 사실은 여기서 단적으로 나타난다. 공자는 발에 상처가 나더라도 탱자나무 가시넝쿨을 밟고 지나가는 사람이라면 장자는 광인 접여를 통해서 가시넝쿨을 피해 미리미리 발길을 돌리는 사람으로 등장한다. 여기서 탱자나무 가시넝쿨은 도에 이르지 못한 세상을, 그리고 가시넝쿨을 밟고 지나가는 건 덕을 베풀거나 인의예지와 같은 도를 주장하는 걸 의미한다. 물론 가시넝쿨에 밟혀 생겨나는 상처는 발의 상처가 아니라 마음의 상처이다. 이런 마음의 상처를 미리 알고 예방하려는 사람을 가리켜 우리가 단지 광인이라고 쉽게 말할 수 있을까?

덕충부

(德充符)

　덕충부(德充符)의 뜻을 제대로 이해하기 위해선 부(符)의 의미를 정
확히 파악해야 한다. 부(符)란 '들어맞다' 내지 '부합하다'는 의미이다.
따라서 덕충부란 덕(德)이 충만해(充) 여기에 부합한다는(符) 걸 뜻한
다. 여기서 덕이 충만하다는 건 우리 몸의 안쪽, 즉 마음을 말한다. 그
리고 이에 부합하는 것은 몸의 바깥쪽으로 드러난 모습에 해당한다.
이처럼 안과 밖은 서로 통한다. 그래서 마음이 편안하면 모습이 밝지
만 모습이 어두우면 마음도 불편하다. 이는 성(性)과 정(情)의 관계와
도 같다. 성이 몸 안쪽의 본성이라면 정은 몸 바깥쪽으로 드러난 모
습이다. 그래서 타고난 본성을 그대로 유지하면 참된 모습을 보이지
만 타고난 본성을 잃으면 참된 모습이 보이지 않는다.

　그렇다면 덕이 충만한 사람의 모습은 과연 어떠할까? 흔히들 덕이
충만하면 그 모습도 멋있다고 생각하기 싶다. 예를 들어 얼굴은 둥글
고, 몸은 단정하고, 언변은 믿음직스럽다는 식으로 말이다. 사람들은
이런 모습을 두고 덕이 충만한 사람의 모습과 부합한다고 말한다. 유
가가 특히 그러하다. 그래서 소위 신언서판(身言書判)을 중시한다. 이
럴 경우 신언서판이 변변치 못하면 덕이 충만하지 않다고 자칫 오해

할 수 있다. 장자는 이런 오해를 불식시키기 위해 「덕충부」에서 덕이 충만한 사람의 예로 모두 신체불구자를 등장시킨다. 「덕충부」에서 이런 예로 등장한 신체불구자가 총 여섯 명인데 왕태, 신도가, 숙산무지, 애태타, 인기지리무순과 옹앙대영이다.

먼저 왕태(王駘)는 어째서 덕이 충만한가? 죽고 사는 큰 변화도 왕태의 마음을 흔들지 못하고, 또 하늘이 무너지고 땅이 꺼져도 그의 마음 또한 아래로 떨어지지 않는다. 이처럼 사물의 변화에 그의 마음이 쉽게 휩쓸리지 않아 왕태는 이런 점에서 덕이 충만하다고 할 수 있다. 또 신도가(申徒嘉)는 왕태처럼 형벌로 발뒤꿈치가 잘린 억울한 사람이다. 그렇더라도 신도가는 발뒤꿈치 잘린 게 사람의 힘으로 어찌할 수 없음을 알고 운명, 즉 하늘의 뜻에 따라 마음을 편하게 하면서 지낸다. 이런 점에서 신도가도 덕이 충만하다고 할 수 있다. 세상에는 자신의 과오를 변명하면서 억울하게 발목이 잘렸다고 여기는 사람은 많지만 자신의 과오를 변명하지 않고 억울하게 잘린 발목을 간직하는 사람은 적은데 신도가는 후자에 속하는 인물이다.

숙산무지(叔山無趾)도 왕태나 신도가처럼 형벌로 발뒤꿈치가 잘린 억울한 사람이다. 그럼에도 이를 변명하지 않고 지난날의 과오를 반복해서 고치려 한다는 점에서 덕이 충만하다고 할 수 있다. 게다가 숙산무지는 삶과 죽음을 한 줄기라고 여기고, 또 괜찮음과 괜찮지 않음을 하나의 이치로 통한다고 여김으로써 덕을 더욱 키워가고 있다. 이에 반해 숙산무지가 배움을 청하기 위해 찾아갔던 공구(丘)는 기이하고 괴이한 명성을 듣기 바란다는 점에서 덕이 충만하지 못한 사람이다. 그래서 장자는 공구가 천형(天刑), 즉 하늘이 내린 벌을 받고 있다고 여기는데 이걸 풀어줄 방법이 마땅치 않다고 본다.

애태타(哀駘它)의 모습은 너무나 추한데도 젊은 남자와 여자들 사이에서 인기가 매우 높다. 그래서 애태타에게 있어 덕이 충만한 증표는 그의 추한 모습이 아니라 그의 높은 인기에 있다. 애태타는 어떻게 덕이 이처럼 충만할 수 있을까? 그는 재전(才全), 즉 바탕이 온전함에도 이런 온전한 바탕이 덕불형(德不形), 즉 겉으로 드러나지 않아서이다. 이런 덕의 충만함은 애태타가 아무 말을 하지 않는데도 군주로부터 신망을 받고, 공적이 없는데도 군주와 친해지고, 국정을 맡기려 하는 데도 이걸 받아들이지 않을까 오히려 군주가 걱정할 정도로 나타난다. 이런 사실들은 애태타가 덕이 충만하다는 걸 보여주는 부표(符)이다.

따라서 왕태, 신도가, 숙산무지, 애태타는 모두 성인(聖人)에 해당한다. 마지막으로 등장하는 신체불구자 인기지리무순(闉跂支離無脤)과 옹앙대영(甕盎大癭)도 이들과 마찬가지로 성인이다. 성인은 자연에서 먹을거리를 얻으므로 앎(知), 약속(約), 세속적인 덕(德), 기교(巧) 같은 인위적인 방법을 사용하지 않는다. 그래서 성인은 사람의 형태를 지녀도 사람으로서의 모습, 즉 표정이 없다. 또 사람의 형태를 지녀서 다른 사람과 쉽게 어울려도 사람으로서 표정이 없어 일체의 시비에 관여하지 않는다. 그러니 성인에게 있어 소통을 이루는 방법은 그의 표정을 없애는 일이다. 그래서 성인은 왕태, 신도가, 숙산무지, 애태타, 인기지리무순, 옹앙대영처럼 아무리 그 모습이 추하더라도 이에 개의치 않고 누구든지 소통할 수 있다.

노(魯)나라에 형벌로 발뒤꿈치가 잘린 왕태(王駘)란 사람이 있는데
그를 추종해 배우려는(遊) 사람이 공자 제자와 맞먹을 정도로 많다.
상계(常季)가 스승인 공자를 찾아가 물었다.
"왕태는 형벌로 발목이 잘린 사람인데도 그를 따르는 제자가
선생님 제자와 함께 노나라의 절반씩을 차지합니다.
발목이 잘려 서서 가르칠 수도, 앉아서 강론할 수도 없는데
제자들은 머리를 비운 채 가더라도 가득 채워서 돌아옵니다.
본디 말 없는 가르침이 있다는데 이처럼 겉으로 드러나지 않아도
마음으로 가르치는 게 아닌가요?
대체 이런 사람은 어떤 사람인가요?"
공자가 말했다.
"그분은 성인(聖人)인데 나도 계속 미루다가 아직 찾아뵙지를 못했네.
이제 나도 그분을 찾아뵙고 스승으로 모시려고 하는데
하물며 노나라에서 나보다 못한 사람이야 더 말할 나위가 없지!
그런데 어찌 노나라 사람뿐이겠는가!
나는 세상 사람들을 모두 이끌고 가서 그분을 함께 따르려고 하네."
상계가 물었다.
"그분은 형벌로 발뒤꿈치가 잘린 병신인데 선생님보다 훌륭하다고
말씀하시니 보통사람보다 훨씬 훌륭하겠네요.
대체 이런 사람은 어떤 마음 씀씀이(用心)를 지니고 있나요?"
공자가 말했다.

"죽고 사는 건 큰 변화인데 이런 변화도 그분 마음을 흔들지 못하고,
하늘이 무너지고 땅이 꺼져도 그분 마음은 아래로 떨어지지 않네.
그분 마음은 순진해서 아무런 가식이 없는 게 분명하지만
사물의 변화에 쉽게 휩쓸리지 않으며,
오히려 사물의 변화를 자연의 뜻(命)으로 알고 그대로 따르면서
자신은 도의 근원(宗)을 지키네."
상계가 물었다. "그게 무슨 말씀입니까?"
공자가 말했다.

"다르다는 관점에서 보면 간과 쓸개도 초나라와 월나라 사이만큼
멀지만 같다는 관점에서 보면 만물은 모두 하나이네.
이런 사람은 귀와 눈을 즐겁게 하는 쾌감 따위에 끌리지 않고,
마음은 덕이 조화된 경지에서 유유자적할 뿐이네.
또 사물의 하나 된 바만 보고 잃은 바를 보지 않아서
다리를 잃은 걸 발에 묻은 흙을 떨쳐버린 것쯤으로 생각하네."
상계가 스승의 말에 동조해서 말했다.

"그분은 자신을 수양함에 있어 아는 바로만 마음을 터득하고,
또 그 마음으로 변함없는 마음(常心)을 터득합니다.
그러니 세상 사람들은 그를 으뜸이라고 여길 수밖에 없지요."
공자가 말했다.

"사람은 흐르는 물(流水)에선 자신을 비춰보지 못하지만
멈춘 물(止水)에선 자신을 비춰볼 수 있네.
그런데 오로지 멈춘 물에서 덕이 멈출 수 있고,
많은 사람들은 멈춘 덕을 보기 위해 자신의 걸음을 멈추네.
땅에서 생명을 받은 것 중에선 소나무와 측백나무만 옳아

겨울이건 여름이건 늘 푸르고 또 푸르네.

또 하늘에서 생명을 받은 것 중에선 요(堯)·순(舜) 임금만 옳아

만물의 우두머리로 있네.

요·순의 올바른 삶은 다행히 많은 사람의 삶을 올바로 할 수 있었네.

그런데 타고난 본래의 걸 지키려는 사람의 징표는

사물의 변화에 전혀 두려움이 없는 걸세.

용사는 적의 대군 속으로 혼자서 용감히 뛰어들고,

또 명성을 얻고자 중요한 일을 하는 사람도 병사처럼 두려움이 없네.

하물며 천지(天地)를 주관하고, 만물(萬物)을 포용하며,

몸(六骸)을 잠시 머무는 곳이라 믿고,

귀로 듣고 눈으로 보는 걸 잠시 나타났다 사라지는 흔적이라 여기고,

또 알고 있는 모든 걸 하나(一)라고 여겨서

본래 타고난 마음을 잃지 않는 사람이라면 과연 어떠할까!

그런 분이 특정한 날을 택해 이승을 떠나면 모두 그분을 따를 걸세.

그런 분이 어찌 사람을 모으는 걸 자기 일로 삼으려고 하는가!"

· · ·

魯有兀者王駘, 從之遊者, 與仲尼相若, 常季問於仲尼曰:「王駘, 兀者也, 從之遊者, 與夫子中分魯. 立不敎, 坐不議, 虛而往, 實而歸. 固有不言之敎, 無形而心成者邪? 是何人也?」仲尼曰:「夫子, 聖人也, 丘也直後而未往耳. 丘將以爲師, 而況不若丘者乎! 奚假魯國! 丘將引天下而與從之.」常季曰:「彼兀者也, 而王先生, 其與庸亦遠矣. 若然者, 其用心也獨若之何?」仲尼曰:「死生亦大矣, 而不得與之變, 雖天地覆墜, 亦將不與之遺. 審乎無假而不與物遷, 命物之化而守其宗也.」常季曰:「何謂也?」仲尼曰:「自其異者視之, 肝膽楚越也., 自其同者視之, 萬物皆一也. 夫若然者, 且不知耳目之所宜 而遊心乎德之和., 物視其所一 而不見其所喪, 視喪其足猶遺土也.」常季曰:「彼爲己, 以其知得其心, 以其心得其常心. 物可爲最之哉.」仲尼曰:「人莫鑑於流水, 而鑑於止水, 唯止能止衆止. 受命於地, 唯松柏獨也正, 在冬夏青青., 受命於天, 唯堯舜獨也正, 在萬物之首. 幸能正生, 而正衆生. 夫保始之徵, 不懼之實. 勇士一人, 雄入於九軍. 將求名而能自要者, 而猶若是, 而況官天地, 府萬物, 直寓六骸, 象耳目, 一知之所知, 而心未嘗死者乎! 彼且擇日而登遐, 人則從是也. 彼且何肯以物爲事乎!」

무위로서 제자를 모으는 왕태(王駘)와
유위로서 제자를 모으는 공자

———

　덕충부(德充符)는 덕이 충만한 사람의 모습이 어떠한가라는 의미를 지닌다. 그렇다면 덕이 충만한 사람의 모습은 과연 어떠할까? 덕이 충만한 사람은 그 모습도 멋있다고 생각하기 싶다. 예를 들어 사지는 멀쩡하고, 얼굴은 고상하고, 표정은 믿음직스럽다고 말이다. 이런 식으로 나아가면 덕이 충만한지 여부는 자칫 외모지상주의에 따라 결정되기 싶다. 그러면 외모가 변변치 못한 사람에 대해서는 덕이 충만하지 못하다고 자칫 잘못 판단할 수 있다. 이런 잘못된 인식을 확실히 지우기 위해 장자는 「덕충부」에서 덕이 충만한 사람으로 등장하는 인물을 한결같이 신체불구자로 설정했다.

　실제로 덕이 충만하면 외모도 아름다울 거라고 보는 경향이 있다. 이런 입장을 가장 앞장서서 지지하는 게 유가이다. 유가는 겉에 드러난 모습을 매우 중요시 여긴다. 그래서 맹자는 "군자가 본성으로 지닌 인(仁)·의(義)·예(禮)·지(智)는 마음에 뿌리박고 있어 그것이 빛으로 발하면 얼굴에선 그 빛이 윤택하게 나타나고, 등에선 그 빛이 넘쳐흐르고, 몸에선 그 빛이 뻗어나 온몸이 말하지 않아도 그것을 알게 해준다."[47]고 말한다. 또 『예기(禮記)』에선 "군자의 표정은 용감하고 과단

성이 있어야 하며, 말은 엄정해야 하고, 안색은 엄숙해야 하고, 시선은 맑고 날카로워야 한다."[48]고 말한다.

외모지상주의에 대한 이 같은 선호는 서양 고대에서도 나타난다. 예를 들어 고대 그리스인들은 육체가 아름다운 사람은 영혼도 아름답다고 믿었다. 그런 탓인지 그리스 신화에 등장하는 주인공들은 한결같이 그 역할에 합당한 멋진 모습들로 그려진다. 사랑의 여신인 비너스의 팔등신 상도 이런 생각을 반영한 결과물로 보인다. 또 서양문학의 아버지라 할 수 있는 호머조차 그의 『일리아드』나 『오디세이』를 보면 여기에 등장하는 위대한 인물들이 한결같이 뛰어난 외모를 자랑한다.

이런 인식을 장자는 「덕충부」에서 깨뜨리고자 한다. 그래서 외모가 형편없어도 덕이 충만한 사람을 주인공으로 삼는다. 그 첫 번째 주인공이 왕태이다. 왕태는 으뜸가는(王) 둔함(駘)이란 의미를 지닌다. 그는 불행히도 형벌로 인해 발뒤꿈치 하나가 잘린 불쌍한 사람이다. 이런 불쌍한 사람을 보면 마음에서 동정심이 절로 일어난다. 예수님도 부랑자, 불구자, 문둥병자같이 불쌍한 사람을 긍휼히 여겨 이들을 위해 애쓰는 모습이 복음서에 잘 기록되어 있다. 그렇지만 예수님의 행동은 어디까지나 그들이 어딘가 덕이 부족한 사람이란 인식 하에서 이루어진다. 반면 장자가 「덕충부」에 등장시킨 주인공들은 '덕이 부족한 사람으로서' 불구자가 아니라 '덕이 충만한 사람으로서' 불구자이다. 그래서 그들은 불쌍한 사람이 아니라 오히려 우리가 본받아

---

47) 君子所性 仁義禮智根於心 其生色也 然見於面 於背 施於四體 四體不信不言而喩
(『맹자』 「진심장」 상)

48) 戎容暨暨 言容詻詻 色容厲肅 視容淸明 (『예기』)

야 할 훌륭한 사람이다.

왕태는 발뒤꿈치 하나가 잘린 신체불구자인데도 그를 추종해서 배우려는 사람이 노(魯)나라에서 공자의 제자와 맞먹을 정도로 많다. 공자가 노나라 사람임을 감안하면 노나라 밖에선 왕태의 제자가 공자의 제자보다 훨씬 많을 거란 예상이 충분히 가능하다. 이처럼 왕태의 명성은 공자를 압도한다. 이에 깜짝 놀란 상계(常季)가 스승인 공자를 찾아가서 왕태란 사람은 발목이 잘려 서서 가르칠 수도 없고, 앉아서 강론할 수도 없는데 그의 제자들은 빈 머리로 가도 가득 채워서 돌아온다고 의아해하며 말했다. 그러면서 불언지교(不言之敎), 즉 말이 없는 가르침이 있다고 하는데 이처럼 왕태는 겉으로 드러나지 않아도 마음으로 가르치는 사람이 아니냐고 조심스레 물었다. 참고로 불언지교는 『도덕경』에서 "이럼으로써 성인은 무위로서 일(無爲之事)을 처리하며, 말없이 가르침(不言之敎)을 행한다."[49]고 해 우리에게 이미 익숙한 표현이다.

그런데 공자는 왕태란 사람이 매우 훌륭한 사람이라는 걸 기꺼이 인정하는 뜻밖의 대답을 했다. 그러면서 왕태는 성인이기에 공자 자신도 계속 미루다가 아직 찾아뵙지 못하고 있다고 고백했다. 게다가 공자는 왕태를 찾아뵙고 스승으로 모시려고 하는데 노나라에서 나보다 못한 사람이야 더 말할 나위가 없지 않은가라며 평소 스승답지 않은 겸손한 태도를 보였다. 또 어찌 노나라 사람뿐이겠는가라고 반문하면서 자신은 세상 사람들을 모두 이끌고 가서 그분을 함께 따르겠다는 충격적인 말까지 보탰다. 상계는 왕태가 얼마나 훌륭한 분이

---

49) 是以聖人 處無爲之事 行不言之敎 (『도덕경』 3장)

기에 자신의 스승조차 이런 말을 꺼낼까 의아해하면서 "그분은 형벌로 발목이 잘린 불구자인데 선생님보다 훌륭하다 말씀하시니 보통사람보다 훨씬 훌륭하네요. 이런 사람은 대체 어떤 마음 씀씀이(用心)를 지니는가요?"라고 공자에게 물었다.

공자는 왕태의 훌륭한 마음 씀씀이를 두 가지 차원에서 설명했다. 첫째, 죽고 사는 건 우리의 삶에서 큰 변화이지만 이런 큰 변화마저 왕태의 마음을 뒤흔들지 못한다. 그래서 하늘이 무너지고 땅이 꺼지는 일이 발생해도 왕태의 마음은 아래로 떨어지는 법이 없다. 즉 어떤 상황이 전개되더라도 왕태는 늘 초연한 마음을 지닌다. 왕태는 이런 마음 씀씀이를 지니므로 발뒤꿈치가 하나 잘린 건 그에게 아무런 의미가 없다. 둘째, 왕태의 마음이 너무 순진해서 그에게 어떤 가식이 없는 게 분명하지만 그는 사물의 변화에 쉽게 휩쓸리지 않는다. 오히려 사물의 변화를 춘하추동의 변화처럼 하늘의 뜻(命)으로 알고, 사물의 변화를 그대로 따르면서 도의 근원(宗)을 지킨다.

상계는 도의 근원을 지키는 게 무슨 뜻이냐고 스승에게 물었다. 그러자 공자는 "스스로를 다르다는 관점에서 보면 우리 몸 안에 있는 간과 쓸개도 초나라와 월나라 사이의 거리만큼 멀지만 스스로를 같다는 관점에서 보면 만물은 모두 하나이다."라고 대답했다. 참고로 춘추전국시대에 초나라는 장강 중류에 위치하고, 월나라는 장강 하류에 위치해서 거리상으로는 서로 멀리 떨어져 있다. 또 간과 쓸개는 나란히 붙어서 오장끼리 가장 가까이에 위치해 있다. 그런데 스스로 다르다는 관점에서 보면 간과 쓸개조차 초나라와 월나라 사이의 거리만큼 멀다. 반면 스스로 같다는 관점에서 보면 초나라와 월나라도 간과 쓸개 사이의 거리만큼 가깝다. 그러니 스스로 같다는 관점에서 보면 만물은 모두 하나가 될 수 있다. 즉 도의 근원에서 보면 모든 만물이 같다는 의미이다. 「제물론」에서 언급된 바 있는 "천지는 하나의 손가락이고, 만물은 하나의 말이다."[50]라는 내용도 이와 같은 맥락이다.

그러면 왕태란 인물은 어찌해서 이런 경지에 이를 수 있었을까? 그것은 귀나 눈, 즉 감각기관이 좋아하는 것에 관심을 기울이지 않아서이다. 이것은 공자가 말하는 이순(耳順)의 상태일 수 있다. 또 대붕처럼 하늘 높이 날아올라 아래를 내려다볼 때 모든 게 하나로 보이는 것과 같은 상태일 수 있다. 이런 상태에선 땅위의 모든 것들에 대해 좋고 싫은 걸 일일이 구분하지 않는다. 그런데도 사람들은 무시해도 좋을 조그마한 차이를 억지로 구분해서 이런 차이에 집착한다. 마치 매미나 어린 비둘기가 낮게 날아 아래를 꼼꼼히 살피는 것처럼 말이다. 이런 사람들은 결국 감각기관의 노예가 되고 만다. 따라서 이런 사람에겐 눈과 귀가 오히려 주인이며, 마음은 눈과 귀의 욕구 충족을 위한 종속물이다. 이런 사람은 결국 마음에 상처를 많이 입게 마련이다.

그런데 귀와 눈을 즐겁게 하는 쾌감 따위에 이끌리지 않으면 우리의 마음은 덕이 조화된 경지에서 유유자적하며 노닐 수 있다. 왕태는 이렇게 살아가기에 사물의 하나 된 바만 보고, 사물의 잃은 바를 보지 못한다. 그래서 발목이 있든 없든 간에 왕태는 이런 걸 상관하지 않는다. 어쩌면 발목을 잃은 건 왕태에게 있어 발에 묻은 흙을 떨쳐버리는 정도에 불과하다. 상계는 이제야 깨달았는지 왕태란 분은 자신을 수양함에 있어 자신이 아는 바로만 마음을 터득하고, 그 마음으로 사물의 변화에 휩쓸리지 않는 상심(常心), 즉 변함없는 마음을 터

---

50) 天地一指也 萬物一馬也. (「제물론」 3)

득한다고 보았다. 그래서 세상 사람들이 그를 최고라고 여길 수밖에 없다고 말하면서 스승의 말에 동조했다.

이에 공자는 사람은 흐르는 물(流水)에선 자신을 비춰보지 못하지만 멈춘 물(止水)에선 자신을 비춰볼 수 있다고 말한다. 여기서 멈춘 물이란 왕태의 잔잔하고 담담한 마음을 의미한다. 이어서 공자는 이런 멈춘 물이라야 덕도 멈춘다고 말한다. 이것이 왕태의 마음에 덕이 왜 머무는지를 말해주는 이유이다. 즉 왕태의 마음에 덕이 머무는 건 그 마음이 잔잔하고 담담해서이다. 또 공자는 많은 사람들이 왕태의 마음에 멈춘 덕을 보기 위해 자신들의 걸음을 멈춘다고 말한다. 이는 왕태에게 왜 많은 제자들이 몰려드는지를 말해주는 이유이다. 그래서 많은 사람들은 왕태의 마음에 머문 덕을 보기 위해 기꺼이 제자가 되려는 것이다.

여기서 "멈춘 물에서 덕이 멈춘다."는 「인간세」에서 언급된 바 있는 "텅 빈 마음에 눈부신 빛이 빛난다."[51]는 내용에 견줄 수 있다. 「인간세」에선 텅 빈 마음에 눈부신 빛이 빛나려면 무엇보다 감각기관으로부터 해방되어야 한다고 말한다. 그래서 "귀로 듣지 말고 마음으로 듣고, 마음으로 듣지 말고 기로 들으라."[52]고 주문한다. 「덕충부」에서도 멈춘 물에서 덕이 멈추려면 감각기관으로부터 초월해야 한다고 말한다. 그렇다면 멈춘 물에서 덕이 멈추려면, 또 텅 빈 마음에 눈부신 빛이 빛나려면 감각기관의 작용을 멈추거나, 아니면 이 작용을 무디게 만들어야 한다. 이것이 곧 귀와 눈을 즐겁게 하는 쾌감 따위에 휘둘리지 않는 일이다.

---

51) 虛室生白. (「인간세」 1)

52) 無聽之以耳而聽之以心 無聽之以心而聽之以氣. (「인간세」 1)

그렇다면 덕이 마음에 멈추는 훌륭한 존재는 과연 누구일까? 공자는 먼저 땅에서 생명을 받는 것 중에선 소나무와 측백나무를 든다. 이 나무들은 겨울이건 여름이건 늘 푸르기 때문이다. 이렇게 푸른 건 이 나무들에게 나무의 덕이 제대로 자리한다는 증거이다. 그래서 세상 사람들은 이 나무의 푸름을 보기 위해 겨울에도 걸음을 멈춘다. 또 공자는 하늘에서 생명을 받은 것 중에선 요임금과 순임금을 든다. 이 임금들은 덕을 지녔기에 사람들의 우두머리가 될 수 있었다. 또 이들의 올바른 삶이 세상 사람들의 삶을 다행히 올바르게 할 수 있었다. 그래서 사람들은 요·순 임금이 다스렸던 나라에서 걸음을 멈춰서 기꺼이 그의 백성이 되었다.

　　소나무와 측백나무에게 나무의 덕이 제대로 자리한다는 말은 『논어』에 "날씨가 추워진 뒤에야 소나무와 잣나무가 늦게 시든다는 걸 안다(歲寒 然後知松柏之後彫也)."는 표현과 연관이 깊다. 추사 김정희가 자신을 끝까지 돌봐준 제자 이상적(李尙迪)에게 고마움을 표시하기 위해 그려준 「세한도(歲寒圖)」의 발문을 보더라도 이런 연관성을 찾을 수 있다. 발문이 말하길 "소나무와 잣나무는 사계절 통틀어 시들지 않으니 날씨가 추워지기 전에도 그대로 똑같은 소나무와 잣나무이고, 날씨가 추워진 뒤에도 그대로 똑같은 소나무와 잣나무일 뿐이다. 그런데 성인은 날씨가 추워진 뒤의 소나무와 잣나무를 칭찬한다. 지금 그대가 나를 대하는 건 이전에도 더 잘해준 게 없고, 이후로도 더 덜어진 게 없다. 그렇다면 이전의 그대는 칭찬할 게 없지만 이후의 그대도 성인에게 칭찬을 받을 수 있을까? 성인이 특별히 칭찬하는 건 한갓 늦게 시든 굳센 절개만 아니라 날씨가 추워진 뒤에 감동한 점이 있어서이다."

그런데 타고난 본래의 걸 지키려는 사람에게 있어 사물의 변화 따위에 두려움이 없다는 건 그의 중요한 징표이다. 용사도 공훈을 쌓기 위해선 혼자 용감하게 적의 대군 속으로 뛰어들 정도로 두려움이 없지 않는가? 또 명성을 얻고자 스스로 중요한 일을 하려는 지식인이나 정치인도 이런 용사처럼 두려움을 지니지 않은 채 세상 속으로 뛰어들지 않는가? 공훈을 쌓고자 애쓰는 용사나 명성을 얻고자 노력하는 지식인과 정치인도 이러할진대 하물며 타고난 본래의 걸 지키려는 사람은 사물의 변화에 대해 어떤 두려움이 없어야 하는 게 마땅하다.

　이처럼 타고난 본래의 걸 지키려는 사람은 천지를 주관하고, 만물을 포용한다. 또 몸을 잠시 머무는 곳이라고 믿고, 귀로 듣거나 눈으로 보는 걸 잠시 나타났다 사라지는 흔적이라고 여기면서 모든 걸 하나로 여긴다. 이런 사람은 죽고 사는 것에 대해 크게 개의치 않는다. 그래서 이승을 떠날 때도 특별히 어느 날을 선택해서 떠난다. 그러면 사람들은 그분을 모두 따를 텐데 이런 분이 어찌 사람을 모으는 걸 자기 일로 삼겠는가! 그러니 왕태의 제자가 많다고 해도 왕태는 제자를 억지로 끌어모은 게 아니다. 반면 공자는 제자를 억지로 끌어들인 면이 있다. 그래서 왕태는 무위(無爲)로서 제자를 모았다면 공자는 유위(有爲)로서 제자를 모은 셈이다. 그러니 제자의 수가 설령 비슷하다 하더라도 제자를 모으는 방식에선 왕태와 공자 사이에 큰 차이가 있다.

신도가(申徒嘉)는 형벌로 발뒤꿈치가 하나 잘렸는데

정(鄭)나라 자산(子産)과 함께 백혼무인을 스승으로 모셨다.

정나라 집정 자산은 발뒤꿈치가 하나 없는 신체불구자와 다니는 게

창피해서 신도가에게 말했다.

"공부를 끝내고 내가 먼저 나가면 자네는 남아 있게.

아니면 자네가 먼저 나가면 내가 남아 있을 테니."

다음날 두 사람은 다시 함께 한 집에서 같은 자리에 앉았다.

자산이 신도가에게 말했다.

"내가 먼저 나가면 자네는 남아 있게.

아니면 자네가 먼저 나가면 내가 남아 있을 테니.

그런데 지금 내가 먼저 나가야 하니 자네는 남아 있을 수 있겠나?

아니 자네는 남아 있지 못하겠다고?

자네는 집정인 나를 보고도 피하려고 하질 않으니

감히 정나라 집정과 맞먹으려는가?"

신도가가 말했다.

"백혼 선생 문하에 집정이라고 으스대는 자가 본디 있었던가?

자네는 집정이란 걸 뻐기면서 남을 깔보려는가?

그런데 이런 말이 있지.

'거울이 맑으면 먼지와 때가 묻지 않고,

먼지와 때가 묻으면 거울이 맑지 않다.

현인(賢人)과 오래 사귀면 먼지와 때 같은 흠이 자연히 없어진다.'

지금 자네가 가장 소중하게 여기는 게 스승의 도(道)일 텐데
오히려 내게 그런 소리를 하다니 지나치지 않은가!"
이에 자산이 말했다.
"이미 자네가 지나친 소리를 했네.
자네가 오히려 요임금과 뛰어남을 겨루면서 자신의 덕을 헤아렸는데
발목이 잘린 주제에 반성할 줄 모르지 않는가?"
신도가 말했다.
"이 세상에는 자신의 과오를 변명하며 억울하게 발목이 잘렸다고 생각
하는 사람은 많지만 자신의 과오를 변명하지 않고 억울하게 잘린 발목
을 간직하는 사람은 적네.
사람의 힘으론 어찌할 수 없음을 알고 하늘의 뜻에 따라
편히 지내는 건 오로지 덕(德) 있는 사람만이 할 수 있네.
옛날 궁술의 명인인 예(羿)의 사정거리 안에서 노닐면
사정거리 한가운데는 모두 화살이 적중하는 곳이지.
그런데도 예의 화살에 맞지 않으면 그건 오로지 운명(命) 탓일세.
자신의 발목이 온전하다고 해 다른 사람의 발목이 온전하지 못한 걸
비웃는 사람들이 많네.
그럴 땐 나도 화가 발끈 나서 백혼 선생이 계신 곳을 찾아가는데
가기만 하면 화난 게 눈녹듯이 사라져 평상시로 돌아오네.
선생님이 나를 덕으로 씻어주셨기 때문인지 자네는 왜 모르는가?
나는 선생님께 배운 지 오래이지만 선생님은 여태 내게
발뒤꿈치가 없다는 걸 의식케 한 적이 한 번도 없으셨네.
지금 자네는 나와 내면으로 사귈 텐데 외면만으로 나를 찾으니

이건 아주 잘못된 일이 아닌가!"

자산은 공손히 낯빛을 고치고, 용모를 바꾸면서 말했다.

"자네 이제 제발 그만 말하게나!"

* * *

申徒嘉, 兀者也, 而與鄭子産同師於伯昏無人. 子産謂申徒嘉曰:「我先出則子止, 子先出則我止.」其明日, 又與合堂同席而坐. 子産謂申徒嘉曰,,「我先出則子止, 子先出則我止. 今我將出, 子可以止乎, 其未邪? 且子見執政而不違, 子齊執政乎?」申徒嘉曰:「先生之門, 固有執政焉如此哉? 子而悅子之執政而後人者也? 聞之曰: 『鑑明則塵垢不止, 止則不明也. 久與賢人處則無過.』今子之所取大者, 先生也, 而猶出言若是, 不亦過乎!」子産曰:「子既若是矣, 猶與堯爭善, 計子之德, 不足以自反邪?」申徒嘉曰:「自狀其過, 以不當亡者衆, 不狀其過, 以不當存者寡, 知不可奈何, 而安之若命, 唯有德者能之. 遊於羿之彀中. 中央者, 中地也., 然而不中者, 命也. 人以其全足笑吾不全足者多矣, 我怫然而怒., 而適先生之所, 則廢然而反. 不知先生之洗我以善邪? 吾與夫子遊十九年矣. 而未嘗知吾兀者也, 今子與我遊於形骸之內, 而子索我於形骸之外, 不亦過乎!」子産蹴然改容更貌曰:「子無乃稱!」

몸이 온전한 건 예(羿)가 쏜 화살에 맞지 않아서이고, 병신이 된 건 예가 쏜 화살에 맞아서이다

————

「덕충부」에 두 번째로 등장하는 신체불구자는 신도가이다. 신도가는 신(申)씨 성을 지닌 아름다움(嘉)을 좇는 무리(徒)이므로 훌륭한 사람을 뜻한다. 그도 왕태처럼 가공의 인물인데 형벌로 인해 발뒤꿈치 하나가 잘린 사람이다. 그는 정(鄭)나라의 유명했던 재상인 자산(子産)과 함께 백혼무인(伯昏無人)을 스승으로 모시면서 공부한 바 있다. 백혼무인도 가공의 인물로서 우두머리(伯)의 어두움(昏)을 지닌 사람(人) 아닌(無) 사람을 의미하므로 신선의 반열쯤에 오른 아주 훌륭한 사람을 뜻한다.

어느 날 정나라의 집정 자산은 발뒤꿈치 하나가 없어서 절뚝거리며 걷는 신도가와 함께 다니는 게 창피해서 수업이 끝난 뒤 신도가에게 말했다. 자신이 먼저 나가면 신도가는 남아 있고, 신도가가 먼저 나가면 자신이 남아서 조금 후에 나가겠다고 말이다. 신도가가 아무런 반응을 보이지 않자 자산이 홀쩍하고 먼저 나갔다. 신도가로선 갑작스레 어처구니없는 일을 당했다. 다음 날도 두 사람은 한 방에서 다시 만나 옆 자리에 서로 앉았다. 수업이 끝나자 자산은 어제 신도가에게 했던 말을 똑같이 되풀이했다. 그러면서 오늘도 자신이 먼저 나가야 하니 남아 있어 달라고 요청하자 신도가는 어제와 달리 못마땅한 표정을 지었다. 그러자 자산은 신도가에게 집정인 자신을 보고 피하려고 하질 않으니 감히 정나라 재상과 맞먹으려 하는가라고 건방지게 말했다.

이에 열을 받은 신도가가 백혼 선생 문하에 집정이라고 으스대는 자가 본디부터 있었느냐고 쏘아붙인 뒤 자신을 결국 깔보는 게 아니냐고 추궁했다. 그러면서 '거울이 맑으면 먼지와 때가 묻지 않는 반면 먼지와 때가 묻으면 거울이 맑지 않다. 그런데 백혼무인 같은 현인과 오래 지내면 먼지와 때 같은 흠이 자연히 없어진다.'고 말한 뒤 지금 자산이 가장 소중하게 여기는 게 스승의 도(道)일 텐데 어째서 그 따위 소리를 하느냐고 공박했다. 도가에선 마음을 자주 거울에 비유하는데 여기서도 거울은 곧 마음을 가리킨다. 노자가 언급한 "세상을 비추는 마음의 거울을 깨끗이 닦다."[53]에서부터 장자가 관윤(關尹)을 평한 "움직임은 흐르는 물과 같고, 고요함은 거울과 같다."[54]에 이르기까지 거울이 마음을 지시한다는 사실은 여러 군데에서 확인된다.

그런데 자산은 요임금과 뛰어남을 겨루면서 자신의 덕을 헤아리려고 하는 지나침을 신도가가 지금 범하고 있다고 오히려 잘못을 신도가에게 덮어씌웠다. 그러면서 발뒤꿈치가 잘린 주제에 반성할 줄 모른다고 질책까지 했다. 그러자 신도가는 형벌로 억울하게 발뒤꿈치를 잘린 사람으로서 느낀 소회를 차분하게 밝혔다. 신도가가 볼 때 세상에는 자신의 과오를 스스로 변명하면서 억울하게 발뒤꿈치가 잘렸다고 여기는 사람은 많지만 자신의 과오를 변명하지 않고 억울하

---

53) 滌除玄鑑. (『도덕경』 10장)

54) 其動若水 其靜若鏡. (『장자』 「천하」 5)

게 잘린 자신의 발을 간직하는 사람은 적다. 물론 신도가는 자신의 과오를 변명하지 않고 억울하게 잘린 자신의 발을 간직하는 사람에 속한다.

그런데 신도가는 왜 억울하다고 여기지 않을까? 세상에는 사람의 힘으론 어찌할 수 없음이 있다는 걸 잘 알기 때문이다. 그래서 하늘의 뜻(命)에 따라 편히 지내는 건 오로지 덕(德) 있는 사람만이 할 수 있는데 신도가가 바로 그런 사람이다. 옛날에 궁술의 명인이었던 예(羿)의 사정거리 안에서 사람들이 노닐면 그 사정거리 한가운데는 화살이 적중하는 곳이다. 그런데 사정거리 한가운데 있으면서도 화살에 맞지 않는다면 그건 오로지 운명 탓이다. 사실 장자가 살았던 전국시대라는 살육의 시기에는 모든 사람들이 예의 사정권 안에서 생활하므로 누구든지 화살에 맞을 수 있다. 그런데도 화살에 맞지 않으면 그건 하늘의 뜻으로밖에 설명할 수 없다. 그러니 정나라의 집정 자산이 온전한 몸을 지니는 건 예가 쏜 화살에 맞지 않아서이고, 신도가가 병신이 된 건 예가 쏜 화살에 맞아서이다.

그럼에도 사람들은 자신의 발목이 온전하다고 해 다른 사람의 발목이 온전하지 않은 걸 비웃곤 한다. 이럴 때는 신도가도 화가 치밀어 백혼 선생이 있는 곳으로 찾아간다. 신도가가 백혼 선생을 만나면 화가 난 게 눈 녹듯이 사라져 평정심을 다시 찾을 수 있다. 이는 백혼 선생이 신도가의 신체상 불구를 덕(善)으로 씻어준 탓이다. 실제로 신도가는 백혼 선생에게 배운 지 오래이지만 선생이 자신에게 외발이란 걸 의식토록 한 적이 여태 한 번도 없었다. 장애인들은 장애는 두렵지 않지만 장애를 바라보는 시선이 두렵다고 입을 모아서 말한다. 그렇다면 자산은 장애인에게 두려움의 대상이 될 수 있지만 백혼 선생은 전혀 그런 두려움의 대상이 아니다.

신도가는 마지막으로 자산에게 따져 물었다. 백혼 선생 문하에서 자산은 그동안 신도가와 내면으로 사귀어 왔을 텐데 어째서 지금 외면만으로 신도가를 평가하려느냐고 말이다. 이것은 분명 잘못된 일이다. 자산은 그제야 공손히 낯빛을 고치고, 용모를 바꾸면서 제발 그만 말하길 바란다고 신도가에게 간곡히 부탁한다. 이는 자산이 신도가의 말을 그대로 수용한 결과이다. 이런 자산의 태도도 훌륭한 정치인다운 모습이다. 실제로 자산이 집정으로 있을 때 조그만 나라였던 정(鄭)나라는 이웃 큰 나라에 버금할 정도로 크게 번성했다. 이런 점에 비추어 볼 때 자산은 자신의 잘못을 깨달을 줄 아는 큰 정치인임에 분명하다.

노(魯)나라에 형벌로 발뒤꿈치 하나가 잘린 숙산무지(叔山無趾)가

다리를 질질 끌고서 공자(仲尼)를 만나러 왔다.

공자가 말했다.

"당신은 예전에 행동이 신중하지 못한 탓에 죄를 저질러서

발뒤꿈치가 잘리는 재앙을 당했소.

지금 찾아와서 가르침을 청해도 어찌 예전으로 돌아갈 수 있겠소!"

숙산무지가 말했다.

"나는 과거에 힘써 배울 줄 모르고 가볍게 처신해서

이렇게 발을 잃었지요.

그런데 지금 내가 찾아온 건 발보다 더 귀한 것, 즉 덕(德)이 남아서

남은 덕을 온전히 보존하는 데 힘쓰고 싶어서입니다.

하늘은 모든 걸 덮어주고, 땅은 모든 걸 싣는다는데

하늘과 땅이라고 여긴 선생께서 내게 이렇게 나올 줄 몰랐습니다!"

공자가 말했다.

"내 생각이 모자랐소. 숙산 선생! 자 안으로 들어오시지요.

내가 듣고 배운 바를 말하겠습니다!"

그런데도 숙산무지는 들어가지 않고 그냥 나가 버렸다.

이에 공자가 느낀 바가 있어 제자들에게 말했다.

"제자들은 힘써라!

발뒤꿈치 없는 병신도 힘써 배워 지난날 과오를 거듭 고치려 하는데

하물며 온전한 덕을 지닌 너희들이야 더욱 힘써야 하지 않겠는가!"

그 후 어느 날 숙산무지가 노담(老聃)에게 말했다.

"공구는 아직 지인(至人)의 경지에 이르지 못했지요?

어째서 노담 선생에게 뭔가를 자꾸 배우려는 건가요?

그는 기이하고 괴상한 명성을 듣길 바라겠지만

지인은 그것을 스스로를 묶는 질곡이라 여긴다는 걸 왜 모를까요?"

노담이 말했다.

"선생은 죽음과 삶을 한 줄기(一條)로 여기고,

괜찮음과 괜찮지 않음을 하나의 이치로 통한다고(一貫) 여기므로

공구를 바로잡아 주었다면 그가 분명 질곡에서 벗어났을 텐데요?"

숙산무지가 말했다.

"공구는 하늘이 내린 벌(天刑)을 받았는데 어찌 풀어줄 수 있나요!"

· · ·

魯有兀者叔山無趾, 踵見仲尼, 仲尼曰:「子不謹, 前旣犯患若是矣. 雖今來, 何及矣!」無趾曰:「吾唯不知務而輕用吾身, 吾是以亡足. 今吾來也, 猶有尊足者存焉, 吾是以務全之也. 夫天無不覆, 地無不載, 吾以夫子爲天地, 安知夫子之猶若是也!」孔子曰:「丘則陋矣. 夫子胡不入乎, 請講以所聞!」無趾出. 孔子曰:「弟子勉之! 夫無趾, 兀然者, 猶務學以複補前行之惡, 而況全德之人乎!」無趾語老聃曰:「孔丘之於之人, 其未邪? 彼何賓賓以學子爲? 彼且蘄以諔詭幻怪之名聞, 不知至人之以是爲己桎梏邪?」老聃曰:「胡不直使彼 以死生爲一條, 以可不可爲一貫者, 解其桎梏, 其可乎?」無趾曰:「天刑之, 安可解!」

기이하고 괴상한 명성을 듣길 바라는 공구(孔丘)는 하늘이 내린 형벌을 받은 사람이다

─────

「덕충부」에서 세 번째로 등장하는 신체불구자는 숙산무지이다. 이름만 보더라도 발목(趾)이 하나 없는(無) 사람이므로 신체불구자임에 틀림없다. 숙산무지는 같은 노나라 사람인 공구를 만나러 왔는데 공구는 그를 마치 조롱하듯 대했다. 그래서 예전에 행동이 신중하지 못해 죄를 저질러서 발을 잘리는 재앙을 당했는데 지금 자신을 찾아와서 가르침을 청한다고 해도 어찌 예전의 정상적인 발로 되돌아갈 수 있겠느냐고 말했다.

이에 숙산무지는 과거에 힘써 배울 줄 모르고 가볍게 처신해서 이렇게 발을 잃었다고 솔직히 시인했다. 그렇지만 지금 공구를 찾아온건 발보다 더 귀한 것, 즉 덕(德)이 남아 있어서 이 남은 덕을 온전히 보존하는 데 힘쓰고 싶어서라고 말했다. 과거에는 어떠했을는지 모르지만 지금 숙산무지에게 중요한 건 신체상의 외모가 아니라 내면의 덕이다. 그래서 숙산무지에게 신체상의 외모는 이미 잊혀진 부분이다. 숙산무지는 하늘은 모든 걸 덮어주고, 땅은 모든 걸 실어주는데 그런 하늘과 땅이라고 여겨왔던 공구가 자신을 이런 식으로 대접할 줄 미처 몰랐다고 불만을 터뜨렸다.

그제야 공구는 자신의 생각이 부족했음을 깨닫고 아까와는 달리 숙산무지에게 친절을 베풀었다. 숙산무지에게 선생이란 호칭을 붙이고서 방안으로 들어오라고 안내하며 자신이 듣고 배운 바를 들려주겠다고 말했다. 숙산무지는 이미 공구에게 실망한 탓인지 방안에 들어가지 않고 그대로 집으로 돌아왔다. 이에 공구는 크게 느낀 바가 있었는지 제자들에게 공부에 더욱 힘쓰라고 강조했다. 숙산무지가 외발 병신인데도 힘써 배워서 지난날의 과오를 반복해 고치려고 하기 때문이다. 그러니 온전한 덕을 지닌 제자들이야 더욱 정진해야 하지 않느냐는 게 공구의 생각이다. 여기까지는 그저 평범한 얘기에 불과하다. 이제부터 장자가 말하고자 하는 바가 서서히 드러난다.

이런 일이 있고 난 후 어느 날 숙산무지는 노담(老聃)에게 공구가 아직 지인(至人)의 경지에 이르지 못한 것 같다고 조심스럽게 말했다. 숙산무지가 볼 때 공구는 노담 선생에게서 뭔가를 자꾸 배우려고 애쓰기 때문이다. 사실 지인의 경지에 이른 사람은 더 이상 배움도 필요 없다. 노자도 "학문을 하면 나날이 더해 가지만 도를 닦으면 날마다 덜어낸다."[55]고 말하지 않는가? 또 장자도 "큰 앎은 너그럽고 여유로운 반면 작은 앎은 촘촘하다."[56]고 말한 바 있다. 그러니 너그럽고 여유로운 앎, 즉 도는 결코 배움으로 이루어지는 게 아니다.

그럼에도 불구하고 공구는 왜 배움에 집착할까? 아마도 숙궤(諔詭)와 환괴(幻怪)의 명성을 듣고자 하기 때문이다. 이런 명성은 스스로를 묶는 질곡인데 공구는 이를 여전히 깨닫지 못한다. 숙궤란 기이하다는 의미인데 「제물론」에서 등장한 바 있는 조궤(弔詭)와 비슷한 의미

---

55) 爲學日益 爲道日損. (『도덕경』 48장)

56) 大知閑閑 小知閒閒. (「제물론」 2)

이다. 조궤는 이상스럽다는 뜻을 지니므로 기이하다는 숙궤와 거의 비슷한 뜻이다. 환괴도 마찬가지로 괴상하다는 의미를 지닌다.

그래서 노담은 숙산무지에게 기이하고 괴상한 명성을 듣길 바라는 공구를 왜 바로잡아 주지 않았느냐고 말했다. 노담이 볼 때 숙산무지는 죽음과 삶을 한 줄기(一條)로 여기고, 또 괜찮음(可)과 괜찮지 않음(不可)을 하나의 이치로 통하는(一貫) 거라고 여기므로 공구의 스승이 충분히 될 수 있다고 보아서이다. 여기서 죽음과 삶을 한 줄기로 여긴다는 건 삶과 죽음을 자연스런 변화로 아는 걸 말한다. 또 괜찮음과 괜찮지 않음을 하나의 이치로 안다는 건 세상의 모든 이치가 하나로 통한다는 걸 안다는 의미이다. 이런 자연스런 변화와 세상의 이치를 아는 숙산무지는 이미 지인의 단계에 오른 사람이다. 그러니 이런 훌륭한 숙산무지가 공구를 만났을 때 그를 바로잡아 주었더라면 공구는 분명 질곡으로부터 벗어날 수 있었을 텐데 하고 노담은 아쉬워했다.

그런데 숙산무지는 노담의 이런 생각에 대해 매우 회의적이다. 공구는 천형(天刑), 즉 하늘이 내린 형벌을 받고 있어서 그 질곡에서 도저히 벗어날 수 없어서이다. 여기서 천형이란 「양생주」에서 등장한 바 있는 둔천지형(遁天之刑), 즉 자연의 이치에서 벗어남으로써 받는 형벌과도 같다. 하늘이 내린 형벌은 인간에 의한 형벌과는 그 내용에서 큰 차이가 있다. 인간에 의한 형벌은 발뒤꿈치가 잘리는 것처럼 신체에 가하는 징벌이다. 반면 하늘이 내린 형벌은 정신을 질곡하는 일이다. 그러니 인간에 의한 형벌에 비하면 하늘이 내린 형벌은 더 무섭고, 더 가혹할 수 있다. 그것은 정신의 불구나 덕의 파괴라는 결과를 초래할 수 있으므로 신체의 불구보다 더 심각한 형벌로서 나타난다.

그런데 하늘이 내린 형벌에서 벗어나려면 무엇보다 자연의 원리를 따라야 한다. 그러려면 죽음과 삶을 한 줄기로 여기고, 또 괜찮음과 괜찮지 않음을 하나의 이치로 통하는 거라고 여겨야 한다. 마치 「양생주」에서 "와야 할 때를 편히 받아들이고, 가야 할 순리에 편히 머무는 것."[57]처럼 말이다. 만약 이것이 가능하다면 공구는 하늘이 내린 형벌에서 벗어날 수 있는데 옛 사람들은 이를 제지현해(帝之懸解), 즉 하늘에 의해 거꾸로 매달렸던 속박에서 풀려남이라고 말한다. 물론 이런 자연의 원리는 마음으로 느껴서 얻어지는 것이지 배움을 통해서 이루어지는 게 아니다. 그래서 이런 자연의 원리는 배움을 중요시여기는 공자일지라도 그에게 배움의 형태로서 도저히 전달될 수 없다. 이쯤 되면 누가 스승이고, 또 누가 가르침을 받아야 하는 제자인지 그만 헷갈린다. 공자와 숙산무지의 역할이 서로 뒤바뀌어서이다. 이것도 장자의 해학이 아닌 듯싶다.

---

57) 安時而處順. (「양생주」 3)

덕충부 4-1

노(魯)나라 애공(哀公)이 공자(仲尼)를 찾아와서 말했다.

"위(衛)나라에 추한 사람이 있는데 애태타(哀駘它)라고 하지요.

그와 함께 지낸 사나이는 그를 사모해서 옆을 떠날 줄 모릅니다.

또 그를 본 여자는 부모를 졸라서 남의 아내가 되느니

차라리 그의 첩이 되겠다고 하는데 십여 명을 훌쩍 넘어서지요.

또 자기 주장을 펴는 걸 여태 들어본 적이 없을 정도로

그는 늘 남과 화합을 이룹니다.

죽어가는 사람을 살릴 만한 군주의 위치에 있는 것도 아니고,

다른 사람의 배를 채울 만큼 모은 재산도 많지 않은데

거기에 그의 추한 꼴이란 세상을 깜짝 놀라게 할 정도입니다.

남과 화합을 이루면서 자기 주장을 펴지 않고,

또 아는 것도 사는 지역을 벗어나지 못할 정도로 적은데

여자건 남자건 간에 애태타 앞에 모여드는 건

틀림없이 다른 사람과 다른 데가 있어서겠지요.

그래서 과인이 애태타를 불러 한 번 만나 보았더니

그의 추한 꼴이란 과연 세상을 깜짝 놀라게 할 정도였습니다.

그런데 과인은 사귄 지 한 달도 안 되어 그의 사람됨에 끌리고,

사귄 지 일 년도 안 되어 그를 믿게 되었지요.

마침 재상 자리가 비어 국정을 맡기려고 했더니

이해하기 곤란하단 표정을 짓고선 대범히 사양하는 게 아니겠소.

그래서 그에게 국정을 맡기려 한 과인이 갑자기 부끄러워졌습니다.

그리고 얼마 안 되어 그는 과인에게서 떠나갔는데

이때부터 과인은 무언가를 잃은 듯 처량한 신세가 되었소.

나라를 다스리는 즐거움을 함께 누릴 만한 사람이 사라진 듯했는데

그는 대체 어떤 사람인가요?"

공자가 말했다.

"예전에 초(楚)나라에 사절로 간 적이 있는데

그때 새끼돼지가 죽은 어미돼지의 젖을 빠는 걸 우연히 보았습니다.

조금 있다 새끼돼지들은 놀란 듯 어미를 버리고 달아났습니다.

어미가 자기를 쳐다보지 않고, 또 어미 모습도 예전과 같지 않아서지요.

그러니 새끼돼지가 어미를 사랑한 건 어미의 몸이 아니라

그 몸을 부리게 한 내면의 덕(德)을 사랑한 겁니다.

싸우다 죽은 병사를 장사지낼 때는 장식 달린 제구를 쓰지 않고,

월형을 받은 자는 신발을 소중히 여기지 않습니다.

이는 죽은 병사에겐 장식 달린 제구를 쓸 만한,

월형 받은 자에겐 신발이 필요할 만한 마땅한 근거가 없어서입니다.

천자의 빈첩이 되면 아름다워지기 위해 몸을 훼손하면서까지

손톱을 짧게 깎거나 귀에 구멍을 뚫을 필요가 없고,

하인도 장가를 들면 바깥에 머물도록 해 일 년간 근무를 면제합니다.

몸이 온전해도 몸을 훼손하지 않고, 또 일하지 않는 배려까지 받는데

덕이 온전한 사람이야 더 말할 나위가 없겠지요!

지금 애태타는 아무 말도 하지 않는데도 군주의 신망을 얻고,

공적이 없는데도 군주와 친해지고, 심지어 국정을 맡기려 하는데도

애태타가 받아들이지 않을까 오히려 군주가 염려할 정도입니다.

이는 틀림없이 그의 바탕이 온전하고(才全),

또 온전한 바탕인 덕이 바깥으로 드러나지 않아서입니다(德不形)."

* * *

魯哀公問於仲尼曰:「衛有惡人焉, 曰哀駘它. 丈夫與之處者, 思而不能去也. 婦人
見之, 請於父母曰:『與爲人妻, 寧爲夫子妾』者, 十數而未止也. 未嘗有聞其唱者也,
常和人而矣. 無君人之位以濟乎人之死, 無聚祿以望人之腹. 又以惡駭天下, 和而
不唱, 知不出乎四域, 且而雌雄合乎前. 是必有異乎人者也. 寡人召而觀之, 果以惡
駭天下. 與寡人處, 不至以月數, 而寡人有意乎其爲人也,, 不至乎期年, 而寡人信
之. 國無宰, 寡人傳國焉, 悶然而後應, 氾然而若辭. 寡人醜乎, 卒授之國. 無幾何
也, 去寡人而行, 寡人卹焉若有亡也, 若無與樂是國也. 是何人者也?」仲尼曰:「丘
也嘗使於楚矣, 適見㹠子食於其死母者, 少焉眴若皆棄之而走. 不見己焉爾, 不得
類焉爾. 所愛其母者, 非愛其形也, 愛使其形者也. 戰而死者, 其人之葬也不以翣
資,, 刖者之屨, 無爲愛之,, 皆無其本矣. 爲天子之諸御, 不爪翦, 不穿耳,, 取妻者
止於外, 不得復使. 形全猶足以爲爾, 而況全德之人乎! 今哀駘它未言而信, 無功而
親, 使人授己國, 唯恐其不受也, 是必才全而德不形者也.」

추하지만 덕(德)이 넘치는 애태타(哀駘它)

———

「덕충부」에서 네 번째로 등장하는 신체불구자는 애태타(哀駘它)이다. 애태타는 슬픈(哀) 둔한(駘) 낙타(它)란 의미이다. 낙타는 등에 혹이 있으니 애태타는 일단 곱사등이라고 보아진다. 그리고 표정은 애처롭고, 행동은 느린 듯싶다. 그러니 온전한 신체를 지닌 사람에 비해 애태타 모습은 매우 형편없어 보인다. 그런데도 청년들은 그와 함께 지내기만 하면 그를 사모해서 그 옆을 떠날 줄 모른다. 또 처녀들은 남의 아내가 되느니 차라리 그의 첩이 되겠다고 부모를 조르는데 그런 처녀만 해도 십여 명을 훌쩍 넘어선다. 이처럼 애태타는 몸은 불구에다 얼굴까지 못생겼는데 젊은 남자와 여자들 사이에서 인기가 하늘처럼 높다.

누구로부터 인기를 얻기 위해선 그럴듯한 주장을 펴거나, 아니면 내세우는 바가 있어야 한다. 그래야 그런 주장과 내세움을 좇아서 추종자들이 모여들게 마련이다. 그런데 애태타는 자기 주장을 내세우는 일이 좀체로 없다. 그 대신 남과 가능한 화합을 이루려고 한다. 혹시 자기 주장이 있더라도 화합을 중요시하기에 자기 주장을 이내 거둬들인다. 게다가 그는 형벌을 받아 처형을 기다리는 사람을 살려줄

만한 군주처럼 큰 권력을 지닌 사람도 아니다. 그렇다고 다른 사람을 배부르게 할 정도로 많은 재력을 지닌 사람도 아니다. 거기에다 그의 추한 모습은 세상 사람들을 깜짝 놀라게 할 정도이다.

이처럼 남과 화합을 이루기 위해서 자기 주장을 펴는 일이 없고, 또 아는 바도 자신이 사는 지역을 벗어나지 못할 정도로 적은데 여자건 남자건 간에 애태타 앞에 모여드는 건 다른 사람들과 분명 다른 데가 있어서이다. 이에 노나라 애공(哀公)은 호기심이 발동해서 애태타를 불러 한 번 만나 보았다. 아니나다를까 그의 추한 모습은 소문 그대로였다. 그런데 애태타와 사귄 지 한 달도 채 안 되어 애공은 그의 사람됨에 끌리고, 또 사귄 지 일 년도 채 안 되어 그를 신뢰하게 되었다. 마침 노나라에 재상 자리가 비어서 애공은 애태타에게 국정을 맡아달라고 부탁했더니 이해할 수 없다는 표정을 짓고서 사양하는데 그 사양하는 모습이 적지아니 범상스러웠다.

애태타에게 국정을 맡아달라고 부탁하면 애공은 그가 감사하다는 말과 함께 넙죽 받아들일 거라고 예상했다. 그런데 이런 예상과는 달리 재상 자리 제안을 좌고우면하지 않고 애태타가 단박에 거절하자 그에게 국정을 맡기려고 한 자신이 갑작스레 부끄러워졌다. 애공은 갑작스레 왜 부끄러움을 느꼈을까? 아마도 국정을 맡기려는 의도를 갖고 그동안 애태타를 사귀어 온 것처럼 비추어졌을까 하는 우려 때문이 아니었을까? 그로부터 시간이 얼마 흐르지 않아 애태타는 애공에게서 떠나갔다. 그러자 애공은 나라를 다스리는 즐거움을 함께 누릴 만한 사람이 사라진 듯해 마음이 이내 허전해졌다. 그 후 애공은 공자를 만나서 애태타가 어떤 사람이냐고 물었다.

공자는 자신이 사신이었을 때 겪었던 경험담을 통해 애태타가 어떤 사람인지를 애공에게 설명했다. 공자는 예전에 초나라에 사신으로 간 적이 있었는데 그때 새끼돼지들이 죽은 어미돼지의 젖을 빠는 걸 우연히 보았다. 조금 있다가 새끼돼지들이 놀란 듯 모두 어미를 버리고 달아났다. 이는 어미가 자기들을 쳐다보지 않고, 또 어미의 모습도 예전과 같지 않아서이다. 그러니 새끼돼지들이 그동안 어미를 찾은 건 어미의 젖 때문이 아니라 어미돼지가 젖을 주면서 새끼돼지들을 바라보는 따스한 시선과 온기 때문이었다. 이렇게 보면 새끼돼지들이 어미를 사랑한 건 어미의 몸이 아니라 그 몸을 움직이게 한 내면의 모습, 즉 덕(德)을 사랑한 게 분명하다. 공자는 이 예를 통해 애공이 애태타를 사랑한 건 그의 모습 때문이 아니라 그의 덕 때문인 점을 상기시켰다.

그리고 애태타가 재상 자리를 사양한 것에 대해선 죽은 병졸과, 또 형벌로 발뒤꿈치가 베인 사람을 예로 들어서 설명했다. 전쟁터에서 싸우다 죽은 병졸의 장례를 치를 때는 관에 장식하는 구름무늬의 운삽(雲翣)을 쓰지 않는다. 죽은 병졸의 시신이 크게 훼손되어 관을 사용할 수 없어 운삽을 쓸 마땅한 바탕이 사라져서이다. 운삽은 관의 앞뒤에 세우는 부채모양의 제구인데 관이 없으면 이걸 굳이 쓸 필요가 없다. 또 형벌로 발뒤꿈치가 잘린 사람은 신발을 소중히 할 필요가 없다. 발뒤꿈치가 베인 사람은 좋은 신발을 신어야 할 마땅한 이유가 없어서이다. 이처럼 죽은 병졸과 형벌로 인해 발뒤꿈치가 베인 사람은 시신과 자신의 몸을 온전히 보존하지 못했으므로 이런 대접을 받을 수밖에 없다.

같은 맥락에서 몸을 온전히 보존한 사람이라도 마땅한 바탕과 이유가 있어야 그에 합당한 대접을 받을 수 있다. 예를 들어 아름답게 보이기 위해 손톱을 짧게 깎거나 귀에 구멍을 뚫는 등의 고통스러운 일을 누구나 다 면제받을 수 있는 게 아니다. 천자의 비빈쯤 되어야 이런 면제가 가능하다. 천자의 비빈은 아름다운 용모로 이미 그 자리에 올라 있기 때문이다. 또 아무나 하는 일을 면제받을 수 있는 게 아니다. 하인이라도 갓 장가를 들어야 일 년 정도 노역에서부터 자유로울 수 있다. 이처럼 천자의 비빈에게는 아름다움이라는 바탕과 하인에게는 장가라는 이유가 있어야 일을 면제받을 수 있는 근거가 생긴다.

그렇다면 애태타처럼 덕을 온전히 갖춘 사람도 이런 배려를 받아야 하는 게 마땅하지 않는가? 이런 관점에서 보면 애태타에게 재상 자리를 제의한 건 합당한 배려가 아니다. 덕을 온전히 갖춘 사람은 제후국 정도를 다스리는 인물이 아니기 때문이다. 제후국은 유위지치(有爲之治), 즉 하고자 함이 있는 다스림으로 가능하지만 덕을 온전히 갖춘 사람은 무위지치(無爲之治), 즉 하고자 함이 없는 다스림에만 관심이 있다. 내편 마지막이 「응제왕」인 것도 이 때문이다. 왕(王)은 유위지치로 나라를 다스리는 군주라면 제왕(帝王)은 무위지치로 나라를 다스리는 군주이다. 애태타가 볼 때 제후국 재상 정도론 무위지치를 구현할 가능성이 없다. 그러니 애공은 애초부터 애태타에게 제후국의 국정을 맡아달라는 부탁을 하지 말았어야 한다. 이것이 덕을 온전히 갖춘 사람에 대한 최소한의 배려이자 예우이다.

하여간 애태타는 아무 말도 하지 않는 데도 군주로부터 신망을 받고, 또 공적을 쌓지 않는 데도 군주와 친해지고, 심지어 군주가 국정을 맡기려 하는 데도 이 제의를 받아들이지 않을까 오히려 군주가 염려할 정도이다. 애태타가 이렇게까지 군주로부터 좋은 평가를 받는 건 무슨 이유일까? 아마도 애태타의 바탕이 온전하고, 또 바탕이 온전해도 덕이 겉으로 드러나지 않아서이다. 장자는 바탕이 온전한 걸 두고 재전(才全)으로, 그리고 덕이 겉으로 드러나지 않는 걸 두고 덕불형(德不形)이라고 명명한다.

덕충부 4-2

애공(哀公)이 물었다.

"무엇을 가리켜 재전(才全), 즉 바탕이 온전하다고 하나요?

공자가 말했다.

죽음과 삶, 보존과 잃음, 실패와 성공, 가난과 부유,

현명함과 어리석음, 비난과 칭송, 배고픔과 목마름, 추위와 더위는

사물의 변화인데 자연의 뜻에 따라서 움직인 결과입니다.

이것들은 매일 우리들의 눈앞에 번갈아가며 펼쳐지지만

우리들의 앎으론 그 갈라지는 바의 시작을 바로잡을 수 없습니다.

그러니 이런 것들이 타고난 본성의 조화를 어지럽히게 해선 안 되고,

우리들의 마음에 침입하도록 놔두어서도 안 됩니다.

그래서 타고난 본성의 조화를 즐기면서 마음을 탁 트이게 해야만

감각작용에 빠지지 않고, 또 쉴 새 없이 만물과 봄기운을 만들어야만

사물과 마주할 때마다 이 기운이 마음속에서 때맞추어 일어납니다.

이런 경지에 이를 때 재전(才全), 바탕이 온전하다고 말합니다."

애공이 물었다.

"덕불형(德不形), 즉 덕이 몸에 드러나지 않는 건 어째서일까요?"

공자가 말했다.

"물은 잔잔하게 멈춘 상태가 최고의 평평함입니다.

그것을 표준(法)으로 삼을 만한데

안으론 정지 상태를 유지하면서 밖으론 흘러넘치지 않아서입니다.

덕(德)은 이런 조화로움이 다스려져서 이루어진 상태입니다.

덕이 겉으로 드러나지 않아야 사람들이 거기에 끌려서

그에게서 떠나지 않습니다."

애공이 훗날 공자의 제자인 민자(閔子)에게 고하면서 말했다.

"처음에 나는 세상을 다스리는 게 법으로서 기강을 잡고,

또 국정이 잘못되어서 백성이 죽을까 걱정하는 거라고 여겼지요.

이에 백성을 다스리는 이치를 최고로 터득한 군주라고 자부해 왔지요.

나는 공자의 말을 듣고선 내게 그런 실력도 없으면서

스스로 가벼이 처신해서 나라를 망칠까 지금 염려하고 있소.

이제 나와 애태타는 군주와 신하로 맺어진 관계가 아니라

덕으로 맺어진 벗(德友)일 뿐이오."

· · ·

哀公曰: 何謂才全? 仲尼曰「死生存亡, 窮達貧富, 賢與不肖毁譽, 飢渴寒暑, 是
事之變, 命之行也., 日夜相代乎前, 而知不能規乎其始者也. (제물론 2-2) 故不足以
滑和, 不可入於靈府. 使之和豫通而不失於兌., 使日夜無卻而與物爲春, 是接而生
時於心者也. 是之謂才全.」「何謂德不形?」曰:「平者, 水停之盛也. 其可以爲法也,
內保之而外不蕩也. 德者, 成和之修也. 德不形者, 物不能離也.」哀公異日以告閔
子曰:「始也吾以南面而君天下, 執民之紀而憂其死, 吾自以爲至通矣. 今吾聞至人
之言, 恐吾無其實, 輕用吾身而亡其國. 吾與孔丘, 非君臣也, 德友而已矣.」

재전(才全)과 덕불형(德不形)

———

    그렇다면 어떻게 해야 바탕이 온전할 수 있을까? 사물이나 사람을 마주할 때마다 생명을 꽃피우는 봄의 온화한 기운 같은 게 마음속에서 때맞추어 일어나면 바탕이 온전하다고 말할 수 있다. 그래서 우리 마음이 만물과 함께 봄날의 온화함을 유지하도록 놔두어야지 사물과 세상 속으로 함께 매몰되어선 안 된다. 애태타를 가까이 한 사람들이 그를 떠나지 않았던 것도 이 때문이다. 그들은 애태타를 만날 때마다 생명을 꽃피우는 봄의 온화한 기운을 그에게서 느낄 수 있었다. 그래서 사람들이 애태타를 만나면 자연이 준 바탕을 온전하게 유지할 수 있어서 그를 만난 사람의 마음은 마치 봄날의 온화함과 같았다. 애태타는 애공에게도 이런 자세를 견지했음에도 애공은 애태타에게 오히려 나라를 맡기려고 했으니 애태타에게 큰 결례를 범한 셈이다.

    여기서 봄의 온화한 기운이 마음속에서 때맞추어 일어나는 건 「인간세」에서 언급된 바 있는 허실생백(虛室生白), 즉 텅 빈 마음(虛室)에 눈부신 빛(白)이 생겨나는 것과 짝할 수 있다. 봄의 온화한 기운이 눈부신 빛에, 그리고 때맞추어 일어나는 게 생겨남과 각각 비교되어서이다. 장자는 봄의 온화한 기운이 때맞추어 일어나는 마음이든, 또는 눈부신 빛이 생겨나는 텅 빈 마음이든 간에 여기에 길상(吉祥), 즉 길한 상서로움이 머물고, 또 머문다고 말한다. 그러니 「덕충부」에서 말하는 봄의 온화한 기운이 때맞추어 일어나는 재전(才全)과 「인간세」에서 말하는 눈부신 빛이 생겨나는 텅 빈 심재(心齋)는 한마디로 상서롭기 그지없다.

그렇다면 어떻게 해야 사물이나 사람과 마주할 때마다 봄의 온화한 기운이 마음속에서 때맞추어 일어날 수 있을까? 그것은 타고난 본성의 조화를 즐기면서 마음을 확 트이게 해 말초적 감각(兌) 작용에 빠지지 않으면 가능하다. 태(兌)란 원래 구멍을 뜻하는데 감각기관인 눈·코·귀·입 등이 모두 구멍으로 이루어져 있어 태를 감각기관으로 해석하는 게 마땅하다. 『도덕경』에서도 "색기태 폐기문"[58]이란 표현이 두 번씩 등장하는데 여기서도 태는 감각기관을 뜻한다. 그런데 말초적 감각작용에 빠지지 않는 건 「인간세」에서 언급된 바 있는 "귀로 듣지 말고 마음으로 듣고, 마음으로 듣지 말고 기(氣)로 들으라."[59]는 것과 짝을 이룬다. 소리로 들으면 자기가 듣고 싶은 소리만 듣고, 마음으로 들으면 자신의 생각과 부합하는 것만 받아들이는데 이런 식으로 감각작용을 하면 사물과 함께 봄날의 온화함을 유지할 수 없다.

반면 귀로 듣지 않고 마음으로 듣고, 마음으로 듣지 않고 기로 들으면 심재(心齋)에 이른다. 「인간세」에서 이미 기로 들어야만 심재에 이른다고 밝힌 바 있다. 심재란 마음을 굶기는 작업이다. 몸이 굶으면 신체상으로 힘을 발휘할 수 없는 것처럼 마음이 굶으면 의식상으

---

58) 塞其兌 閉其門. (『도덕경』 52장)

59) 無聽之以耳而聽之以心 無聽之以心而聽之以氣. (「인간세」 1)

로 힘을 발휘할 수 없다. 의식상으로 힘을 발휘하지 못하는 게 「제물론」에서 언급된 바 있는 불 꺼진 재와 같은 마음, 즉 사회지심(死灰之心)과 같다. 그러니 심재는 감관 및 심관작용과 밀접한 관련을 지닌다. 흥미로운 사실은 재전(才全), 즉 바탕이 온전한 것도 말초적 감각작용에 빠지지 않는 걸 전제로 할 때 이루어진다. 그렇다면 심재와 재전은 표현만 다를 뿐 감관작용에서 해방되어야 가능하다는 점에서 사실상 같은 의미이다.

그렇다면 어떻게 해야 말초적 감각작용에 빠지지 않을 수 있을까? 그것은 타고난 본성의 조화가 우리 앞에 매일 번갈아가며 펼쳐지는 변화들과 하늘의 뜻이 작동해서 생겨난 결과들에 의해 어지러워지지 않으면 된다. 또 이런 변화들과 결과들이 우리 마음에 침입하지 않으면 된다. 그렇다면 매일 펼쳐지는 변화들과 하늘의 뜻에 의해 생겨난 결과들은 구체적으로 어떤 걸까? 매일 펼쳐지는 변화가 죽음과 삶, 보존과 잃음, 실패와 성공, 가난과 부유, 현명함과 어리석음, 비난과 칭송이라면 하늘의 뜻에 의해 생겨난 결과는 배고픔과 목마름, 추위와 더위 등이다. 이것들이 번갈아가며 우리들 앞에 펼쳐지지만 그 갈라지는 바의 시작을 우리들이 바로잡을 수 없다. 만약 갈라지는 바의 시작을 바로잡을 수 있다면 죽음을 삶으로, 잃음을 보존으로, 가난을 부유함으로 얼마든지 바꿀 수 있다. 그렇지만 이것들은 모두 하늘의 뜻에 따른 것이기에 우리들이 어떻게 손을 써볼 수 없다.

그런데 애태타는 덕불형(德不形), 즉 그의 덕이 겉으로 드러나지 않는 상태를 어떻게 이루어낼 수 있었을까? 우리 마음에 덕이 가득 차면 그건 마치 잔에 물이 가득 찬 것과 같다. 잔에 물이 가득 차면 최고로 평평한 상태를 이룬다. 이 상태가 되면 안으로는 가장 안정되면서 밖으로는 물이 넘쳐흐르지 않는다. 물리학에서도 이 상태를 물리적으로 가장 안정되었다고 여겨 '메타피직스(meta-physics)', 즉 초물리 상태라고 말한다. 마음 안에 올바로 쌓인 덕도 이런 안정과, 또 흘러넘치지 않는 조화에 의해 이루어진 결과이다. 물이 이런 조화를 만날 때 평평함을 유지하는 것처럼 마음도 고요할 때 온화할 수 있다. 우리도 이런 상태를 마음의 표준으로 삼을 만한데 그것은 애태타의 덕을 통해 나타난다. 즉 애태타의 덕은 안정되면서 흘러넘치지 않아 겉으로는 드러나지 않는다. 사람들은 애태타의 바로 이런 점에 끌려 그에게서 떠나지를 못한다.

훗날 애공은 공자의 제자인 민자(閔子)[60]와 세상을 다스리는 방법에 대해 얘기를 나눈 적이 있다. 그때 애공은 처음에 백성의 기강을 법으로 잡고, 또 국정이 잘못되어서 백성이 죽을까를 걱정하는 게 군주가 지녀야 할 최고의 덕목이라고 여겼다. 한마디로 인위에 따른 다스림, 즉 인위지치(人爲之治)를 최고의 가치로 삼았다. 그런데 애공이 애태타를 만나고 나서부터는 나라를 다스릴 만한 실력도 제대로 갖추지 못하고서 혹시 가볍게 처하여 나라를 망치지 않을까를 걱정하게 되었다. 그래서 애공은 인위에 입각한 다스림보다 훨씬 나은 게 무위에 입각한 다스림, 즉 무위지치(無爲之治) 임을 비로소 깨달은 거다. 그래서 애태타와 자신의 관계도 군주와 신하로 맺어진 인위적인 관계가 아니라 덕으로 맺어진 벗(德友), 즉 자연적인 관계로 바뀌었다.

---

60) 민자는 공자의 제자 중에 안회 다음으로 덕이 훌륭한 사람으로 평가받는다. 원래 이름은 민자건(閔子騫)인데 건(騫)은 절름발이란 의미이다. 그러니 「덕충부」에 등장하는 훌륭한 인물은 모두 신체불구자로 통일된 셈이다.

절름발이와 곱사등이에 언청이인 인기지리무순(闉跂支離無脹)이

위영공(衛靈公)에게 생각을 펼치자 마음에 들어 그를 좋아하게 되었다.

그 후부터 위영공은 온전한 사람의 몸이 오히려 가냘프게 보였다.

항아리동이만한 큰 혹이 목에 달린 옹앙대영(甕盎大癭)이

제환공(齊桓公)에게 생각을 펼치자 마음에 들어 그를 좋아하게 되었다.

그 후부터 제환공은 온전한 사람의 목이 오히려 가냘프게 보였다.

인기지리무순이나 옹앙대영처럼 내면의 덕(德)이 뛰어나면

사람들은 그들의 외형 따위는 잊는다.

그런데 사람들이 정작 잊어야 할 외형을 잊지 못하고,

잊어선 안 될 내면의 덕을 잊기에 이를 정말로 잊는 거라고 말한다.

성인은 유유자적하면서 앎을 화근으로, 약속을 아교 칠로,

덕을 사람 모으는 수단으로, 솜씨를 물건 파는 재주로 여긴다.

성인은 일을 도모하지 않는데(不謀) 어째서 앎을 활용하는가?

약속을 깨뜨리지 않는데(不斷) 어째서 아교 칠을 사용하는가?

잃을 게 없는데(無喪) 어째서 덕을 사용하는가?

돈벌이 하지 않는데(不貨) 어째서 물건 파는 재주를 사용하는가?

불모(不謀)·부단(不斷)·무상(無喪)·불화(不貨)는 자연의 죽(天鬻)이다.

자연의 죽은 자연에서 준 먹을거리(天食)이다.

자연에서 먹을거리를 이미 받았는데 앎·약속·덕·솜씨 같은

인위적인 방법을 어째서 사용하는가!

성인은 사람의 몸(形)을 지녀도 사람으로서의 표정(情)이 없다.

성인은 사람의 몸을 지녀서 사람들과 잘 어울려도

사람으로서의 표정이 없어 시비(是非)에 간여하지 않는다.

사람에 속하는 건 작고도 작다.

이처럼 까마득하게 작아 사람을 모아야 하는 까닭이다!

성인에 속하는 건 크고도 크다.

이처럼 엄청나게 커서 홀로 자연의 덕을 이룩한다!

$$\cdots$$

闉跂支離無脣說衛靈公, 靈公說之., 而視全人, 其脰肩肩. 甕瓷大癭說齊桓公, 桓公說之., 而視全人, 其脰肩肩. 故德有所長, 而形有所忘. 人不忘其所忘, 而忘其所不忘, 此謂誠忘. 故聖人有所遊, 而知爲孽, 約爲膠, 德爲接, 工爲商. 聖人不謀, 惡用知? 不斷, 惡用膠? 無喪, 惡用德? 不貨, 惡用商? 四者, 天鬻也., 天鬻者, 天食也. 旣受食於天, 又惡用人! 有人之形, 無人之情. 有人之形, 故群於人, 無人之情, 故是非不得於身. 眇乎小哉, 所以屬於人也! 謷乎大哉, 獨成其天!

자연의 죽을 먹는 성인은
사람 몸을 지녀도 표정을 드러내지 않는다

───

인기지리무순과 옹앙대영은 「덕충부」에 마지막으로 등장하는 신체불구자이다. 두 사람은 앞서의 경우와 마찬가지로 모두 가공의 인물이다. 인기지리무순은 그 이름에서 절름발이(闉跂)와 곱사등이(支離)에 언청이(無脣)를 의미하고, 옹앙대영은 그 이름에서 목에 항아리 동이(甕盎)만한 큰 혹(癭)을 달고 다니는 사람을 뜻한다. 두 사람 모두 신체적으로 정상이 아닌데 인기지리무순이 불구자에 가깝다면 옹앙대영은 추한 모습을 지닌 사람이다.

인기지리무순이 이런 심한 신체불구자인데 어느 날 위영공(衛靈公)을 만나 자신의 생각을 펼치자 위영공은 그가 마음에 들어서 좋아하게 되었다. 어느 정도로 마음에 들었는지 위영공은 그 후부터 온전한 사람의 몸을 보면 오히려 가냘프다고 여길 정도였다.[61] 또 옹앙대

---

61) 其脰肩肩에는 '목 줄기가 가냘프다'란 의미이지만 문맥상으로 보면 목이 아니라 '몸이 가냘프다'로 해석되는 게 마땅하다. 왜냐하면 인기지리무순은 절름발이와 곱사등이이므로 이 모습은 몸과 관련이 있지 목과 관련이 없어서이다. 이 대목에서 몸이 목줄기 '두(脰)'로 잘못 전해진 거라 여겨지는데 이제 와서 이를 확인할 길이 없다. 이어서 등장하는 옹앙대영에 관한 대목에선 '목이 가냘프다'로 해석되는 게 맞다. 옹앙대

영도 크게 못생긴 사람인데 어느 날 제환공(齊桓公)에게 자신의 생각을 펼치자 제환공은 그가 마음에 들어 좋아하게 되었다. 제환공도 온전한 사람의 목이 오히려 가냘프게 보였다. 그렇다면 위영공과 제환공에게 있어 비정상적인 것의 정상화가 이루어진 걸까? 즉 불구자의 신체가 오히려 온전하거나, 혹이 늘어진 얼굴이 오히려 잘생긴 얼굴로 보아지는 걸까? 물론 그건 아니다. 그보다는 내면의 덕(德)이 뛰어나면 신체불구자라도 그들의 외형 따위는 잊는다는 걸 강조했기에 나타난 결과이다.

이런 사실은 '저편과 이편이 함께 짝한다는 피시방생지설(彼是方生之說)'을 통해 「제물론」에서 이미 설명된 바 있다. 피시방생지설에 따르면 사물은 저편(彼) 아닌 것도 없지만 이편(是) 아닌 것도 없다. 따라서 목에 혹이 달린 사람의 입장에선 혹이 달리지 않은 사람의 모습이 가냘프게 보일 수 있지만 크게 보면 혹이 달리든 달리지 않든 간에 모두 하나로 똑같이 보인다. 이것은 자연에 비추어볼 때 가능한 일이다. 성인도 별다른 이유 없이 세상사를 자연에 비추어보기에 저편과 이편을 굳이 구분하지 않는다. 위영공과 제환공도 처음에는 이런 성인의 경지에 이르지 못해서 혹이 달린 사람과 혹이 달리지 않은 사람을 구분했다. 그렇지만 인기지리무순과 옹앙대영의 덕이 너무나 훌륭해서 위영공과 제환공에게 이런 구분조차 사라졌다. 심지어 저편(혹 달린 사람의 입장)에서 이편(혹 달리지 않은 사람의 입장)을 보고 오히려 가냘프다고 여길 정도이다.

그런데 위영공이나 제환공과 달리 보통사람들은 정작 잊어선 안

영의 목에 큰 혹이 있어서이다.

될 내면의 덕은 쉽게 잊는 반면 잊어야 할 외면의 모습은 쉽게 잊지 못한다. 그래서 사람들은 곱사등이에 절름발이를 보면 신체불구자라고, 또 목에 항아리만한 큰 혹이 있으면 못생겼다고 고개를 돌린다. 반면 위영공과 제환공은 인기지리무순과 옹앙대영이 지닌 내면의 덕으로 말미암아 곱사등이와 혹이 달린 이들의 외형을 잊고 이들을 마음에 들어 할 수 있었다. 물론 우리가 잊어야 하는 건 사람의 모습만이 아니다. 평소 우리가 소중하게 여기는 앎(知), 약속(約), 세속적인 덕(德), 솜씨(工) 따위도 잊어야 한다. 그리고 이것들을 잊는 게 어쩌면 정말로 잊는 거다. 성인은 정말로 잊어야 하는 것들을 잊고 내면의 덕은 잊지 않는데 보통사람들은 이와는 정반대이다. 그래서 보통사람들은 정말로 잊어야 할 것은 잊지 않는 반면 내면의 덕은 쉽게 잊는다.

성인은 앎, 약속, 세속적인 덕, 솜씨 따위를 어떻게 해서 잊을 수 있을까? 그것은 성인이 유유자적한(遊) 삶을 살아가기 때문에 가능하다. 이런 유유자적한 삶을 사는 성인은 앎을 유용한 거라고 여기지 않고 오히려 화근으로 여긴다. 또 약속을 신뢰를 확인하는 일로 여기지 않고 오히려 서로를 제약하는 아교 칠이라고 여긴다. 그리고 세속적인 덕을 베푸는 거라고 여기지 않고 사람들을 모으는 수단쯤으로 여기고, 솜씨를 기술이라고 여기지 않고 남에게 물건 파는 재주쯤으로 여긴다. 성인은 유유자적한 삶을 살면서 이런 식으로 앎, 약속, 세속적인 덕, 솜씨와 자연히 멀어진다. 그래서 성인은 일을 만들지 않아 자신이 아는 바를 사용할 일이 별로 없다. 또 약속을 깨뜨리지 않아 아교 칠을 사용할 일이 별로 없다. 또 잃을 게 없어 세속적인 덕을 사용할 일이 거의 없다. 또 자신의 솜씨가 쓰이어지길 바라지 않아 남에게 자신을 팔 일이 좀처럼 없다.

그래서 일을 만들지 않는 불모(不謀), 약속을 깨뜨리지 않는 부단(不斷), 잃을 게 없는 무상(無喪), 재주가 쓰이어지길 바라지 않는 불화(不貨)야말로 자연의 죽(天鬻)에 해당한다. 자연의 죽은 우리 몸 안에서 자연스럽게 소화되는 자연의 먹거리이다. 이런 자연의 먹거리는 우리 몸을 도울 뿐 몸에서 탈을 일으키지 않는다. 이런 좋은 먹거리를 자연에서 이미 받았는데 앎, 약속, 세속적인 덕, 솜씨와 같은 인위적이거나 인공적인 음식을 굳이 먹을 필요가 없다. 이런 음식을 먹으면 우리 몸에 탈만 일으킨다. 그 탈이 바로 희로애락(喜怒哀樂)의 감정, 여탄변집(慮嘆變慹)의 생각, 요일계태(姚佚啓態)의 행동[62]이 아닐까? 그래서 우리는 이런 감정, 태도, 행동에 따라해야 갖가지 모습이나 표정(情)을 만들어낸다.

여기서 정(情)을 어떻게 해석해야 할까 잠시 고민해 보아야 한다. 대부분의 장자 주석서들은 정을 감정으로 해석한다. 그래서 "성인은 사람의 형태(形)를 지니더라도 감정(情)은 없다."는 식으로 번역한다. 자전을 찾아보면 정(情)은 크게 세 가지 의미를 지닌다. 첫째, '뜻 정'으로서 감정이고, 둘째, '본성 정'으로 타고난 성질이고, 셋째, '실상 정'으로 참 모습이다. 그런데 정(情)을 뜻 또는 감정으로 해석하면 「덕충부」에서 소개되었던 지금까지 내용들과 별 관련이 없어 보인다. 왕태, 신도가, 숙산무지, 애태타, 인기지리무순, 옹앙대영과 같은 신체불구자를 소개한 건 이들이 신체불구자임에도 훌륭한 덕의 소유자임을 강조하기 위해서이다. 그러니 신체불구라는 '모습'은 중요하지 않

---

[62] 희로애락은 기쁨(喜)·노여움(怒)·슬픔(哀)·즐거움(樂)을, 여탄변집은 걱정(慮)·한탄(嘆)·변덕(變)·고집(慹)을, 요일계태는 아첨(姚)·방자(佚)·솔직(啓)·꾸밈(態)을 의미한다. 「제물론」 2 참조.

다. 오히려 왕태, 신도가, 숙산무지, 애태타처럼 신체불구인 사람이 더 훌륭할 수 있다.

그렇다면 정(情)은 감정이 아니라 모습이란 의미로 해석되어야 마땅하다. 정확히 말해 표정의 의미를 담는 모습이라야 한다. 겉으로 드러난 우리의 몸과 얼굴은 모습에 속하는 것이지 감정과는 아무런 관련이 없다. 또 정을 모습으로 해석해야 외편의「변무」,「마제」,「거협」,「재유」에 등장하는 성(性)의 개념과 자연스럽게 연결된다. 동아시아 사상에 있어서 성(性)과 정(情)은 별개의 개념이 아니라 내면과 외면으로 서로 연결된 개념이다. 즉 외면의 정은 내면의 성이 반영된 결과이므로 성이 내면의 모습이라면 정은 외면의 모습을 의미한다. 따라서 정을 표정이란 의미를 지닌 모습으로, 또 성을 타고난 본성으로 해석하는 게 마땅하다. 물론 감정도 모습의 한 형태이지만 감정으로 해석하면 그 해석 범위가 매우 제한적이다. 외편의「변무」,「마제」,「거협」,「재유」는 내편의「덕충부」를 보완하는 내용에 해당하는데 여기서도 성과 정의 관계를 통해 덕(德)을 언급한다.

이제 성인은 불모(不謀), 부단(不斷), 무상(無喪), 불화(不貨)란 자연의 죽을 먹으므로 몸에서 탈을 일으키지 않는다. 그래서 성인은 희로애락의 감정, 여탄변집의 생각, 요일계태의 행동을 특별히 만들지 않는다. 이처럼 성인은 사람의 형태를 지녀도 감정, 생각, 행동과 같은 표정을 드러내지 않는다. 또 성인은 사람의 몸을 지니므로 사람들과 잘 어울리지만 표정이 없어 온갖 시비로부터 자유롭다. 또 성인은 일을 도모하지 않아 앎을 사용할 일이 없고, 약속을 깨뜨리지 않아 아교칠을 사용할 일 없고, 잃을 게 없어 덕을 사용할 일이 없고, 돈벌이를 하지 않아 남에게 물건 파는 재주를 사용할 일이 없다. 그래서 성인은 큰 앎으로서 큰 말을 할 뿐이다. 즉 대지한한(大知閑閑) 대언담담(大

言炎炎)[63]을 실천하는 셈이다. 그러니 성인이 행하는 바는 크고 또 클수밖에 없다. 이처럼 엄청나게 크므로 혼자서 자연의 덕을 이룬다.

반면 보통사람들은 사람의 몸을 지니면서 그 표정을 확연하게 드러낸다. 이처럼 표정을 확연히 드러내므로 시비로부터 자유롭지 못하다. 게다가 보통사람들은 일을 도모하므로 앎을 사용할 일이 생겨나고, 약속을 깨뜨리므로 아교 칠을 사용해야 하고, 잃을 게 많으므로 세속적인 덕을 동원해야 하고, 돈벌이를 하므로 남에게 물건 파는 재주를 사용해야 한다. 그래서 보통사람들은 작은 앎으로 작은 말을 하게 마련이다. 소지간간(小知閒閒) 소언첨첨(小言詹詹)[64]을 실천하는 셈이다. 그러니 보통사람들이 행하는 바는 작고 또 작게 마련이다. 이처럼 까마득하게 작아 공자처럼 제자를 인위적으로 모아야 하니까 안타까울 뿐이다.

---

63) 큰 지식은 너그럽고 여유롭고 큰 말은 담박하여 시비에 구애받지 않는다는 의미. 「제물론」 2 참조.

64) 작은 지식은 시비를 지나치게 따지면서 분별하고, 작은 말은 수다스러워 자꾸 지껄인다는 의미. 「제물론」 2 참조.

혜자(惠子)가 장자(莊子)에게 물었다.

"사람에게 본디 표정(情)이란 게 없지?"

장자가 대답했다. "그렇지."

혜자가 물었다.

"사람에게 표정이 없다면 어째서 그를 사람이라고 부를까?"

장자가 대답했다. "도(道)가 얼굴을 주고, 자연(天)이 몸을 주었는데 어째서 사람이 아니라고 말하는가?"

혜자가 물었다.

"사람이라고 이미 말했는데 어째서 사람의 표정이 없을 수 있는가."

장자가 말했다. "그건 내가 말하는 사람의 표정이 아닐세.

내가 사람에게 표정이 없다고 말하는 건 좋다 싫다 하는 감정으로 자기 몸을 안으로 상하게 하지 않고, 늘 스스로 그러함을 따르면서 생명을 부질없이 늘리지 않는 걸 말하는 걸세."

혜자가 물었다.

"생명을 늘리지 않고 어떻게 자신의 몸을 유지할 수 있을까?"

장자가 말했다.

"도(道)가 얼굴을 주고, 자연(天)이 몸을 주었으니

좋다 싫다 하는 감정으로 자네 몸을 안으로 상하지 않도록 하게.

그런데 지금 자네는 정신을 멀리하고, 정기를 수고롭게 하다가

결국 나무에 기대어 읊조리다가 책상에 의지하고서 자네.

자연(天)이 너에게 특별히 사람의 몸을 주었는데

자네는 그걸 모르고 견백(堅白)의 궤변을 갖고서 떠들 뿐이네!"

· · ·

惠子謂莊子曰:「人故無情乎?」莊子曰:「然.」惠子曰:「人而無情, 何以謂之人?」
莊子曰:「道與之貌, 天與之形, 惡得不謂之人?」惠子曰:「旣謂之人 惡得無情.」莊
子曰:「是非吾所謂情也. 吾所謂無情者, 言人之不以好惡內傷其身, 常因自然而不
益生也.」惠子曰:「不益生, 何以有其身?」莊子曰:「道與之貌, 天與之形, 無以好
惡內傷其身. 今子外乎子之神, 勞乎子之精, 倚樹而吟, 據梧而暝. 天選之形, 子以
堅白鳴!」

성인에게 몸은 있어도 모습(情)이 없다

———

　이제 「덕충부」는 장자와 혜자(惠子)의 대화로서 마무리한다. 혜자는 혜시(惠施)를 높인 표현인데 장자와 둘도 없이 친한 친구이다. 이때문에 『장자』에서 혜시가 자주 등장하는데 늘 장자의 조롱거리 대상이다. 『장자』에서는 혜시의 그릇된 생각과 판단을 꼬집음으로써 장자가 얼마나 훌륭한 인물인지를 자주 보여준다. 그런데 장자와 혜시가 직접 대화하면서 충돌하는 장면은 『장자』 전편에 걸쳐 모두 여섯 군데뿐이다. 내편에선 「소요유」와 「덕충부」에서 각 한 번씩, 외편에서 「추수」에서 두 번, 잡편에선 「서무귀」와 「외물」에서 각 한 번씩 등장한다. 흥미로운 점은 「소요유」와 「덕충부」에 등장하는 장자와 혜시의 대화 내용이 각 편을 마무리한다는 사실이다. 이런 사실은 장자와 혜시의 대화 내용이 그만큼 중요하다는 걸 말해준다.

　「소요유」의 마지막 장에서 이루어졌던 장자와 혜시의 대화 내용을 한번 복습해보자. 혜시가 위나라 왕이 준 박씨를 심었더니 크게 자라났는데 크기만 컸지 아무짝에도 쓸모가 없어 부수었다는 내용으로 시작한다. 이에 대해 장자는 정말로 큰 걸 쓸 줄 모른다고 혜시를 조롱하면서 무용지용(無用之用), 즉 쓸모없음의 쓰임새를 상기시킨다.

혜시 집 앞에 있는 큰 나무는 유용지용(有用之用)의 관점에서 보면 쓸모가 없지만 아무것도 없는 무하유(無何有)의 마을이나 사방이 확 트인 광막(廣莫)의 들판에 심어 놓으면 쉬어갈 그늘을 필요로 하는 사람에게는 분명 큰 쓸모를 자랑한다. 장자는 그 큰 나무 밑에서 무위(無爲)의 마음으로 하릴없이 돌아다니거나 유유자적하며 노니는 사람을 상상하면서 소요유란 제목에 합당한 결론을 이끌어낸다.

「소요유」의 마지막을 장식하는 장자와 혜자의 이 대화 내용은 너무 사실적이어서 실제로 있었던 대화라고 보아진다. 마찬가지로 「덕충부」의 마지막 장 대화 내용도 실제로 있었던 대화라고 보아진다. 그만큼 이 대화 내용도 사실적이다. 게다가 「소요유」에서처럼 「덕충부」에서도 장자가 말하고자 하는 주제가 이들의 대화 내용에 자연스럽게 녹아 있다. 따라서 「덕충부」의 마지막 장이 비록 평이한 내용처럼 보이더라도 그 해석을 소홀히 하면서 얼렁뚱땅하고 넘어가선 안 된다. 이런 입장에서 「덕충부」에서 소개된 주인공들, 즉 왕태, 신도가, 숙산무지, 애태타, 인기지리무순, 옹앙대영이 한결같이 신체적으로 왜 불구인가 하는 점에 대해 다시 한 번 눈여겨볼 필요가 있다.

「덕충부」에서 소개된 인물들이 한결같이 신체적으로 왜 불구일까? 얘기를 단지 재미나게 전달하고 싶어 그런 건 물론 아니다. 그보다는 덕이 뛰어나면 신체가 불구일지라도 인간적인 훌륭함에 있어 아무런 상관이 없다는 점을 강조하고 싶어서 그런 거다. 그렇다면 「덕충부」의 마지막 장은 「소요유」의 마지막 장처럼 앞에서 얘기한 내용들을 잘 정리하면서 마무리를 깔끔하게 맺어야 한다. 그런데 대부분의 『장자』 주석서들은 「덕충부」의 마지막 장에 이르러선 앞에서의 연결을 내용과 제대로 이루지 못한다. 심지어 앞에서의 내용들과 관계없는 별개의 내용쯤으로 취급해서 해석하기까지 한다. 해석상에서 왜 이런 문제가 생겨날까? 필자가 보기에 마지막 장의 핵심어인 정(情)에 대한 잘못된 해석에서 비롯된다. 결론부터 말하면 정은 감정보다 모습 내지 표정으로 해석해야 「덕충부」의 전체 내용과 자연스럽게 연결된다.

「덕충부」의 마지막 장은 사람에게 본디 모습(情)이란 게 없는가라는 혜시의 질문에 대해 장자가 그렇다고 동의하는 대답으로 시작한다. 장자가 볼 때 신체가 불구이든 정상이든 간에 그것들은 모두 사람의 자연스런 모습이다. 마치 원숭이를 보면 팔이 길거나 짧거나 간에 우리가 이를 구분하지 못하고 모두 같은 원숭이로 보는 것처럼 말이다. 그러니 발뒤꿈치가 잘린 왕태나 그의 상대역으로 등장하는 온전한 몸의 소유자인 공자는 참 모습에서 볼 때 모두가 같다. 이것이 「제물론」에서 언급된 바 있는 "천지는 하나의 손가락이고, 만물은 하나의 말이다(天地一指也 萬物一馬也)"와 통한다. 즉 크게 보면 모두 하나로 통일된다는 의미이다. 마치 대붕이 하늘 높이 올라 거기서 아래를 내려다보면 땅의 사물들이 구분되지 않고 모두 하나로 똑같이 보이는 것처럼 말이다.

이런 관점을 또 한번 뛰어넘어 장자는 자연스러움에 보다 가까이 다가간다. 장자는 도(道)가 우리에게 얼굴을 주고, 자연(天)이 우리에게 몸을 준 것으로 사람의 모습을 갖추는 데 충분한데 따로 모습이 필요한가라고 혜시에게 묻는다. 여기서 얼굴을 준다는 건 표정이란 사람의 소프트웨어를 받은 것이고, 몸을 준다는 건 신체라는 사람의 하드웨어를 받은 걸 의미한다. 이처럼 소프트웨어와 하드웨어를 모두 받았으니 장자로선 모습이 더 이상 필요 없다. 이에 당황한 혜시는 사람이라고 이미 말했는데 어찌 사람의 모습이 없느냐고 다소 궁색한 입장에서 장자를 다그친다. 이에 장자는 그런 모습은 자신이 말하는 사람의 모습이 아니라고 부정한다. 장자가 말하는 사람의 모습이란 우리가 억지로 꾸며낸 모습이 아니다. 이런 자연스럽지 못한 모습은 장자에게선 애당초 사람의 모습에 속하지 않는다.

그런데 장자가 볼 때 억지로 만들어지는 사람의 모습은 두 가지 이유에서 생겨난다. 첫째, 좋다 싫다 하는 감정을 만들어서 자기 몸을 안으로 다치게 해서이다. 둘째, 늘 스스로 그러함(自然)을 따르지 않고 부질없이 생명을 늘려서이다. 먼저 좋다 싫다 하는 감정으로 인해 사람의 모습이 어떻게 생겨날까? 그것은 희로애락(喜怒哀樂)의 감정, 여탄변집(慮嘆變慹)의 생각, 요일계태(姚佚啓態)의 행동에 의해 생겨나는 모습이다. 이 모습들은 외부의 자극에 의해 우리 몸이 안으로 다쳐서, 즉 내상을 입어서 생겨난 모습이다. 즉 성(性)에 의해 정(情)이 나타난 건데 이때 성은 타고난 본성이 아니라 외부의 자극에 의해 다친 본성이다. 그래서 이런 감정·생각·행동은 타고난 본성에 따라 참모습이 나타난 게 아니라 상처 난 본성에 의해 거짓되거나 과장된 모습이 나타난 것이다.

또 스스로 그러함을 따르지 않음으로 인해 사람의 모습이 어떻게 억지로 생겨날까? 그것은 숨을 길게 내쉬고 길게 들이쉬는 취구호흡(吹呴呼吸), 기운을 뱉어 내고 새 기운을 받아들이는 토고납신(吐故納新), 곰처럼 나뭇가지에 매달리거나 새처럼 목을 길게 빼는 웅경조신(熊經鳥申)과 같은 양생법에 의해 몸을 비비꼬아서 만든 모습이다. 이처럼 몸을 비비꼬아서 억지로 만든 모습은 자연의 참 모습에서 크게 벗어나 있다. 팔백 살까지 산 팽조가 수명을 연장하기 위해 만든 모습이 바로 이 모습이다. 이에 반해 좋다 싫다 하는 감정으로 인해 생겨난 모습이 논리주의자 혜시가 만든 모습이다.

장자가 볼 때 혜시는 정신을 멀리하기에 좋다 싫다의 감정을 만들어낸다. 그러니 혜시는 다른 사람들과 논쟁을 벌이게 마련이다. 사실 논쟁이 벌어지면 혜시는 논쟁에서 이기기 위해 정기를 쓸데없이 수고롭게 한다. 그래서 자신의 생각과 같으면 가슴을 쓸어내리고, 또 다르면 표정이 어그러질 것이다. 사람들은 이런 표정을 가리켜서 모습이 있다고 말하지만 장자에게 있어서 이런 표정은 참 모습이 아니다. 어쩌면 사람의 참 모습은 모습이 없는 모습이다. 이런 모습 없는 모습은 논쟁을 벌이다가 나무에 기대어 읊조리면서 책상에 의지해서 자는 혜시의 얼굴에서 비로소 나타난다. 그러니 혜시의 참 모습은 논쟁을 벌일 때 나타나는 모습이 아니라 지쳐 쓰러져서 잘 때 나타나는 모습이다. 혜시는 이런 사실을 모르고 견백(堅白)의 궤변[65]을 갖고 떠들면서 억지로 모습을 만들고 있으니 친구인 장자 입장에선 딱할 뿐이다.

---

[65] 전국시대 조나라 공손룡(公孫龍)의 궤변. 굳고(堅) 흰(白) 돌은 굳은 돌과 흰 돌 두 가지 의미를 지니는데 눈으론 흰 걸 알고, 만져야 굳은 걸 알기에 굳은 돌은 굳을 뿐 흰 돌이 아니란 궤변. 흰말은 말이 아니다는 백마비마론(白馬非馬論)과 마찬가지 주장.

대종사
(大宗師)

一 대종사 一

　대종사(大宗師)를 풀이하면 큰 근원(大宗)을 아는 스승(師)이다. 큰 근원이란 무엇인가? 자연이 하는 바(天之所爲), 즉 자연의 원리이다. 그러니 대종사란 자연의 원리를 깨달은 스승이다. 『장자』의 마지막 장인 「천하」에서도 "근원에서 이탈하지 않은 사람을 천인이다(不離於宗 謂之天人)."고 말한다. 천인이란 자연에 입각해서 살아가는 사람을 뜻하므로 대종사도 천인에 해당한다. 참고로 「천하」에선 "순수함에서 이탈하지 않은 사람을 신인으로(不離於精 謂之神人), 진실함에서 이탈하지 않은 사람을 지인이다(不離於眞 謂之至人)"고 말한다. 그런데 대종사는 자연의 원리만 깨달은 사람이 아니다. 자연의 원리를 깨달아 이를 통해 인간이 하는 바(人之所爲), 즉 인간세상의 이치를 밝히는 사람을 말한다.

　자연의 원리를 깨닫고, 인간세상의 이치까지 밝힌 사람이 옛날에 실제로 있었는데 이런 사람을 진인(眞人)이라고 말한다. 진인은 좋음과 싫음이 하나로 같다는 입장에선 자연의 절대적 원리를 따르고, 좋음과 싫음이 하나가 아니므로 같지 않다는 입장에선 인간세상의 차별적 이치를 따른다. 이처럼 진인은 자연의 원리와 인간세상의 이치를 적절히 활용하여 서로 다투지 않으면서 조화를 이룬다. 이런 사람이 도(道)를 깨친 사람이라고 할 수 있는데 장자는 대표적 진인으로 희위씨(豨韋氏), 복희씨(伏羲氏), 북두성(維斗), 일월(日月), 감배(堪坏), 풍이(馮夷), 견오(肩吾), 황제(黃帝), 전욱(顓頊), 우강(禺强), 서왕모(西王母), 팽조(彭祖), 부열(傅說)을 든다. 이들은 고대 중국을 만들거나 빛내는 데 있어 중요한 기여를 했던 사람들이다.

그렇다면 어떻게 해야 도를 깨칠 수 있을까? 사람의 자질에 따라 두 가지 길이 있다. 하나는 성인으로서의 도는 없지만 성인의 자질을 갖춘 복량의(卜梁倚)가 깨달은 길이고, 다른 하나는 성인의 자질은 없어도 성인으로서의 도를 갖춘 여우(女偶)가 깨달은 길이다. 먼저 성인의 자질을 갖춘 복량의가 도를 깨닫기 위해선 두 단계를 거쳐야 한다. 첫째 단계는 세상, 사물, 삶을 차례로 도외시해야(外), 즉 잊어야 한다. 둘째 단계는 이런 잊음이 있은 후에는 조절(朝徹)을 거쳐 견독(見獨)에 이르고, 또 무고금(無古今)에 이르러서 불사불생(不死不生), 즉 죽지도 않고 살지도 않는 단계에 들어가야 한다. 이 단계에 이르러야 비로소 도를 깨닫는데 이때 도는 조용하고 편안하여 외물에 의해 어지러워지지 않는 영녕(攖寧)의 모습을 띤다.

이에 반해 성인으로서의 도를 갖춘 여우는 도를 깨치는 데 있어 단지 듣기만 하면 된다. 이 점이 여러 단계의 깨우침을 거쳐야만 도를 깨달을 수 있는 복량의의 방법과 다르다. 여우는 먼저 '글'을 상징하는 부묵(副墨)의 아들에게서 도를 듣는다. 이 도는 '말'을 상징하는 낙송(洛誦)의 손자에게서 들었고, 또 이 도는 '밝은 눈'을 상징하는 첨명(瞻明)에게서 들었고, 또 이 도는 '밝은 귀'를 상징하는 섭허(聶許)에게서 들었고, 또 이 도는 '자연의 소리'를 상징하는 수역(需役)에게서 들었고, 또 이 도는 어린아이의 첫 울음소리를 의미하는 어구(於謳)에게서 들었고, 또 이 도는 언어와 감각작용을 멈춘 현명(玄冥)에게서 들었고, 또 이 도는 적막함을 상징하는 참료(參寥)에게서 들었다. 마지막으로 이 도는 처음 그 자체를 의심하는 의시(疑始)에게서 들었다. 이처럼 도를 듣는 단계가 올라갈수록 보다 순수한 존재로부터 도의 참 모습을 들을 수 있다.

이제 도를 깨친 사람들이 「대종사」의 주인공으로 차례로 등장한다. 이들은 복량의처럼 성인의 자질만 갖추고서 불사불생(不死不生)의 단계에 이른 사람들이다. 그래서 삶과 죽음을 초월해 있다. 첫 번째 주인공이 자사·자여·자리·자래이다. 이들은 자연이 자신들에게 몸이란 형체를 주더니 삶으로 수고롭게 하고, 늙음으로 편안케 하더니 마지막에는 죽음으로 쉬게 한다는 생각을 지닌 인물들이다. 그래서 이들은 삶을 좋다고 여기면 죽음도 좋다고 여겨야 한다고 믿는다. 두 번째 주인공은 자상호·맹자반·자금장이다. 이들 역시 생사를 초월하고 있다. 그래서 삶을 피부에 붙은 혹이라고 여기고, 죽음을 곪고 곪은 악창이 드디어 터지는 거라고 여긴다. 그리고 자신들의 형체는 다른 것에 가탁해서 잠시 사람이 되었을 뿐이라고 여긴다.

세 번째 주인공이 맹손재(孟孫才)이다. 앞서 등장한 주인공들이 가공의 인물이라면 맹손재는 실제 있었던 인물이라고 보아진다. 이런 인물을 등장시킴으로써 장자는 삶과 죽음에 대한 추상적 논의를 보다 실질적 논의로 옮아가려고 한다. 맹손재도 앞서 등장한 주인공들과 마찬가지로 생사를 초월해 있다. 공자에 따르면 맹손재는 자신이 태어난 이유도 모르고, 또 죽어야 하는 이유도 모른다. 그리고 삶과 죽음 중에 어느 게 먼저 오고, 또 어느 게 나중에 오는지도 모른다. 그래서 맹손재는 자연의 섭리에 따라 끊임없이 변화해 가는 와중에 자신도 어떤 모습으로 나타날까를 궁금해 하며 미래의 변화를 기다린다. 맹손재의 이런 생사관은 그가 치른 부모상을 통해 잘 나타난다. 그는 부모상을 간소하게 치른 게 아닌가라는 의심마저 불러일으켰지만 장자는 공자의 입을 빌려 자연의 원리에 따라 오히려 부모상을 잘 치렀다고 그를 옹호한다.

그렇다면 사람들은 자연의 원리에 따라 부모상을 왜 치르질 못할까? 색안경을 끼고 세상과 마주해서이다. 그 색안경이 유가가 강조하는 예(禮)와 인의(仁義)이다. 장자에 따르면 예와 인의는 물이 마른 못에서 물고기가 살기 위해 서로 침을 뱉거나, 또 거품을 내서 서로를 적셔주는 사랑과 같다. 이런 사랑은 유위(有爲)에 입각해 있다. 그런데 물고기들이 아무리 서로를 적셔주더라도 곧 죽게 마련이어서 의미 있는 사랑이 되지 못한다. 의미 있는 사랑은 이들이 처한 불행한 환경을 근본적으로 바꿔주는 일이다. 그런데 이것은 오로지 못에 물을 가득 채워야 가능하다. 그런데 누가 못에 물을 가득 채울 수 있는가? 자연이 내리는 비 이외에는 누구도 할 수 없다. 그러니 비야말로 무위에 따른 큰 사랑이다.

이제 장자는 공자의 입을 빌려서 예악을 잊고, 인의를 잊어야 좌망(坐忘)에 이른다고 말한다. 좌망은 「대종사」의 핵심 개념인데 「인간세」의 심재(心齋)와 그 의미가 서로 연결된다. 그런데 좌망이든 심재든 간에 이런 방법은 도를 깨우치는 데 있어 너무나 어렵고 힘든 방법이다. 게다가 보통사람들은 이렇게까지 해서 도를 꼭 깨달아야 하는가라는 의구심마저 품을 수 있다. 그래서 보통사람들은 도를 깨닫기도 전에 심적 고통만 쌓이게 될 거다. 그렇다면 도를 깨닫는 데 있어 보다 쉽고, 또 자연스런 방법은 없을까? 장자는 있다고 자신있게 말한다. 그것은 운명(命), 즉 하늘의 뜻으로 세상사의 모든 원인을 돌리는 일이다. 그래서 살고 죽는 것도 하늘의 뜻이라 여긴다. 장자에 따르면 이것도 자연의 원리를 생활에서 구현하는 훌륭한 방법이다. 또 심재와 좌망보다 훨씬 더 쉽게 실천가능한 방법이다. 이렇게 보면 장자는 관념의 사상가라기보다 실천의 사상가임에 분명하다.

대종사 1-1

자연의 원리(天之所爲)를 알고, 인간세상의 이치(人之所爲)를 알면
최고의 경지에 오른 사람이다.

자연의 원리를 아는 사람은 자연이 하는 바 그대로 살아간다.

인간세상의 이치를 아는 사람은 자신이 아는 바로서

자신이 알지 못하는 바를 채워서 깨닫는다.

그럼으로써 타고난 수명을 끝까지 누리며 중도에 일찍 죽지 않는데

이것이 앎이 제대로 이루어진 상태이다.

그렇더라도 인간세상의 이치에 따른 앎에는 문제가 있다.

앎이 의거하는 데가 있은 후 새로운 앎이 이루어지는데

인간세상의 이치에 따른 앎에는 특별히 의거하는 데가 없어서이다.

그런데 내가 자연의 원리라 여기는 바가 인간세상의 이치가 아닌지
어떻게 알겠는가?

또 내가 인간세상의 이치라고 여기는 바가 자연의 원리가 아닌지
어떻게 알겠는가?

• • •

知天之所爲, 知人之所爲者, 至矣. 知天之所爲者, 天而生也., 知人之所爲者, 以其
知之所知, 以養其知之所不知, 終其天年而不中道夭者, 是知之盛也. 雖然, 有患.
夫知有所待而後當, 其所待者特未定也. 庸詎知吾所謂天之非人乎? 所謂人之非
天乎?

대종사는 자연의 원리에 따라
인간세상의 이치를 파악하는 사람이다

―――

앎에는 두 가지 종류가 있다. 하나는 자연의 원리를 깨닫는 것이고, 다른 하나는 인간세상의 이치를 깨닫는 것이다. 자연의 원리라고 하면 물리학, 화학, 생물학 등 자연과학에서 말하는 진리를 생각할 수 있다. 그런데 자연의 원리는 이보다 훨씬 넓고 포괄적이어서 동아시아에선 이를 천도(天道)라고 말한다. 또 인간세상의 이치라고 하면 서양학문에서 말하는 인문과학과 사회과학의 이치쯤으로 여길 수 있다. 그런데 인간세상의 이치는 과학이기보다는 도리(道理) 쪽에 가까워서 동아시아에선 인간이 지켜야 할 도리를 인도(人道)로, 세상을 다스리는 도리를 치도(治道)로 각각 말한다. 여기서 장자는 자연의 원리를 알고, 인간세상의 이치를 알면 최고의 경지에 오른 사람이라고 말한다. 그런 사람이 대종사(大宗師), 즉 큰 근원을 아는 스승이다.

먼저 자연의 원리, 즉 천도를 아는 사람은 자연이 하는 바대로 살아간다. 즉 봄이 가면 여름이 오고, 여름이 가면 가을이 오는 것처럼 무위자연의 원리에 따라 자신의 삶을 살아간다. 그래서 겨울이 춥다고 봄이 빨리 오길 고대하지 않고, 여름이 덥다고 가을이 빨리 왔으면 하고 바라지 않는다. 또 봄이 화창하다고 오래 즐기길 기대하지 않고, 가을이 아름답다고 오래 머물길 바라지 않는다. 봄, 여름, 가을, 겨울의 사계절이 모두 자연 변화의 한 단면이라고 여길 뿐 이에 대해 좋다 싫다 등의 감정을 표출하지 않는다. 마찬가지로 태어나는 것도 자연 변화의 한 단면이고, 죽는 것도 자연 변화의 한 단면이라고 여기므로 억지로 오래 살겠다고 버티지 않는다. 그래서 적당할 때 왔다가 적당할 때 죽는 게 자연의 원리에 따른 삶이라고 여긴다.

이에 반해 인간세상의 이치는 자신이 아는 바로 자신이 알지 못하는 바를 채움으로써 깨닫는다. 무슨 말인가? 학교에서 이루어지는 배움이 어떤지를 살펴보면 금방 이해가 간다. 글을 쓰려면 먼저 단어를 알아야 하고, 단어를 알면 이에 기초한 문법을 이해해야 하고, 문법을 이해하고 나야만 비로소 글을 쓸 수 있다. 또 명사와 동사로 이루어진 정보전달 중심의 글을 쓰다가 여기에 익숙해지면 형용사와 부사까지 보태진 아름다운 문학적 글을 쓰면서 글의 완성도를 높여간다. 또 산수를 알아야 수학으로 옮아가고, 수학을 이해해야 논리적 사고를 터득할 수 있다. 이것이 아는 바로 알지 못하는 바를 채워 깨달아가는 방식이다. 물론 이런 식의 앎일지라도 우리가 도중에 일찍 죽어 타고난 수명을 다하지 못하면 앎이 제대로 이루어지지 않는다.

그런데 이런 앎의 방식에는 한계가 있다. 그것은 그 앎이 의거하는 데가 특별히 없어서이다. 이 점이 자연의 원리와의 차이점이다. 그렇다면 인간세상의 이치가 의거하는 데를 어디에서 찾을 수 있을까? 장자는 자연의 원리에 의거해야 인간세상의 이치가 제대로 밝혀진다고 본다. 그래서 자연의 원리라고 여기는 바가 인간세상의 이치가 아닌지, 또 인간세상의 이치라고 여기는 바가 자연의 원리가 아닌지 어떻게 알겠느냐고 반문한다. 이는 자연의 원리가 곧 인간세상의 이치이고, 또 인간세상의 이치가 곧 자연의 원리가 되어야 한다는 말이다. 그만큼 자연의 원리와 인간세상의 이치는 서로 긴밀하게 연결되어야 한다. 동아시아 학문에서도 인도(人道)와 치도(治道)를 독자적인 이론체계로 구성하지 않고 천도(天道)에 입각해서 펼치는 것도 이런 이유라고 본다.

이처럼 자연의 원리에 따라 인간세상의 이치를 밝히는 사람이 진인(眞人)이다. 그래서 진인은 인간세상의 이치를 자연의 원리에 따라 파악한다. 그러니 진인이 있은 후에야 비로소 인간세상의 이치를 제대로 밝히는 참된 앎이 등장할 수 있다. 그렇다면 참된 앎이란 무엇일까? 우리는 그 실마리를 「제물론」에서 찾을 수 있다.

옛날 사람 중엔 앎이 지극한 바 있다. 어째서 앎이 지극한가?
사물의 존재를 처음부터 의식하지 않아서이다.
그 지혜는 너무나 지극하고 최고인지라 더 이상 보탤 게 없다.
다음으로 지극한 앎은 사물의 존재만 의식할 뿐
사물을 애초부터 이것/저것으로 구분하지 않는다.
그 다음으로 지극한 앎은 사물을 이것/저것으로 구분할 뿐
애초부터 옳음/그름으로 구분하지 않는다.
그런데 옳음/그름의 구분이 선명해지면
이것이 도가 이지러져 허물어지는 원인이다.
도가 이지러져 허물어지면 그때부터 좋고 싫음과 같은 편애가
생겨난다.[66]

---

[66] 古之人 其知有所至矣. 惡乎至? 有以爲未始有物者 至矣 盡矣 不可以加矣. 其次 以爲有物矣 而未始有封也. 其次 以爲有封焉 而未始有是非也. 是非之彰也 道之所以虧也. 道之所以虧 愛之所以成. (「제물론」4)

장자에 따르면 최고의 앎은 사물을 의식하지 않는 앎이다. 즉 사물이 있는지 없는지 그 자체를 의식하지 않는다. 그래서 삶이 죽음이고, 또 죽음이 삶일 수 있다. 이것은 죽음을 새로운 삶의 시작으로, 삶을 새로운 죽음의 시작으로 여기기 때문이다. 그 다음으로 훌륭한 앎은 사물의 존재만 의식할 뿐 사물을 이것/저것으로 구분하지 않는다. 즉 이것은 큰데 저것은 작다든지 등으로 구분하지 않는다. 그 다음으로 훌륭한 앎은 사물을 이것/저것으로만 구분할 뿐 옳음/그름으로 구분하지 않는다. 즉 큰 것은 좋고, 작은 것은 나쁘다든지 등으로 구분하지 않는다. 약간의 차이는 있을지언정 여기까지는 모두 참된 앎에 속한다.

이에 반해 옳음/그름으로까지 구분하는 앎은 참된 앎이 아니다. 옳음/그름으로 구분하면 자연의 결을 크게 훼손해서이다. 그런데 서양 학문은 기본적으로 여기에 기반한다. 그래서 서양학문은 이것/저것은 물론이고, 옳음/그름 등으로 사물의 의미를 가능한 많이 구분한다. 또 이렇게 구분하는 걸 과학적이라고 여긴다. 주자학이 강조하는 격물치지(格物致知)의 관점도 이런 서양 학문관과 별반 차이가 없다. 격물치지란 사물 간의 차이를 통해 앎에 이르는 방식이기 때문이다.

대종사의 '종(宗)'도 참된 앎과 관련이 깊다. 종은 근원이란 뜻을 지닌다. 그래서 대종사(大宗師)를 직역하면 큰 근원을 지닌 스승이다. 그렇다면 큰 근원은 무엇을 말하는가? 우리는 이에 대한 단초를 잡편 「천하」에서 찾을 수 있다. 「천하」에선 "근원에서 이탈하지 않은 사람을 천인이라고 부르고, 순수함에서 이탈하지 않은 사람을 신인이라고 부르고, 진실함에서 이탈하지 않은 사람을 지인이라고 부른다."[67] 그러니 천인(天人)이란 근원에서 이탈하지 않는 사람이다. 근원에서 이탈하지 않는다는 건 자연의 결을 그대로 유지하면서 살아간다는 말이다. 대종사도 큰 근원을 지닌 스승이므로 천인처럼 자연의 원리를 깨달아 자연의 결대로 살아가는 사람을 뜻한다. 그러니 대종사는 옛날의 진인이 그러했던 것처럼 자연의 원리에 따라 인간세상의 이치를 파악하는 사람이다.

---

67) 不離於宗 謂之天人. 不離於精 謂之神人. 不離於眞 謂之至人. (「천하」1)

진인(眞人)이 있은 후라야 참된 앎(眞知)이 있다.

그러면 어떤 사람을 진인이라고 하는가?

옛날에 진인은 사물이 이지러져 훼손되어도 받아들였고,

이루어져 완성되어도 뽐내지 않고, 게다가 일을 꾸미지도 않았다.

이런 사람은 일이 잘못되어도 후회하지 않고,

또 일이 잘되어도 우쭐거리지 않았다.

이런 사람은 높은 곳에 올라가도 두려워하지 않았고,

물에 들어가도 젖지 않았고, 불에 들어가도 뜨거워하지 않았다.

그의 앎이 도(道)의 수준에 이르렀기에 이와 같을 수 있었다.

옛날 진인은 잠들면 꿈꾸지 않았고, 깨어나면 근심하지 않았고,

먹는 걸 맛있어 하지 않았고, 숨 쉬는 건 깊고 또 깊었다.

이처럼 옛날 진인은 발뒤꿈치까지 깊은 숨을 쉬었지만

보통사람(衆人)은 목구멍으로 얕은 숨을 쉰다.

그래서 사물에 집착하는 사람은 목이 막혀서 말을 토하듯이 한다.

또 욕망이 큰 사람은 타고난 틀(天機), 즉 천성이 천박하다.

옛날 진인은 사는 걸 기뻐할 줄 몰랐고, 죽는 걸 싫어할 줄 몰랐다.

그래서 이 세상에 나온 걸 기뻐하지 않았고,

또 다른 세상에 들어가는 것도 거부하지 않았다.

그저 홀가분하게 이 세상에 왔다가 홀가분하게 떠날 뿐이었다.

그래서 태어난 때를 잊지 않고, 죽을 때를 구걸하지 않았다.

생명을 받아 이 세상에 나와서 즐겁게 살다가

때가 되면 그 즐거움을 잊고서 원래 상태로 되돌아갔다.

이를 가리켜서 마음으로 도를 손상하지 않고,

인간세상의 이치로서 자연의 원리를 파악하지 않는 거라고 말한다.

이런 인물을 진인이라고 말한다.

이런 인물은 마음에 흐트러짐이 없고, 모습은 평온하고,

이마에선 여유가 풍긴다.

또 호젓함은 가을 같고, 따스함은 봄 같고, 기쁨과 화냄은

사철 변화처럼 자연스럽고, 만물과 잘 어울려서 끝을 모른다.

· · ·

古之眞人, 不逆寡, 不雄成, 不謨士. 若然者, 過而弗悔, 當而不自得也., 若然者,
登高不慄, 入水不濡, 入火不熱. 是知之能登假於道者也若此. 古之眞人, 其寢不夢,
其覺無憂, 其食不甘, 其息深深. 眞人之息以踵, 衆人之息以喉. 屈服者, 其嗌言若
哇. 其耆欲深者, 其天機淺. 古之眞人, 不知說生, 不知惡死., 其出不訢, 其入不距.
翛然而往, 翛然而來而已矣. 不忘其所始, 不求其所終., 受而喜之, 忘而復之, 是之
謂不以心損道, 不以人助天. 是之謂眞人.

옛날의 진인(眞人)에게서
대종사의 모습을 찾을 수 있다

———

대종사처럼 참된 앎을 터득한 스승은 구체적으로 어떤 모습을 보일까? 장자는 옛날에 이런 진인이 있었다는 식으로 사례를 들어서 대종사를 설명한다. 이는 진인의 이상형을 통해 관념적으로 설명하는 것과는 다른 방식이다. 이것도 장자가 이론보다 실천을 중시한 예라고 보아진다. 첫째, 하는 일과 관련지을 때 진인은 사물이 이지러져 훼손되어도 크게 상관하지 않고, 또 일이 이루어져 완성되어도 뽐내질 않았다. 그러니 잘해보겠다고 일을 기획하는 등 처음부터 꾸미지 않았다. 대신 일이 되어가는 대로 그냥 놔둘 뿐이었다. 그래서 이런 사람은 일이 잘못되어도 후회하지 않을뿐더러 잘되어도 우쭐거리지 않았다. 왜냐하면 일이 이지러져 훼손되는 것과 이루어져 완성되는 것의 구분이 그의 마음에 생겨나지 않아서이다.

「제물론」에선 "이지러져 훼손되는 것과 이루어져 완성되는 게 서로 구분되는 건 옛날에 전설적인 연주자 소문이 거문고를 뜯어서이고, 구분되지 않는 건 소문이 거문고를 뜯지 않아서이다."[68]고 말한다. 이는 소문이 거문고를 연주했기에 완성된 연주와 훼손된 연주의 구분이 생겨났다는 말이다. 훌륭한 연주자였던 소문이 왜 이런 부정적 평가를 받을까? 그는 남과 다른 연주법을 좋아해서 자신이 좋아하는 바를 일부러 드러내려고 했기 때문이다. 그 결과 드러낼 수 없는 경지까지 드러냄으로써 그만 자연의 결을 깨뜨렸다. 그래서 장자는 성인이 되려는 사람은 활의지요(滑疑之耀), 즉 자연의 결을 교묘히 무너뜨리는 번드레한 빛남을 다스려야 한다고 말한다. 진인도 성인처럼 이게 옳다는 식으로 자신의 판단을 내세우지 않고, 평상시 한결같은 상태에 머물러야 하는데 이것이 자연스런 밝음(明)에 비추어 보는 거다.

또 옛날의 진인은 높은 곳에 올라가도 두려워하지 않았고, 물에 들어가도 젖지 않았고, 불에 들어가도 뜨거워하지 않았다. 여기서 높은 곳에 올라가도 두려워하지 않는다는 내용은 이해가 쉽게 되는데 물에 들어가도 젖지 않고, 불에 들어가도 뜨거워하지 않는다는 내용은 이해하기 좀 난감하다. 그런데 이에 대한 해석의 실마리는 외편 「달생」에서 찾을 수 있지 않을까? 「달생」에선 "지인(至人)은 물속에 잠겨 수영을 해도 숨이 막히지 않고, 불을 밟아도 뜨거워하지 않으며, 높은 곳에 올라도 두려워하지 않는데 어떻게 그럴 수 있는지 가르쳐 주세요?"[69]라고 묻자 "자연스런 천성이 온전히 지켜지면서 정신도 빈틈이 없으니 만물이 어찌 저절로 끼어들 수 있겠는가!"[70]라고 답한다. 이 문답에 미루어볼 때 물에 들어가도 젖지 않고, 불에 들어가도 뜨거워하지 않는다는 표현은 좀 과장되긴 해도 자연스러움을 유지하면서 정신을 빈틈없이 지키는 걸 강조하기 위해 동원된 표현이라고 보아진다.

둘째, 옛날의 진인은 잠들면 꿈꾸지 않고, 깨어나면 근심하지 않

---

68) 有成與虧 故昭氏之鼓琴也. 無成與虧 故昭氏之不鼓琴也. (「제물론」 4)

69) 至人潛行不窒 蹈火不熱 行乎萬物之上而不慄. 請問何以至於此? (「달생」 2)

70) 其天守全 其神無卻 物奚自入焉! (「달생」 2)

고, 먹는 걸 맛있어 하지 않고, 숨 쉬는 건 깊고 또 깊었다. 옛날의 진인은 어째서 잠들면 꿈꾸지 않고, 깨어나면 근심하지 않았을까? 이에 대해선 이미 「제물론」에서 언급한 바 있다. 「제물론」에선 "보통사람이 잠들었을 때는 혼들이 뒤섞여 꿈을 꾸고, 또 깨어 있을 때는 몸의 감각이 열려 사물과 접촉한다."[71]고 말한다. 그러니 진인이 잠들었을 때는 혼들이 뒤섞이지 않아 꿈을 꾸지 않고, 또 깨어 있을 때는 오관이 열려도 사물을 이것/저것으로, 옳음/그름으로 판단하지 않아서 근심할 일이 별로 없다.

또 옛날의 지인이 먹는 걸 맛있어 하지 않았다는 건 이들의 미각이 둔하므로 가능했던 일이다. 그럼에도 오늘날 우리 주위에는 예민한 미각을 자랑하거나, 또 예민한 미각을 자극하는 일이 얼마나 많은가? 어디 미각뿐인가? 시각, 청각, 촉각, 후각 등 모든 감각기관을 예민하게 만들어 가는 추세이다. 그러니 오늘날 사람들은 진인의 모습과는 점점 멀어진다. 또 옛날의 진인은 숨 쉬는 게 깊고 또 깊었다. 그래서 숨을 들이키면 발뒤꿈치까지 깊은 호흡이 이루어졌다. 이에 반해 보통사람은 목구멍으로 얕게 숨을 쉰다. 게다가 사물에 집착하는 사람은 목이 막혀 말을 토하듯이 하고, 욕심이 많은 사람은 천기(天機), 즉 타고난 틀이 천박하다. 어린아이가 막 태어나면 숨을 깊이 들이쉬는 복식호흡을 한다. 그러니 복식호흡은 자연의 결에 따른 호흡임이 분명하다. 사람들은 살아가면서 호흡이 점차 얕아지면서 결국 죽을 때는 가장 얕은 곳인 목에서 호흡이 끊어진다.

셋째, 옛날의 진인은 사는 걸 기뻐할 줄 모르고, 죽는 걸 싫어할 줄

---

71) 其寐也魂交 其覺也形開. (「제물론」 2)

몰랐다. 그래서 이 세상에 나온 걸 크게 기뻐하지 않았고, 또 다른 세상에 들어가는 것도 굳이 마다하지 않았다. 그저 홀가분하게 이 세상에 왔다가 홀가분하게 떠날 뿐이었다. 그래서 태어난 때를 잊지 않았고, 죽을 때를 구걸하지 않았다. 이처럼 생명을 받고 태어나선 즐겁게 살다가 때가 되면 그 즐거움을 잊고 원래의 없었던 상태로 되돌아간다. 「양생주」에 "스승은 적당할 때 때맞추어 태어나고, 또 가야 할 때 순리에 따라 간다. 와야 할 때를 편히 받아들이고, 가야 할 순리에 편히 머물면 슬픔과 즐거움이 끼어들 수 없다."[72]는 구절이 있다. 옛 사람들은 이것을 '하느님에 의해 거꾸로 매달렸던 속박에서 풀려남'이라고 말하는데 장자는 이를 두고 마음으로 도를 손상하지 않고, 그리고 자연의 원리를 인간세상의 이치로 파악하지 않는 결과라고 말한다.

옛날의 이런 진인은 마음에 흐트러짐이 없고, 모습은 조용하고, 이마에선 여유가 풍겼다. 그만큼 모습이 유유자적하며 편안했다. 또 호젓함과 따스함이라는 상반된 모습을 모두 지녔는데 호젓한 모습에서 가을처럼 맑고 청명한 느낌을 받으며, 따스한 모습에서 봄과 같은 온기를 느꼈다. 또 기쁨과 화냄이 생기더라도 봄여름가을겨울의 변화처럼 자연스러워 상대방이 그걸 의식하지 못했다. 또 만물과 잘 어울려서 그 끝을 몰랐다. 즉 마주하는 상황이 어떻게 전개되더라도 이를 무심히 따르면서 거역하지 않았다. 따라서 슬퍼도 좀체 슬퍼하지 않았고, 기뻐도 좀체 기뻐하지 않았다. 그러니 「제물론」에서 언급된 바 있는 희로애락의 감정, 여탄변집의 생각, 요일계태의 행동에서부터 자유로울 수 있었다.

---

72) 適來 夫子時也. 適去 夫子順也. 安時而處順 哀樂不能入也. (「양생주」 3)

그래서 성인(聖人)은 군대를 동원해서 다른 나라를 멸망하게 해도

그 나라 백성들로부터 인심(人心)을 잃지 않는다.

성인은 이로움과 은덕을 만세에 베푸는데

사람을 유난히 사랑해서가 아니다.

따라서 사물과 의식적으로 통하는 걸 즐거워하면 성인이 아니다.

마찬가지로 사람을 의식적으로 사랑하면 어짊(仁)이 아니다.

또 자연을 의도적으로 구분하면 현명함(賢)이 아니다.

또 이로움과 해로움이 같다는 걸 깨닫지 못하면 군자(君子)가 아니다.

또 명성을 좇아 자기의 본성을 잃으면 선비(士)가 아니다.

그래서 몸을 망쳐 참된 삶을 유지하지 못하면

남의 부림만 받을 뿐 남을 부리질 못한다.

강직했던 호불해·무광·백이·숙제·기자·서여·기타·신도적.

이들은 남의 일에 부림을 당하면서 남이 기뻐하는 걸 기뻐했지만

막상 자신을 위한 기쁨은 누리지 못했다.

그런데 옛날 진인은 형상이 높고 크더라도(義) 무리를 짓지 않았고,

또 부족한 듯해서 남에게도 받들어지지 않았다.

또 상대방의 모난 성격을 의심해도 그의 성격은 완고하지 않았고,

그의 마음이 텅 비더라도 겉치레가 없이 꽉 찼다.

또 기쁜 듯이 늘 환하게 밝았다!

또 재촉을 받아서 부득이할 때는 행동이 민첩했다!

또 자신의 얼굴빛은 윤기를 더해 덕이 가득 찼고,

그런 덕에 늘 머물면서 다른 사람과 함께 지냈다.

그러니 윤기와 덕이 넘칠 듯이 맑았다!

세상만사에 얽매이지 않아 초연했고, 한가함을 좋아해 여유로웠고,

말을 잊어서 멍하니 무심했다.

옛날 진인은 법도를 몸으로, 예의를 날개로, 앎을 때를 아는 방편으로

덕을 자연을 따르기 위한 것으로 삼았다.

법도를 몸으로 삼는 건 처벌을 너그럽게 하기 위함이고,

예의를 날개로 삼는 건 진인의 뜻을 세상에 시행하고자 함이고,

앎을 때를 아는 방편으로 삼는 건 어쩔 수 없이 일처리를 위함이고,

덕을 자연을 따르기 위함으로 삼는 건 산을 혼자 오르는 게 아니라

남과 함께 자연스레 오르기 위함 때문이다.

이처럼 진인은 자신을 내세우지 않는데도

세상 사람들은 그 결과만 보고 진인이 힘써 행실을 닦는다고 여겼다.

그래서 옛날 진인은 좋아함도 하나의 입장이었고,

싫음도 하나의 입장이었다.

또 좋음과 싫음이 하나로 같다는 것도 하나의 입장이지만

좋음과 싫음이 다르다는 것도 하나의 입장이었다.

하나의 입장으론 자연(天)의 절대적인 원리를 따랐고,

하나가 아닌 입장으론 인간세상(人)의 차별적 이치를 따랐다.

이런 분, 즉 자연의 원리와 인간세상의 이치가 서로 다투지 않고

조화를 이루는 분을 일러 진인(眞人)이라고 말한다.

· · ·

故聖人之用兵也, 亡國而不失人心., 利澤施乎萬世, 不爲愛人, 故樂通物, 非聖人
也., 有親, 非仁也., 天時, 非賢也., 利害不通, 非君子也., 行名失己, 非士也., 亡

身不眞, 非役人也. 若狐不偕.務光.伯夷.叔齊.箕子.胥餘.紀他.申徒狄, 是役人之
役, 適人之適, 而不自適其適者也. 古之眞人, 其狀義而不朋, 若不足而不承, 與乎
其觚而不堅也, 張乎其虛而不華也., 邴邴乎其似喜也! 崔乎其不得已也! 滀乎進我
色也, 與乎止我德也. 厲乎其似世也! 警乎其未可制也., 連乎其似好閉也, 悗乎忘
其言也. 以刑爲體, 以禮爲翼, 以知爲時, 以德爲循. 以刑爲體者, 綽乎其殺也., 以
禮爲翼者, 所以行於世也., 以知爲時者, 不得已於事也., 以德爲循者, 言其與有足
者至於丘也., 而人眞以爲勤行者也. 故其好之也一, 其弗好之也一. 其一也, 其不
一也. 其一與天爲徒, 其不一與人爲徒. 天與人不相勝也, 是之謂眞人.

진인(眞人)의 마음을 지니고
세상을 다스리는 사람이 성인(聖人)이다

———

이런 마음으로 인간세상의 이치를 파악하는 사람이 성인(聖人)이다. 그래서 성인은 군대를 동원해서 한 나라를 무너뜨려도 그 나라 백성들의 인심(人心)을 잃지 않는다. 성인이 이로움과 은덕을 만세에 베풀어도 사람을 유난히 사랑해서가 아니다. 그보다는 사람들이 성인을 저절로 따르기 때문이다. 그래서 사람들과 의식적으로 통하는 걸 즐거워하는 사람은 성인이 아니다. 장자에 따르면 사람을 의식적으로 사랑하는 건 진정한 어짊(仁)이 아니고, 자연을 의도적으로 구분하는 건 진정한 현명함(賢)이 아니고, 이로움과 해로움이 같다는 걸 깨닫지 못하면 진정한 군자(君子)가 아니고, 명성을 좇아서 자기의 본성을 잃으면 진정한 선비(士)가 아니다. 그래서 몸을 망쳐가서면서 참된 삶을 누리지 못하면 남의 부림만 받을 뿐 남을 부리질 못한다. 이런 입장은 유가와 정반대이다.

예를 들어 유가에서 높이 평가하는 호불해(狐不偕)·무광(務光)·백이(伯夷)·숙제(叔齊)·기자(箕子)·서여(胥餘)·기타(紀他)·신도적(申徒狄)은 모두 강직하거나 소신 있는 인물들이다. 이들은 이른바 의로움(義)을 위해서 자신의 생명을 왜곡하거나, 아니면 생명을 잃은 사람들이다. 이들은 다른 사람들에게 부림을 당하면서까지 다른 사람들의 마음에 드는 걸 즐겨서 일했다. 그렇지만 막상 자신을 위한 즐거움을 누리지 못했다. 그러니 이들은 자기 자신을 위해 산 게 아니라 허망한 명예로 말미암아 다른 사람을 위해서 산 셈이다. 이 때문에 자신의 몸은 몸 밖에 있는 것의 도구로 바뀌어서 이용만 당했다. 그래서 참된 생명은 도덕이나 가치와 같은 인위적인 관념 속에 묻히고 말았다.

이에 반해 옛날의 진인은 자신의 모습이 아무리 의로워도 파당을 짓지 않았다. 심지어 옛날의 진인은 부족한 듯 보여 남에게 받들어지는 일이 결코 없었다. 또 옛날의 진인은 상대방의 모난 성격에 대해 회의적인 태도를 지니더라도 그의 성격은 완고하지 않았고, 그의 마음이 텅 빈 듯해도 겉치레가 없이 꽉 찼었다. 또 옛날의 진인은 기쁜 듯이 모습이 늘 환하게 밝았다. 가끔씩 민첩한 행동을 보였지만 이는 부득이할 때뿐이다. 그의 얼굴빛은 윤기를 더해 덕이 가득 찬 듯했고, 또 가득 찬 덕에 머물며 다른 사람과 늘 함께 지냈다. 그러니 얼굴의 윤기와 마음의 덕이 넘칠 듯이 맑았다. 또 세상일에 얽매이지 않아 초연했고, 한가함을 좋아하는 듯해 여유로웠고, 말까지 잊어 멍하니 무심한 듯했다.

옛날의 진인은 모습만 훌륭했던 게 아니다. 작게는 주변의 일을 행하고, 크게는 나라를 다스리는 데 있어서도 똑같이 훌륭했다. 그래서 진인은 법도(刑)를 본체로 삼으면서 예의(禮)를 보조로 삼았다. 법도를 본체로 삼는다는 건 죄인을 감정적으로 대하지 않음으로써 처벌을 너그럽게 하기 위함이고, 예의를 날개로 삼는다는 건 사람들이 자발적으로 참여토록 해 자신의 이상을 널리 시행하고자 함이다. 앎(知)을 때를 아는 방편으로 삼는다는 건 일을 적절하게 처리하기 위함이고, 덕(德)을 자연을 따르기 위한 것으로 여긴다는 건 자신을 드러나지 않게 하기 위함이다. 그래서 진인은 다른 사람과 함께 산에 오르듯이 일을 함에 있어서도 함께 이루어내므로 좀처럼 자신의 역할을 드러내 보이지 않았다. 그런데도 세상 사람들은 진인이 힘써 행실을 닦는다고 여겼는데 이는 일의 결과가 뛰어나서이다.

또 옛날의 진인에게 있어 좋아함도 하나의 입장이고, 싫어함도 하나의 입장이다. 또 그에겐 좋음과 싫음이 같다는 것도 하나의 입장이고, 좋음과 싫음이 다르다는 것도 하나의 입장이다. 이런 식으로 좋아함과 싫어함을 모두 인정했다. 이에 따라 진인은 좋음과 싫음이 같다는 하나의 입장으로 자연(天)의 원리를 따랐고, 또 좋음과 싫음이 다르다는 하나가 아닌 입장으로 인간세상(人)의 이치를 따랐다. 자연의 원리는 절대적이기에 하나의 입장에서 파악한 것이고, 인간세상의 이치는 차별적이기에 하나가 아닌 입장에서 파악한 것이다. 그 결과 자연의 원리와 인간세상의 이치가 다투지 않고 서로 조화를 이루었다. 이런 조화를 이룬 분을 가리켜서 진인(眞人)이라고 말한다.

죽고 사는 건 하늘의 뜻(命)이고,

밤과 낮이 바뀌는 일상은 자연(天)의 원리이다.

이처럼 사람 힘으로 어찌할 수 없는 바가 모든 사물의 참 모습이다.

진인은 특별히 자연을 아버지로 삼으며 몸소 자연을 사랑하는데

진인보다 훌륭한 존재인 자연을 우리가 어찌 사랑하지 않을 수가!

사람들은 군주를 자기보다 낫다고 여겨

그를 위해 기꺼이 목숨까지 바치는데 군주보다 진실한 존재인

자연에 대해 어찌 목숨을 바치지 않을 수가!

샘이 마르면 물고기는 땅 위에 남겨져 서로 침을 뱉어 적셔주거나

서로 거품을 내서 적셔준다.

그렇지만 이는 호수에서 물고기가 물의 존재를 잊는 것만 못하다.

요임금을 성군이라 기리고, 걸왕을 폭군이라 비난하는 것보다

두 사람을 잊고서 올바른 도로 동화되는 것만 못하다.

자연이 내게 형체를 부여하고, 내게 삶을 줘 수고롭게 하고,

나를 늙게 해 편안하게 하고, 나를 죽게 해 쉬게 한다.

그래서 삶을 잘 사는 건 곧 죽음을 잘 맞이하는 일이다.

배를 골짜기에, 그물을 연못 속에 감추면 든든히 감추었다고 말한다.

그런데 한 밤중에 어떤 장사가 그걸 짊어지고 달아나는데

어리석은 사람은 이를 알지 못한다.

도둑이 작은 걸 큰 것에 감추면 마땅히 훔쳐 달아날 데가 있다.

만약 도둑이 천하를 천하에 감추면 훔쳐 달아날 데가 없는데

이것이 만물의 영원한 큰 참 모습(情)이다.

우리는 특별히 사람의 형체를 받고 태어나선 기뻐한다.

근데 사람 형체는 수만 번 변해 지금은 아직 끝나지 않는 한 단계인데

이를 즐거워하면 즐길 게 이루 다 헤아릴 수 없을 정도로 많다!

그래서 성인(聖人)은 사물이 달아나지 않는 경지에서 노닐면서

모든 사물을 있는 그대로 둔다.

또 성인은 일찍 죽어도 좋고, 오래 살아도 좋고, 태어나도 좋고,

죽어도 좋은데 사람들은 이런 성인을 오히려 본받으려고 한다.

하물며 만물이 매여 있고, 또 만물의 삶과 죽음이 의존하는 도(道)를

사람들이 어찌 본받으려고 하지 않겠는가!

· · ·

死生, 命也, 其有夜旦之常, 天也. 人之有所不得與, 皆物之情也. 彼特以天爲父,
而身猶愛之, 而況其卓乎! 人特以有君爲愈乎己, 而身猶死之, 而況其眞乎! 泉涸,
魚相與處於陸, 相呴以濕, 相濡以沫, 不如相忘於江湖, 與其譽堯而非桀也, 不如
兩忘而化其道. 夫大塊載我以形, 勞我以生, 佚我以老, 息我以死. 故善吾生者, 乃
所以善吾死也. 夫藏舟於壑, 藏山於澤, 謂之固矣. 然而夜半有力者負之而走, 昧者
不知也. 藏小大有宜. 猶有所遯. 若夫藏天下於天下 而不得所遯, 是恒物之大情也.
特犯人之形而猶喜之. 若人之形者, 萬化而未始有極也, 其爲樂可勝計邪! 故聖人將
遊於物之所不得遯而皆存. 善夭善老, 善始善終, 人猶效之. 又況萬物之所係, 而一
化之所待乎!

죽고 사는 건 하늘의 뜻이고,
밤낮으로 바뀌는 일상은 자연의 원리이다

───

　우리가 죽고 사는 건 하늘의 뜻(命)이고, 하루가 밤낮으로 바뀌는 일상은 자연의 원리이다. 사람을 포함해서 모든 생명체는 태어나면 반드시 죽어야 하는데 이런 하늘의 뜻을 어떤 생명체도 거부할 수 없다. 마찬가지로 매일 마주하는 하루도 밤낮으로 늘 바뀌게 마련이다. 이것 역시 어느 누구도 거부할 수 없는 자연의 원리이다. 죽고 살고, 또 밤낮으로 바뀌는 일상처럼 우리의 힘으로 어찌할 수 없는 바가 있는 게 모든 사물의 참 모습이다. 그러니 자연은 우리에 비해 훨씬 위대한 존재임에 분명하다. 이에 우리는 간섭할 수 없고, 또 통제할 수 없는 영역이 너무나 많다는 걸 인정해야 한다. 그리고 이런 영역에 대해선 침묵하면서 편안히 따르는 게 현명한 삶의 태도이다.

　진인(眞人)도 간섭할 수 없거나, 통제할 수 없는 영역에 대해선 그저 침묵하며 편안히 따르는 사람 중 하나이다. 그래서 진인은 자연을 특별히 아버지로 여기면서 자연을 몸소 기꺼이 사랑한다. 진인이 훌륭한 건 이 때문이다. 그러니 진인이 아버지라고 여기고, 또 기꺼이 사랑하는 자연에 대해 우리도 사랑하는 게 마땅하다. 게다가 우리는 군주를 특별히 자기보다 낫다고 여기면서 그를 위해 목숨까지 바치는 일을 실행에 기꺼이 옮기지 않는가? 그렇다면 군주보다도 훨씬 더 진실한 존재인 자연을 위해서 우리가 목숨을 바치는 건 당연하다. 이처럼 자연은 진인이 가장 훌륭하다고 여기고, 또 진실한 존재임에 틀림없다.

자연은 하고자 함이 없는 무위(無爲)에 따라 행동하므로 훌륭하고 진실한 존재이다. 이런 사실을 장자는 샘이 마른 물에서 물고기가 살아나기 위한 방법을 통해 실감나게 보여준다. 샘에 물이 마르면 물고기는 땅 위에 그대로 노출되는데 이때 물고기는 서로 침을 뱉거나, 서로 거품을 내서 적셔준다. 이를 보고 사람들은 물고기의 사랑(仁)이라고 말하면서 이를 본받으려고 한다. 그런데 아무리 서로를 적셔주어도 물이 마른 샘에 있는 물고기는 곧 죽게 마련이다. 이런 사랑은 결코 값어치 있는 사랑이 아니다. 마치 불쌍한 사람에게 동전 몇 푼을 던지는 일에 해당한다. 어쩌면 이들이 처한 불행한 삶의 환경을 근본적으로 바꿔주는 게 큰 사랑이다. 이런 큰 사랑을 베풀려면 샘에 물을 채워줘야 한다. 그래야만 물고기가 주어진 생명을 다할 수 있다.

그런데 물고기를 집어서 샘에 놓아주어도 물고기는 샘물의 고마움을 의식하지 않는다. 샘에 물이 있는 걸 당연하다고 여겨서이다. 이는 물고기가 샘에서 각자 마음을 편안히 하거나, 또 몸을 보존할 곳을 제대로 찾을 때 굳이 사랑을 필요로 하지 않는 것과 같다. 이런 상황에선 물고기는 누구를 사랑한다거나, 또 누구로부터 사랑을 받는다는 생각조차 하지 않는다. 이런 식으로 물고기가 물의 존재를 잊을 때 그것이 최고의 사랑이다. 이에 비해 침을 뱉거나 거품을 내서 적셔주는 건 하찮은 사랑이다. 그렇다면 샘에 물을 채우는 건 누구인가? 바로 자연이다. 자연이 비를 내려야만 샘에 물이 채워지기 때문이다. 그러니 비를 내리는 것과 같은 무위자연에 따른 사랑은 침을 뱉거나 입을 적셔주는 등의 유위부자연한 사랑과는 도저히 비교할 수 없다.

이런 차원에서 보면 우리가 요임금을 성군이라고 기리고, 또 걸왕을 폭군이라고 비난하는 것보다 두 사람을 모두 잊고서 올바른 도로 동화되는 것만 못하다. 그렇다면 누가 요임금을 성군으로 기리는 반면 걸왕을 폭군이라고 비난하는가? 유가이다. 유가의 이런 태도는 마치 물고기가 침을 뱉거나, 거품을 내서 서로를 적셔주는 걸 사랑이라고 여기는 것과 같다. 물고기가 물을 찾아가길 바라는 것처럼 우리가 도를 찾아가기를 장자는 정말로 바란다. 물을 찾아가길 바라는 물고기에겐 땅을 파서 못을 만들어주면 된다. 그리고 도를 찾아가길 바라는 사람에겐 자연이 비를 내리게 하는 것처럼 자연의 처분만 기다리면 된다. 장자에 따르면 성군과 폭군의 차이는 이런 자연의 처분을 어느 정도 기다렸는지의 여부에 의해 결정되는 하찮은 차이이다. 이에 비해 물고기가 못에서 서로를 잊듯이 사람도 도술(道術) 안에서 서로를 잊는 일은 사랑을 단순히 베푸는 일에 비해 큰 차이이다. 이쯤 되어야 큰 사랑인지 작은 사랑인지, 또 성군인지 아닌지의 여부를 가리는 게 의미가 있다.

게다가 자연의 도는 삶과 죽음의 문제에 이르러선 그 작용이 더욱 두드러져서 설득력을 더한다. 장자는 태어나면 자연이 형체를 부여하고, 삶을 주어 수고롭게 하고, 늙게 해 편안하게 하고, 죽게 해 쉬도록 한다고 말한다. 이렇게 생각하면 삶과 죽음의 경계가 없어져서 죽음도 두렵지 않다. 장자는 이런 생각을 어떻게 할 수 있을까? 지금 우리의 모습은 수만 번 변해서 나타난 건데 그것도 아직 끝나지 않은 한 단계일 뿐이라고 여겨서이다. 그러니 지금 당장 죽으면 또 다른 모습으로 변해 있을는지 모른다. 이것이 만물의 영원한 참 모습이다.

그럼에도 우리는 사람의 형체를 받고 태어나선 특별히 기뻐한다. 장자는 이 정도에 대해서 기뻐한다면 앞으로 기뻐할 일이 너무나 많다고 단언한다. 그래서 성인은 일찍 죽어도 좋고, 오래 살아도 좋고, 태어나도 좋고, 죽어도 좋다고 여긴다. 이런 태도는 삶과 죽음의 진리를 성인이 제대로 깨닫고 있어서이다.

자연의 위대함은 이뿐만이 아니다. 장자에 따르면 만물의 커다란 참 모습은 자연에 있다. 그걸 어찌 아는가? 만약 사람들이 배를 골짜기에 감추거나 그물을 연못 속에 감추면 든든히 감추었다고 여긴다. 그렇더라도 한 밤중에 어떤 장사가 그걸 짊어지고 달아나는데 어리석은 사람은 이를 미처 깨닫지 못한다. 이런 식으로 작은 것을 큰 것에 감추면 도둑이 훔쳐 달아날 데가 있지만 천하를 천하에 감추면 도둑은 물론이고, 어느 누구도 훔쳐 달아날 데가 없다. 성인은 이처럼 천하가 엄청나게 크다는 걸 알기에 사물에 대한 온갖 집착에서 벗어날 수 있다. 그래서 성인은 사물이 달아나지 못하는 경지에서 노닐면서 모든 사물을 있는 그대로 둔다. 그야말로 자연과 함께 하는 유유자적한 삶이다. 그래서 사람들은 이런 성인을 본받으려고 한다. 하물며 만물이 매여 있고, 또 만물의 삶과 죽음이 의존하는 도(道)를 본받아야 하는 건 너무나 당연하지 않은가!

도(道)는 드러나는 작용(情)이 있고, 존재하는 증거(信)도 있지만

하고자 함(爲)이 없고, 형체(形)도 없다.

도는 전할 수 있으나 받을 수 없고, 터득할 수 있으나 볼 수 없다.

도는 자신이 모든 존재의 바탕(自本)이자 근본(自根)이며,

천지가 생겨나기 오래전부터 변함없이 존재해 왔다.

도는 귀신을 신령스럽게 하고, 상제를 영험케 하며,

하늘과 땅을 각각 낳는다.

도는 태극(太極)의 위에 있어도 높은 척하지 않고,

육극(六極)의 아래에 있어도 깊은 척하지 않는다.

도는 천지(天地)보다 먼저 생겨났어도 오래된 척하지 않고,

태고(上古)보다 오래되었어도 늙은 척하지 않는다.

희위씨(狶韋氏)는 도를 터득해 하늘과 땅을 손에 들고 다녔고,

복희씨(伏羲氏)는 도를 터득해 만물을 만드는 기의 모체로 들어갔다.

북두성(維斗)은 도를 터득해 위치가 조금도 어긋나지 않으며,

일월(日月)은 도를 터득해 영원히 쉬지 않는다.

감배(堪坏)는 도를 터득해 곤륜산에 들어갔고,

풍이(馮夷)는 도를 터득해 황하에서 노닐었으며,

견오(肩吾)는 도를 터득해 태산에서 산다.

황제(黃帝)는 도를 터득해 구름이 뜬 하늘로 올랐고,

전욱(顓頊)은 도를 터득해 현궁(玄宮)에서 살았으며,

우강(禺强)은 도를 터득해 북쪽 끝에 우뚝 섰으며,

서왕모(西王母)는 도를 터득해 소광산을 수호하는데

늘 젊음으로 인해 언제 태어났고 언제 죽었는지 모르며,

팽조(彭祖)는 도를 터득해 위론 순임금에서 아래론 전국시대 패자인

오백(五伯)에 이르기까지 오래 살았으며,

부열(傅說)은 도를 터득해 무정(武丁)을 도와 세상을 어루만진 뒤

동유성을 타고 기미성에 걸터앉아 뭇 별들의 대열에 끼었다.

· · ·

夫道, 有情有信, 無爲無形., 可傳而不可受, 可得而不可見., 自本自根, 未有天地,
自古以固存., 神鬼神帝, 生天生地., 在太極之上而不爲高, 在六極之下而不爲深,
先天地生而不爲久, 長於上古而不爲老. 狶韋氏得之, 以挈天地., 伏羲氏得之, 以襲
氣母., 維斗得之, 終古不忒., 日月得之, 終古不息. 堪坏得之, 以襲崑崙., 馮夷得
之, 以遊大川., 肩吾得之, 以處大山., 皇帝得之, 以登雲天., 顓頊得之, 以處玄宮.,
禺强得之, 立乎北極., 西王母得之, 坐乎少廣, 莫知其始, 莫知其終., 彭祖得之, 上
及有虞, 下及五伯., 傅說得之, 以相武丁, 奄有天下, 乘東維, 騎箕尾, 而比於列星.

인식론적·커뮤니케이션적·형이상학적· 도덕적 차원에서 본 도의 모습

———

사람들이 본받아야 할 도(道)는 어떤 모습을 지닐까? 장자에 따르면 도는 드러나는 작용(情)이 있고, 존재하는 증거(信)도 있지만 하고자 함(爲)이 없고, 형체(形)도 없다. 장자는 어째서 도에게 드러나는 작용이 있고, 존재하는 증거가 있다고 말할까? 사시사철의 변화와 밤낮의 등장이 어김없이 이루어지고, 또 모든 생명체는 한 번 태어나면 죽게 마련이어서다. 이런 사실은 도가 드러나는 작용이자 존재하는 증거이다. 물론 이런 사시사철의 변화와 죽는다는 사실은 유위(有爲), 즉 하고자 함이 있어서 생겨난 게 아니다. 오로지 하고자 함이 없는 무위(無爲)로서 이루어진다. 그런 탓인지 도의 형체는 나타나지 않는다. 이런 사실은 도를 인식론적 입장에서 설명하는 거라고 말할 수 있다.

장자에 따르면 도는 전할(傳) 수 있으나 받을(受) 수 없고, 터득할(得) 수 있으나 볼(見) 수 없다. 장자는 어째서 도는 전할 수 있지만 받을 수 없다고 말할까? 이런 도의 모습은 도를 깨달은 사람과 깨닫지 못한 사람의 수준 차이에서 비롯된다. 즉 도를 깨달은 사람은 도가 어떤 거라고 누군가에게 전할 수 있지만 도를 깨닫지 못한 사람은 전달받은 도일지라도 그걸 이해할 수 없어서이다. 그래서 도는 다른 사람과 함께 누릴 수 없는 개인적인 경험일 뿐이다. 또 도는 터득할 수 있으나 볼 수 없다는 건 무슨 의미일까? 그건 도란 마음으로 느낄 뿐이지 눈으로 파악하는 게 아니란 의미이다. 즉 심안(心眼)으로만 도를 볼 수 있지 일반적인 커뮤니케이션 수단인 오감으로 보거나 들을 수 없다는 의미이다. 이런 사실은 도를 커뮤니케이션적 입장에서 설명하는 거라고 말할 수 있다.

장자에 따르면 도는 모든 존재에 있어 스스로의 바탕(自本)이자 스스로의 근본(自根)이다. 이는 만물이 도에서 비롯된다는 의미이다. 그래서 사시사철의 변화와 밤낮의 등장도 도가 작용하므로 이루어진다. 사람에게도 도가 작용하므로 태어나면 죽게 마련이다. 그래서 장자는 외편 「천도」에서 "천지의 자연스런 덕에 환히 밝은 게 큰 근본(大本)과 큰 근원(大宗)이라고 하면서 이것이 자연과 화합하는 것이다."[73]라고 말한다. 이렇게 보면 자본자근(自本自根), 즉 스스로의 바탕이자 스스로의 근본은 대본대종(大本大宗), 즉 큰 바탕과 큰 근원과 서로 통하는 개념이다. 장자에 따르면 도는 아주 오래전에 생겨나서 지금까지 변함없이 존재해 왔다. 그래서 도는 사람의 손길이 닿지 않을 뿐더러 사람의 입김도 들어가지 않는다. 그만큼 도는 순수하게 존재해 왔다. 이런 사실은 도를 형이상학 내지 존재론적 입장에서 설명하는 거라고 말할 수 있다.

장자에 따르면 도는 그 작용이 크지만 모습은 한없이 작다. 도는 하늘과 땅을 각각 낳았을 뿐 아니라 귀신을 신령스럽게 하고, 상제

---

73) 夫明白於天地之德者 此之謂大本大宗 與天和者也. (「천도」 2)

(帝), 즉 하느님을 영험케 할 정도로 그 작용이 엄청나다. 그렇더라도 도는 그 작용이 어떻게 이루어지는지 전혀 드러내 보이지 않는다. 그래서 겸손하기가 이를 데 없다. 이에 도는 태극(太極)의 위에 있어도 높은 척하지 않고, 육극(六極)의 아래에 있어도 깊은 척하지 않는다. 또 천지(天地)보다 먼저 생겨났어도 오래된 척하지 않고, 태고(上古)보다 오래되었어도 늙은 척하지 않는다. 이런 사실은 도를 도덕적 내지 윤리적 입장에서 설명하는 거라고 말할 수 있다.

동아시아를 대표하는 제 성인들은 오래전부터 이런 도에 입각해서 살아 왔다. 먼저 태고의 제왕인 희위씨(狶韋氏)는 도를 터득해 하늘과 땅을 손에 들고 다니면서 이것들을 서로 연결시켰다. 그럼으로써 천지의 자연스런 작용이 비로소 시작되었다. 또 복희씨(伏羲氏)는 도를 터득해 만물을 생성시키는 기(氣)의 모체로 들어갔다. 그럼으로써 원기의 근원을 관장해 농사법을 만들었다. 농사를 지으면서 먹고 살 수 있는 기반이 닦인 건 오로지 복희씨 덕분이다. 또 북두성(維斗)은 도를 터득해 그 위치가 조금도 틀리지 않는다. 그럼으로써 북두성은 하늘에서 수많은 별들의 운행 지표가 된다. 또 일월(日月)은 도를 터득해 운행을 멈추질 않는다. 그럼으로써 땅에서 절기(節氣)와 기후(氣候)에 따른 변화가 생겨나서 일 년이 사시사철로 구성된다.

감배(堪坏)는 도를 터득해 곤륜산에 들어가 곤륜산의 신이 되었다. 곤륜산은 멀리 서쪽에 있어 황하의 발원점으로 여겨지는 성스러운 산이다. 이 산은 하늘에 닿을 만큼 높고, 또 보옥이 나는 명산으로 전해진다. 그래서 춘추전국시대 이후 신선설(神仙說)이 유행함에 따라 사람이 마시면 죽지 않는 물이 흐르고, 또 선녀인 서왕모가 살았다는 신화가 이 산을 중심으로 해서 만들어졌다. 또 풍이(馮夷)는 도를 터득해 황하에서 노닐면서 황하의 신이 되었다. 황하란 중국에서 가장 큰 강인데 이 강의 유역은 토양이 비옥하고 물이 충분해 곡창지대를 이룬다. 이런 자연환경 덕분에 중국의 고대문명이 여기서 일어날 수 있었다.

견오(肩吾)는 도를 터득해 태산(泰山)에서 살면서 태산의 신이 되었다. 태산은 중국 오악 중 하나로 동악에 해당한다. 오악은 동악인 태산을 비롯해서 서악인 화산(華山), 남악인 형산(衡山), 북악인 항산(恒山), 중악인 숭산(嵩山)으로 구성된다. 또 황제(黃帝)는 도를 터득해 구름이 떠 있는 하늘로 올라가 신선이 되었으며, 황제의 손자 전욱(顓頊)은 도를 터득해 현궁(玄宮), 즉 북방 궁전에서 살면서 왕이 되었고, 우강(禺强)은 도를 터득해 북쪽 끝에 우뚝 서면서 북해의 신이 되었다.

서왕모(西王母)는 도를 터득해 소광산을 지키면서 늙지 않았고, 또 죽지 않는 불로불사(不老不死)의 선녀가 되었다. 그래서 늘 젊음을 유지해 그녀가 언제 태어나고 언제 죽었는지 사람들은 잘 모른다. 오래 살았다고 유명해진 팽조(彭祖)도 도를 터득해 순임금 때 태어나서 전국시대 패자였던 오백(五伯), 즉 제환공, 진문공, 초장왕, 오왕 합려, 월왕 구천에 이를 때까지 살았다. 팽조는 팔백 살까지 살았다고 해서 사람들의 부러움을 온통 받아 왔는데 이 글의 내용으로 보아선 훨씬 더 오랜 산 사람이라고 보인다.

상(商)나라의 재상 부열(傳說)은 도를 터득해 무정(武丁)을 도와 세상을 평정한 뒤 하늘에 올라가 동유성(東維星)을 타고 기미성(箕尾星)에 걸터앉아 뭇 별들의 대열에 끼었다. 부열은 원래 담장을 쌓는 미천한 신분 출신이었는데 상나라 임금으로 즉위한 무정이 왕조를 부흥시키기 위해 조력자로서 과감히 발탁한 사람이다. 부열은 무정의 바람대로 훌륭한 재상이 되어 상나라를 중흥시켰다. 이 얘기는 신분이나 직업에 관계없이 유능한 인재를 발탁하는 훌륭한 사례로서 자주 인용된다. 부열은 죽어서 별이 되었다는 전설을 남겼기에 장자도 그를 동유성을 타고 기미성에 걸터앉아 뭇 별들의 대열에 끼었다고 말한다. 참고로 동유성은 북극성과 북두칠성의 가장 마지막 별 사이에 위치한 별자리이고, 기미성은 고대 28개 별자리 가운데 동쪽 일곱 개 별자리인 각(角)·항(亢)·저(氐)·방(房)·심(心)미(尾)·기(箕) 가운데 마지막 여섯 번째(尾)와 일곱 번째(箕) 별자리이다. 그러니 동유성을 타고 기미성에 걸터앉았다는 건 동쪽 하늘에 있는 별자리에 올라 여기에 걸터앉았다는 뜻이다.

남백자규(南伯子葵)가 묻고, 여우(女偊)가 대답했다.

남백자규가 물었다.

"선생은 나이가 많은데 모습은 어린아이와 같으니 어째서인가요?"

여우가 대답했다. "나는 도를 들었을(聞道) 뿐이네."

남백자규가 물었다. "도는 배울 수 있나요?"

여우가 대답했다. "아니! 어찌 배울 수 있는가!

그건 터득할 뿐이네. 그리고 자네는 터득할 수 없네.

복량의(卜梁倚)는 성인의 도(聖人之道)는 없어도 성인의 자질(聖人之才)을

지니고, 나는 성인의 자질을 지니지 못해도 성인의 도는 있지.

그래서 나는 복량의를 가르치고 싶었고,

또 복량의가 정말로 성인이 되길 바랐네!

그가 성인이 되지 않더라도 성인의 자질이 있는 사람에게

성인의 도를 가르치는 일은 쉬운 일이네.

그래서 나는 마땅히 그를 가르치면서 신중히 지켜보았는데

3일 만에 그는 천하(天下)를 잊었네.

그가 천하를 이미 잊자 나는 또 그를 신중히 지켜보았는데

7일 만에 그는 사물(物)을 잊었네.

그가 사물을 이미 잊자 나는 또 그를 신중히 지켜보았는데

9일 만에 그는 삶(生)을 잊었네.

그가 삶을 이미 잊은 후엔 조철(朝徹), 즉 아침햇살이 돋듯 깨달음이

일시에 확 트였고, 깨달음이 일시에 확 트인 후엔

견독(見獨), 즉 혼자 고유의 존재성에 입각해 세상, 사물, 삶을 보고,

혼자 고유의 존재성에 입각해서 이것들을 본 후에는 무고금(無古今),

즉 과거 현재의 구분을 초월했고, 과거 현재의 구분을 초월한 후엔

불사불생(不死不生), 즉 태어나지고 죽지도 않는 경지에 들어갔네.

복량의처럼 삶을 초월하면 죽지 않지만 반대로 삶을 탐하면 죽네.

도는 만물을 모두 보내고, 또 만물을 모두 마중하네.

도는 만물을 모두 허물어뜨리고, 또 만물을 모두 이루어내네.

도의 이런 모습을 가리켜 영녕(攖寧), 즉 항상 조용하고 편안해서

외물에 의해 어지러워지지 않는 거라고 말하네.

이처럼 영녕(攖寧)은 어지러워진 뒤에 비로소 이루어지네.”

남백자규가 물었다.

“그런데 선생님은 어떻게 도(道)를 들었습니까?”

여우가 대답했다.

“나는 글자를 상징하는 부묵(副墨)의 아들에게서 듣고,

부묵의 아들은 말을 상징하는 낙송(洛誦)의 손자에게서 듣고,

낙송의 손자는 밝은 눈으로 조그만 것도 보는 첨명(瞻明)에게서 듣고,

첨명은 밝은 귀를 지녀 소곤거리는 소리도 듣는 섭허(聶許)에게서 듣고,

섭허는 자연의 순수한 소리를 듣는 수역(需役)에게서 듣고,

수역은 어린애 첫 울음소리의 의미를 아는 어구(於謳)에게서 듣고,

어구는 그윽한 깊음을 상징하는 현명(玄冥)에게서 듣고,

현명은 적막을 의미하는 참료(參寥)에게서 듣고,

참료는 처음 그 자체를 의심하는 의시(疑始)에게서 들었네.”

南伯子葵問乎女偊曰：「子之年長矣，而色若孺子，何也?」曰：「吾聞道矣.」南伯子葵曰：「道可得學邪?」曰：「惡! 惡可! 子非其人也. 夫卜梁倚有聖人之才而無聖人之道，我有聖人之道而無聖人之才，吾欲以敎之，庶幾其果爲聖人乎! 不然，以聖人之道告聖人之才，亦易矣. 吾猶告而守之，三日而後能外天下，已外天下矣，吾又守之，七日而後能外物，，已外物矣，吾又守之，九日而後能外生，，已外生矣，而後能朝徹，，朝徹而後能見獨，，見獨，而後能無古今，，無古今，而後能入於不死不生. 殺生者不死，生生者不生. 其爲物，無不將也，無不迎也，，無不毀也，無不成也. 其名爲攖寧. 攖寧也者，攖而後成者也.」南伯子葵曰：「子獨惡乎聞之?」曰：「聞諸副墨之子，副墨之子聞諸洛誦之孫，洛誦之孫聞之瞻明，瞻明聞之聶許，聶許聞之需役，需役聞之於謳，於謳聞之玄冥，玄冥聞之參寥，參寥聞之疑始.」

조철(朝徹)과 견독(見獨)에서
영녕(攖寧)에 이르러야 도를 깨닫는다

──────

도는 배우는 게 아니라 깨달아서 얻어지는 거다. 이 점이 유가와 다르다. 공자는 "배우고 이를 때때로 익히면 기쁘지 아니한가."[74]로 『논어』를 시작한다. 그만큼 배움을 강조한다. 이로 인해 공자에게는 칭찬과 비판이 동시에 따른다. 배움을 중요시 여김으로써 우리의 인문적 내지 도덕적 수준을 크게 향상시켰다는 점에선 칭찬받을 만하다. 반면 도를 깨우치는 데 있어 배움만이 전부가 아닐뿐더러, 또 배워서 익히는 도는 어쩌면 낮은 수준의 도일 텐데 배움을 강조했다는 점에선 비판받을 만하다. 참고로 장자는 배움마저 유(遊)로 표현한다. 즉 배움도 유유자적하며 자연스럽게 이루어져야 한다는 것이다.

그런데 도는 꼭 배워서 얻어지는 걸까? 배우지 않은 사람, 아니 배울 수 없는 사람은 도를 영원히 깨우칠 수 없을까? 꼭 그렇지 않다고 본다. 우리는 교육을 제대로 받지 못한 사람에게서 뛰어난 지혜를 얻는 경우가 얼마나 많은가? 어떻게 깨달았기에 이런 사람은 뛰어난

──────

74) 學而時習之 不亦說乎 (『논어』 「학이」)

지혜를 우리들에게 전할 수 있는가? 아마도 살아가면서 저절로 깨우치고 터득한 거라고 보인다. 그렇다면 그에게 있어서 삶의 터전은 지혜를 터득하는 장소이고, 또 삶의 경험은 지혜를 깨닫게 하는 도구이다. 이처럼 생활 속에서 지혜를 깨닫고 터득하는 방법이 학습을 통한 방법보다 오히려 더 바람직할 수 있다. 도의 깨우침에 있어선 더 말할 나위가 없다고 본다. 도야말로 깨달아서 얻어지는 것이지 배워서 얻어지는 게 아니다. 장자 또한 도는 깨달아서 얻어지는 것임을 강조하면서 남백자규와 여우의 문답을 통해 이를 보여준다.

남백자규와 여우는 모두 가공의 인물이다. 먼저 남백자규는 성이 남백(南伯)이고, 이름이 자규(子葵)이다. 남백자규와 비슷한 이름의 인물이 「제물론」에선 남곽자기(南郭子綦)로, 「인간세」에선 남백자기(南伯子綦)로 등장한 바 있다. 모두 동일한 인물이라고 보아지는데 그건 도를 터득한 훌륭한 인물로 제각각 분장하고 있어서이다. 그런데 여기선 남백자규가 여우(女偊)란 인물에게 오히려 도를 배우려는 사람으로 등장한다. 그러니 여우가 얼마나 훌륭한 사람인지가 쉽게 상상이 간다. 여우란 이름에서 '우(偊)'는 몸을 구부릴 정도로 삼가는 사람을 뜻한다. 그러니 도를 깨우쳐도 깨우친 척하지 않는 겸손한 사람을 뜻한다.

남백자규는 여우에게 나이도 많은데 모습이 어린애와 같으니 어째서 그러한가라고 묻는다. 여우는 도를 단지 들었을 뿐인데 그런 거라고 대답한다. 그러자 남백자규는 도를 배울 수 있느냐고 묻는다. 여우는 도는 배울 수 있는 게 아니라 터득할 뿐이라고 대답한다. 그러면서 여우가 볼 때 남백자규로선 도를 터득할 수 없고, 복량의(卜梁倚) 정도가 되어야 도를 깨우칠 수 있다고 말한다. 어째서 복량의는 도를 깨우칠 수 있는 데 반해 남백자규는 도를 깨우칠 수 없는가? 그건 복량의가 성인의 자질(聖人之才)을 갖추고 있어서이다. 그러면서 여우 자신은 성인의 자질은 없지만 성인의 도(聖人之道)를 지니고 있다고 말한다. 여우쯤 되면 성인의 자질은 없더라도 성인의 도를 지닐 수 있는 반면 보통사람은 복량의처럼 최소한 성인의 자질을 갖춰야 도를 깨우칠 수 있다.

그래서 여우는 성인의 자질을 갖춘 복량의를 가르치고 싶었고, 또 그가 성인의 도를 깨우치길 진심으로 바랐다. 게다가 성인의 자질이 있는 사람에게 도를 깨우치도록 하는 건 쉬운 일이다. 결국 복량의는 여우의 가르침으로 도를 깨우쳤는데 그 과정이 여기서 자세히 소개된다. 여우가 복량의에게 도를 가르치면서 그를 유심히 지켜보았더니 3일 만에 천하(天下)를 잊었다. 이런 잊음은 자신의 생각으로 그려진 세상에서 벗어난다는 걸 뜻한다. 이렇게 천하를 잊자 7일 만에 사물(物)을 잊었다. 이런 잊음은 사물을 아름답다거나 추하거나, 또 사람을 좋거나 싫거나 하는 식의 구분에서 벗어난다는 걸 뜻한다. 이렇게 사물을 잊자 9일 만에 삶(生)을 잊었다. 이런 잊음은 삶과 죽음을 구분하지 않는 걸 뜻한다. 이처럼 복량의는 천하에서 사물로, 다시 사물에서 삶을 차례대로 잊어서 드디어 삶과 죽음의 구분에서 벗어났다.

장자는 여기서 잊는다는 걸 위해 '외(外)'란 단어를 사용한다. 이 '외'는 「제물론」의 시작부에 등장하는 오상아(吾喪我)의 '상(喪)'과 비교된다. 오상아란 본래의 내(吾)가 살아가면서 만들어낸 나(我)를 버린다는 의미이다. 그런데 버린다는 건 나(我)를 없앤다는 걸 뜻한다. 이에 반해 '외'는 도외시한다는 의미이다. 그렇다면 '외'는 자신의 생각으로 그려진 천하·사물·삶을 바깥으로 몰아냄으로써 마음을 비운다는 뜻이다. 이렇게 마음을 비우더라도 바깥에 존재하는 천하·사물·삶이 사라지는 게 아니다. 단지 색안경을 벗어서 이것들의 진정한 색깔과 모습을 바라보는 거다. 이는 후설(E. Husserl)이 말한 판단중지와 비슷하다. 판단중지는 세상 자체를 부정하는 게 아니라 세상에 대한 생각을 문제 삼지 않는 거다. 이에 반해 나를 버린다는(喪) 건 외(外)와는 달리 아예 부정하는 일이다. '상'과 '외'의 개념이 꼭 필요한 시점에 이 개념들을 장자가 정확히 사용한 데 대해 감탄할 뿐이다.

이런 식으로 세상과 사물과 삶을 잊은 결과 조철(朝徹), 즉 아침에 햇살이 돋는 듯한 깨달음이 생겨나서 일시에 확 트였다. 그렇다면 그동안 복량의의 마음을 지배했던 천하·사물·삶은 마치 빛이 없는 암흑과 같은 상태였다고 본다. 복량의가 이런 암흑과 같은 상태에서 벗어나자 견독(見獨), 즉 고유의 존재성에 입각해서 천하·사물·삶을 바라볼 수 있었는데 이것이 자연이 준 그대로의 모습이다. 그래서 복량의는 자연의 결대로 천하·사물·삶을 바라볼 수 있게 되었다. 이에 복량의는 적당할 때 왔다가 마땅할 때 가는 게 삶의 행복이고, 나아가 지금의 삶은 무한히 변화하는 데 있어 그저 하나의 단계라는 생각에 이르렀다.

이런 경지에 이르자 복량의는 무고금(無古今), 즉 과거와 현재의 구분을 초월할 수 있었다. 또 과거와 현재의 구분을 초월한 후에는 불사불생(不死不生), 즉 태어나지도 죽지도 않는 경지에 들어갈 수 있었다. 어쩌면 삶을 초월하면 죽지 않지만 오히려 삶을 탐하면 죽게 마련이다. 도는 만물을 모두 보내고, 만물을 모두 마중하기 때문이다. 또 도가 만물을 모두 허물어뜨리고, 만물을 모두 이루어내기 때문이다. 도의 이런 모습을 가리켜 장자는 영녕(攖寧)이라고 명명한다. 영녕은 항상 조용하고 편안해서 자신의 생각으로 그려진 천하·사물·삶에 의해 결코 어지러워지지 않는다. 그러니 영녕은 어지러워진 뒤에 비로소 이루어지는데 이것이 바로 도의 모습이다.

복량의는 성인의 자질이 있었기에 이런 깨달음이 가능했다. 그렇다면 복량의를 가르쳐서 도를 깨닫게 한 여우는 어떻게 도의 상태에 이를 수 있었을까? 이에 대해 여우는 단지 도를 들었을 뿐이라고 말한다. 그는 성인의 도를 지녔기에 듣기만 해도 도를 깨우칠 수 있었다. 먼저 여우는 글자를 상징하는 부묵(副墨)의 아들에게서 도를 들었다. 그런데 부묵의 아들은 말을 상징하는 낙송(洛誦)의 손자에게서 도를 듣고, 낙송의 손자는 밝은 눈을 지닌 첨명(瞻明)에게서 도를 듣고, 첨명은 밝은 귀를 지닌 섭허(聶許)에게서 도를 듣고, 섭허는 자연의 순수한 소리를 들을 수 있는 수역(需役)에게서 도를 듣고, 수역은 어린애의 첫 울음소리의 의미를 아는 어구(於謳)에게서 도를 듣고, 어구는 그윽한 깊음을 상징하는 현명(玄冥)에게서 도를 듣고, 현명은 적막함을 상징하는 참료(參寥)에게서 도를 듣고, 참료는 처음이란 것 자체를 의심하는 의시(疑始)에게서 도를 들었다.

여기서 우리는 대표적인 커뮤니케이션 수단인 언어와 문자가 도를 깨우치는 데 있어 얼마나 보잘 것 없는가를 새삼스레 알 수 있다. 도를 깨우치는 데 있어 가장 낮은 수단이 부묵이란 글자이고, 그보다 조금 나은 게 낙송이란 말이기 때문이다. 이 단계에서 도를 들으면 도의 진면목과 가장 멀리 떨어진 상태에서 듣는 것이다. 그보다 조금 더 나은 게 밝은 눈을 의미하는 첨명과 밝은 귀를 의미하는 섭허이다. 첨명과 섭허는 총명한 존재인데 총명은 유가가 바람직한 인간상을 규정할 때 가장 앞에 놓는 조건에 해당한다. 이제부터는 이런 인위적인 커뮤니케이션 수단으로부터 아예 벗어난다. 이에 자연의 순수한 소리를 상징하는 수역과 어린아이의 첫 울음소리의 의미를 아는 어구가 등장한다. 또 이제부터는 자연적인 커뮤니케이션 수단도 필요로 하지 않는 단계로 들어간다. 그래서 그윽한 깊음을 상징하는 현명과 적막함을 상징하는 참료, 나아가 처음이란 것 자체를 의심하는 의시로 옮아간다. 이래야만 도의 진면목에 보다 더 가까이 다가갈 수 있다.

의시의 상태에 이르면 앞서 복량의가 깨달았던 불사불생의 단계에 이르는 것과 마찬가지 상태가 된다. 이것이 성인의 도를 지닌 사람이 도를 깨우치는 방법이다. 이 점은 복량의가 여우의 가르침을 통해서 도를 깨우친 방식과는 비교된다. 그런데 우리는 여기서 어떤 길을 택해야 할까? 바람직하기는 여우가 깨우친 문도(聞道), 즉 도를 단지 듣기만 하면 되는 길이다. 그렇지만 이 길은 성인의 도를 지닌 사람이라야만 가능하다. 그래서 우리는 복량의가 깨우친 방법에 의존해야 한다. 그렇더라도 성인의 자질이 있어야만 이런 깨우침이 가능하다.

대종사 5-1

자사(子祀), 자여(子輿), 자리(子犁), 자래(子來)가 모여서 말했다.

"누가 무위(無爲), 즉 하고자 함이 없이 하는 것을 머리로 삼고,

삶을 척추로 삼고, 죽음을 꽁무니로 삼아서

죽음과 삶(死生), 있음과 없음(存亡)이 한 몸이란 걸 누가 알까?

우리는 그런 사람과 벗하고 싶다."

자사, 자여, 자리, 자래 네 사람이 서로 바라보면서 웃다가

뜻이 맞아서 이윽고 서로 함께 친구가 되었다.

그런데 자여가 돌연 병이 나서 자사가 문병을 갔다.

자여가 말했다. "조물자(造物者)가 정말로 위대하다.

내 몸을 이토록 구부러지게 만들다니!

이토록 구부러져 등이 불끈 치솟아서 곱사가 되고,

오장은 위로 올라가고, 턱은 배꼽 아래에 감추어지고,

어깨는 머리보다 높고, 목덜미의 등골뼈는 하늘을 향해 있네."

음양의 기(氣)가 자여의 몸속에 이렇게 뒤엉켜 있는데도

자여의 마음은 고요해서 아무 일이 없는 듯했다.

그런데 자여가 비틀비틀 걸어가 우물에 자기 모습을 비추며 말했다.

"아아! 조물자가 내 몸을 이토록 구부러지게 만들다니!"

자사가 말했다. "자네는 그게 싫은가?"

자여가 말했다. "아니지. 내가 어찌 이런 모습을 싫어하겠나?

조물자가 내 왼팔을 차츰차츰 변화시켜 암탉으로 만들면

나는 이로써 새벽을 알리겠네.

또 내 오른팔을 차츰차츰 변화시켜 활로 만들면

나는 이로써 부엉이구이를 장만하겠네.

또 내 엉덩이를 차츰차츰 변화시켜 수레바퀴로 만들면

모습을 말로 바꾸어서 나는 그걸 타고 다니겠네.

그러니 수레에 말을 맬 필요가 달리 있겠는가!

삶을 얻으면 우연히 그런 때를 만난 것이요,

삶을 잃으면 자연의 질서에 순응하는 것이다.

그러니 삶을 얻을 땐 편히 머물고, 삶을 잃을 땐 자연의 질서를 따르면

마음에 슬픔과 즐거움이 끼어들지 못하네.

옛 사람은 이런 삶의 자세를 현해(縣解),

즉 하늘에서 거꾸로 매달린 상태에서 풀려나는 거라고 말했네.

현해에서 스스로 풀려날 수 없다면 사물이 우리를 묶고 있어서이네.

그렇지만 사물이 자연의 변화를 이기지 못한 지 오래되었으니

자연의 질서에 순응하는 걸 내 어찌 싫어할 수 있겠는가!"

• • •

子祀.子輿.子犁.子來四人相與語曰:「孰能以無爲首, 以生爲脊, 以死爲尻, 孰知死生存亡之一體者, 吾與之友矣.」四人相視而笑, 莫逆於心, 遂相與爲友. 俄而子輿有病, 子祀往問之. 曰:「偉哉夫造物者, 將以予爲此拘拘也! 曲僂發背, 上有五管, 頤隱於臍, 肩高於頂, 句贅指天.」陰陽之氣有沴, 其心閒而無事, 跰而鑑於井. 曰:「嗟乎! 夫造物者又將以予爲此拘拘也!」子祀曰:「女惡之乎?」曰:「亡, 子何惡? 浸假而化子之左臂而爲鷄, 子因以求時夜., 浸假而化子之右臂以爲彈, 子因以求鴞炙., 浸假而化子之尻以爲輪, 以神爲馬, 子因以乘之, 豈更駕哉! 且夫得者, 時也, 失者, 順也., 安時而處順, 哀樂不能入也. 此古之所謂縣解也. 而不能自解者, 物有結之. 且夫物不勝天久矣, 吾又何惡焉!」

왼팔을 차츰차츰 변화시켜 암탉으로 만들면 이로써 새벽을 알리다

———

조절과 견독을 거쳐 불사불생(不死不生)의 단계에 이르는 게 성인의 자질이 있는 사람이 도를 깨우치는 방법이란 걸 앞서 소개한 바 있다. 이런 방법을 통해 도를 깨친 사람이 복량의였는데 여기선 자사(子祀)·자여(子輿)·자리(子犁)·자래(子來) 네 사람이 복량의처럼 도를 깨친 사람으로 등장한다. 이들 역시 모두 가공의 인물인데 이름은 나름 의미를 지닌다. 먼저 자사는 죽음을 상징하는데 사(祀)가 '제사 사'로 가는 걸 뜻해서이다. 자래는 출생을 의미하는데 래(來)가 '올 래'로 오는 걸 뜻해서이다. 그리고 자여의 여(輿)와 자리의 리(犁)는 삶의 여정에서 어쩔 수 없이 거쳐야 하는 단계를 제각각 뜻한다.

네 사람은 언젠가 모여서 무위(無爲)를 머리로 삼고, 삶을 척추로 삼고, 죽음을 꽁무니로 삼아 사생존망(死生存亡), 즉 죽음과 삶, 있음과 없음이 한 몸이란 걸 아는 사람과 벗하고 싶다고 말했다. 그리곤 서로 바라보면서 웃다가 결국 뜻이 맞아 친구가 되었다. 그런데 어느 날 자여에게 큰 병이 생겼다. 병은 삶의 여정에서 어쩔 수 없이 거쳐야 하는 단계이므로 장자는 병이 난 사람으로 자여를 설정했다. 자사가 문병을 갔더니 자여는 자신의 몸이 크게 구부러진 걸 가리키면서 조물자(造物者)를 원망하지 않고 그가 정말로 위대하다고 말했다. 자여의 몸이 어느 정도로 구부러졌는가 하면 등은 불끈 치솟고, 오장은 위로 올라가고, 턱은 배꼽 아래에 감추어지고, 어깨는 머리보다 높고, 목덜미의 등골뼈는 하늘을 향했다. 이런 모습은 음양의 기(氣)가 몸속에서 뒤엉킨 결과인데 자여는 아무렇지도 않은 채 태연했다.

자여가 비틀비틀하며 쓰러질 듯 걸어가 우물에 자기 모습을 비추면서 조물자가 어떻게 몸을 이토록 구부러지게 만들었는지 의아해했다. 이에 자사가 그런 모습이 싫으냐고 묻자 자여는 어찌 싫겠느냐고 펄쩍 뛰면서 부인했다. 그러면서 조물자가 자신의 왼팔을 차츰차츰 변화시켜 암탉으로 만들면 자신은 새벽을 알리고, 자신의 오른팔을 차츰차츰 변화시켜 활로 만들면 자신은 부엉이구이를 장만하고, 자신의 엉덩이를 차츰차츰 변화시켜 수레바퀴로 만들면 자신은 모습을 말로 바꾸어서 그걸 타고 다닐 거라고 한술 더 떠 말했다. 이는 조물자가 하자는 대로 자신의 몸과 마음을 맡기겠다는 의지의 표현이다. 장자가 조물주 대신 조물자란 표현을 쓴 것도 이와 무관하지 않다. 조물주가 창조자처럼 만물을 유위에 따라 만드는 존재라면 조물자는 창조자와 달리 무위로서 만물을 만드는 존재이다. 그래서 자여는 조물자의 뜻이 무위자연에 입각해 있으므로 이를 그대로 수용했다.

자여는 어떻게 해서 자신의 몸과 마음을 자연에 쉽게 내맡길 수 있었을까? 그건 자연의 힘이 위대하기에 자연에 그냥 순응하며 살아가는 게 최고란 걸 깨달아서이다. 그래서 자여는 태어나서 삶을 얻으면 우연히 때를 만나 그렇게 된 거고, 또 죽어서 삶을 잃으면 자연의 질서에 순응하는 거라고 여긴다. 이처럼 삶을 얻을 때는 편안히 머물고, 삶을 잃을 때는 자연의 질서를 따르면 마음에 슬픔과 즐거움이 끼어들지 못한다. 옛 사람은 이런 삶의 태도를 현해(縣解), 즉 하늘에

서 거꾸로 매달린 상태에서 풀려나는 거라고 말했다. 이 표현은 「양
생주」에서 제지현해(帝之懸解)의 단어로 이미 등장한 바 있다. 이처럼
거꾸로 매달려서 답답하고 숨쉬기조차 힘든 상황에서 벗어난다면 얼
마나 몸이 편할까! 그러니 생사존망 등을 자연의 흐름에 맡기면 우리
의 마음도 정말로 홀가분해진다.

게다가 사물은 물론이고, 사람도 자연의 위대한 힘을 이기지 못한
지 이미 오래되었다. 그래서 사람이 태어나면 반드시 죽게 마련이고,
또 사물이 오래되면 반드시 닳아 없어지게 마련이다. 이를 잘 알고
있는 자여이기에 큰 병이 들어서 몸이 구부러져도 싫은 모습을 전혀
내보이지 않았다. 그래서 조물자가 자신의 왼팔을 암탉으로 점점 변
화시키면 그걸 피하려고 하지 않고, 오히려 암탉이 되어서 새벽을 알
릴 거라고 말한다. 또 조물자가 자신의 오른팔을 점점 활로 변화시키
면 그걸 거부하지 않고, 오히려 활이 되어서 부엉이를 잡아먹을 거라
고 말한다. 이것이 자연에 순응하는 길인데 이렇게 하면 현해의 자유
로움을 만끽할 수 있다. 반면 거꾸로 매달린 상태에서 벗어나지 못한
다면 그건 천하·사물·삶 등이 우리를 단단히 묶고 있어서이다. 그래
서 장자는 이것들을 잊어야(外) 한다고 말한다.

대종사 5-2

이번엔 자래가 돌연 병이 들었다.

숨을 헐떡이며 죽어갈 때 아내와 자식들이 그를 둘러싸고 울었다.

이때 자리가 문병을 가서 말했다.

"쉬! 저리들 물러나시오! 조용히 죽게 내버려두시오."

그리고 방문에 기대서서 말했다.

"음양의 조화가 위대하다!

또 자네를 무엇으로 바꿔 어디로 데려가려는가?

혹시 자네를 쥐의 간으로 바꾸려는가?

아니면 자네를 곤충의 팔로 바꾸려는가?"

자래가 병상에서 헐떡이며 말했다.

"부모가 자식에게 동서남북 어디를 가라 하든

자식은 오로지 그 명령을 따라야 하네.

그런데 음양의 조화는 부모가 자식에게 명령하는 정도가 아닐세.

음양의 조화가 죽음을 바라는데 이를 듣지 않으면 순종치 않는 거니

음양의 조화가 무슨 잘못이 있겠는가!

자연이 내게 형체를 세우고, 삶으로 나를 수고롭게 하고,

늙음으로 나를 편안케 하더니 죽음으로 나를 쉬게 하네.

그래서 내 삶을 좋다고 여기면 나의 죽음도 좋다고 여겨야 하네.

가령 큰 대장장이가 쇠를 녹여서 주물을 부을 때 쇳물이 튀어 오르며

길길이 날뛰면서 '나는 반드시 막야(鎮鎁)의 명검이 될 거야'라고 말하면

큰 대장장이는 필히 상서롭지 못한 쇳물이라고 여길 거네.

마찬가지로 우리도 우연히 한번 사람의 형태로 찍혀 나왔는데
'사람으로 남을 거야, 사람으로 남을 거야'라고 말하면
조물주는 필히 우리를 상서롭지 못한 사람이라고 여기네.
가령 천지를 용광로로 여기고, 또 조물주를 큰 대장장이라고 여기면
내가 무엇으로 변한들 어떤 상관이 있겠는가!"
그러니 죽은 듯 편히 잠들었다가 홀연히 문득 깨어날 뿐이다.

. . .

俄而子來有病, 喘喘然將死, 其妻子環而泣之. 子犁往問之, 曰:「叱! 避! 無怛化」
倚其戶與之語曰:「偉哉造化! 又將奚以汝爲, 將奚以汝適? 以汝爲鼠肝乎? 以汝爲
蟲臂乎?」子來曰:「父母於子, 東西南北, 唯命之從. 陰陽於人, 不翅於父母., 彼
近吾死而我不聽, 我則悍矣, 彼何罪焉! 夫大塊載我以形, 勞我以生, 佚我以老, 息
我以死. 故善吾生者, 乃所以善吾死也. 今之大冶鑄金, 金踊躍曰『我且必爲鏌鋣』
大冶必以爲不祥之金. 今一范人之形, 而曰『人耳人耳』, 夫造化者必以爲不祥之
人. 今一以天地爲大鑪, 以造化爲大冶, 惡乎往而不可哉!」成然寐, 蘧然覺.

'사람으로 남을 거야'라고 우기면
조물주는 상서롭지 못한 사람이라고 여긴다

―――

이번에는 자래가 죽게 되었다. 그가 숨을 헐떡이면서 죽어갈 때 그의 아내와 자식들이 그를 둘러싸고 울었다. 이때 자래에게 문병을 온 자리가 가족들이 슬퍼하는 모습을 보면서 조용히 죽게 내버려두라고 타일렀다. 삶을 초연한 듯한 자리의 이런 발언은 그뿐만이 아니었다. 자리는 방문에 기대서더니 사람들에게 음양의 조화가 정말로 위대하다고 말했다. 그리고는 자래를 향해서 조물자가 자네를 무엇으로 바꿔서, 또 어디로 데려갈 것인가 하고 물었다. 그리고 장난기가 발동해서인지 자리는 조물자가 자네를 쥐의 간으로 바꾸려는가, 아니면 곤충의 팔로 바꾸려는가 하고 자래에게 물었다. 이런 장난스러운 표현을 통해서 보더라도 자리는 이미 생사를 초월해 있다.

그래서 자래도 자리와 마찬가지로 생사를 초월하는 듯한 말을 꺼낸다. 부모가 동서남북 어디를 가라 하든 자식은 오로지 그 명령을 따라야 한다. 그런데 음양의 조화는 부모가 자식에게 명령하는 것보다 훨씬 더 엄중해서 음양의 조화가 바라는 대로 따라하지 않을 수 없다. 만약 음양의 조화가 우리에게 지금 죽기를 바라면 그건 음양의 조화에 문제가 생겨나서 그런 게 아니다. 그런데도 죽는 게 싫다고 이를 받아들이지 않으면 그건 음양의 조화에 순종하지 않는 태도이다. 우리 몸이 음양의 조화로 그 형체가 만들어지면 삶이 우리를 수고롭게 하고, 늙음이 우리를 편안케 하더니 결국 우리를 죽음으로 쉬도록 하지 않는가! 그래서 삶을 좋다고 여기면 죽음도 좋다고 여겨야 한다.

이제 장자는 조물자를 큰 대장장이(大冶)에 비유하면서 삶과 죽음을 초월하는 내용을 멋지게 마무리한다. 대장장이가 쇠를 녹여 주물을 부을 때 쇳물이 튀어 오르며 길길이 날뛰면서 최고의 명검으로 알려진 막야(鏌鎁)의 검이 반드시 될 거야라고 말하면 대장장이는 상서롭지 못한 쇳물이라고 여긴다. 쇳물의 운명이 쇳물 자신에게 있는 게 아니라 대장장이의 손에 달려 있어서이다. 마찬가지로 우연히 한 번 사람의 형태로 찍혀 나왔는데 사람으로 남겠다고 고집하면 조물자는 필히 상서롭지 못한 사람이라고 여긴다. 이처럼 우리의 운명은 우리에게 있는 게 아니라 오로지 조물자의 손에 달려 있다.

그러니 천지를 큰 용광로로 여기고도, 조물자를 큰 대장장이로 여긴다면 우리가 무엇으로 변한들 무슨 상관이 있겠는가! 대장장이가 용광로에서 각종 철물을 뽑아내듯이 조물자는 천지에서 온갖 사물과 사람을 만들어낸다. 그래서 어떤 때는 대장장이가 쇳물을 갖고서 막야의 명검을 뽑듯이 조물자도 음양의 작용을 통해 사람을 만든다. 또 어떤 때는 대장장이가 보잘 것 없는 철물을 뽑듯이 조물자도 보잘 것 없는 생명체를 만든다. 그러니 우리는 죽으면 편히 잠들었다가 문득 홀연히 다시 깨어날 뿐이다. 그리고 이런 마음을 지녀야만 사는 동안이라도 편히 살 수 있고, 또 사람으로 다시 태어날 확률도 높다. 출생을 의미하는 래(來)가 포함된 자래를 이 글의 주인공으로 삼은 건 이 때문이라고 본다.

자상호(子桑戶), 맹자반(孟子反), 자금장(子琴張) 세 사람은 서로 친구가
되기로 약속하면서 말했다.

"누가 서로 사귄다는 생각 없이 사귈 수 있고,
서로 위한다는 생각 없이 위할 수 있을까?
누가 구름 속을 노닐며, 속세를 초월한 끝없는 경지에서 맴돌며
삶을 잊고서 한없이 살아갈 수 있을까?

세 사람은 서로 쳐다보면서 싱긋이 웃다가 뜻이 맞아 친구가 되었다.
그 후 아무런 일이 없이 얼마간 흘렀는데 그만 자상호가 죽었다.
자상호가 장사를 지내기 전에 공자가 이 소식을 듣고
자공(子貢)을 시켜 일을 거들게 했다.
자공이 가서 보니 어떤 사람은 곡조에 맞춰,
어떤 사람은 거문고를 타면서 서로 화음을 이루며 노래를 불렀다.

"아아, 상호야, 상호야. 우리에게 돌아와라! 돌아와라!
너는 제 모습으로 돌아갔거늘 우리는 아직 사람으로 남아 있구나!"

노래를 듣고 당황한 자공이 종종걸음으로 서둘러 나아가서 물었다.
"감히 묻는데 주검 앞에서 노래를 부르는 게 예(禮)인가요?"
두 사람은 서로 쳐다보다 싱긋이 웃으면서 말했다.
"우리들이 어찌 예를 알겠습니까!"

당황한 자공이 돌아와서 그 얘기를 공자에게 전하며 물었다.
"저들은 대체 어떤 사람인가요?
닦고 가꾼 행동이 없어도 몸 따위는 잊은 채 주검 앞에서 노래 부르며

얼굴빛 하나 변하지 않으니 저들을 뭐라고 말할 수 없습니다.

저들은 대체 어떤 사람인가요?"

공자가 말했다.

"저들은 세상 밖에서 유유자적하는(遊方之外) 사람인 데 반해

나는 세상 안에서 유유자적하는(遊方之內) 사람이다.

세상 밖과 안은 동떨어져 있는데 내가 자네를 문상 가도록 했으니

내 생각이 좀 모자랐네.

저 세 사람은 조물자와 벗이 되어 천지의 한 기운(天地一氣) 속에서

유유자적하며 노니네.

저 세 사람은 삶을 피부에 달라붙은 혹이라고 여기고,

죽음을 곪고 곪은 악창이 드디어 터지는 거라고 여기네.

그러니 저 세 사람은 삶과 죽음 중에 어느 게 먼저이고,

어느 게 나중인지를 어찌 알겠는가!

저 세 사람은 다른 것에 가탁해 잠시 사람의 몸이 되었을 뿐이네.

또 저들은 간과 쓸개도 잊고, 눈과 귀의 작용마저 멈춰 있네.

또 저들은 태어남과 죽음을 끝없이 반복하므로

태어남과 죽음의 처음과 끝을 전혀 알지 못하네.

또 저들은 속세 밖을 멍한 상태로 이리저리 헤매면서 노닐고(彷徨),

유유자적한 채 한가로이 거닐면서(逍遙) 무위에 따른 일을 처리하네.

그런 저들이 또 어찌 성가신 세속적인 장례의 예를 따라

뭇 사람들의 이목에 뜨이도록 하겠는가!"

자공이 물었다.

"그러면 선생님은 세상의 안과 밖 중에서 어느 쪽을 따르나요?"

공자가 말했다.

"나는 하늘의 벌(天戮)을 받아 세상 안에 얽매여 있지만

그렇더라도 나는 자네와 함께 여기에 머물 수밖에 없네."

자공이 물었다.

"그러면 세상 안에서 제대로 머물수 있는 방법을 알려주십시오."

공자가 말했다.

"물고기는 물(水)을 만나야 하듯이 사람은 도(道)를 만나야 하네.

물고기가 물을 만나려면 못을 만들어주면 되지만

사람이 도를 만나려면 예(禮)에 따른 일을 하지 말아야 한다.

그러면 삶이 안정될 걸세.

그래서 물고기는 강과 호수에서 서로를 잊고,

사람은 도술(道術)에서 서로를 잊는다고 말한다."

자공이 물었다. "그럼 기인(畸人)은 어떤 사람인지 알려주십시오."

공자가 말했다.

"기인은 보통사람에겐 기이하지만 하늘과 비교되는 훌륭한 존재이네.

그래서 하늘의 소인(天之小人)은 보통사람에겐 군자이고,

하늘의 군자(天之君子)는 보통사람에겐 소인이라고 한다."

· · ·

子桑戶. 孟子反. 子琴張三人相與語曰:「孰能相與於無相與, 相爲於無相爲? 孰能登天遊霧, 撓挑無極., 相忘以生, 無所終窮?」三人相視而笑, 莫逆於心, 遂相與爲友. 莫然有間而子桑戶死, 未葬. 孔子聞之, 使子貢往侍事焉. 或編曲, 或鼓琴, 相和而歌曰:「嗟來桑戶乎! 嗟來桑戶乎! 而已反其眞, 而我猶爲人猗!」子貢趨而進曰:「敢問臨尸而歌, 禮乎?」二人相視而笑曰:「是惡知禮矣!」子貢反, 以告孔子, 曰:「彼何人者邪? 修行無有, 而外其形骸, 臨尸而歌, 顏色不變, 無以命之, 彼何人者邪?」孔子曰:「彼, 遊方之外者也., 而丘, 遊方之內者也. 外內不相及, 而丘使女往弔之, 丘則陋矣. 彼方且與造物者爲人, 而遊乎天地之一氣. 彼以生爲附贅縣疣, 以死爲決疣潰潰癰, 夫若然者, 又惡知死生先後之所在! 假於異物, 托於同體., 忘其肝膽, 遺其耳目., 反覆終始, 不知端倪., 芒然彷徨乎塵垢之外, 逍遙乎無爲之業. 彼又惡能憒憒然爲世俗之禮, 以觀衆人之耳目哉!」子貢曰:「然則夫子何方之依?」孔子曰:「丘, 天之戮民也. 雖然, 吾與汝共之.」子貢曰:「敢問其方.」孔子曰:「魚相造乎水, 人相造乎道. 相造乎水者, 穿池而養給., 相造乎道者, 無事而生定. 故曰, 魚相忘乎江湖, 人相忘乎道術.」子貢曰:「敢問畸人.」曰:「畸人者, 畸於人而侔於天. 故曰, 天之小人, 人之君子., 天之君子, 人之小人也

자연의 소인은 보통사람에겐 군자이고,
자연의 군자는 보통사람에겐 소인이다

앞에서 조절과 견독을 거쳐 영녕에 이르러 도를 깨친 사람으로 자사·자여·자리·자래 네 사람을 소개했다. 여기선 자상호·맹자반·자금장 세 사람이 이들을 대신해 영녕의 상태에 이르러서 도를 깨친 사람으로 등장한다. 이 사람들은 모두 가공의 인물인데 이름이 나름대로 의미를 지닌다. 자상호에서 상호(桑戶)는 뽕나무 가지를 엮어서 문으로 삼을 정도로 가난한 사람을 뜻한다. 맹자반은 맹자(孟子)와 반대되는 인물이므로 반유가적인 사람을 뜻한다. 그리고 자금장에서 금(琴)은 거문고를, 장(張)은 줄을 건다는 일이므로 거문고를 타면서 유유자적함을 즐기는 사람을 뜻한다.

이들은 친구가 되기로 약속하고선 사귄다는 생각이 없이 사귈 수 있고, 돕는다는 생각이 없이 도울 수 있을까 하고 서로에게 넌지시 제안했다. 이런 제안은 마음에 거슬리지 않고 관계를 맺을 수 있는가 하는 것이다. 또 하늘에 올라가 구름 속에서 노닐며, 속세를 초월한 끝없는 경지에서 맴돌면서 서로의 삶을 잊은 채 한없이 살아갈 수 있을까 하고 서로에게 넌지시 물었다. 이 물음은 유유자적함 속에서 함께 살아갈 수 있는가 하는 것이다. 이런 생각은 앞에서 자사·자여·자리·자래가 "누가 무위를 머리로 삼고, 삶을 척추로 삼고, 죽음을 꽁무니로 삼아서 사생존망이 한 몸이란 걸 아는 사람과 벗하고 싶다"[75]와 연결을 이룬다. 이런 생각에 대해 서로 바라보면서 웃다가 결국엔 뜻이 맞아 친구가 되었다.

그 후 아무런 일이 없이 시간이 흘러 갔는데 가난한 자상호가 그만 죽었다. 공자는 이 소식을 듣고 자공(子貢)을 시켜서 장사지내는 일을 거들게 했다. 자공이 일을 도우러 상가에 갔더니 맹자반은 곡조에 맞추고, 자금장은 거문고를 타며 화음을 이루면서 노래를 불렀는데 그 모습이 가관이었다. "아아, 상호야, 상호야. 우리에게 돌아와라! 돌아와라! 너는 제 모습으로 돌아갔는데 우리는 아직 사람으로 남아 있구나!" 하고 노래를 불러서이다. 노래 가사에서 보듯이 맹자반과 자금장에게 있어 죽음은 이승을 떠난 게 아니라 본래의 제 모습으로 되돌아간 걸 의미한다. 그러니 이들에게 이승에서의 삶은 오히려 제 모습이 아니다. 하여간 맹자반과 자금장은 죽음으로써 제 모습으로 돌아간 자상호를 부러워하고 있으니 이들에게 생명에 대한 집착은 물론이고, 사람으로 태어난 것에 대한 미련이 조금만치도 없다는 걸 알 수 있다.

자공은 이 노래를 듣고 당황해서 종종걸음으로 급히 나아가 주검 앞에서 노래 부르는 게 과연 예(禮)인지를 이들에게 물었다. 맹자반과 자금장은 당황스러운 듯 서로 쳐다보며 싱긋이 웃다가 우리가 어찌 예를 알겠느냐고 겸손하게 대답했다. 이런 겸손함은 예와 같은 격식을 배격하고, 자연스러운 도술이 최고라는 걸 깨닫는 데서 비롯된

---

75) 孰能以無爲首 以生爲脊 以死爲尻 孰知死生存亡之一體者 吾與之友矣. (「대종사」 5)

다. 이에 반해 공자는 "예를 배우지 않으면 똑바로 설 수 없다"[76]고 말한다. 이는 예가 사람이 사람으로서 존립하기 위한 절대적 기준이라는 말이다. 공자에 따르면 인간세상을 살아가기 위해선 예를 반드시 준수해야 한다. 그래서 예는 마치 시각장애자가 자신을 안내하는 사람에게 의지해야 하는 것과 같은 역할을 수행한다. 그래서 공자는 "예가 아니면 보지도 말고, 듣지도 말고, 말하지도 말고, 행하지도 말라."[77]고 주장하지 않았던가!

　평소 예를 중시하는 공자 제자 중 한 사람인 자공이 돌아와서 스승에게 저들은 대체 어떤 사람인지 의아해하며 물었다. 자공이 볼 때 수행(修行), 즉 닦고 가꾼 행동이 없는데도 자신의 몸 따위를 잊은 채 주검 앞에서 노래를 부르면서 얼굴빛 하나 변하지 않아서이다. 그런데 공자는 뜻밖에도 이들을 칭송한다. 자신은 세상 안에서 유유자적하는 사람인 데 반해 맹자반과 자금장은 세상 밖에서 유유자적하는 사람이라면서 말이다. 그리고 세상의 안과 밖은 서로 동떨어져 있는데 제자에게 문상을 가도록 했으니 자신의 생각이 짧아서라고 자공에게 사과를 구한다. 그런 뒤 공자는 세상 밖에서 유유자적하는 사람이 과연 어떤 사람인지에 대해 자공에게 설명했다.

　먼저 세상 밖에서 유유자적하는 사람은 조물자와 친구가 되어 천지의 한 기운(天地一氣) 속에서 노닌다. 이는 태어나고 싶으면 언제든지 태어나고, 죽고 싶으면 언제든지 죽을 수 있다는 말이다. 심지어 삶을 피부에 달라붙은 혹이라고 여기고, 죽음을 곪고 곪은 악창이 드디어 터지는 거라고 여긴다. 이는 사는 게 불편할 수 있고, 죽는 게

---

76) 不學禮 無以立. (『논어』 「계씨」)

77) 非禮勿視非禮勿聽 非禮勿言 非禮勿動. (『논어』 「안연」)

편할 수 있다는 말이다. 또 세상 밖에서 유유자적하는 사람은 삶과 죽음 중에 어느 게 먼저 찾아온 건지 알지 못한다. 이는 지금의 삶이 죽음 다음에 찾아온 건지, 아니면 죽고 나서 지금 새로운 삶이 시작된 건지 모른다는 말이다. 게다가 자신의 몸은 지금 다른 것에 가탁하여 잠시 사람이 된 거라고 여긴다. 그러니 죽으면 자신의 몸을 구성하는 물질은 자연 속으로 다시 되돌아가 또 다른 가탁을 위해서 기다린다.

또 세상 밖에서 유유자적하는 사람은 간과 쓸개도 잊고, 눈과 귀의 작용도 멈춘다. 간과 쓸개를 잊는다는 건 줏대를 세우지 않는다는 의미이므로 자아(我)를 형성하지 않는다는 말이다. 이는 「제물론」에서 강조된 바 있는 오상아(吾喪我)를 실천하는 일이다. 또 눈과 귀의 작용을 멈춘다는 건 감각작용을 하지 않는다는 말이므로 「인간세」에서 강조된 바 있는 심재(心齋)에 이르는 것을 뜻한다. 또 세상 밖에서 유유자적하는 사람은 태어남과 죽음을 끝없이 반복하므로 생사의 처음과 끝을 알 수 없다. 이는 죽어도 그것이 끝이 아니라 새로운 태어남의 시작이라는 것을 안다는 말이다. 게다가 이들은 속세 밖에서 아무런 생각 없이 이리저리 헤매면서 노닐거나, 또 무위에 따른 일(無爲之業)을 여유롭게 한가로이 처리한다. 자상호·맹자반·자금장도 이처럼 세상 밖에서 유유자적하는 사람들이니 번잡한 세속의 장례 예에 따라 사람들의 이목에 뜨이지 않으려고 하는 게 분명하다.

자공은 스승의 말씀을 듣고서 비로소 자상호의 죽음에 대해 보였던 맹자반과 자금장의 행동을 이해할 수 있게 되었다. 이에 자공은 스승에게 세상의 안과 밖 중 어느 쪽을 따르는지에 대해 물었다. 이 질문은 좀체로 스승에게 던질 수 없는 불손한 질문에 속하는데 자공이 이렇게까지 물은 건 맹자반과 자금장처럼 세상 밖에서 유유자적하며 노니는 사람의 모습에 충격을 받아서이다. 게다가 자공은 세상의 안팎을 구분하는 데 있어 스승처럼 객관적 개념인 '방(方)'을 사용한 게 아니라 가치를 지닌 '진구(塵垢)'란 개념을 사용했다. 그래서 자공은 진구지외(塵垢之外)를 세상 밖으로, 진구지내(塵垢之內)를 세상 안으로 표현했다. 진구란 티끌과 때를 말하므로 세상 밖은 티끌과 때가 없는 깨끗한 세상인 반면 세상 안은 티끌과 때가 쌓인 지저분한 세상이다.

공자도 이 점을 잘 파악하고 있는 듯하다. 그래서 공자는 티끌과 때가 없는 깨끗한 세상에서 살고 싶다고 말했다. 그런데도 천륙(天戮), 즉 자연의 벌을 받아서 티끌과 때가 쌓인 지저분한 속세에 머물 수밖에 없다고 말했다. 왜 그랬을까? 이걸 푸는 열쇠가 바로 티끌과 때에 있다. 장자가 자공의 입을 빌려서 티끌과 때를 통해 말하려는 바가 예(禮)이다. 장자가 볼 때 예란 거추장스럽고, 또 군더더기와 같다. 상례(喪禮), 즉 장사지낼 때의 예가 특히 그러하다. 적당할 때 태어나서 순리대로 돌아가는 게 자연의 이치일 텐데 그렇다면 상례가 어째서 이렇게 번잡스러워야 하는가? 같은 맥락에서 인의(仁義)도 티끌이나 때와 같은 존재이다. 그래서 인의는 물론이고 예를 불필요할 정도로 지나치게 준수하는 건 천륙, 즉 자연의 벌에 해당한다.

이런 사실은 세상 안에서 잘 머무는 방법에 대해 가르쳐 달라는 자공의 질문에 대한 공자의 답변을 통해서 드러난다. 공자에 따르면 세상 안에서 잘 머물려면 도(道)를 만나야 하는데 도를 만나려면 예(禮)에 입각해서 일을 처리하지 않아야만 비로소 가능하다. 도를 만나는 건 마치 물고기가 물(水)을 만나는 것과 같다. 그래서 물고기가 살기 위해서 물을 충분히 공급받으려면 땅을 파서 못을 만들어주면 된다. 이에 반해 부모와 자식 간의 사랑(親), 군주와 신하 간의 도리(義), 부부 간의 구별(別)과 같은 예는 메마른 못에서 물고기가 살기남기 위해 침과 거품을 통해서 서로를 적셔주는 하찮은 도리일 뿐이다. 그래서 물고기가 강과 호수에서 물의 존재를 잊듯이 사람도 도술(道術)에서 부모와 자식, 군주와 신하, 부부의 예 따위를 잊는 게 최고의 도리이다.

그렇다면 기인(畸人)은 어떤 사람일까? 우리가 이해하지 못할 정도로 정말로 이상한 사람일까? 장자는 공자의 입을 통해서 기인은 이상한 사람이 아니라 자연과 비교되는 훌륭한 존재라고 말한다. 단지 보통사람의 눈에 기인으로 보일 뿐이다. 이런 기인은 예에 얽매여 사는 사람들이 부자, 군신, 부부의 관계 등을 따질 때 오히려 자연과 벗이 되어 천지의 일기(一氣) 속에서 유유자적하면서 노닌다. 이런 기인은 「인간세」의 마지막을 장식하는 광인 접여와도 흡사하다. 이들에게 있어 태어나고 죽는 건 꽃이 피고 지는 것과 같은 자연현상일 뿐이다. 이런 사람들은 세속의 눈에서 보면 분명 기인이다. 반면 세상에서 말하는 군자, 즉 유가가 이상적으로 여기는 사람은 자연의 입장에서 보면 소인(小人)이다. 그래서 자연의 소인은 사람에게 군자이고, 그리고 자연의 군자는 사람에게 소인이란 말이 성립한다.

안회(顔回)가 묻고 공자(仲尼)가 대답했다.

안회가 말했다.

"맹손재(孟孫才)는 어머니가 죽자 소리 내어 울어도 눈물 흘리지 않았고,

마음속으로도 슬퍼하지 않았고, 상중에도 애달파하지 않았습니다.

이 세 가지, 즉 눈물(涕)·슬픔(戚)·애달픔(哀)이 빠져 있는데도

상(喪)을 잘 치렀다는 평이 노(魯)나라에 파다합니다.

맹손재는 본디 상을 잘 치른 사실이 없는데도 부모상을 잘 치렀다는

명성(名)만 얻은 게 아닌가요? 저는 이 점이 심히 의심스럽습니다."

공자가 말했다.

"맹손씨는 부모상을 도리를 다해 치렀고,

상례를 아는 사람보다 한 걸음 더 훌륭하게 나아갔네.

사람들은 부모상을 간소히 치르고 싶어도 실천에 옮기지 못하는데

그럼에도 그는 간소하게 잘 치렀네.

맹손씨는 자신이 태어난 이유도 모르고, 죽는 이유도 모르고,

삶과 죽음 중에 어느 게 먼저이고, 또 어느 게 나중에 온 건지 모르네.

이에 맹손씨는 자연의 섭리에 따라 다른 거로 끊임없이 변화해서

자신도 알지 못하는 앞으로의 변화를 기다릴 뿐이네!

맹손씨 어머니가 막 죽어서 다른 거로 곧 변할 텐데

그녀가 변하지 않을 거라고 우리가 어찌 알겠는가?

맹손씨 어머니가 죽어서 더 이상 다른 거로 변하지 않을 텐데

그녀가 변한 걸 우리가 어찌 알겠는가?

특히 자네와 나는 이런 변화를 깨닫지 못해 꿈속을 헤매면서
아직도 깨어나질 못하네!

그러니 맹손씨는 이런 변화로 인해 몸이 놀라도 마음이 상하지 않으며,

마음을 가탁한 몸이 밝음에서 어둠으로, 또 반대로 바뀌더라도

만물을 생성하는 음양의 기운(精)을 소모하지 않네.

맹손씨는 이런 점을 깨달아서 남이 곡하면 그도 따라 곡했을 뿐인데

이런 행동은 저절로 이루어진 걸세.

사람들은 지금 함께 하는 자신을 가리켜서 나(吾)라고 할 뿐인데

나라고 한 내가 진짜 나인지를 어찌 알겠는가?

자네는 가끔 꿈에 새가 되어서 하늘로 힘껏 날아오르고,

또 꿈에 물고기가 되어서 연못으로 숨어들겠지.

그러니 지금 말하는 내가 꿈에서 깨어난 나인지,

아니면 꿈을 꾸는 나인지 모르지 않는가?

마음이 흡족해도 웃지 말고, 또 누군가 웃음을 선사해도 물리치지 말고,

자연의 작용을 편안히 받아들여서 자연의 변화와 함께 하면

공허한 자연(廖天)으로 들어가서 자연과 하나가 될 걸세."

• • •

顏回問仲尼曰:「孟孫才, 其母死, 哭泣無涕, 中心不戚, 居喪不哀. 無是三者, 以善
處喪蓋魯國. 固有無其實而得其名者乎? 回壹怪之.」仲尼曰:「夫孟孫氏盡之矣, 進
於知矣, 唯簡之而不得, 夫已有所簡矣. 孟孫氏不知所以生, 不知所以死, 不知孰
先, 不知孰後., 若化爲物, 以待其所不知之化已乎! 且方將化, 惡知不化哉? 方將
不化, 惡知已化哉? 吾特與汝, 其夢未始覺者邪! 且彼有駭形而無損心, 有旦宅而無
耗精. 孟孫氏特覺, 人哭亦哭, 是自其所以乃. 且也相與吾之耳矣, 庸詎知吾所謂吾
之非吾乎? 且汝夢爲鳥而厲乎天, 夢爲魚而沒於淵. 不識今之言者, 其覺者乎, 其
夢者乎? 造適不及笑, 獻笑不及排, 安排而去化, 乃入於廖天一.」

눈물·슬픔·애달픔이 빠져도
부모상(喪)을 잘 치른 맹손재

———

상례(喪禮)에 관한 얘기가 앞 장에 이어서 계속되는데 이번에는 안회와 공자의 문답으로 진행된다. 노나라에 맹손재(孟孫才)라는 사람이 있었는데 모친상을 치르면서 울어도 눈물을 흘리지 않았고, 마음으론 슬퍼하지 않았고, 상중인데도 애달파하지 않았다. 그런데도 상을 잘 치렀다는 평이 노나라에 파다했다. 안회가 볼 때 눈물(涕), 슬픔(戚), 애달픔(哀)이 없으면 상을 잘 치렀다고 할 수 없다. 그런데도 상을 잘 치렀다는 소문이 자자한 건 맹손재가 부모상을 잘 치렀다는 명성만 얻자고 한 게 아닌가 하는 의구심이 들었다. 이에 스승인 공자에게 맹손재의 모친상이 과연 잘 치러졌는지를 따져 물었다.

이에 대해 공자는 맹손씨로 호칭을 높여 부르면서 그가 부모상을 잘 치렀다고 하는 뜻밖의 대답을 내놓았다. 공자가 볼 때 맹손씨는 부모상을 도리를 다해 치렀고, 또 상례를 아는 사람보다 한 걸음 더 나아가 훌륭하게 치러서다. 공자는 왜 이렇게 생각했을까? 사람들은 부모상을 간소하게 치르고 싶어도 쉽게 실천에 옮기지 못하는데 맹손재는 실천에 옮겨 부모상을 간소하게 치렀기 때문이다. 물론 이런 판단은 공자의 생각이 아니라 장자의 생각이다. 글의 구성상 공자의 입을 통해 장자의 생각을 말하는 방식을 취하고 있어서이다.

맹손재는 부모상을 어떻게 해서 간소하게 치를 수 있었을까? 그건 맹손재가 자신이 태어난 이유도 모르고, 또 죽는 이유도 모르고, 그리고 삶과 죽음 중에 어느 게 먼저 오고, 또 어느 게 나중에 오는 건지 알지 못하고, 그리고 또 이를 알려고 하지 않아서이다. 이에 맹손재는 자연의 섭리에 따라 다른 것으로 끊임없이 변화하는 와중에서 자신도 알지 못하는 앞으로의 변화를 그냥 기다릴 뿐이다. 이런 표현은 「대종사」에서 이미 여러 차례 등장한 바 있다. 예를 들어 자연이 형체를 부여하고, 삶을 주어 수고롭게 하고, 늙게 해 편안하게 하고, 죽게 해 쉬게 한다든지, 그리고 삶을 얻으면 우연히 그런 때를 만난 것이요, 삶을 잃으면 그건 자연의 질서에 순응하는 거라든지, 그리고 또 다른 것에 가탁하여 잠시 사람과 같은 몸이 된 거라든지 하는 표현들이다. 이런 생사관을 지닌다면 죽음이 특별할 게 없다. 그러니 죽음을 슬퍼하는 상례도 그 의미가 자연히 축소된다.

묵가도 유가와 달리 절장(節葬), 간소한 장례를 지지한다. 그렇지만 간소한 장례의 취지는 장자와 사뭇 다르다. 묵가가 말하는 간소한 장례의 취지는 극히 공리적이다. 묵가에 따르면 번잡한 상례와 요란한 장례는 낭비만 있을 뿐 쓸모가 없다. 이에 반해 장자가 말하는 간소한 장례의 취지는 생사를 초월하는 데서 비롯된다. 그래서 장자는 장례의 간소화만 요구하는 게 아니라 장례를 아예 없애 버리라고 요구할지도 모른다. 장자는 그의 아내가 죽자 두 다리를 뻗고 앉아 웅크리면서 대야를 두드리며 노래 부르기까지 하지 않았던가? 조문을 가서 이런 모습을 본 혜시가 깜짝 놀라 어찌 이렇게 행동할 수 있느냐고 따지자 장자는 말했다.

아내가 먼저 죽었는데 어찌 나라고 슬프지 않을 수 있나!

그런데 사람이 태어나기 전을 살피면 원래 생명이란 게 없었네.

다만 생명만 없었던 게 아니라 원래 형체란 것도 없었네.

다만 형체만 없었던 게 아니라 원래 기란 것도 없었네.

그러다 어둠 속에 무언가 섞여 있다 그게 변해 기가 만들어졌네.

기가 변해 형체가 생겼고, 형체가 변해 생명이 생겼고,

지금 그것이 다시 변해 죽음으로 돌아간 거네.

이것은 춘하추동 사계절의 운행과 같은 이치이네.

아내는 우주란 방에 쓰러진 채 잠들었는데

내가 슬퍼서 엉엉 울며 다른 사람을 따라 곡한다면

내 스스로 하늘의 뜻과 통하지 않게 하는 것이네.[78]

장자의 이런 생각은 죽음에 직면해서도 마찬가지로 나타난다. 성대히 장사지내려는 제자들을 향해 장자는 하늘과 땅을 관곽으로 삼고, 해와 달을 한 쌍의 둥근 옥으로 삼고, 별들을 구슬로 여기며, 만물을 부장품으로 여기려고 하니 장례를 위한 갖춤은 이미 잘 준비된 게 아닌가라고 일갈한다. 이에 한 제자가 까마귀나 솔개가 선생님의 시신을 뜯어 먹을까 염려한다고 말하자 시체가 땅 위에 있으면 까마귀나 솔개의 밥이 되고, 땅 속에 있으면 땅강아지와 개미의 밥이 될 것이다. 그런데 위쪽에서 까마귀나 솔개의 먹이를 빼앗아 아래쪽에 땅

---

78) 是其始死也. 我獨何能無槪然! 察其始而本無生 非徒無生也而本無形 非徒無形也而本無氣. 雜乎芒芴之間 變而有氣 氣變而有形 形變而有生 今又變而之死 是相與爲春秋冬夏四時行也. 人且偃然寢於巨室 而我噭噭然隨而哭之 自以爲不通乎命.
(「지락」 2)

강아지와 개미에게 먹이를 주는 걸 두고 공평하지 않다고 말하면 곤란하지 않겠느냐고 주장한다. 이 내용은 잡편 「열어구」에 등장하는 내용이다. 장자의 이런 생각은 생사를 오로지 초월하기에 가능하다.

게다가 장자는 자신이 죽으면 다른 사물이나 생명체로 변해서 나타날 것이라고 믿는다. 제자들이 이런 사실을 모르고 스승의 죽음을 마냥 슬퍼한다면 장자 입장에선 안타깝기 짝이 없다. 또 장자는 죽으면서 다른 거로 이미 변화했기에 당분간 변화하지 않을 수 있다고 믿는다. 제자들이 이런 사실을 모르고 스승에게 새로운 변화가 있기를 바란다면 이 또한 안타깝기 짝이 없다. 이 점에 있어선 공자와 안회도 장자 제자들의 생각과 크게 다르지 않다. 그래서 공자를 비롯한 유가는 이런 변화의 원리를 깨닫지 못해 부모가 죽으면 마냥 슬퍼한다. 장자에 따르면 이런 슬픔은 꿈속을 헤매면서 아직 깨어나지 못해 생겨나는 일이다.

이에 반해 맹손재는 이미 꿈속에서 깨어난 사람이다. 그래서 부모가 죽음으로 인해 다른 사물이나 생명체로 변하더라도 눈과 귀가 놀라는 일은 있어도 마음까지 상하는 일은 없다. 이는 몸으로는 슬프지만 마음으로 슬퍼하지 않는다는 말이다. 또 마음을 가탁한 몸이 밝음에서 어둠으로, 또 어둠에서 밝음으로 바뀌더라도 만물을 생성하는 음양 기운의 정수(精)는 소모되지 않는다는 말이다. 사실 우리가 정작 걱정해야 하는 건 음양 기운의 정수가 소모되는 일이다. 그런데 이것이 전혀 소모되지 않으니 다른 사물이나 생명체로 얼마든지 변할 수 있다. 또 어쩌면 지금보다 더 나은 존재로 바뀔 수 있다. 이에 맹손재는 남이 곡하면 따라서 곡했는데 이런 스스럼없는 행동은 죽음으로 모든 게 끝나는 것이 아니라는 점을 분명히 깨달아서이다. 이것이 꿈속에서 깨어난 사람의 모습이다.

꿈속에서 깨어난 사람은 본래의 나(吾)를 분명히 지킨다. 나(吾)란 태어날 때 그대로의 모습을 지닌 본래면목의 나이다. 이 본래면목의 나와 반대되는 게 아(我)이다. 아란 살면서 다른 사람들과 상대하면서 만들어진 나이다. 장자는 사람들이 꿈속에서 헤매는 건 이런 내(我)가 작용한 탓으로 본다. 또 이런 내가 희로애락을 만들어내는 주범이다. 그래서 사람이 죽으면 슬퍼하는 건 내가 작용한 결과이다. 반면 본래면목의 나(吾)는 희로애락 그 자체를 알지 못한다. 갓 태어난 아이에게 희로애락의 감정이 없다는 게 단적인 예다. 그래서 장자는 「제물론」을 시작하면서 오상아(吾喪我), 즉 본래면목의 나(吾)가 만들어진 나(我)를 초상 치러야 한다고 말하지 않았던가? 그래야만 우리는 비로소 꿈속에서 깨어날 수 있다.

그러니 마음이 흡족해도 크게 웃지 말고, 또 누군가 자신에게 웃음을 선사해도 굳이 물리치지 말아야 한다. 이는 희로애락(喜怒哀樂)의 감정, 여탄변집(慮嘆變慹)의 생각, 요일계태(姚佚啓態)의 행동에서 해방되어야 함을 말한다. 이처럼 자연의 작용을 편안히 받아들여서 자연의 변화와 함께 간다면 료천(廖天), 즉 공허한 자연으로 들어가서 자연과 하나가 된다. 이것은 모두 꿈속에서 깨어났기에 비로소 가능한 일이다.

의이자(意而子)가 허유(許由)를 보자 허유가 그에게 물었다.

"요(堯)임금이 자네에게 무얼 가르쳐주던가?"

의이자가 대답했다.

"요임금께선 '인의(仁義)를 반드시 실천하고,

시비(是非)를 사리에 맞게끔 하라'고 했습니다."

허유가 물었다.

"그런데 어째서 자네가 나를 찾아왔는가?

요임금이 자네에게 인의란 경형과 시비란 의형을 내렸는데도

자네가 넓은 곳을 자유로이 거닐고, 강에서 마음대로 노닐려는 건

장소를 옮겨가면서 만들어내는 더럽힘이지 않은가?"

의이자가 대답했다.

"비록 그렇더라도 전 그 언저리에서 유유자적하길(遊) 원합니다."

허유가 말했다.

"안 되네. 맹인은 얼굴 모습의 아름다움을 못 보고,

소경은 청색과 황색으로 꾸민 아름다운 옷의 수를 못 보네."

의이자가 말했다.

"미인인 무장(無莊)은 자신의 아름다움을 잃었고,

장사인 거량(據梁)은 자신의 힘을 잃었고,

지혜로운 황제(皇帝)는 자신의 지력을 잃었는데

이 모두는 조물주의 제련에 의해서 그렇게 된 것입니다.

그러니 조물주가 인의란 경형자국과 시비란 의형자국을 메워 주어서

제가 온전한 몸을 지니고 선생님을 따르게 할지 어찌 압니까?"

허유가 말했다. "허! 그럴지 모르네.

내가 자네에게 유유자적함이 무엇인지 아주 간략히 말해 주겠네.

나의 스승이여! 나의 스승이여!

만물을 뒤섞어서 조화를 이루더라도 의로움(義)이라고 여기지 않고,

은덕이 만세에 미치더라도 어짊(仁)이라고 여기지 않고,

태고(太古)보다 오래더라도 늙음(老)이라고 여기지 않고,

천지를 감싸 많은 형상을 조각하더라도 재주(巧)라고 여기지 않으니

이것이 유유자적함(遊)이란 걸세!"

· · ·

意而子見許由. 許由曰:「堯何以資汝?」意而子曰:「堯謂我:『汝必躬服仁義而明言是非.』」許由曰:「而奚來爲軹? 夫堯旣已黥汝以仁義, 而劓汝以是非矣, 汝將何以遊夫遙蕩恣睢 轉徙之塗乎?」意而子曰:「雖然, 吾願遊於其藩.」許由曰:「不然. 夫盲者無以與乎眉目顔色之好, 瞽者無以與乎靑黃黼黻之觀.」意而子曰:「夫無莊之失其美, 據梁之失其力, 皇帝之亡其知, 皆在鑪捶之間耳. 庸詎知夫造物者之不息我黥而補我劓, 使我乘成以隨先生邪?」許由曰:「噫! 未可知也. 我爲汝言其大略. 吾師乎! 吾師乎! 鼇萬物而不爲義, 澤及萬世而不爲仁, 長於上古而不爲老, 覆載天地刻彫衆形而不爲巧. 此所遊已.」

인의(仁義)란 이름의 경형,
시비(是非)란 이름의 의형

―――

이제부터 인의(仁義)와 시비(是非)가 왜 문제가 되는지에 대해 장자는 의이자(意而子)와 허유(許由)의 대담을 통해서 밝힌다. 허유는 요임금이 천하를 물러준다고 하자 더러운 말을 들었다고 불쾌해하며 냇가로 당장 달려가서 귀를 씻은 사람으로 유명하다. 그런데 허유의 이름에서 유(由)는 '좇을 유'로 무심한 가운데 자연스러움을 따른다는 뜻이다. 이에 반해 의이자의 의(意)는 '뜻 의'로 특정한 생각이나 어떤 의향과 관련이 있다. 이런 의미로 인해 의이자란 가공의 인물이 설정되었다. 요임금이 의이자에게 가르쳐준 인의와 시비가 경형(黥刑)과 의형(劓刑)처럼 사람의 마음에 억지로 찍은 낙인과 같아서이다.

허유가 의이자를 만나자 요임금이 무얼 가르쳐주더냐고 묻자 의이자는 인의를 몸소 실천하고, 또 시비를 사리에 맞게끔 처리하라는 걸 배웠다고 대답했다. 이는 지극히 당연한 가르침이자 배움이다. 그런데도 허유는 못마땅한 표정을 짓고서 구태여 나를 왜 찾아왔느냐고 무뚝뚝하게 대답했다. 요임금이 의이자에게 이미 인의란 이름의 경형과 시비란 이름의 의형을 내려서이다. 경형은 이마에 묵으로 낙인을 찍는 형벌이고, 의형은 코를 베는 형벌이다. 허유의 입장에선 인의와 시비는 경형과 의형과 같은 형벌에 해당한다. 그렇다면 인의와 시비는 어떤 내용의 형벌인가? 「소요유」에 등장한 바 있는 광막지야(廣莫之野)처럼 넓은 곳을 자유로이 거닐지 못하거나 사수(泗水)로 유유히 흘러들어 가는 유(濉) 강에서 마음대로 노닐 수 없거나 하는 형벌에 해당한다. 장자는 방황과 소요를 삶에 있어 최고의 즐거움으로 삼았기에 인의와 시비는 이런 즐거움을 빼앗아 가는 무거운 형벌에 속한다.

의이자는 허유의 말에 굴하지 않고 광막지야나 유강의 언저리에서나마 유유자적하길(遊) 원한다고 간청한다. 이런 간청에도 불구하고 허유는 안 된다고 딱 잘라 말한다. 맹인은 얼굴 모습의 아름다움을 못 보고, 소경은 청색과 황색으로 꾸민 아름다운 옷의 수를 못 보는데 인의라는 경형과 시비라는 의형을 받은 의이자가 그런 맹인과 소경과 같기 때문이다. 그래서 의이자를 유유자적하기 좋은 곳에 데려다 놓아도 그는 이런 여유를 누릴 수 없다. 게다가 의이자는 실제 맹인이나 소경과 근본적으로 다르기에 더욱 더 유유자적함의 여유를 가질 수 없다. 맹인과 소경은 눈동자나 귀의 고막처럼 신체가 잘못된 탓으로 사물을 볼 수 없지만 의이자는 인의와 시비로 인해 생각(意)이 잘못되어서 사물을 왜곡시킨다. 이런 상황에서 유유자적함의 여유와 관련하여 의이자에게 기대할 수 있는 건 아무것도 없다.

인의와 시비에 대해 냉정할 정도의 이런 부정적 태도는 노자에게서도 발견된다. 노자는 "거룩함을 끊고 앎을 버리면 백성의 이익은 백 배가 되고, 어짊을 끊고 의로움을 버리면 백성은 다시 효도하고 인자하게 된다."[79]고 말한다. 시비란 앎에서 비롯되는데 앎을 버리면 백성의 이익이 백 배가 된다. 그러므로 시비를 벌이지 않으면 백성에게도 분명 이득이 간다. 또 어짊을 끊고 의로움을 버려야 백성이 다시 효도하고 인자하게 된다. 그러므로 어짊과 의로움을 강조하면 오히려 백성이 효도하지 못하고 또 인자하지 않을 수 있다.

같은 맥락에서 노자는 "큰 도가 없어진 건 인의가 있기 때문이고, 지혜로운 사람이 나오는 건 큰 거짓이 있기 때문이다."[80]고 말한다. 이는 인의를 강조하니까 큰 도가 없어지고, 또 큰 거짓이 날개를 다니까 소위 지혜롭다고 하는 사람이 나오는 걸 뜻한다. 심지어 노자는 "천지는 어짊이 없어 만물을 짚으로 만든 개라고 여기고, 성인도 어짊이 없어 백성을 짚으로 만든 개로 여긴다."[81]고 말한다. 짚으로 만든 개는 제사 때는 소중히 여겨지더라도 제사가 끝나면 그대로 내팽개쳐진다. 어짊을 이런 짚으로 만든 개에 비유했으니 어짊이란 사람들이 눈치 볼 때는 소중히 여겨지다가 눈치 볼 일이 없어지면 그냥 버려지는 보잘 것 없는 가치이다.

그런데도 의이자는 전설상의 미인이었던 무장(無莊), 전설상의 장사였던 거량(據梁), 지혜로웠던 황제(皇帝)를 들먹이면서 광막지야나 유강의 언저리에서라도 유유자적하길(遊) 원한다고 또다시 간청한다. 의이자는 왜 무장, 거량, 황제까지 들먹이는 걸까? 무장은 자신의 아름다움을 잃었고, 거량도 자신의 힘을 잃었고, 황제도 자신의 지력을 잃었는데 이것들은 모두 조물자의 제련에 의해 이루어진 것이다. 그래서 무장, 거량, 황제는 도를 터득한 뒤에는 각자의 아름다움(美), 힘(力), 지력(知)을 잊고서 집착이 없는 훌륭한 인간으로 거듭났다. 그러니 의이자도 조물자가 인의라는 경형자국을 없애고, 시비라는 의형자국을 메워주면 온전한 마음이 되어서 허유 선생을 따르지 않겠느

---

79) 絶聖棄智 民利百倍 絶仁棄義 民復孝慈 (『도덕경』 19장)

80) 大道廢 有仁義 智慧出 有大僞 (『도덕경』 18장)

81) 天地不仁 以萬物爲芻狗 聖人不仁 以百姓爲芻狗 (『도덕경』 5장)

냐고 자신의 소망을 간절히 청했다.

그러자 허유는 혹시 그럴 수 있을지 모르지만 결코 그렇게 될 수 없다는 걸 자신의 스승이 어떤 사람인지를 통해 증명해 보인다. 허유는 그의 스승이 너무나 훌륭해서 "나의 스승이여! 나의 스승이여!" 하며 감탄해하며 말한다. 허유의 스승은 만물을 산산이 조각내고도 의로움(義)이라고 여기지 않고, 은덕이 만세에 미쳐도 어짊(仁)이라고 여기지 않고, 태고(太古)보다도 오래되어도 늙음(老)이라고 여기지 않고, 천지를 감싸 많은 형상을 조각하더라도 재주(巧)라고 여기지 않는다. 이쯤 되어야 유유자적함(遊)이라 말할 수 있다. 즉 의로움, 어짊, 늙음, 재주를 드러내지 않고 되도록 감추어야만 유유자적함을 즐길 수 있다. 그러니 인의의 경형과 시비의 의형 자국을 지운다고 해서 도를 터득할 수 있는 게 아니다. 이와 비슷한 표현이 외편 「천도」에서도 발견된다.

> 나의 스승이여! 나의 스승이여!
> 스승은 만물을 산산이 조각내고도 사나움(戾)이라고 여기지 않고,
> 은덕이 만세에 미쳐도 어짊(仁)이라고 여기지 않고,
> 태고보다 오래되어도 장수(壽)라고 여기지 않고,
> 천지를 감싸 안아 많은 형상을 조각해도 재주(巧)라고 여기지 않아
> 이를 자연의 즐거움(天樂)이라고 한다.[82]

그런데 표현상에 있어 몇 군데 차이가 발견된다. 만물을 산산이 조

---

[82] 吾師乎! 吾師乎! [敕+韭]萬物而不爲戾 澤及萬世而不爲仁 長於上古而不爲壽 覆載天地刻雕衆形而不爲巧 此之爲天樂. (「천도」 2)

각내고도 의로움(義)이라고 여기지 않는 대신 「천도」에선 사나움(戾)이라고 표현하고, 태고보다 오래되어도 늙음(老)이라고 여기지 않는 대신 「천도」에선 장수(壽)라고 표현하고, 또 유유자적함(遊) 대신 「천도」에선 자연의 즐거움(天樂)이라고 표현한다.

만물을 산산이 조각내고도 의로움이라고 여기지 않는다는 건 무슨 의미일까? 만물을 산산이 조각낸다는 건 혼돈의 상태를 무너뜨려 서서히 만물이 그 모습을 드러내는 걸 뜻한다. 이는 조물자에 의해 사물이 하나씩 만들어지는 일이다. 이처럼 허유의 스승은 만물을 하나씩 만들고서도 의로운 일을 했다고 여기지 않는다. 「천지」에선 만물을 만드는 것을 사나움으로 표현했는데 그렇게도 표현할 수 있다. 사나워야만 만물이 만들어질 수 있어서이다. 그렇지만 사나움보다 의로움이 보다 적절한 표현이라고 본다. 또 늙음(老) 대신 장수(壽)로 표현한 것도 어느 정도 이해가 된다. 서로 비슷한 의미를 지니기 때문이다. 그렇지만 장수란 물리적인 나이일 뿐이지만 늙음은 원숙함이란 의미로도 사용된다. 그러니 장수보다 늙음이 보다 바람직한 표현이다.

또 유유자적함(遊) 대신에 「천도」에선 이를 천락(天樂), 즉 자연의 즐거움이라고 표현한다. 자연의 즐거움이란 어떤 걸까? 자연스러운 덕(德)에 환히 밝은 게 큰 근본(大本)이자, 큰 근원(大宗)이라고 말하는데 이것이 천화(天和), 즉 자연과 화합하는 일이다. 그러니 대종(大宗)은 자연스런 덕에 환히 밝은 것이다. 이에 반해 세상을 고르게 하는 건 인화(人和), 즉 사람과 화합하는 일이다. 사람과 화합하는 건 사람의 즐거움(人樂)이고, 자연과 화합하는 건 자연의 즐거움(天樂)이다. 「대종사」에서 자연의 즐거움 대신 유유자적함을 말하는 건 인의(仁義)란 경형과 시비(是非)란 의형에서 벗어나야 비로소 유유자적함을 누릴 수 있어서이다. 그렇다면 이런 유유자적함이 곧 자연이 준 즐거움, 곧 천락이 아닐까?

안회(顏回)가 말했다. "제게 뭔가 나아진 바가 있습니다."

공자(仲尼)가 물었다. "그게 무슨 의미이지?"

안회가 대답했다. "제가 예악(禮樂)을 잊었습니다."

공자가 말했다. "괜찮긴 하지만 아직은 부족하다."

얼마 후 안회가 스승을 다시 만나 뵙고서 말했다.

"제게 뭔가 나아진 바가 있습니다."

공자가 물었다. "그게 무슨 의미이지?"

안회가 대답하길 "제가 인의(仁義)를 잊었습니다."

공자가 말했다. "괜찮긴 하지만 아직은 부족하다."

얼마 후 안회가 스승을 다시 만나 뵙고서 말했다.

"제게 뭔가 나아진 바가 있습니다."

공자가 물었다. "그게 무슨 의미이지?"

안회가 대답했다. "저는 좌망(坐忘)하게 되었습니다."

그러자 공자는 놀란 듯 안회에게 물었다. "좌망이란 게 무엇인가?"

안회가 대답했다.

"몸통과 사지의 힘이 빠지고, 눈과 귀가 어두워지니 몸은 떠나가고,

지각작용은 소멸해 큰 통함, 즉 도와 하나 되는데 좌망이라 합니다."

공자가 말했다.

"도와 하나가 되면 좋다 싫다 하는 감정이 없어지고,

또 그와 함께 변화하면 마음에서 집착이 없어진다.

그러니 정말로 현명하구나! 나도 자네의 뒤를 따르게 해다오."

顔回曰：「回益矣.」尼曰：「何謂也?」曰：「回忘禮樂矣.」曰：「可矣, 猶未也.」他日,
復見, 曰：「回益矣.」曰：「何謂也?」曰：「回忘仁義矣.」曰：「可矣, 猶未也.」他日,
復見, 曰：「回益矣.」曰：「何謂也?」曰：「回坐忘矣.」仲尼蹴然曰：「何謂坐忘?」顔
回曰：「墮肢體, 黜聰明, 離形去知, 同於大通, 此謂坐忘.」仲尼曰：「同則無好也,
化則無常也. 而果其賢乎! 丘也請從而後也.」

몸은 떠나가고 지각작용이 멈춘 좌망(坐忘)

─────

「인간세」를 대표하는 개념이 심재(心齋)라면 「대종사」를 대표하는 개념은 좌망(坐忘)이다. 좌망이 여기서 등장하는데 공자와 그의 제자 안회와의 대담을 통해 그 의미가 밝혀진다. 좌망은 심재와 비슷한 개념이지만 좌치(坐馳)와는 반대된다. 좌망이 앉은 상태로 잊는 거라면 좌치는 앉은 상태로 달린다는 의미이다. 그러니 좌치란 마음이 한 곳에 머물지 못한 상태를 의미하므로 좌망과는 거리가 먼 개념이다. 그리고 심재는 마음이 텅 비어 있다는 의미이므로 좌망과 같은 뜻을 지닌다.

안회가 스승을 찾아뵙고 뭔가 나아진 게 있다고 말하니까 공자는 그게 무슨 말이냐고 되물었다. 이에 안회는 예악(禮樂)을 잊었다고 말했다. 예악은 공자가 가장 강조하는 가치 중 하나이다. 예가 경건함을 강조한다면 악은 우아함을 강조한다. 그래서 예의 작용만 중시하고, 악의 조화가 없으면 사람들은 소원해지고 뿔뿔이 헤어져서 친근감이 사라지는 반면 악의 작용만 중시하고, 예의 약속을 경시하면 방종이 넘쳐나서 서로를 존경하지 않는다. 그러니 예의 목표가 등급을 구분하는 데 있다면 악의 목표는 사람들끼리 좋아하고 싫어하는 관계를 조화시켜 어우러지게 만든다. 따라서 예와 악의 조화가 반드시 필요하다.

제자가 예악을 잊었다고 말하니 공자로선 여간 괴로운 일이 아니다. 그런데 공자의 입에서 괜찮기는 하지만 여전히 부족하다는 의외의 답이 나왔다. 왜 그럴까? 이 역시 장자가 자신의 생각을 공자의 입을 통해 나오도록 한 글의 구성 때문이다. 그러니 괜찮긴 하지만 여전히 부족하다는 건 장자의 판단이지 공자의 판단이 아니다. 며칠이 지난 후 안회가 공자를 찾아뵙고 뭔가 나아진 게 있다고 또다시 말하니까 공자는 그게 무슨 말이냐고 되물었다. 이에 안회는 인의(仁義)를 잊었다고 말했다. 인의 역시 공자가 강조하는 가치이지 않는가. 공자 사상의 핵심은 인(仁)이고, 맹자는 이를 인의예지(仁義禮智)로 확장한 바 있어서이다. 그렇더라도 공자의 입에서 괜찮기는 하지만 여전히 부족하다는 말이 나왔다. 이것 역시 장자의 판단이다.

며칠이 지난 후 안회가 공자를 찾아뵙고 뭔가 나아진 게 있다고 또다시 말하니까 공자는 그게 무슨 말이냐고 되물었다. 이에 안회는 좌망(坐忘)하게 되었다고 말했다. 공자는 놀라면서 좌망이란 게 무어냐고 되물었다. 그러자 안회는 몸통과 사지의 힘이 빠지고, 눈과 귀가 어두워지니까 몸이 떠나가고, 지각작용이 소멸되어 큰 통합(大通)을 이루는 거라고 말했다. 여기서 좌망을 제대로 이해하기 위해선 두 가지 사항을 잘 파악해야 한다. 하나는 몸통과 사지의 힘이 빠져서 몸이 떠나가고, 또 눈과 귀가 어두워져 지각작용이 소멸되는 게 무엇인가 하는가이고, 다른 하나는 큰 통합이란 게 과연 무엇을 의미하는가이다.

먼저 몸통과 사지의 힘이 빠져서 몸이 떠나가고, 또 눈과 귀가 어두워져 지각작용이 소멸되는 게 구체적으로 어떤 걸까? 대충은 이해되지만 정확히 무얼 의미하는지 감이 잡히지 않는다. 이는 앞서 「제물론」의 도입부에서 언급된 오상아(吾喪我), 즉 내가 나를 없앤다는 걸 설명하기 위해 제시되었던 "몸은 말라죽은 나무이고, 마음은 불 꺼진 재와 같은 것"[83]이라고 보인다. 몸이 말라죽는다는 건 결국 몸통과 사지의 힘이 빠져서 몸이 떠나가는 걸 뜻하기 때문이다. 또 마음이 불 꺼진 재라는 것도 눈과 귀가 어두워져 지각작용이 소멸되는 걸 의미한다. 그러니 몸통과 사지의 힘이 빠져 몸이 떠나가고, 눈과 귀가 어두워져 지각작용이 소멸되면 오상아 상태에 이를 수 있다. 이처럼 좌망은 커뮤니케이션 기관인 오관 및 그것의 작용인 지각작용과 깊은 관련이 있다.

좌망과 비슷한 개념인 심재 또한 커뮤니케이션과 관련이 깊지 않은가. 장자에 따르면 심재란 마음을 텅 비우는 건데 마음을 텅 비우려면 먼저 "귀로 듣지 말고 마음으로 듣고, 그 다음에는 마음으로 듣지 말고 기(氣)로 들어야 한다. 왜냐하면 귀는 듣고자 하는 소리만 듣고, 마음은 자신의 생각과 부합하는 것만 받아들이지만 기는 텅 비어서 모든 사물과 부응하기 때문이다. 그런데 오직 도(道)만 이 텅 빈 곳에 모인다."[84]고 말한다. 그러니 심재란 마음을 비우는 건데 도만 이 빈 곳에 모이므로 심재에 이르려면 우선 도를 깨우쳐야 한다. 여기서 큰 통함(通)은 결국 도의 깨우침이라는 사실임이 밝혀진다.

통함이란 말은 「제물론」에서 이미 등장한 바 있다. 장자는 여기서 "용도상의 차이를 위해 예로 드는 가로의 대들보와 세로의 기둥, 모

---

83) 形固可使如槁木 而心固可使如死灰. (「제물론」 1)

84) 無聽之以耳而聽之以心 無聽之以心而聽之以氣! 耳止於聽 心止於符. 氣也者 虛而待物者也. 唯道集虛. (「인간세」 1)

습상의 차이를 위해 예로 드는 문둥이와 미인 서시(西施), 내용상의 차이를 위해 예로 드는 익살과 꾸짖음, 속임과 책망은 도(道) 안에선 모두 하나로 통한다."[85]고 말한다. 또 "이편에서의 나누어짐(分)은 저편에서 이루어짐(成)이고, 이편에서의 이루어짐은 저편에서 허물어짐인데 천지간의 모든 사물은 이루어짐과 허물어짐의 구분 없이 도 안에선 다시 하나로 모두 통한다."[86]고 말한다. 이것은 시간상으로 차이가 나더라도 도 안에서 다시 하나로 통한다는 걸 의미한다. 그래서 장자는 내용적으로나 시간적으로나 결국 하나로 모두 통한다고 본다.

장자는 또 "통달한 사람은 쓰이지 않음을 옳다고 여겨 평상시의 한결같은 상태에 머무는데 이런 평상시 한결같은 상태가 참된 쓸모여서 이런 쓸모가 자연스러움과 통한다."[87]고 말한다. 지금 안회가 좌망에 이르러서 깨달은 바가 이런 통함이다. 이런 통함에 이르면 좋다 싫다 하는 감정이 모두 없어지고, 또 도와 함께 변화하면 마음에서도 어떤 집착이 없어진다. 그래서 공자는 안회가 그의 제자인데도 불구하고 정말로 현명하다고 칭찬하면서 그를 따르겠다고 말한다. 공자가 제자인 안회를 따른다고 하니 이것 역시 장자가 공자를 우회적으로 비판하는 대목이다.

---

85) 故爲是擧莛與楹 厲與西施 恢詭憰怪 道通爲一. (「제물론」 4)

86) 其分也 成也. 其成也 毀也. 凡物無成與毀 復通爲一. (「제물론」 4)

87) 唯達者知通爲一 爲是不用而寓諸庸. 庸也者 用也. 用也者 通也. (「제물론」 4)

자여(子輿)는 자상(子桑)과 친구인데 장맛비가 열흘간 계속되었다.
자여는 혼잣말로 "자상의 병이 심해졌을 거야!"라고 말하곤
쌀과 반찬을 들고 그를 먹이려고 찾아갔다.
자상의 집 앞에 이르자 집 안에서 자상이 노래하는 것 같기도 하고,
우는 것 같기도 했다.
자상이 거문고를 뜯으면서 노래했다.
"아버지 탓이냐! 어머니 탓이냐! 자연의 짓이냐! 사람의 짓이냐!"
자상은 힘에 겨워 소리가 제대로 나지 않은 채 박자도 없이 가사만
서둘러서 읊조렸다.
자여가 들어가서 말했다. "자네의 노래가 어째서 이 모양이냐?"
자상이 말했다.
"나를 이런 궁지에 몰리도록 한 게 무언지 곰곰 생각해보았는데
도무지 알 수가 없네.
부모가 어찌 나를 이렇게 가난하게 되길 바랐겠는가?
하늘도 사사롭지 않아 모든 만물을 덮어 싸고,
땅도 사사롭지 않아 모든 만물을 떠받치는데
천지가 어찌 나를 이렇게 가난한 나가 되길 바랐겠는가?
나를 궁지에 몰리도록 한 걸 아무리 찾아보아도 발견할 수 없었네.
그러니 나를 이렇게 궁지에 몰리도록 한 건 분명 운명(命),
즉 하늘의 뜻일 테다!"

子輿與子桑友, 而霖雨十日. 子輿曰:「子桑殆病矣!」裹飯而往食之. 至子桑之門, 則若歌若哭, 鼓琴曰:「父邪! 母邪! 天乎! 人乎!」有不任其聲而趨舉其詩焉. 子輿入, 曰:「子之歌詩, 何故若是?」曰:「吾思夫使我至此極者而不得也. 父母豈欲吾貧哉? 天無私覆, 地無私載, 天地豈私貧我哉? 求其爲之者而不得也. 然而至此極者, 命也夫!」

모든 건 하늘의 뜻(命)이다

―――

내편은 소요유, 제물론, 양생주, 인간세, 덕충부, 대종사, 응제왕으로 구성되는데 지금까지 소개한 내편의 각 글들은 그 구성에 있어 어떤 특징이 있다. 여타의 글들과 마찬가지로 마지막 장에 그 맺음과 관련한 중요한 개념이나 내용이 제시된다. 「소요유」에선 제목과 부합하는 소요와 방황의 개념이 등장했고, 「제물론」에선 가장 높은 단계의 제물이라고 할 수 있는 생사 초월의 문제가 호접몽을 통해 제시되었고, 「양생주」에선 와야 할 때를 편히 받아들이고, 가야 할 순리에 편히 머무름으로써 유한한 삶이라도 편안하게 살아가는 양생법이 소개되었고, 「인간세」에선 장자가 현실에서 가장 이상적인 인물로 그리는 접여가 소개되었고, 「덕충부」에선 도가 얼굴을 주고, 자연이 몸을 주었는데 사람의 모습이 불구인들 어떤지가 정(情)의 개념을 통해 다시 한 번 강조되었다.

이런 구성상의 특징은 「대종사」와 앞으로 소개할 「응제왕」에서도 예외가 아니다. 그러니 「대종사」의 마지막 장인 여기서도 앞에서 소개했던 글들의 마지막 장처럼 해석이 주의 깊게 이루어지는 게 마땅하다. 이런 점을 특별히 강조하는 건 「대종사」의 마지막 장 구성이 언뜻 보아 허접하게 보여서이다. 게다가 비슷한 얘기가 「대종사」에서 이미 자주 언급되어서이다. 또 여기에서의 주인공도 자여(子輿)와 자상(子桑)인데 이미 앞에서 등장한 바 있다. 자여는 자사·자리·자래와 친구관계이고, 자상은 자상호(子桑戸)로 등장한 바 있는데 맹자반·자금장과 친구관계이다. 모두 가공의 인물들이므로 친구관계를 아무렇게나 설정해도 큰 상관은 없다.

자상은 이름에서 가난한 사람임이 잘 드러난다. 상(桑)은 뽕을 의미하므로 자상은 뽕나무 가지를 엮어서 문을 삼을 정도로 가난하다. 게다가 평소 건강까지 좋지 않았던 것 같다. 언젠가 장맛비가 열흘간 계속되자 친구인 자여는 그의 병을 걱정해서 쌀과 반찬을 들고 그를 찾아갔다. 자여가 자상의 집 앞에 이르자 집 안에서 자상이 노래하는 것 같기도 하고, 우는 것 같기도 했다. 문을 통해 들어가 보니 자상이 거문고를 타며 노래를 부르는데 힘에 겨워 소리가 제대로 나지 않아서 마치 우는 것처럼 들렸다. 그런데 가만 들어보니 "아버지 탓이냐, 어머니 탓이냐!, 자연의 짓이냐, 사람의 짓이냐?" 하며 원망하는 내용의 노래였다. 이런 내용을 박자도 없이 가사만 서둘러 읊조렸으니 우는 것처럼 들릴 만도 하다.

자상이 자신의 처량한 처지를 다른 사람 탓으로 돌리는 듯한 태도는 앞에서 장자가 강조했던 '때를 편안히 받아들이면서 살아가는' 태도와는 분명히 차이가 있다. 그렇다면 장자의 입장은 무엇인가? 궁지에 몰리더라도 이를 편안하게 받아들여야 하는가, 아니면 거문고를 뜯으면서 남의 탓이라고 돌려야 하는가? 물론 장자는 「대종사」에서 전자의 입장을 일관되게 유지해 왔다. 그럼에도 우는 듯이 남에게 원망하는 듯한 장면이 마지막 장에 등장하는 건 어째서일까? 혹시 때를 편안하게 받아들이는 평정심은 대성통곡을 한 뒤에 비로소 나타나는 걸까? 그렇다면 우리는 자상의 울음에서 그가 처한 절망감과, 또 절망감 뒤에 숨은 항의를 동시에 읽어낼 수 있다. 그렇지만 이런 식으로 항의한들 무슨 소용이 있을까? 자신의 불우한 처지만 한탄할 뿐 이런 상황에서 벗어날 길이 좀처럼 보이지 않는다.

하여간 자여는 자상에게 노래가 어째 이 모양이냐고 못마땅하듯 물었다. 그러자 자상은 자신을 이런 궁지에 몰리도록 한 게 무언지를 곰곰 생각해보았는데 도저히 알 수 없다고 고백했다. 분명 부모는 자신을 이처럼 가난하게 되길 바라지 않았을 것이다. 또 하늘도 사사롭지 않아 모든 만물을 덮어 싸고, 또 땅도 사사롭지 않아 모든 만물을 떠받치는데 그런 천지(天地)가 자신을 특별히 소홀히 해서 가난하고, 병에 찌들게 하지 않았을 것이다. 이처럼 부모도, 천지도, 또 어느 누구도 자신을 이런 궁지에 몰리도록 한 것 같지 않은데 왜 이렇게 가난하게 되었는지 몰라 그런 거라고 자여에게 실토했다. 그러면서 자신을 이렇게 궁지에 몰리도록 한 건 운명(命), 즉 하늘의 뜻일 거라고 결론지었다.

자상의 이런 태도는 보통사람인 우리들도 자주 사용하는 방법이다. 특히 순경(順境)에 처할 때보다 역경(逆境)에 처할 때 보다 많이 사용한다. 그래야만 우리의 마음도 편안해진다. 만약 운명 탓으로 돌리지 않는다면 그건 여전히 인위(人爲)가 작용한다는 증거이다. 즉 누군가의 모략과 방해 등에 의해 자신이 곤궁에 처했다거나, 또 나아가 자신의 노력으로 이런 궁지에서 벗어날 수 있을 거라고 믿는 건 모두 인위가 작용한다는 증거이다. 그렇지만 곤경에 처하면 어느 누가 이런 인위적인 노력을 시도하지 않겠는가? 어떻게 해서라도 곤경에서 벗어나려고 할 것이다. 이런 노력에도 불구하고 궁지에서 벗어나지 못하는 경우가 또 얼마나 많은가. 게다가 가난은 혹시 인위적인 노력

을 통해 벗어날 수 있을지 모르지만 병은 우리들의 의지와 관계없이
생겨난다. 이런 상황에선 운명으로 돌리는 게 마음의 평정을 가장 쉽
고 빠르게 이루는 길일 수 있다. 이것이 무위(無爲)에 따른 방법이다.

그런 탓인지 명(命)이란 글자는 우리들의 생활 속에 이미 뿌리를
깊이 내리고 있다. 생명(生命), 수명(壽命), 천명(天命), 인명(人命), 운명
(殞命), 구명(救命), 연명(延命), 운명(運命), 숙명(宿命), 순명(順命), 혁명
(革命), 국명(國命), 사명(使命), 신명(身命), 임명(任命), 특명(特命), 하명(下
命), 망명(亡命), 명맥(命脈), 명명(命名), 명중(命中), 명령(命令) 등이 그것
이다. 여기서 생명, 수명, 천명, 인명, 운명, 구명, 연명은 우리들의 목
숨과 관련 있는데 여기에 '명'자가 들어간 건 목숨도 하늘의 뜻이란
점을 분명히 하기 위해서이다. 또 우리의 운세와 관련한 운명, 숙명,
순명도 하늘의 뜻이지 우리의 의지에 의해 결정되지 않음을 분명히
하기 위해서이다. 심지어 혁명, 국명, 사명, 신명, 임명, 특명, 하명, 망
명, 명맥, 명명, 명중, 명령처럼 굳이 '명'자가 들어가지 않아도 되는
단어에서도 '명'자가 사용되는 건 우리의 삶을 무위자연의 뜻이라고
보는 경향이 강한 탓이라고 본다.

응제왕
(應帝王)

一 응제왕 一

　　왕(王)과 제왕(帝王)의 차이는 무엇일까? 이 차이는 나라의 크기와 백성의 규모에 의해 결정되는가? 그래서 제왕이 다스리는 나라는 왕이 다스리는 나라에 비해 그 규모와 크기가 크다고 보면 되는가? 그런데 이런 식으로 이해하면 장자가 「응제왕(應帝王)」을 통해 말하려는 바를 제대로 파악할 수 없다. 장자가 제왕이란 개념을 여기서 굳이 사용한 건 무위지치(無爲之治), 즉 하고자 함이 없는 다스림을 강조하기 위해서이다. 그래서 제왕의 다스림이 무위지치에 입각해 있다면 왕의 다스림은 유위지치(有爲之治), 즉 하고자 함이 있는 다스림에 입각해 있다.

　　그런데 누가 유위지치를 옹호하는가? 춘추전국시대 대부분의 제자백가들이다. 예치(禮治)을 주장한 공자, 인치(仁治)를 주장한 맹자, 애치(愛治)를 주장한 묵가, 법치(法治)를 주장한 법가가 대표적인 사람들이다. 그런데 이들이 유위지치를 소리 높여 외치면 외칠수록 전국시대의 혼란은 더욱 가중되었다. 이들은 분명 자신들의 치도(治道)를 통해 세상을 혼란으로부터 구하고자 했을 텐데 이런 희망과 반대되는 결과가 생겨나는 역설을 경험한 셈이다. 장자의 고민은 여기서부터 시작된다. 그래서 치도의 패러다임을 바꿀 필요를 느꼈다. 그 패러다임의 전환은 유위, 아니 인위(人爲)나 작위(作爲)에서 무위지치(無爲之治)로의 변화이다.

그런 탓인지 황제왕패(皇帝王覇), 즉 '황'이 하느님(帝)이라면 '왕'은 으뜸(覇)이라는 말이 전국시대에 유행했다. 전국시대 군주들은 무력으로 백성을 굴복시키고, 또 나라를 병합하려고 했기에 으뜸, 즉 패권을 추구해야만 했다. 반면 황제는 하느님과 같은 존재이기에 누구를 굴복시키거나 복종시키는 따위의 인위적인 노력을 더 이상 필요로 하지 않는다. 그래서 모든 걸 무위자연의 원리에 따라 처리하면 나라는 저절로 잘 다스려진다. 이 때문인지 중국을 처음 통일한 진시황이 자신의 명칭에 황(皇)을 사용했는데 같은 맥락이라고 본다. 그러니 제왕과 황은 무위지치를 옹호한다는 점에서 같은 개념이라고 보아도 무방하다.

장자는 「응제왕」에서 왕과 제왕의 차이를 비교함으로써 무위지치가 어떤 것인지 설명하는 방식을 취한다. 첫 번째 장은 유우씨(有虞氏)라 불리는 순임금과 태씨(泰氏)라 불리는 복희씨가 주인공으로 등장한다. 여기서 순임금은 왕의 역할을, 복희씨는 제왕의 역할을 담당한다. 그리고 순임금은 어짊(仁)이란 성심(成心)만을 옳다고 여긴 반면 복희씨는 자기를 말이라고 하면 말로, 또 소라고 하면 소로 여길 정도의 허심(虛心)을 지니므로 여기에서 왕과 제왕의 구분이 확실히 이루어진다.

두 번째 장은 일중시(日中始)의 유위지치에 동조하는 견오(肩吾)에 대해 그의 유위지치는 덕을 속이는 일이라고 일갈하는 광접여(狂接輿) 얘기로 구성된다. 세 번째 장은 세상을 다스리는 법을 가르쳐 달라는 천근(天根)에게 무위지치가 과연 어떤 건지를 말해주는 무명인

(無名人) 얘기로 구성된다. 네 번째 장은 양자거(陽子居)가 추천한 인물이 노담(老聃)이 볼 때 명왕지치(明王之治), 즉 자연의 원리에 따라 나라를 다스림에 있어 적합한 인물이 아니라고 반박하는 내용으로 구성된다. 여기서 명왕은 제왕(帝王)에 그리고 명왕지치는 무위지치에 각각 해당한다.

다섯 번째 장은 스스로 밝다(明)고 껍적대는 무당 계함(季咸)을 혼내주는 호자(壺子)의 얘기로 구성된다. 이 얘기는 호자의 제자인 열자(列子)가 도의 깨우침이 부족한 탓에 계함의 신통력을 보고 밝음이라고 착각한 것에서 시작한다. 그리고 호자가 제자를 깨우치기 위해 계함의 신통력이 허구임을 증명하는 방식으로 내용이 구성된다. 이 장은 「응제왕」에서 차지하는 양적인 비중도 클 뿐 아니라 그 내용도 재미나다. 그래서 「양생주」에서 포정의 해우(解牛)처럼 「응제왕」을 대표하는 장이라고 보아진다. 이 장은 명왕지치에 있어 밝음(明)이 어떠해야 하는지를 실감나게 보여주는 장이라면 이어지는 그 다음 장은 그 밝음(明)을 개념적으로 정리한 내용이라고 보아진다.

마지막 장은 유명한 혼돈(混沌)의 죽음 얘기이다. 혼돈이 동료 제왕 숙과 홀에 의해 구멍이 뚫려졌는데 구멍을 뚫은 후 이레 만에 죽었다는 내용이다. 간단한 글이지만 깊은 내용을 담고 있다. 이 내용은 무위지치(無爲之治)의 핵심은 감관 및 심관작용과 밀접한 관련을 지닌다는 것이다. 그래서 커뮤니케이션 내지 소통과 관련해서 우리에게 시사하는 바가 크다. 이렇게 보면 내편의 본론 중에 「덕충부」, 「인간세」, 「대종사」는 천도(天道)에서 인도(人道)를 어떻게 구현하느냐는 문제를 다룬다면 「응제왕」은 천도에서 치도(治道)를 어떻게 구현하느냐를 다룬다고 말할 수 있다.

설결(齧缺)이 왕예(王倪)에게 네 가지를 물었는데
왕예가 모두 알지 못한다고 말했다.
설결이 크게 기쁜 나머지 팔짝팔짝하고 뛰면서
포의자(蒲衣子)에게 이 사실을 알렸다.
포의자가 말했다.
"자네는 왕예가 늘 모른다고 대답하는 걸 이제야 아는가?
순임금(有虞氏)이 훌륭한 임금이어도 복희씨(泰氏)엔 미치지 못하네.
순임금은 어짊을 마음에 품고 사람들에게 그걸 요구해서 사람들의
마음을 얻었지만 다른 사람이 틀렸다는 생각에서 벗어난 적이 없네.
반면 복희씨는 잠잘 때는 편안하고, 깨어나선 느긋했지.
어떤 때는 자기를 말이라고 여기고, 어떤 때는 자기를 소라고 여겼네.
또 그의 앎은 참으로 미덥고, 그의 덕은 매우 진실해서
다른 사람이 틀렸다는 생각을 한 번도 해본 적이 없네.

• • •

齧缺問於王倪, 四問而四不知. 齧缺因躍而大喜, 行以告蒲衣子. 蒲衣子曰:「而乃
今知之乎? 有虞氏不及泰氏. 有虞氏, 其猶藏仁以要人., 亦得人矣, 而未始出於非
人. 泰氏其臥徐徐, 其覺于于., 一以己爲馬, 一以己爲牛., 其知情信, 其德甚眞, 而
未始入於非人.」

복희씨는 어떤 때는 자기를 말(馬)로,
또 어떤 때는 소(牛)로 여긴다

―――

왕예(王倪)는 설결(齧缺)의 스승이다. 외편 「천지」를 보면 요임금의
스승은 허유이고, 허유의 스승은 설결이고, 설결의 스승은 왕예이고,
왕예의 스승은 피의로 나온다. 설결은 이가 빠져(齧) 얼굴 모습이 이
지러진(缺) 사람이므로 삶을 다 살아서 정신적으로는 노련하고 원숙
한 사람쯤에 해당한다. 왕예는 으뜸가는(王) 어린아이(倪)이므로 신선
처럼 순수한 자연의 결을 그대로 유지하는 사람쯤에 해당한다. 장자
가 원숙한 사람보다 순수한 사람을 스승이라고 더 우위에 두는 건 무
위자연을 지향하는 그의 사상과 관련이 깊다. 대부분의 제자백가들
은 순수함보다는 원숙함에 강조점을 둔다. 이 점은 장자를 다른 제
자백가들과 구분하는 중요한 대목이기도 하다. 설결과 왕예는 「제물
론」에서 이미 등장한 바 있는데 이때 세 차례의 질문과 대답을 통해
얘기를 전개한 바 있다.

첫 번째 문답은 모든 존재가 하나같이 옳다고 여기는 '절대적인 기
준'을 아느냐는 설결의 질문에 대해 그런 절대적인 기준을 어찌 알겠
느냐는 왕예의 대답이다. 두 번째 문답은 그런 '절대적인 기준을 모
른다는 걸' 아느냐는 설결의 질문에 대해 그런 절대적 기준을 모른다

는 걸 어찌 알겠느냐는 왕예의 대답이다. 세 번째 문답은 '만물에 대해 아무것도 모르느냐'는 설결의 질문에 대해 만물에 대해 아무것도 모르는 걸 어찌 알겠느냐는 왕예의 대답이다. 스승인 왕예로부터 '절대적인 기준', '절대적인 기준을 모르는 것', '만물에 대해 아무것도 모르는 것'에 대해 알지 못한다는 대답이 나오자 설결은 속으로 크게 기뻐했다. 설결은 자신도 아는 것을 스승이 모른다고 대답해서이다.

이런 낌새를 눈치 챘는지 왕예는 설결에게 올바른 거처, 올바른 맛, 올바른 용모를 제대로 아는 사람이 과연 있느냐는 질문을 던짐으로써 곧바로 반전을 이룬다. 왕예는 "사람이 습한 데서 자면 허리에 병이 나 반신불수가 되는데 미꾸라지도 그러한가, 또 사람이 나무에서 살면 매우 두려워하는데 원숭이도 그러한가?"라는 질문을 통해 올바른 거처에 대한 절대적 기준이 있을 수 없음을 밝힌다. 또 "사람은 가축을 잡아먹고, 사슴은 풀을 뜯고, 구렁이는 작은 뱀을 잘 먹고, 올빼미와 까마귀는 쥐를 좋아하는데 이 넷 중에서 누가 올바른 맛을 아느냐?"는 질문을 통해 맛도 절대적인 기준이 있을 수 없음을 밝힌다. 또 사람들은 모장과 여희를 아름답다고 찬미하지만 물고기가 이들을 보면 물 밑으로 깊이 숨고, 새들은 하늘 높이 날고, 사슴은 급히 달아나는 것을 통해 아름다움에 대한 절대적 기준이 있을 수 없음을 밝힌다. 이런 맥락에서 왕예는 세 가지 질문에 대해 모두 모른다고 대답한건데 설결은 이를 전혀 눈치 채지 못했다.

이와 똑같은 상황이 지금 「응제왕」에서도 벌어진다. 설결이 왕예에게 네 가지를 물었는데 왕예가 모두 모른다고 하자 크게 기쁜 나머지 팔짝팔짝 뛰면서 이런 사실을 포의자(蒲衣子)에게 알렸다. 포의자란 자신의 몸을 창포의 풀(蒲)로 덮은(衣) 사람이므로 그 이름에서부터 왕예처럼 자연의 결을 유지하면서 살아가는 사람임을 알 수 있다.

그래서 포의자가 왕예의 편을 들 거란 예상이 충분히 가능하다. 포의자는 설결에게 왕예가 늘 모른다고 대답하는 걸 이제야 아는가라고 답답하다는 듯이 말했다. 포의자의 이런 답답함 뒤에는 왕예가 정말로 알고 있기 때문에 모른다고 하는 걸 설결이 어찌 알겠느냐는 안타까운 생각이 자리하고 있다. 그렇다면 왕예는 설결에게 왜 모른다고 대답했을까? 그것은 인의의 단서(仁義之端)와 시비의 도(是非之塗)가 어수선하게 뒤섞여 있어 정말로 어느 게 옳고 정말로 어느 게 그른지를 판단할 수 없어서이다. 이런 사실은 올바른 거처, 올바른 맛, 올바른 용모가 과연 어떤 건지에 대한 앞서의 논의에서도 이미 드러난 바 있다.

이 점이 유우씨(有虞氏), 즉 순임금이 모든 사람으로부터 성군이라고 추앙받을지라도 삼황오제의 우두머리인 태씨(泰氏), 즉 복희씨에게는 미치지 못하는 이유이다. 순임금은 어짊(仁)이란 가치를 절대적 기준으로 삼아 사람들에게 그걸 실천하도록 요구함으로써 사람들의 마음을 얻은 바 있다. 그런데 어짊이 아무리 훌륭하더라도 이것이 인도(人道), 즉 인간이 가야 하는 길과 관련해서 절대적인 기준이 될 수 없다. 세상에는 어짊 못지않은 훌륭한 가치들이 얼마든지 있을 수 있어서이다. 게다가 어떤 절대적인 기준을 만들면 자신은 옳지만 상대방은 틀리다는 생각을 지니기가 쉽다. 이런 마음이 바로 성심(成心)을 자신의 스승으로 삼는 태도이다. 그러니 순임금은 어짊이란 성심으로 인해 자신은 옳고, 다른 사람은 틀리다는 생각에서 한 번도 벗어난 적이 없다. 이는 어짊이란 가치가 순임금의 마음에 인도(人道)의 절대적인 기준으로 이미 깊이 뿌리내렸음을 말해준다.

이에 비해 복희씨는 허심(虛心), 즉 마음을 비움으로써 상대방을 대한다. 그래서 유가가 주장하는 인애(仁愛)가 옳다고 하면 그런가 하고 여기고, 묵가가 주장하는 겸애(兼愛)가 옳다고 하면 또 그런가 하고 여긴다. 이 때문에 사람들은 복희씨와 갈등을 일으킬 일이 없으므로 그와 편한 관계를 유지할 수 있다. 이는 복희씨가 '다름'과 '틀림'의 차이를 분명히 깨닫고 있어서이다. 그런데 사람들은 자신의 생각과 다르면 그 생각이 틀리다고 여기기가 싶다. 그래서 인애를 주장하는 유가는 묵가의 겸애를 다르다고 여기지 않고 오로지 틀리다고 여긴다. 마찬가지로 겸애를 주장하는 묵가도 유가의 인애를 다르다고 여기지 않고 오로지 틀리다고 여긴다. 유가와 묵가든 누구 하나가 다름과 틀림을 구분했다면 이처럼 역사에 길이 남을 유묵 간 시비가 생겨나지 않았을 것이다.

복희씨는 이 정도가 아니다. 누군가 자신을 가리켜 말(馬)이라고 하면 말이라고 여기고, 또 누군가 자신을 가리켜 소(牛)라고 하면 소라고 여긴다. 이것이 허심(虛心), 즉 마음을 텅 비운 단계에 이른 사람의 전형적인 모습이다. 복희씨의 이런 태도는 무기(無己), 즉 자의식이 없음을 스스로 실천해 보임으로써 가능하다. 장자는 이런 복희씨와 같은 사람을 두고 「소요유」에서 지인(至人), 즉 그의 덕이 지극함에 이른 사람이라고 밝힌 바 있다. 그리고 이런 지극한 사람을 두고 "그의 앎이 참으로 미덥고, 그의 덕이 매우 진실하다."고 말한다. 또 복희씨는 이런 미더운 앎(信知)과 진실한 덕(眞德)으로 인해 다른 사람이 틀렸다는 생각을 한 번도 해 본적이 없다. 단지 다르다고 했을 뿐이어서 다른 사람과 늘 화합할 수 있었다. 이것이 복희씨가 실천한 소통의 해법이다.

이 때문인지 복희씨는 잠잘 때는 편안하고, 또 깨어나선 느긋했다. 그래서 복희씨는 「제물론」에서 언급된 바 있는, 즉 잠들어선 꿈을 꾸어 쉴 새가 없고, 깨어나선 몸의 감각이 열려 활동함으로써 쉴 새가 없는 사람과 크게 대비된다. 이런 사람이 작은 앎(小知)과 작은 말(小言)을 실천하는 사람이다. 그런데 사람들이 작은 앎을 추구하고, 또 작은 말을 하다보면 저절로 성심을 자신의 스승으로 삼게 된다. 반면 큰 앎(大知)과 큰 말(大言)을 하다 보면 허심의 상태에 이른다. 이 점이 복희씨와 순임금 간의 커다란 차이이다. 그러니 순임금일지라도 어짊을 절대적 기준으로 삼으면 작은 앎과 작은 말을 실천하는 셈이다. 이제서야 세상을 제대로 다스릴 수 있는 해법이 보인다. 순임금처럼 어짊이란 성심을 지니고서 이를 자신의 스승으로 삼아 세상을 다스리면 왕(王)의 역할에서 그치고 만다. 그렇지만 이런 성심으로부터 자유로우면 제왕(帝王)의 역할에까지 이를 수 있다.

견오(肩吾)가 광인 접여(狂接輿)를 만나자 접여가 견오에게 물었다.

"전에 일중시(日中始)가 너에게 무슨 말을 하던가?"

견오가 대답했다.

"군주가 스스로 모범을 보이고, 법도에 따라 일을 처리하면

어느 누가 감히 듣지 않고서 교화되지 않겠느냐!

접여가 말했다. "그건 덕(德)을 속이는 일이다.

이런 방법으로 세상을 다스리는 건 물길을 뚫어 바다를 건너거나

모기에게 산을 짊어지게 하는 것과 같네.

성인(聖人)의 다스림이 어찌 바깥만 다스리는 건가!

자신을 먼저 바르게 한 뒤 행동하고

자신이 할 수 있는 일만 확실히 할 뿐이네.

새는 높이 날아서 화살로부터의 피해를 피해 나가며,

생쥐는 제단 아래 굴을 깊이 파서 연기를 피우거나

구멍을 뚫고 들어오는 침입자로부터의 재앙을 피해 나가는데

백성이 두 동물보다 어찌 더 무지하단 말인가!"

. . .

肩吾見狂接輿, 狂接輿曰：「日中始何以語女?」肩吾曰：「告我君人者以己出經式義度, 人孰敢不聽而化諸!」狂接輿曰：「是欺德也. 其於治天下也, 猶涉海鑿河, 而使蚊負山也. 夫聖人之治也, 治外乎! 正而後行, 確乎能其事者而已矣. 且鳥高飛以避矰弋之害, 鼷鼠深穴乎神丘之下, 以避熏鑿之患, 而曾二蟲之無如!」

군주가 모범을 보이고,
법도에 따라 일을 처리하면
덕을 속이는 일이다

———

　　견오(肩吾)와 접여(接輿)는 「소요유」에서 이미 함께 등장한 바 있다. 이때 견오는 접여로부터 터무니없고 황당한 얘기를 들었는데 그건 아득히 먼 고야산(姑射山)에 사는 네 명의 신인(神人)에 관한 얘기이다. 접여의 얘기에 따르면 그 신인들은 피부가 눈처럼 희고, 몸매는 소녀처럼 아리땁고, 오곡 대신 바람과 이슬을 먹으면서 구름을 타고 날아다니는 용을 몰고 세상 밖을 노닌다. 게다가 이들이 정신을 한번 집중하면 만물로 하여금 재해나 역병이 드는 일이 없게끔 하고, 또 곡식도 잘 익게끔 한다.

　　「응제왕」에선 접여와 견오의 역할이 바뀌면서 주고받는 얘기의 내용도 차이를 보인다. 「소요유」에선 견오가 접여에게 허황된 얘기를 들었지만 「응제왕」에선 접여가 일중시(日中始)의 무리한 얘기를 견오를 통해 듣는다. 구성방식에 있어서 이런 차이는 접여란 인물의 묘사와 관련하여 일관성을 유지하려는 데서 비롯된다. 「소요유」에선 신인에 대한 접여의 얘기가 비록 허황될지라도 그건 견오의 생각일 뿐이다. 반면 접여는 그 신인들을 터무니없고, 황당한 존재라고 여기지 않는다. 접여는 그 신인들과 정신적으로 통하는 사람이기 때문이다. 이에 반해 일중시는 그 신인들과 다른 정신세계에 머무는 사람이다. 그래서 일중시 얘기가 원리원칙에 입각해 있는 것처럼 보일지 모르지만 접여가 볼 때 무리한 얘기에 불과하다. 이처럼 접여는 장자서 전체에 걸쳐서 장자 마음에 쏙 드는 인물로 일관되게 묘사된다. 더욱이 접여는 「인간세」 마지막을 멋지게 장식하는 훌륭한 인물로 그려지지 않는가!

일중시에 따르면 군주가 스스로 모범을 보이고, 또 법도에 따라 일을 처리하면 백성 누구라고 교화될 수 있다. 지극히 당연한 주장이다. 그런데 접여는 이런 일중시의 주장을 덕을 속이는 일이라고 공박했다. 어째서 이토록 부정적으로 평가할까? 이를 위해선 일중시(日中始)란 이름이 어떤 의미를 지니는지 살펴볼 필요가 있다. 일중시란 해(日)의 한가운데(中)로 세상의 시작(始)을 의미한다. 즉 세상을 환하게 밝히는 세상의 중심이란 뜻이다. 그래서 일중시는 계몽적인 존재일 수밖에 없고, 또 그의 입에서 나오는 말도 원리원칙적일 수밖에 없다. 그렇지만 그 원리원칙을 실천에 옮기는 작업이란 또한 강제적일 수밖에 없다. 이는 일중시가 해와 같이 중심적인 위치에 있기 때문이다. 마치 서양철학에 있어 형이상학이 '태양중심주의(heliotrope)'를 토대로 하는 것과 흡사하다. 그러니 백성 중 누구 하나라도 군주의 생각과 다르면 용납될 수 없다. 군주가 진리요, 또 태양이기 때문이다. 이것이 성심(成心)을 자신의 스승으로 삼는 태도이다. 그래서 접여는 일중시의 주장을 덕을 속이는 일이라고 폄하했다.

그럼에도 불구하고 일중시가 말한 것처럼 세상을 다스리고자 한다면 그건 물길을 뚫어 바다를 건너게 하거나 모기에게 산을 짊어지게 하는 일과 같다. 한마디로 도저히 있을 수 없는 일이다. 접여는 왜 이런 심한 말을 견오에게 퍼부었을까? 그건 접여가 오로지 내성외왕(內

聖外王)을 추구하기 때문이다. 내성외왕이란 안으로 성인이 되어야만 비로소 바깥을 다스리는 왕이 된다는 말이다. 그러니 백성을 다스리기에 앞서 먼저 성인의 자격을 갖추어야 한다. 그런데 일중시의 주장에는 외왕(外王)의 역할만 있지 내성(內聖)의 의무는 빠져 있다. 내성의 자격이 수반되지 않는 외왕의 역할은 접여가 볼 때 그야말로 덕을 속이는 일이다. 그래서 접여는 성인의 다스림이 바깥에만 있는 게 아니라고 하면서 먼저 자신을 바르게 한 뒤에 행동해야 한다고 말한다. 그리고 그 행동도 자신이 확실히 할 수 있는 것으로 제한되어야 한다고 주장한다.

접여의 이런 태도는 내성외왕의 기치만 높이 드는 게 아니다. 접여에 따르면 성인의 다스림은 무위자연에 입각해서 펼쳐져야만 한다. 예를 들어 새가 높이 나는 건 화살의 공격을 피하기 위함인데 새의 이런 예방적 행동은 결코 의도된 게 아니라 저절로 이루어진 것이다. 또 생쥐가 제단 아래 굴을 깊이 파는 건 연기를 피우거나 구멍을 뚫고 들어오는 침입자로부터의 재앙을 피하기 위함인데 생쥐의 이런 예방적 행동도 결코 의도된 게 아니라 저절로 이루어진 것이다. 새든 쥐든 간에 자신의 생명을 보존하는 게 가장 중요한 일일 텐데 이들이 생명을 보존하는 데 있어 어떤 의도된 행동, 즉 유위(有爲)에 따른 행동을 보이지 않는다. 인간도 생명을 보존하는 게 가장 중요한 일일 텐데 어떤 의도된 행동, 즉 인위(人爲)에 따른 행동이 어째서 필요하겠는가? 이런 점에서 일중시의 주장은 너무나 인위적이고 작위적이다. 그러니 백성이 어째서 새나 생쥐보다 더 무지할 수 있겠느냐는 말이 나올 만도 하다.

천근(天根)이 은(殷)나라 남쪽을 노닐다가 요수(蓼水) 강가에 이르자

무명인(無名人)을 우연히 만나서 물었다.

"천하를 다스리는 방법을 가르쳐 주십시오."

무명인이 말했다. "저리 가게! 자네는 좀 속된 인물이네.

어째서 질문이 그리 유쾌하지 않은가!

나는 막 조물자와 벗이 되었지만 싫증이 나서

다시 멀리 날아가는 새를 타고 세상 밖으로 나아가려고 한다.

그리곤 무하유지향(無何有之鄕)에서 노닐다

광량지야(壙埌之野)에서 머물려고 한다.

너는 어떤 근거로 천하를 다스리는 일로 내 마음을 흔드려는가?"

천근이 또다시 천하를 다스리는 법에 대해 묻자 무명인이 말했다.

"자네는 마음을 담박한 곳에서 노닐게 하고,

기(氣)를 어둡고 막막한 곳에 모이게 하고,

사물을 스스로 그러함(自然)에 따르도록 해서

자네의 사심이 끼어들지 않도록 하면 천하는 잘 다스려질 거네."

. . .

天根遊於殷陽, 至蓼水之上, 適遭無名人而問焉, 曰：「請問爲天下.」無名人曰：
「去! 汝鄙人也, 何問之不豫也! 予方將與造物者爲人, 厭, 則又乘夫莽眇之鳥, 以
出六極之外, 而遊無何有之鄕, 以處壙埌之野. 汝又何帠以治天下感予之心爲?」又
復問. 無名氏曰：「汝遊心於淡, 合氣於漠, 順物自然而無容私焉, 而天下治矣.」

무명인(無名人)의 무위지치(無爲之治)

———

천근(天根)이 은(殷)나라 남쪽을 노닐다가 요수(蓼水) 강가에 이르자 무명인(無名人)을 우연히 만났다. 천근은 이때다 싶어 무명인에게 천하를 다스리는 법을 가르쳐 달라고 부탁했다. 그러자 무명인은 천근을 보고 속된 인간이라면서 어째서 질문이 그리 유쾌하지 않느냐고 못마땅하듯 말했다. 천근에게 무슨 잘못이 있기에 무명인은 그를 이렇게 차갑게 상대할까? 그건 천근에게 문제가 있어서가 아니라 천근의 질문에 문제가 있어서이다. 무명인이 볼 때 천하를 다스리는 법이 따로 없는데 천하를 다스리는 법을 물어서이다. 천하를 다스린다는 건 유위에 따른 행동이다. 유위에 따른 다스림은 무명인에게 진정한 의미의 다스림이 아니다. 그건 왕(王) 차원의 다스림은 될 수 있을지 모르지만 제왕(帝王) 차원의 다스림은 될 수 없다. 제왕의 다스림은 무위(無爲), 즉 하고자 함이 없는 가운데 이루어진다.

게다가 천근이 질문한 시점도 무명인을 유쾌하지 않게 만든 또 하나의 요인이다. 지금 무명인은 조물자와 벗이 되어서 한동안 노닐다가 이것도 싫증이 나 멀리 날아가는 새를 타고 지금 막 세상 밖으로 나아가려고 하던 참이다. 그리고는 무하유지향(無何有之鄕), 즉 아무것도 없어서 정신을 수고롭게 할 필요가 없는 마을에서 노닐나가 광량지야(壙埌之野), 즉 사방의 끝이 없을 정도로 확 트인 넓은 들판에 머물려는 꿈에 막 부풀어 있던 상황이다. 이런 상황에서 무명인이 가장 꺼려 하는 유위(有爲)의 방법에 대해 질문을 받으니까 코드가 안 맞아도 너무 안 맞는다는 생각이 들었다. 이에 기분이 잡친 무명인은 천근을 보고 어떤 근거로써 세상을 다스리는 일로 내 마음을 움직이려는가라는 못마땅한 심정을 내보였다.

무명인에게 있어 세상을 다스리는 것보다 중요한 건 무하유지향이나 광량지야 같은 곳에서 유유자적하는 일이다. 그렇다면 무명인은 너무나도 개인적이고, 또 이기적인 사람이지 않은가! 당시 수많은 백성들은 군주의 억압적인 통치와 그의 잘못된 정책으로 인해 헐벗고 굶주렸으며, 심지어 생명의 위험까지 감수하고 있었다. 게다가 장자가 살았던 시기는 전국시대로서 끊이지 않는 전쟁으로 얼룩졌다. 이런 상황에서 홀로 유유자적함을 고집한다면 이는 장자가 세상을 몰라도 너무 모르거나, 또 그의 생각이 전혀 현실적이지 못하다는 걸 말해주지 않는가. 이런 점에서 볼 때 세상을 위해선 한 오라기의 장딴지 털도 희생시키지 않겠다는 양주(楊朱)의 극단적 개인주의인 위아설(爲我說)과 연결되는 측면이 있다. 그렇지만 장자의 생각은 이런 개인주의를 지지하는 입장이 아니다. 장자는 앞 장의 주제였던 내성외왕(內聖外王)이란 신념을 여기서도 여전히 지지한다.

내성외왕을 지지하는 장자의 확고한 입장은 세상을 다스리는 법에 대해 또다시 묻는 천근의 질문에 대한 무명인의 대답을 통해서 잘 나타난다. 무명인은 천근의 간청을 이기지 못해 세상을 다스리는 방법에 대해 안내한다. 그것은 마음을 담박한 곳에서 노닐게 하고, 기(氣)를 어둡고 막막한 곳에 모이게 하고, 사물을 자연(自然), 스스로 그러함에 따르도록 하는 일이다. 이것은 군주가 되어서 바깥을 다스리기 전에 우선 자신을 다스리는 일인데 결국 무위자연에 따른 처신이다. 그리고 이때 사심이 끼어들지 않도록 하면 세상은 저절로 잘 다스려진다고 말한다. 이것이 무위지치(無爲之治), 즉 하고자 함이 없이 이루어지는 다스림이다. 장자는 이런 다스림을 원했다.

그런데 천근이 세상을 다스리는 것과 관련하여 무명인으로부터 이 정도의 해법을 기대했을까? 천근은 무명인의 이런 해법을 듣고 혹시 실망하지 않았을까? 그렇지 않을 거라고 본다. 이런 희망적인 추론은 천근이란 이름에서 읽어낼 수 있다. 천근은 자연의 뿌리 내지 근본을 의미하므로 그는 무위자연에 따른 다스림, 즉 제왕지치(帝王之治)에 대한 이해가 클 것으로 보인다. 그러니 무명인의 처방을 받아들이도록 글을 구성하기 위해서 장자는 천근이란 이름을 처음부터 고려했다.

양자거(陽子居)가 노담(老聃)을 만나서 물었다.

"여기에 있는 어떤 사람이 행동은 결단력이 있고,

앎은 만물을 훤히 꿰뚫고, 도를 배우는 데도 게으르지 않습니다.

이런 사람이라면 명왕(明王)을 잘 보좌할 수 있을까요?"

노담이 답했다. "그런 사람은 성인의 입장에선 먼 걸 가벼이 여기고,

재주에 얽매여서 몸을 힘들게 하고, 마음을 슬프게 하는 사람이다.

자, 표범의 가죽무늬는 사냥꾼을 불러들이고,

원숭이의 재주는 사람들에게 끌려 다니는 운명에 처하도록 하는데

표범과 원숭이 같은 사람이 과연 명왕을 잘 보좌할 수 있을까?"

양자거가 놀라서 물었다. "명왕의 다스림(明王之治)을 들려주십시오."

노담이 말했다.

"명왕의 공적이 세상을 덮어도 자신이 하지 않은 것처럼 하고,

만물에 영향을 미쳐도 백성이 명왕에게 의지하는 줄 모르게 한다.

이처럼 명왕은 공이 있어도 자신의 이름을 드러내지 않고

만물이 스스로 기뻐하도록 하네.

그래서 명왕은 헤아릴 수 없는 심오한 경지에 서 있어서

아무것도 없는 무하유마을에서 유유자적하네(遊)."

• • •

陽子居見老聃, 曰:「有人於此, 嚮疾强梁, 物徹疏明, 學道不倦. 如是者, 可比明王乎?」老聃曰:「是於聖人也, 胥易技係, 勞形怵心者也. 且也虎豹之文來田, 猨狙之便來藉. 如是者, 可比明王乎?」陽子居蹴然曰:「敢問明王之治.」老聃曰:「明王之治: 功蓋天下而似不自己, 化貸萬物而民弗恃., 有莫擧名, 使物自喜., 立乎不測, 而遊於無有者也.」

무용지용(無用之用)에 따른
명왕(明王)의 다스림

─────

  양자거(陽子居)가 노담을 만나서 어떤 능력 있는 한 사람을 추천했
다. 그 사람은 행동에선 결단력이 있고, 앎에선 만물을 훤히 꿰뚫는
수준인데 도를 배우는 데도 게으르지 않다. 이쯤 되면 괜찮은 사람인
것 같아 양자거는 노담에게 이 사람을 자신있게 소개했다. 양자거가
소개한 사람은 오늘날의 기준으로 보아도 나랏일을 맡기기에 충분한
자질을 지녔다. 나랏일을 담당하려면 무엇보다 지혜로워야 한다. 지
혜롭지 못하면 백성을 잘못된 방향으로 이끌 수 있다. 사회는 어설픈
지식인의 실험장이 아니어서 실수를 저질러선 안 된다. 그래서 나랏
일을 담당하려면 우선 세상의 이치에 밝아야 한다. 물론 세상의 이치
에만 밝아선 안 된다. 필요한 시점에 적절한 행동까지 취할 수 있어
야 한다. 언제 할까를 망설이다가 기회를 놓치면 지혜롭다는 것도 아
무런 소용이 없다. 그래서 행동에선 결단력을 보여주어야 한다. 게다
가 도를 배우는 데 있어 게으르지 않기까지 한다면 그야말로 금상첨
화의 자격을 갖춘 셈이다.
  양자거는 이런 정도의 사람이라면 명왕(明王), 즉 자연의 원리에 밝은
왕을 잘 보좌할 수 있지 않겠느냐고 노담에게 말했다. 그런데 노담은

양자거의 이런 낙관적 평가와는 달리 그 사람에 대해 부정적인 태도를 보인다. 왜냐하면 성인(聖人)의 입장에서 볼 때 그 사람은 멀리 있는 걸 가벼이 여기면서 자신의 재주에 얽매여 있어서이다. 또 몸을 수고롭게 하면서 마음까지 슬프게 하는 사람이어서이다. 무슨 말인지 언뜻 이해가 되지 않는다. 그래서 해석의 실마리를 찾아야 하는데「소요유」마지막 부분에 등장하는 살쾡이의 모습을 통해서 가능하다고 본다.

장자가 볼 때 살쾡이는 몸을 잔뜩 웅크리고 있다가 먹잇감을 발견하면 높고 낮은 데를 가리지 않고 부지런히 뛰어다니지만 언젠가 덫이나 그물에 걸려 죽는 운명이다. 여기서 살쾡이의 특징은 1) 몸을 잔뜩 웅크리는 것, 2) 먹잇감을 발견하면 높고 낮은 데를 가리지 않는 것, 3) 부지런히 뛰어다니는 것, 4) 언젠가 덫이나 그물에 걸려 죽는 것으로서 정리된다. 살쾡이의 이런 특징은 양자거가 추천한 사람에 대한 노담의 부정적 평가와 딱 맞아떨어진다. 첫째로 멀리 있다고 가벼이 여기는 것은 살쾡이가 몸을 잔뜩 웅크리고 있는 것과, 둘째로 자신의 재주에 얽매이는 것은 살쾡이가 높고 낮은 데를 가리지 않는 것과, 셋째로 몸을 수고롭게 하는 것은 살쾡이가 부지런히 뛰어다니는 것과, 넷째로 마음까지 슬픈 건 살쾡이가 덫이나 그물에 걸려 죽는 것과 서로 연결되어서이다.

먼저 멀리 있다고 가벼이 여기는 것과 살쾡이가 몸을 잔뜩 웅크리는 것은 어떻게 서로 연결이 이루어질까? 살쾡이가 몸을 잔뜩 웅크리는 건 가까이에 있는 먹잇감을 기다리기 때문이다. 먼 곳에 있는 먹잇감을 노린다면 눈에 뜨이지 않도록 하기 위해서 이렇게까지 잔뜩 웅크릴 필요가 없다. 그래서 살쾡이가 웅크리면 웅크릴수록 먼 곳의 먹잇감을 잡는 데는 자연 소홀해진다. 사람도 마찬가지이다. 가까이 있는 것에 관심을 두면 하루하루 먹고 사는 문제에만 신경을 쓴다.

그러면 자신의 웅대한 목표는 연기처럼 사라지고 만다. 그러니 자신이 설정한 인생의 큰 목표를 달성하려면 지금 당장 필요없을지라도 멀리 있는 것에 늘 관심을 두어야 한다. 노담이 볼 때 양자거가 추천한 사람은 살쾡이처럼 작은 목표만 있을 뿐 큰 목표가 없는 사람이다.

또 자신의 재주에 얽매이는 것과 살쾡이가 높고 낮은 데를 가리지 않는 것은 서로 어떻게 연결이 이루어질까? 그건 살쾡이가 높고 낮은 데를 가리지 않고 다니는 게 일종의 재주이기 때문이다. 만약 살쾡이에게 이런 재주가 없다면 살쾡이는 분명 먹잇감이 다니는 길목을 지켰을 것이다. 노담이 볼 때 양자거가 추천한 사람도 높고 낮은 데를 가리지 않고 다니는 재주에 얽매여서 먹잇감이 다니는 길목을 지키는 슬기를 발휘하지 못한다. 또 몸을 수고롭게 하는 것과 살쾡이가 부지런히 뛰어다니는 것은 언뜻 보아도 서로 같은 내용임을 알 수 있기에 굳이 설명이 필요없다. 노담이 볼 때 양자거가 추천한 사람도 살쾡이처럼 부지런할 뿐 슬기로운 사람이 아니다.

마지막으로 마음까지 슬픈 것과 살쾡이가 덫이나 그물에 걸려 죽는 것은 서로 어떻게 연결이 이루어질까? 그것도 간단히 설명될 수 있다. 자신의 재주만 믿고 부지런히 뛰어다니다가 살쾡이에게 남는 건 결국 덫이나 그물에 걸려 죽는 일이다. 사람도 마찬가지이다. 「제물론」에서 언급한 바 있듯이 "평생토록 쉬지 않고 일하더라도 성공을 보지 못하고, 또 파김치가 되도록 지치더라도 돌아갈 데를 모르니 어찌 슬프지 아니한가!" 하는 것처럼 우리의 삶도 그러하다. 살쾡이처럼 평생 부지런히 뛰어다녀도 이런 사람은 결국 돌아갈 데가 없다. 이는 마치 표범이나 원숭이의 운명과도 같다. 왜냐하면 표범의 가죽무늬는 사냥꾼을 불러들이고, 또 원숭이의 재주는 사람들에 의해 끌려 다니는 운명이기 때문이다. 그러니 표범과 원숭이와 같은 재주를 지닌 사람은 자연의 원리에 따라 천하를 다스리는 명왕을 제대로 보좌할 수 없다.

그런데 표범과 원숭이와 같은 재주를 지닌 사람이 구체적으로 누구인가? 장자는 혜시를 염두에 둔다. 왜냐하면 「소요유」에서 혜시를 가리켜서 자신의 재주만 믿고 부지런히 뛰어다니다가 결국 덫이나 그물에 걸려 죽는 살쾡이에 비유했기 때문이다. 그렇다면 장자는 어떤 존재인가? 장자는 「소요유」에서 스스로를 검은 들소에 비유했다. 검은 들소는 하늘을 덮는 구름처럼 엄청나게 크므로 큰 일은 할 수 있어도 쥐 잡는 따위의 작은 일은 할 수 없다. 노담이 볼 때 명왕을 도우려는 사람은 검은 들소처럼 큰 일을 해야지 살쾡이처럼 작은 일을 해선 안 된다. 또 살쾡이처럼 작은 일을 도모하는 사람은 유용지용(有用之用), 즉 쓸모있음의 쓸모에 빠지기 쉽다. 게다가 조그마한 쓸모를 발휘해 뭔가를 이루면서 그걸 내세우려고 안달한다. 이에 반해 검은 들소처럼 큰 일을 도모하는 사람은 무용지용(無用之用), 즉 쓸모없음의 쓸모를 추구한다. 그래서 어지간한 쓰임이 아니고선 자신을 잘 드러내지 않는다.

명왕의 다스림은 바로 이와 같다. 명왕의 다스림은 그의 공적이 세상을 덮을지라도 자신이 하지 않은 것처럼 한다. 또 명왕의 다스림이 큰 영향을 미쳐도 백성이 그에게 의지하는 줄 모르게 한다. 이는 무공(無功)을 추구하는 신인(神人)과도 같은 자세이다. 그리고 명왕은 공이 있어도 자신의 이름을 드러내지 않아 만물이 스스로 기뻐하도록 만든다. 이는 무명(無名)을 추구하는 성인(聖人)과도 같은 자세이다. 그래서 명왕은 헤아릴 수 없는 심오한 경지에 있으므로 아무것도 없는 무하유마을에서 유유자적할 수 있다. 그야말로 무용지용의 도를 추구하는 왕인 셈이다. 그래서 이런 명왕을 가리켜서 제왕이라고 하고, 이것이 바로 제왕에 응(應)하는 일이다.

정(鄭)나라에 계함(季咸)이라는 신통한 무당(神巫)이 있었다.

그는 죽고 사는 것, 잘 살고 못사는 것, 불행과 행복, 오래 살고 일찍
죽는 것을 몇 년 몇 월 며칠까지 꼭 집어서 귀신처럼 알아맞혔다.

그래서 정나라 사람은 그를 보기만 하면 두려워서 황급히 달아났다.

열자(列子)는 이런 계함을 보고 심취해서 돌아와 호자(壺子)에게 말했다.

"처음에 저는 스승의 도가 최고인 줄 알았는데 알고 보니

스승처럼 최고의 경지에 이른 사람이 또 있습니다."

호자가 말했다.

"나는 껍데기는 다 가르쳐도 알맹이는 다 가르치지 않았는데

정말로 네가 도를 터득했는가?

암탉이 아무리 많아도 수탉이 없으면 어찌 알을 낳을 수 있겠는가!

자네는 껍데기 도를 갖고 세상과 필적하며 사람의 신임을 얻고자 하니

다른 사람이 그런 자네의 관상을 보고 알아맞힌 걸세.

자네가 그와 함께 오면 내 관상을 그에게 보이도록 하겠네."

다음날 열자는 계함과 함께 스승을 뵈었다.

계함(季咸)이 호자를 만나고선 열자에게 말했다.

"허! 자네의 스승은 곧 죽을 걸세! 얼마 살지를 못해!

아마 열흘도 못 넘길 걸세!

나는 자네 스승에게서 이상한 걸 보았어.

습회(濕灰), 즉 젖은 재의 모습을 보았거든."

열자는 방안에 들어가 옷깃을 적시도록 울면서 그 사실을 말했다.

호자가 말했다.

"조금 전 나는 땅의 상(地文)을 보여주었는데

그건 땅처럼 육중해서 꼼짝도 않아 움직이지도, 멎지도 않는 상이지.

그는 아마도 내 덕이 막혀 있는 조짐인 두덕기(杜德機)를 보았을 거야.

그를 다시 데려와 보게."

다음날 열자는 계함을 데려와서 스승을 뵈었다.

계함이 호자를 만나고선 열자에게 말했다.

"다행이네. 자네 스승이 나를 만난 게! 병이 나았어.

그래서 완전히 살아났어!

나는 자네 스승의 덕이 막힌 데서 두권(杜權),

즉 무언가 솟아나는 모습을 보았네."

열자가 방안에 들어가 스승에게 그 사실을 말했다.

호자가 말했다.

"조금 전 나는 하늘의 상(天壤)을 보여주었는데

그건 인위적인 명목과 실체를 마음속에 끼어들지 못하게 해서

덕의 조짐이 몸 깊은 데서 피어오르도록 하는 상이지.

그는 아마도 내 덕이 열리는 조짐인 선덕기(善者機)를 보았을 거야.

그를 다시 데려와 보게."

다음날 열자는 계함을 데려와서 스승을 뵈었다.

계함이 호자를 만나고선 열자에게 말했다.

"자네 스승의 모습이 일정치 않아서 지금 나로선 보아드릴 수 없네.

모습이 일정해지거든 다시 보도록 하지."

열자가 방안에 들어가 스승에게 그 사실을 말했다.

호자가 말했다.

"조금 전 그에게 차별이 없는 큰 비움(太沖莫勝)의 상을 보여주었네.

그는 아마도 내 기가 조화된 조짐, 즉 형기기(衡氣機)를 보았을 거야.

암 고래가 새끼를 낳기 위해 올라온 백사장에서 머뭇거리다가

머문 데가 깊어지면 못이 만들어지고,

또 괴어 있는 물이 깊어져도 못이 만들어지고,

또 흐르는 물이 깊어져도 못이 만들어지네.

이런 식으로 못이 만들어지는 경우가 모두 아홉 가지인데

내가 보여준 못들은 이 중에서 단지 세 가지일 뿐일세.

그를 다시 데려와 보게."

다음날 열자는 계함을 데려와서 스승을 뵈었다.

그런데 계함은 선 채로 자리에 앉기도 전에 망연자실하여 도망쳤다.

호자가 말했다. "그를 뒤쫓아 가라!"

열자가 뒤쫓아 갔지만 뒤따라가지 못해 되돌아와서 스승에게 말했다.

"이미 사라졌습니다. 놓쳐버려서 그를 따라갈 수 없습니다."

호자가 말했다.

"조금 전 내 근본이 나타나지 않은(未始出吾宗) 상을 보여주었네.

그와 있으면서 나는 자신을 텅 비우며 사물의 변화에 순종했기에

그는 내가 누구인지, 또 무엇을 하는지 몰랐을 거네.

아마도 나를 나부끼는 바람에 의해 생겨난 사람으로,

또 출렁이는 파도에 의해 생겨난 사람쯤으로 생각했을 거네.

그래서 그만 두려워서 그대로 달아난 걸세."

그런 일이 있은 후 열자는 배움이 제대로 되어 있지 못함을

스스로 깨닫고선 집으로 돌아왔다.

삼 년 동안 집 밖으로 나오지 않고 아내를 위해 밥을 짓고,

돼지에게도 사람을 대하듯이 정성껏 먹이를 주었다.
또 세상일에 대해 특별히 마음을 기울이는 일이 없어지고,
과거에 배우고 익혔던 것을 본래의 순박한 상태로 되돌리면서
우두커니 무심한 채 홀로 제 몸을 세웠다.
그러니 세상의 일이 혼란스러워도 자신의 참 모습을 지키면서
한결같이 이렇게 지내다가 일생을 마쳤다.

• • •

鄭有神巫曰季咸, 知人之死生存亡, 禍福壽夭, 期以歲月旬日, 若神. 鄭人見之, 皆棄而走. 列子見之而心醉, 歸, 以告壺子, 曰「始吾以夫子之道爲至矣, 則又有至焉者矣.」壺子曰「吾與汝旣其文, 未旣其實, 而固得道與? 衆雌而無雄, 而又奚卵焉! 而以道與世亢, 必信, 夫故使人得而相汝. 嘗試與來, 以子示之.」明日, 列子與之見壺子. 出而謂列子曰「噫! 子之先生死矣! 弗活矣! 不以旬數矣! 吾見怪焉, 見濕灰焉.」列子入, 泣涕沾襟以告壺子. 壺子曰「鄕吾示之以地文, 萌乎不震不止. 是殆見吾杜德機也. 嘗又與來.」明日, 又與之見壺子. 出而謂列子曰「幸矣, 子之先生遇我也! 有瘳矣, 全然有生矣! 吾見其杜權矣.」列子入, 以告壺子. 壺子曰「鄕吾示之以天壤, 名實不入, 而機發於踵. 是殆見吾善者機也. 嘗又與來.」明日, 又與之見壺子. 出而謂列子曰「子之先生不齊, 吾無得而相焉. 試齊, 且復相之.」列子入, 以告壺子. 壺子曰「鄕吾示之以太沖莫勝. 是殆見吾衡氣機也. 鯢桓之審爲淵, 止水之審爲淵, 流水之審爲淵. 淵有九名, 此處三焉. 嘗又與來.」明日, 又與之見壺子. 立未定, 自失而走. 壺子曰「追之!」列子追之不及. 反, 以報壺子曰「已滅矣, 已失矣, 吾弗及已.」壺子曰「鄕吾示之以未始出吾宗. 吾與之虛而委蛇, 不知其誰何, 因以爲弟靡, 因以爲波流, 故逃也.」然後列子自以爲未始學而歸, 三年不出. 爲其妻爨, 食豕如食人. 於事無與親, 雕琢復朴, 塊然獨以其形立. 紛而封哉, 一以是終.

신인(神人) 호자(壺子)에게
호되게 당한 신무(神巫) 계함(季咸)

———

『장자』 내편에는 명(明), 즉 밝음이란 개념이 중요한 순간마다 등장한다. 그래서인지 '명'은 장자서 내편에 어떤 일관된 흐름을 지니고서 나타난다. 명은 「제물론」에서 처음 등장하는데 이명(以明), 즉 '밝음으로'의 형태로 세 번 연속해서 등장한다. 여기서 '밝음으로'는 장자가 제물의 상태에 이르기 위한 중요한 방법론에 속한다. 그래서 「제물론」을 꼼꼼히 들여다보면 '밝음으로'를 중심으로 「제물론」에서 말하고자 하는 논리가 펼쳐진다. 「제물론」의 이해가 어렵다고 하지만 '밝음으로'를 중심으로 전개되는 논리에 따라 읽으면 그 대강을 헤아릴 수 있다. 앞 장에서 명왕지치(明王之治), 즉 명왕의 다스림에 대해 언급한 바 있는데 여기선 그 밝음이 어떠한지 구체적인 실례를 들어서 소개한다. 장자는 이처럼 명(明), 즉 '밝음'을 소통의 방법은 물론이고, 다스림의 방법을 위해서도 중요시 한다.

고대 동아시아에선 무술(巫術)의 영향력이 작지 않았다. 중국 역사상 첫 번째 왕조인 하(河)나라에 이은 은(殷)나라에서 거북의 등에 점을 친 건 유명한 사실이다. 이런 점성술을 보다 근대화하고 과학화한 게 주(周)나라의 역, 즉 주역(周易)인데 여전히 무술적인 냄새가 짙다.

장자가 살았던 춘추전국시대도 신정(神政)이 끝난 지 얼마 되지 않아서인지 무술에 대한 신뢰가 지금 우리가 생각하는 것보다 훨씬 높았다. 그래서 정치에서도 무술인이 여전히 영향력을 행사했다. 이런 무술인이 미래를 잘 알아맞히면 용한 점쟁이라고 말한다. 이런 용함은 개인이든 국가든 앞으로 전개될 일에 대해 밝다는(明) 걸 의미한다. 여기선 무술인이 이런 밝음을 과연 지니는지를 중심으로 얘기가 펼쳐진다.

정(鄭)나라에 계함(季咸)이라는 신통한 무당(神巫)이 있었다. 얼마나 신통했는지 사람이 죽고 사는 것, 잘 살고 못사는 것, 불행과 행복, 오래 살고 일찍 죽는 것들을 몇 년 몇 월 며칠까지 꼭 집어서 귀신처럼 알아맞혔다. 그래서 정나라 사람들은 그 신통함에 놀라 계함을 보기만 하면 두려워서 모두 황급히 달아났다. 자신의 상(象)을 계함에게 보여주지 않기 위해서이다. 무당은 상대방의 상을 보고 미래를 알아맞히는 사람이다. 예를 들어 거북점은 갈라지는 상, 즉 무늬를 보고 점을 치고, 점서도 괘(卦)라는 상을 통해 미래를 예측한다. 또 계함이 상대방의 길흉화복을 예측하는 데 의지하는 것도 얼굴의 상이다. 장자가 볼 때 상을 통해 미래를 예측하는 건 우리를 결코 밝음(明)으로 이끄는 게 아니다. 그래서 장자는 '신인(神人)' 호자(壺子)를 등장시켜 그를 통해 '신무(神巫)' 계함이 얼마나 엉터리로 밝은지를 증명해 보인다.

열자는 계함의 신통력을 한때 밝음이라고 착각해서 그의 무술(巫術)에 빠진 적이 있다. 그래서 자신의 스승인 호자(壺子)를 찾아가서 "처음에 저는 스승의 도가 최고인 줄 알았는데 스승처럼 최고의 경지에 이른 사람이 또 있습니다."라고 고백했다. 스승이 듣기에 달갑지 않은 소리를 제자가 그 앞에서 했으니 스승으로선 여간 불쾌하지 않았을 거다. 그런데도 스승은 불쾌한 표정을 짓지 않고 제자의 이런 미혹됨에 대해 오히려 답답함을 느꼈다. 그래서 "너에게 도의 껍데기(文)는 다 가르친 반면 도의 알맹이(實)는 아직 가르치지 않았는데 정말로 네가 계함이란 무술인을 통해 도를 터득했단 말인가?" 하고 의아해하면서 물었다. 스승인 호자가 볼 때 도의 껍데기만으론 도의 실체를 도저히 터득할 수 없다. 이는 암탉이 아무리 많아도 수탉이 없으면 알을 낳지 못하는 것과 마찬가지 이치이다. 이에 호자 선생은 제자 열자가 아직 제대로 된 도에 이르지 못했음을 확신했다.

그러면서 호자 선생은 제자 열자가 껍데기 도를 갖고서 사람들과 필적하며 세상으로부터 신임을 얻고자 하니까 이런 결과가 생겨난 것으로 보았다. 즉 계함과 같은 무당이 이런 열자의 의지를 잘 읽어냈기에 그의 관상을 쉽게 알아맞힌 거라고 파악했다. 그런데도 열자는 이를 계함의 밝은 깨달음이라고 착각했다. 스승은 열자의 이런 잘못된 판단을 확실히 깨닫도록 하기 위해 자신의 관상을 계함에게 직접 보여주어서 그걸 알아맞히게끔 하는 모험을 감행했다. 이는 자신의 제자가 더 이상 이런 무술에 빠지지 않도록 하겠다는 스승으로서 강력한 의지의 표명이다.

열자는 다음날 계함을 데리고 와서 스승에게 안내했다. 계함은 호자 선생을 만난 뒤 자네의 스승은 열흘도 살지 못하고 곧 죽을 거라고 열자에게 말했다. 계함은 호자에게서 습회(濕灰), 즉 젖은 재의 모습을 보았기 때문이다. 이 말을 들은 열자는 이내 스승의 방으로 들어가 눈물이 옷깃을 적시도록 흐느끼면서 스승에게 얘기를 전했다. 그러자 호자는 아무렇지도 않은 듯 "조금 전 나는 지문(地文), 즉 땅의 상을 그에게 보여주었는데 그건 땅처럼 육중해서 꼼짝도 않아 움직이지도, 또 멎지도 않는 상이다. 그는 아마도 내 덕이 막혀 있는 조짐,

즉 두덕기(杜德機)를 보았을 거야."라고 덤덤하게 말했다. 두덕기란 죽음을 의미하므로 계함은 호자가 곧 죽을 거라고 보았다. 호자는 제자에게 계함을 다시 데려오도록 요청했다.

다음날 열자는 계함을 데리고 와서 스승에게 또다시 안내했다. 계함은 호자 선생을 만나고선 자네 스승은 나를 만나서 병을 완전히 고쳐 살아났다고 기세등등하게 열자에게 말했다. 계함이 열자에게 이렇게 말한 건 호자에게서 두권(杜權), 즉 덕이 막힌 데서 무언가 솟아나는 모습을 보았기 때문이다. 이 말을 들은 열자는 기쁜 나머지 스승의 방으로 들어가 얘기를 전했다. 그러자 호자는 "조금 전 나는 천양(天壤), 즉 하늘의 상을 보여주었는데 그건 인위적인 명목이나 실체를 마음속에 끼어들지 못하도록 해 덕의 조짐이 몸 깊은 데서 피어오르도록 하는 상이지. 그는 아마도 내 덕이 열리는 조짐, 즉 선덕기(善者機)를 보았을 거야."라고 태연하게 말했다. 선덕기란 살아나는 걸 의미하므로 계함은 호자가 당연히 살아난 거라고 보았다. 호자는 제자에게 계함을 다시 데려오도록 요청했다.

다음날 열자는 계함을 데리고 와서 스승에게 또다시 안내했다. 그런데 계함은 호자를 만나고선 자네 스승의 상이 일정치 않아 지금은 보아드릴 수 없다고 열자에게 실토했다. 열자는 이상하다는 표정을 짓고 방안에 들어가 스승에게 이 사실을 전했다. 그러자 호자는 마찬가지로 태연한 채 "조금 전 나는 그에게 태충막승(太沖莫勝), 즉 차별이 없는 큰 비움의 상을 보여주었네. 그는 아마도 내 기가 조화된 조짐, 즉 형기기(衡氣機)를 보았을 거야."라고 덤덤하게 말했다. 형기기란 죽은 것도 아니고, 산 것도 아닌 걸 의미하므로 계함은 그만 당황스러워져 열자에게 상이 일정해지거든 다시 보자고 한 거다.

호자는 제자인 열자에게 자신이 계함에게 보여줄 수 있는 상이 모두 아홉 개인데 그 중에 세 개만 보여주었다고 말했다. 예를 들어 작은 못이 만들어지는 경우도 총 아홉 가지인데 그 중에서 암컷 고래가 새끼를 낳기 위해 올라온 백사장에 머뭇거리다 머문 데가 깊어져 만들어진 못, 괴어 있는 물이 깊어져서 만들어진 못, 그리고 흐르는 물이 깊어져서 만들어진 못 세 개만을 계함에게 보여주었다고 말했다. 그러니 호자는 자신의 모습을 통해서 여섯 개의 못을 계함에게 더 보여줄 수 있다. 호자는 제자에게 계함을 다시 데려오도록 요청했다.

다음날 열자는 계함을 데리고 와서 스승에게 안내했더니 자리에 앉기도 전에 선 채로 망연자실하여 도망을 쳤다. 호자가 그를 뒤쫓아 가라고 말하자 열자는 계함을 열심히 뒤쫓아 갔지만 뒤따라가지 못한 채 되돌아오고 말았다. 열자는 스승에게 이미 사라져서 계함을 찾을 수 없다고 말했다. 그러자 호자는 조금 전 그에게 미시출오종(未始出吾宗), 즉 자신의 근본이 나타나지 않은 상을 보여주었다고 말했다. 이는 호자가 만들 수 있는 아홉 개 상 중 이미 보여준 세 개 상을 빼고 나머지 여섯 개 상을 한꺼번에 보여준 것이다. 이것은 호자의 근원이 전혀 나타나지 않는 상인데 호자가 자신을 텅 비우고 계함의 마음이 변하는 대로 따르기만 했으므로 가능했던 상이다. 이에 계함은 호자가 어떤 사람인지, 또 무엇을 하는지를 몰라서 이처럼 크게 놀랐던 거다. 계함은 아마도 호자를 나부끼는 바람에 의해 생겨난 사람으로, 아니면 출렁이는 파도에 의해 생겨난 사람쯤으로 생각했다. 이에 그만 두려워서 그대로 달아난 것이다.

지금까지 호자가 보여준 상과 이를 통해 계함이 느낀 호자의 모습과 조짐을 정리하면 다음과 같다.

순서	열자가 보여준 상	계함이 보거나 느낀 것	
		본 모습	느낀 조짐
첫 번째	지문(地文), 즉 땅의 상	습회(濕灰, 젖은 재)	두덕기(杜德機)
두 번째	천양(天壤), 즉 하늘의 상	두권(杜權, 무언가 솟아남)	선덕기(善者機)
세 번째	태충막승(太沖莫勝), 즉 큰 비움의 상	일정치 않은 모습	형기기(衡氣機)
네 번째	미시출오종(未始出吾宗), 즉 근원이 나타나지 않은 상	여섯 개가 한꺼번에 등장한 모습	

열자는 스승의 이런 헌신적인 가르침을 통해서 제대로 된 밝음(明)이 무엇인지 이제야 깨달았다. 이것이 호자 선생이 열자에게 가르쳐준 도의 알맹이이다. 말이나 글로 하는 가르침으론 도의 껍데기밖에 보여주지 못한다. 호자는 그동안 열자에게 말과 글의 가르침을 통해 도의 껍데기만을 보여주었다. 그래서 열자는 도의 깨침이 충분치 않아 계함의 무술을 보고 밝음이라고 착각했던 거다. 호자로선 열자에게 좀 미안한 일이지만 말과 글의 가르침을 통해선 도의 껍데기밖에 보여줄 수 없다. 이에 반해 도의 알맹이는 스스로 깨달아야 한다. 그래서 호자는 혹시 잘못되었을 경우 생겨나는 수모는 아랑곳하지 않고 이런 깨달음을 위해 제자에게 몸소 행동으로 보여주었다. 그럼으로써 열자도 도의 알맹이가 무엇인지를 확실히 깨달았다.

「소요유」에서도 열자는 뭔가 약간 부족한 신인(神人)으로 등장한 바 있다. 열자는 평소 기(氣)를 기르는 쪽의 수련을 많이 한 탓인지 바람을 타고 하늘을 날아다니는 신기한 비법을 지닌 특이한 인물이다. 그는 한 번 날면 보름쯤 지나서야 집으로 돌아온다. 그러니 세속의 일에 미련을 둘 필요가 없다. 그런 탓인지 그의 몸과 마음은 항상 맑고 가뿐해서 좋다. 그렇지만 이런 열자도 하늘을 날아다니면서 소요 (逍遙)하려면 바람을 타는 법에 여전히 의존해야 한다. 하늘을 날아다니는 그의 소요가 남에게 부럽게 보일지라도 바람을 타는 법을 익혀야 비로소 가능하다. 바람을 타는 법을 터득하지 못하면 그의 소요는 사실상 불가능하다. 그 부족한 부분이 호자 스승의 덕분으로 지금 채워진 셈이다.

열자는 이제야 도의 알맹이를 보았기에 자신의 배움이 제대로 되어 있지 못했음을 비로소 깨달았다. 그래서 집으로 당장 돌아왔다. 그리고 삼 년 동안 집 밖으로 나오지 않고서 아내를 위해 성심껏 밥을 짓고, 돼지에게도 사람을 대하듯 정성껏 먹이를 주었다. 또 세상의 일에 특별히 마음을 기울이는 생각도 없어졌다. 그래서 세상의 일에 더 이상 관심을 두지 않았다. 그 대신 과거에 배우고 익혔던 것을 본래의 순박한 상태로 되돌리는 데 몰두했다. 즉 가장 자연스런 상태로 돌아가려고 노력한 것이다. 그리고선 우두커니 무심한 채 홀로 자신의 몸을 세웠다. 『도덕경』에 이와 관련한 내용이 나온다. 이 내용을 읽으면 열자의 지금 모습이 어떠한지 쉽게 상상이 간다. 노자는 "마음을 비우는 게 지극해지면 고요함을 지키는 게 돈독해진다. 만물이 어울려서 이루어가는 걸 보면서 나는 그것으로써 되돌아가는 걸 본다. 무릇 만물이 무성해지면 저마다 근본으로 되돌아간다. 근본으로 되돌아감을 고요해진다고 하고, 이를 복명(復命), 즉 하늘의 뜻을 따르는 거라고 말한다."[88]고 말한다.

---

88) 致虛極 守靜篤. 萬物竝作 吾以觀復. 夫物芸芸 各復歸其根. 歸根曰靜 是謂復命.
(『도덕경』 16장)

명성을 위해 애쓰지 말고, 모략도 일삼지 말라.

일의 책임을 맡지 말고, 앎의 주인도 되지 말라.

몸은 무궁한 변화를 남김없이 체득하면서

마음은 변화의 조짐이 없는 경지에서 노닐어라.

자연으로부터 받은 바를 남김없이 향유하면서

그 밖의 얻음에 대해선 관심을 두지 말고 자신을 텅 비울 뿐이다.

지인(至人)의 마음 씀씀이는 마치 거울과 같아서

사물을 보내지도(將) 않고, 맞이하지도(迎) 않고,

또 비추기만(應) 할 뿐 그 모습을 간직하지(藏) 않는다.

그래서 지인은 사물의 모습을 물리칠 수 있어서 상처 입지 않는다.

· · ·

無爲名尸, 無爲謀府,. 無爲事任, 無爲知主. 體盡無窮, 而遊無朕,. 盡其所受乎天, 而無見得, 亦虛而已. 至人之用心若鏡, 不將不迎, 應而不藏, 故能勝物而不傷.

명성과 모략으로 점철된 계함(季咸)과
순박한 상태로 되돌아간 열자(列子)

─────

이 장은 앞서 소개되었던 스승 호자와 제자 열자, 그리고 무당 계함에 관한 얘기를 개념적으로 정리한 내용이라고 볼 수 있다. 이 글은 "명성(名)을 위해 애쓰지 말고, 모략(謀)도 일삼지 말라. 일(事)의 책임을 맡지 말고, 앎(知)의 주인도 되지 말라."는 얘기와 함께 시작한다. 이 얘기는 지극히 당연한 말이다. 그리고 어찌 보면 유가적 냄새까지 나는데 장자는 왜 이렇게 말할까? 이는 앞서 스승 호자와 무당계함과의 겨룸을 통해서 열자가 얻어야 하는 교훈 때문이다. 먼저 명성을 위해 애쓰지 말고, 모략도 일삼지 말라는 건 계함의 그릇된 판단을 통해 열자가 깨달아야 할 배움과 관련이 있다. 계함은 모략이라 할 수 있는 자신의 신통한 무술로 명성을 얻고자 애썼기 때문이다. 또 일(事)의 책임을 맡지 말고, 앎(知)의 주인이 되지 말라는 것 역시 열자를 향한 경고이다. 열자는 배움을 통해 안 것으로 세상을 위해 어떻게 활용할까를 늘 고민했기 때문이다.

호자는 제자 열자가 직접 보는 앞에서 명성을 위해 애쓰고, 모략을 일삼는 계함을 호되게 혼내 주었다. 그래서 스승 호자는 물론이고, 제자 열자 앞에서도 계함이 두 번 다시 얼씬거리지 못하게 만들었다.

이것은 제자에 대한 호자의 지극한 사랑에서 비롯된다고 본다. 그런데 이 사랑은 자비(慈悲)에 있어 자(慈)란 의미의 따뜻한 사랑이 아니라 비(悲)란 의미의 무겁고 엄한 사랑이다. 제자에 대한 호자의 이런 무겁고 엄한 사랑은 여기서도 계속된다. 그리고 그 사랑은 구체적으로 몸은 무궁한 변화를 남김없이 체득하면서 자연으로부터 받은 바를 남김없이 향유하라는 주문으로 나타난다. 열자가 스승의 이런 주문을 실천에 옮기면 열자의 마음은 변화의 조짐이 없는 경지에서 노닐면서 텅 비울 수 있다. 즉 장자가 궁극적으로 그리고 소요유의 상태에 이를 수 있다.

그런데 몸은 무궁한 변화를 남김없이 체득하면서 자연으로부터 받은 바를 남김없이 향유하라는 건 무슨 말인가? 앞서 「대종사」에서 여러 차례 언급되었던 삶과 죽음에 관한 얘기가 바로 이 내용과 관련이 깊다. 예를 들어 홀가분하게 이 세상에 왔다가 홀가분하게 떠날 뿐이다, 또 태어난 때를 잊지 않고 죽을 때를 구걸하지 않는다, 또 자연이 내게 형체를 세우고, 삶으로 나를 수고롭게 하고, 늙음으로 나를 편안케 하더니 죽음으로 나를 쉬게 한다, 또 사람의 형체는 수만 번 변해 지금은 아직 끝나지 않은 한 단계일 뿐인데 이를 즐거워하면 즐거워할 게 헤아릴 수 없을 정도로 많다, 또 성인은 사물이 달아나지 않는 경지에서 노닐면서 모든 사물을 있는 그대로 두기에 성인은 일찍 죽어도 좋고 오래 살아도 좋고 태어나도 좋고 죽어도 좋다 등이 그러하다. 이런 마음 상태에 이르면 변화의 조짐이 없는 경지에서 우리는 얼마든지 유유자적하게 노닐 수 있다.

어째서 유유자적하게 노닐 수 있을까? 그 마음 씀씀이가 거울 같아서이다. 거울은 사물을 있는 그대로 드러나도록 하지만 사물을 머물게 하지는 않는다. 그래서 거울은 사물을 비추기만 할 뿐 그 모습을 간직하지 않는다. 또 거울은 어떤 사물이든 차별하지 않고 똑같이 비춘다. 그래서 거울은 사물을 보내지도 않고 맞이하지도 않는다. 이 것이 거울의 마음인데 우리도 마음을 텅 비우면 이렇게 할 수 있다. 즉 텅 빈 마음에는 호불호의 감정이 사라져서 누구를 특별히 좋아하 여 맞이하거나, 누구를 특별히 싫어해서 보내지도 않는다. 또 텅 빈 마음에는 시비의 판단이 지워져서 어떤 생각이 특별히 좋아 이를 간 직하고, 어떤 생각이 특별히 나빠서 이를 물리치지 않는다. 좋은 생 각이든 싫은 생각이든 구분하지 않고 모두 똑같이 비출 뿐이다. 이것 이 장자식 소통의 방법이다. 그리고 이런 마음을 지니면 다른 사람과 부딪힐 염려도 없으므로 유유자적하게 노닐 수 있다. 지인(至人)의 모 습이 바로 이러하다. 그래서 그는 마음에 상처를 입는 일이 없다.

남해 제왕 숙(儵), 북해 제왕 홀(忽), 중앙 제왕 혼돈(混沌)이 있었다.
숙과 홀은 때때로 혼돈의 땅에서 만났는데
혼돈은 이때마다 이들을 극진히 대접했다.
숙과 홀은 혼돈이 베푼 은혜에 보답할 방법을 의논하다가 말했다.
"모든 사람은 일곱 개 구멍을 갖고 보고, 듣고, 먹고, 숨 쉬는데
혼돈만 구멍이 없으니 그에게 구멍을 뚫어주자."
그래서 하루에 한 개씩 구멍을 뚫어주었는데 이레 만에 죽었다.

. . .

南海之帝爲儵, 北海之帝爲忽, 中央之帝爲混沌. 儵與忽時相與遇於混沌之地, 混沌待之甚善. 儵與忽謀報混沌之德, 曰:「人皆有七竅以視聽食息, 此獨無有, 嘗試鑿之.」日鑿一竅, 七日而混沌死.

혼돈(混沌)의 죽음

　이 글에선 주인공의 설정이 매우 흥미롭기에 이를 유심히 살펴볼 필요가 있다. 남해는 숙(鯈)이란 제왕이고, 북해는 홀(忽)이란 제왕이고, 중앙은 혼돈(混沌)이란 제왕이다. 제왕은 왕과 다르다. 왕과 제왕은 다스리는 땅과 백성의 규모 차이로 구분되는 게 아니다. 왕이 유위지치(有爲之治), 즉 하고자 함이 있는 다스림을 행한다면 제왕은 무위지치(無爲之治), 즉 하고자 함이 없는 다스림을 행하는 군주이다. 그러니 숙, 홀, 혼돈은 모두 무위지치를 수행하는 제왕이다. 이런 사실은 그들의 이름에서 엿볼 수 있다. 숙은 유유자적하는 모습을 뜻한다. 또 홀은 잊음을 의미하므로 마음에 두지 않는 걸 뜻한다. 유유자적함이든 마음에 두지 않는 것이든 간에 모두 무위자연과 관련이 있다. 또 혼돈은 질서가 없어 혼란스럽다는 의미가 아니라 모든 만물에 있어서 생명력의 근원이란 의미이다. 이에 대해선 「소요유」에 들어가기 전에 자세히 설명한 바 있으므로 여기에선 설명을 생략하고자 한다.

　애기는 숙과 홀이 중앙의 혼돈으로부터 극진한 대접을 받았다는 데서 시작한다. 숙과 홀은 혼돈이 베푼 은혜에 보답하고자 혼돈에게 없는 구멍(竅)을 뚫어주기로 결정했다. 그런데 이 결정은 자신들 존재의 근원인 무위(無爲)의 도를 깜빡하고 잊은 처사에 해당한다. 이 일로 인해 혼돈은 죽음을 맞이했다. 무위의 도를 숭상하는 숙과 홀로선 도저히 있을 수 없는 실수를 저지른 건데 어째서 이런 실수를 저질렀을까? 이에 대한 단서는 구멍에 있다. 몸의 구멍은 주로 커뮤니케이션 수단인 눈, 코, 귀, 입과 같은 감각기관이다. 그러니 구멍을 뚫어주는 건 감각기관을 열어서 커뮤니케이션 하도록 도와주는 작업이다. 그래서 홀과 숙은 혼돈에게 큰 선물을 한 셈인데 그 선물은 혼돈에게 이내 재앙으로 바뀌고 말았다.

중앙의 혼돈은 태고의 원형적 모습을 지니고 있어 자연스러움 그 자체라고 말할 수 있다. 그래서 이 중앙의 혼돈에는 무위에 따른 커뮤니케이션을 위해 어떤 뚫림이 이미 있었다고 본다. 그러니 일부로 감관 및 심관의 구멍을 뚫을 필요가 없다. 그럼에도 숙과 홀이 혼돈에게 구멍을 뚫어주었으니 이는 오히려 소통을 막는 결과로서 나타난다. 그런데 문제는 여기에서 그치지 않는다. 자연스러움 그 자체인 혼돈에게 구멍을 뚫어줌으로써 결국 죽음으로까지 이어졌다. 자연적인 뚫음이 저절로 소통하는 걸 의미한다면 인위적인 뚫음은 억지로 소통하는 걸 뜻한다. 그러니 중앙의 혼돈에게 구멍을 뚫는다는 건 한마디로 자연스러움을 거스르는 행위이다. 결국 억지를 부린 소통이 자연스러운 소통을 죽인 셈인데 혼돈의 죽음이 이를 상징적으로 말해준다.

우리의 감관 및 심관작용도 이와 마찬가지이다. 감관과 심관이 활짝 열려 있으면 헛된 욕망과 미망으로 인해 우리의 본성이 가려진다. 그래서 조그만 차이까지 더욱 크게 만들고, 심지어 없는 차이까지 만들어낸다. 그럼으로써 우리 마음을 더욱 상처나도록 한다. 이런 마음은 사물을 보내지도 맞이하지도 않고, 또 비추기만 할 뿐 그 모습을 간직하지 않는 거울과는 반대되는 마음이다. 이에 장자는 대붕의 비상으로 「소요유」를 시작하면서 대붕처럼 가능한 멀리서부터 보도록 하여 이런 차이를 없애도록 우리를 이해시키고자 한 바 있다. 또 그래야만 소통에 이를 수 있다고 「제물론」을 통해서 증명했다. 반대로 감관과 심관이 막혀 있으면 우리는 생명의 욕구와 인식에 억눌려져서 그만 질식하고 만다. 물론 이런 상태에선 소통은 물론이고, 또 커뮤니케이션까지 불가능하다. 그래서 우리의 구멍이 자연스럽게 열리고 닫혀야만 여기서 참된 커뮤니케이션, 즉 소통의 가능성이 생겨난다. 이와 비슷한 얘기는 외편 「천지」에서도 발견된다.

황제(皇帝)가 적수(赤水)의 북쪽을 노닐며 곤륜산에 올라 남쪽을 관망하고 돌아오다가 현주(玄珠)를 잃어버렸다. 여기서 현주란 곧 도를 의미한다. 이 도를 찾기 위해서 황제는 아는 것이 많은 지(知)를 시켜 찾아보게 했으나 찾지 못했다. 그래서 눈이 밝은 이주(離珠)를 시켜 찾아보게 했으나 역시 찾지 못했다. 그래서 말솜씨가 좋은 끽후(喫詬)를 시켜 찾아보게 했으나 역시 찾지 못했다. 마지막으로 멍청한 상망(象罔)에게 시켰더니 상망은 현주를 찾았다. 여기서 멍청하다는 건 인위적인 감각 및 심관작용을 못하는 것이지 자연적인 감관 및 심관작용을 못하는 게 아니다. 상망은 자연적인 감관 및 심관작용을 했기에 현주란 도를 찾은 반면 지, 이주, 끽후는 인위적인 감관 및 심관작용을 했기에 현주란 도를 찾지 못했다.

상망이 한 자연적인 감관 및 심관작용이란 「제물론」을 시작할 때 언급된 바 있는 오상아(吾喪我), 즉 본래의 나(吾)가 만들어진 나(我)의 초상 치름과도 관련이 깊다. 오상아의 상태를 설명하기 위해 동원한 고목지형(槁木之形), 즉 마른나무와 같은 몸과 사회지심(死灰之心),

즉 불 꺼진 재와 같은 마음이 곧 자연적인 감관 및 심관작용을 한다는 걸 의미하기 때문이다. 즉 몸이 마른나무와 같이 되었다는 인위적인 감관작용을 멈추고, 대신 자연적인 감관작용을 한다는 말이고, 마음이 불 꺼진 재처럼 되었다는 건 인위적인 심관작용을 멈추고, 대신 자연적인 심관작용을 한다는 말이다. 그러니 상망이 현주란 도를 찾은 건 자연적인 감관 및 심관작용을 통해 오상아의 상태에 이른 것이고, 혼돈이 죽은 건 인위적인 감관 및 심관작용으로 인해 아상오(我喪吾), 즉 만들어진 나가 본래의 나를 초상 치른 상태가 된 것이다.

그런데 혼돈은 왜 이레 만에 죽었을까? 이를 파악하기 위해선 커뮤케이션이 어떻게 이루어지는지 자세히 살펴볼 필요가 있다. 커뮤니케이션은 크게 감각작용과 심관작용으로 구성된다. 감각작용이란 오관을 통해 이루어진다. 즉 눈을 통해 보고, 귀를 통해 듣는다. 그리고 심관작용이란 감각을 통해 들어온 것들에 대해 의미를 만들어내는 작업이다. 예를 들어 빨간색을 보면 정열적이라든지, 노란색을 보면 봄이 연상된다든지 하는 것들이다. 일반적으로 이를 의미작용이라고 말한다. 인간커뮤니케이션을 본격적으로 연구해야 할 필요성이 있다면 이 의미작용 때문이다. 감각작용을 통해 들어온 것들에 대해 같은 대상일지라도 사람마다 다르게 해석하기 때문이다. 예를 들어 사시사철의 변화가 우리와 반대인 적도 남쪽 사람들에겐 노란색이 봄을 상징하기보다 가을을 상징할 수 있다. 또 빨간색을 보고 정열보다는 위험을 느끼는 사람도 있다. 이런 심관작용으로 인해 사람들은 같은 대상이라도 그 의미를 얼마든지 다르게 해석한다.

여기서 우리는 장자가 혼돈을 굳이 이레 만에 죽게 한 이유를 찾을 수 있다. 첫째 날은 코를 뚫어주고, 둘째 날은 입을 뚫어주고, 셋째 날과 넷째 날은 두 귀를 뚫어주고, 다섯째 날과 여섯째 날은 두 눈을 뚫어주다가 마침내 일곱째 날에는 마지막 남은 마음구멍, 즉 심관(心官)을 뚫어주었다는 상상이 충분히 가능하다. 이 마음구멍이 의미작용을 담당하기에 앞서의 어떤 구멍을 뚫어주는 것보다 혼돈에게 큰 충격을 주었다. 은(殷)나라 폭군 주왕(紂王)도 사람의 가슴에 마음구멍이 있다는데 시험해 보자며 충신 비간(比干)의 가슴을 도려낸 끔찍한 사건이 오늘날까지 회자될 정도이다. 이는 주왕이 다른 어떤 구멍보다 마음구멍이 본성을 어지럽히는 데 있어 결정적인 역할을 한다고 판단한 결과이다. 혼돈도 감관구멍이 뚫릴 때까지는 그런대로 잘 버티다가 마음구멍, 즉 심관구멍이 뚫리자 결국 이를 이기지 못하고 죽음을 맞이한 게 아닐까?